Die Befreiung vom übernahmerechtlichen Pflichtangebot in der Reformdiskussion

Europäische Hochschulschriften

European University Studies
Publications Universitaires Européennes

Reihe II **Rechtswissenschaft**

Series II Law

Série II Droit

Band/Volume **5650**

Lisa Ames

Die Befreiung vom übernahmerechtlichen Pflichtangebot in der Reformdiskussion

PL ACADEMIC RESEARCH

Bibliografische Information der Deutschen Nationalbibliothek
Die Deutsche Nationalbibliothek verzeichnet diese Publikation in der Deutschen Nationalbibliografie; detaillierte bibliografische Daten sind im Internet über http://dnb.d-nb.de abrufbar.

Zugl.: Freiburg (Breisgau), Univ., Diss., 2012

D 25
ISSN 0531-7312
ISBN 978-3-631-63422-6 (Print)
E-ISBN 978-3-653-04883-4 (E-Book)
DOI 10.3726/978-3-653-04883-4

PL Academic Research ist ein Imprint der Peter Lang GmbH.
Peter Lang – Frankfurt am Main · Bern · Bruxelles · New York · Oxford · Warszawa · Wien

Diese Publikation wurde begutachtet.

www.peterlang.com

Vorwort

Die vorliegende Arbeit wurde im Wintersemester 2011/2012 von der Rechtswissenschaftlichen Fakultät der Albert-Ludwigs-Universität Freiburg als Dissertation angenommen. Für die Drucklegung wurden Rechtsprechung und Literatur bis Februar 2014 berücksichtigt.

Mein ganz besonderer Dank gilt meinem Doktorvater, Herrn Prof. Dr. Hanno Merkt, LL.M. (Univ. of Chicago), sowie Herrn Prof. Dr. Marc-Philippe Weller für die zügige Erstellung des Zweitgutachtens.

Stuttgart, Mai 2014

Lisa Ames

Inhaltsverzeichnis

Abkürzungen und abgekürzt zitierte Literatur

a.A.	anderer Ansicht
a.F.	alte Fassung
ABl.	Amtsblatt
Abs.	Absatz
ADR	American Depositary Receipt
AG	Aktiengesellschaft/die Aktiengesellschaft (Zeitschrift)
AktG	Aktiengesetz vom 06.09.1965 (BGBl. I S. 1089), zuletzt geändert durch Art. 3 G v. 20.12.2012 (BGBl. I S. 2751)
Alt.	Alternative
AMF	Autorité des Marchés Financiers (Frankreich)
AngebotsVO	WpÜG-Angeobtsverordnung = Verordnung über den Inhalt der Angebotsunterlage, die Gegenleistung bei Übernahmeangeboten und Pflichtangeboten und die Befreiung von der Verpflichtung zur Veröffentlichung und zur Abgabe eines Angebotes vom 27.12.2001 (BGBl. I S. 4263), zuletzt geändert durch Artikel 17 des Gesetzes vom 6. Dezember 2011 (BGBl. I S. 2481)
Anh.	Anhang
AnsFuG	Gesetz zur Stärkung des Anlegerschutzes und Verbesserung der Funktionsfähigkeit des Kapitalmarkts (= Anlegerschutz- und Funktionsverbesserungsgesetz) vom 05.04.2011 (BGBl. I S. 538)
Art.	Artikel
Aufl.	Auflage
Az.	Aktenzeichen
BaFin	Bundesanstalt für Finanzdienstleistungsaufsicht
BB	Der Betriebsberater

Begr.	Begründung
Begr. RegE-	Begründung zum Gesetzentwurf der Bundesregierung (wenn ohne Zusatz: Begründung zum Regierungsentwurf eines Gesetzes zur Regelung von öffentlichen Angeboten zum Erwerb von Wertpapieren und von Unternehmensübernahmen vom 11.07.2001, BT-Drucks. 14/7034)
BEHG	Bundesgesetz über die Börsen und den Effektenhandel vom 24.03.1995, SR 954.1 – AS 1997 68 (Stand: 01.05.2013), Schweiz
BEHV-EBK	Verordnung der eidgenössischen Bankenkommission über die Börsen und den Effektenhandel vom 25.06.1997, SR 954.193 – AS 1997 2045 (Schweiz)
BEHV-FINMA	Verordnung der eidgenössischen Finanzmarktaufsicht über die Börsen und den Effektenhandel vom 25.10.2008, SR 954.193 – AS 2008 6521 (Stand: 01.05.2013), Schweiz
Beil.	Beilage
Beschl.	Beschluss
BGH	Bundesgerichtshof
BKR	Zeitschrift für Bank- und Kapitalmarktrecht
BlgNr.	Beilage(-n) zu den stenographischen Protokollen des Nationalrates, Österreich
BRAK	Bundesrechtsanwaltskammer
BR-Drucks.	Drucksache des Bundesrats
BT-Drucks.	Drucksache des Bundestags
BVerfG	Bundesverfassungsgericht
BVerwG	Bundesverwaltungsgericht
bzw.	beziehungsweise
Can. J. Econ.	Canadian Journal of Economics
c.i.c.	culpa in contrahendo
Colum. L. Rev.	Columbia Law Review

d.h.	das heißt
DAX	Deutscher Aktienindex
DB	Der Betrieb
ders.	derselbe
DGAP	Deutsche Gesellschaft für Ad hoc Publizität
Drucks.	Drucksache
DStR	Deutsches Steuerrecht
e.V.	Eingetragener Verein
EBK	(frühere) Eidgenössische Bankenkommission der Schweiz
ECFR	European Company and Financial Law Review
Einl.	Einleitung
EMRG	Europäische Menschenrechtskonvention
Erl.	Erläuterungen
EStG	Einkommensteuergesetz in der Fassung der Bekanntmachung vom 8. Oktober 2009 (BGBl. I S. 3366, 3862), zuletzt geändert durch Artikel 11 des Gesetzes vom 18. Dezember 2013 (BGBl. I S. 4318)
etc.	et cetera
EuGH	Europäischer Gerichtshof
FamRZ	Zeitschrift für das gesamte Familienrecht
FED.L.REP.	Federal Security's Law Reporter
ff.	fortfolgende
FinDAG	Gesetz über die integrierte Finanzdienstleistungsaufsicht vom 22.04.2002 (BGBl. I S. 1310), zuletzt geändert durch Artikel 8 des Gesetzes vom 18. Dezember 2013 (BGBl. I S. 4318)

FMStBG	Finanzmarktstabilisierungsbeschleunigungsgesetz (= Gesetz zur Beschleunigung und Vereinfachung des Erwerbs von Anteilen an sowie Risikopositionen von Unternehmen des Finanzsektors durch den Fonds „Finanzmarktstabilisierungsfond – FMS") vom 17.10.2008 (BGBl. I S. 1982, 1986), zuletzt geändert durch Artikel 6 Absatz 8 des Gesetzes vom 28. August 2013 (BGBl. I S. 3395)
Fn.	Fußnote
FSA	Financial Services Authority
F.Supp.	Federal Supplement
F. 2d	Federal Reporter second series
GbR	Gesellschaft bürgerlichen Rechts
gem.	gemäß
GesKR	Gesellschafts- und Kapitalmarktrecht (Zeitschrift)
GG	Grundgesetz für die Bundesrepublik Deutschland vom 23.05.1949 (BGBl. I S.1), zuletzt geändert durch Art. 1 G. v. 11.07.2012 (BGBl. I S. 1478)
GmbH	Gesellschaft mit beschränkter Haftung
GmbHG	Gesetz betreffend die Gesellschaften mit beschränkter Haftung vom 20.04.1892 (RGBl. 1892, 477), zuletzt geändert durch Artikel 27 des Gesetzes vom 23. Juli 2013 (BGBl. I S. 2586)
GP	Gesetzgebungsperiode
GWB	Gesetz gegen Wettbewerbsbeschränkungen, neugefasst durch Bek. v. 15.07.2005 (BGBl. I S. 2114; 2009, 3850), zuletzt geändert durch Art. 1 u. Art. 4 Abs. 2 G v. 05.12.2012 (BGBl. I S. 2403)
GWR	Gesellschafts- und Wirtschaftsrecht
GZ	Geschäftszeichen
h.M.	herrschende Meinung
Harv. L. Rev.	Harvard Law Review

HGB	Handelsgesetzbuch in der im Bundesgesetzblatt Teil III, Gliederungsnummer 4100–1, veröffentlichten bereinigten Fassung, zuletzt geändert durch Artikel 1 des Gesetzes vom 4. Oktober 2013 (BGBl. I S. 3746)
Hrsg.	Herausgeber
i.d.F.	in der Fassung
i.S.d.	im Sinne des
i.S.v.	im Sinne von
J.Pol.Econ.	The Journal of Political Economy
KapMuG	Kapitalanleger-Musterverfahrensgesetz vom 16.08.2005 (BGBl. I S. 2437), gültig bis 31.10.2012, aufgehoben durch Art.10 I S. 2 G v. 19.10.2012 (BGBl. I S. 2182)
KG	Kommanditgesellschaft
KGaA	Kommanditgesellschaft auf Aktien
KO	Konkursordnung, Österreich
KStG	Körperschaftsteuergesetz, neugefasst durch Bekanntmachung vom 15.10.2002 (BGBl. I S. 4144)
lit.	littera (lat.)
m.w.N.	mit weiteren Nachweisen
Mio.	Million
MLR	The Modern Law Review
NaStraG	Gesetz zur Namensaktie und zur Erleichterung der Stimmrechtsausübung vom 18.01.2001 (BGBl. I S. 123)
NIZ	Neue Zeitschrift für das Recht der Insolvenz und Sanierung
NJOZ	Neue Juristische Online-Zeitschrift
NJW	Neue Juristische Wochenschrift
No.	Number
Nr.	Nummer
NVwZ	Neue Zeitschrift für Verwaltungsrecht
NZG	Neue Zeitschrift für Gesellschaftsrecht

ÖJZ	Österreichische Juristen Zeitung
OHG	Offene Handelsgesellschaft
OLG	Oberlandesgericht
Panel	Takeover panel (= Panel on Takeovers and Mergers, Vereinigtes Königreich)
Pa.Cons.Stat.	Consolidated Statutes of Pennsylvania
PLC	Public Limited Company
RegE	Regierungsentwurf
RIW	Recht der Internationalen Wirtschaft
Rn.	Randnummer
Rspr.	Rechtsprechung
RV	Regierungsvorlage
S.	Seite/Satz
s.	siehe
S.A.	Société Anonyme
SEA	Security Exchange Act 1934, USA
SEC	Security and Exchange Commission
sec.	Section (= §)
SoFFin	Sonderfonds Finanzmarktstabilisierung gemäß Finanzmarktstabilisierungsfondsgesetz vom 17.10.2008 (BGBl. I S. 1982)
sog.	sogenannt
SR	Systematische Rechtssammlung (= Systematische Sammlung des Bundesrechts der Schweiz)
st.Rspr.	ständige Rechtsprechung
str.	strittig
Übernahmerichtlinie	Richtlinie 2004/25/EG des Europäischen Parlaments und des Rates vom 21.04.2004 betreffend Übernahmeangebote, Abl. L 142 vom 30.04.2004, S. 12–23

ÜbG	Bundesgesetz betreffend Übernahmeangebote sowie über Änderungen des Börsengesetzes und des Einführungsgesetzes zu den Verwaltungsverfahrensgesetzen 1991 vom 14.08.1998, BGBl I Nr. 127/1998, zuletzt geändert durch das Gesetz BGBl. I Nr. 190/2013, Österreich
UEK	Übernahmekommission (Schweiz)
UEV	Übernahmeverordnung = Verordnung der Übernahmekommission über öffentliche Kaufangebote vom 21.08.2008, von der Eidgenössischen Bankenkommission genehmigt am 24.09.2008, SR 954.195.1 – AS 2008 5277 (Stand: 01.05.2013), Schweiz
UEV-UEK	Übernahmeverordnung = (frühere) Verordnung der Übernahmekommission über öffentliche Kaufangebote vom 21.07.1997, von der Eidgenössischen Bankenkommission genehmigt am 11.08.1997, SR 954.195.1 – AS 1997 2061, Schweiz
UMAG	Gesetz zur Unternehmensintegrität und Modernisierung des Anfechtungsrecht vom 22.09.2005 (BGBl. I S. 2005, 2802)
UmwG	Umwandlungsgesetz vom 28.10.1994 (BGBl. I S. 3210; 1995 I S. 428), zuletzt geändert durch Art. 2 Abs. 48 G v. 22.12.2011 (BGBl. I, S. 3044)
UmwStG	Umwandlungssteuergesetz in der Fassung der Bekanntmachung vom 15. Oktober 2002 (BGBl. I S. 4133; 2003 I S. 738), zuletzt geändert durch Artikel 3 des Gesetzes vom 16. Mai 2003 (BGBl. I S. 660)
unstr.	unstreitig
Urt. v.	Urteil vom
USA	United States of America
U.S.C.	United States Code = Code of Laws of the United States of America
Var.	Variante
Vgl.	vergleiche

VwGO	Verwaltungsgerichtsordnung in der Fassung der Bekanntmachung vom 19.03.1991 (BGBl. I S. 686), zuletzt geändert durch Art. 6 G. v. 21.07.2012
VwVfG	Verwaltungsverfahrensgesetz in der Fassung der Bekanntmachung vom 23.01.2003 (BGBl. I, S. 102), zuletzt geändert durch Art. 2 Abs. 1 G. v. 14.08.2009 (BGBl. I 2827)
WM	Wertpapiermitteilungen
WpHG	Wertpapierhandelsgesetz in der Fassung der Bekanntmachung vom 09.09.1998 (BGBl. I S. 2708), zuletzt geändert durch Artikel 6 Absatz 3 des Gesetzes vom 28. August 2013 (BGBl. I S. 3395)
WpPG	Wertpapierprospektgesetz vom 22.06.2005 (BGBl. I S. 1698), zuletzt geändert durch Artikel 11 des Gesetzes vom 20. September 2013 (BGBl. I S. 3642)
WpÜG	Wertpapiererwerbs- und Übernahmegesetz vom 20.12.2001 (BGBl I S.3822), zuletzt geändert durch durch Artikel 4 Absatz 53 des Gesetzes vom 7. August 2013 (BGBl. I S. 3154)
WpÜG-GebührenVO	Verordnung über Gebühren nach dem Wertpapiererwerbs- und Übernahmegesetz vom 27.12.2001 (BGBl. I S. 4267), zuletzt geändert durch Erste Verordnung zur Änderung der WpÜG-Gebührenverordnung vom 27.07.2005 (BGBl. I S. 2417)
Yale L. J.	Yale Law Journal
z.T.	zum Teil
ZEV	Zeitschrift für Erbrecht und Vermögensnachfolge
ZGR	Zeitschrift für Unternehmens- und Gesellschaftsrecht
ZHR	Zeitschrift für das gesamte Handelsrecht und Wirtschaftsrecht
Ziff.	Ziffer
ZIP	Zeitschrift für Wirtschaftsrecht
ZRP	Zeitschrift für Rechtspolitik

A. Einführung

Das Wertpapiererwerbs- und Übernahmegesetz bildet seit über zehn Jahren den Rechtsrahmen für öffentliche Übernahmen und stellt einen festen Bestandteil des deutschen Kapitalmarktrechts dar. Mit der Schaffung eines modernen Kapitalmarktrechts in Deutschland in den letzten fünfzehn Jahren[1] ging auch eine Veränderung des rechtstatsächlichen Umfelds einher. Der deutsche Wertpapiermarkt galt lange Zeit als unterentwickelt[2], die Aktie spielte als Instrument der Unternehmensfinanzierung gerade im Vergleich zum angelsächsischen Rechtsraum eine nur untergeordnete Rolle. Da der Kapitalmarkt eine vergleichsweise geringe Markttiefe aufwies, hatten auch öffentliche Übernahmen in Deutschland eher geringere Bedeutung[3]. Als rechtliche Rahmenbedingungen für den wenig aktiven Übernahmemarkt werden die Zweiteilung der Unternehmensleitung der Aktiengesellschaft in Vorstand und Aufsichtsrat, die Arbeitnehmermitbestimmung sowie einzelne Aspekte der Unternehmensfinanzierung genannt[4]. Hinzu kam, dass sich das mit dem Schlagwort „Deutschland AG" treffend bezeichnete deutsche Wirtschaftssystem noch bis Mitte der 1990er Jahre durch ein Netzwerk vielfältiger Kapital- und Personalverflechtungen[5] auszeichnete[6], in

---

1 Wichtige Rechtsquellen sind neben dem WpÜG das WpHG – in Kraft seit 01.01.1995 – sowie das WpPG – in Kraft seit 01.07.2005.

2 *Caspari*, NZG 2005, 98.

3 *Riehmer/Schröder*, NZG 2000, 820 sehen den Diskussionsentwurf des WpÜG vom 29.06.2000 unter dem Eindruck der zunehmenden Zahl von Unternehmensübernahmen und der spektakulären Übernahmen der Mannesmann AG durch Vodafone AirTouch Plc.

4 Vgl. ausführlich *Mühle*, WpÜG, S. 118 ff.

5 *Hellgardt/Hoger*, ZGR 2011, 38, 55: Allianz, Dresdner Bank, Bayerische Hypotheken- und Wechselbank, Münchener Rück und Deutsche Bank kontrollierten einen Großteil der DAX-Konzerne faktisch.

6 *Höpner/Krempel*, Ein Netzwerk in Auflösung: Wie die Deutschland AG zerfällt, abrufbar unter: http://www.mpifg.de/aktuelles/themen/doks/Netzwerk_in_Aufloesung-w.pdf (20.02.2013).

dessen Zentrum Banken[7] und Versicherer[8] standen. Diese Kapitalverflechtungen gingen in den letzten fünfzehn Jahren stark zurück[9], Banken und Versicherer haben sich auch aus der Kontrolle der Unternehmen zunehmend zurückgezogen[10]. Insgesamt hat sich der deutsche Finanzmarkt auch unter dem angelsächsischen Einfluss erheblich gewandelt[11]. Mit dieser Entwicklung ging zugleich eine Veränderung der Aktienkultur, ein Wachsen des Kapitalmarktes insgesamt und auch des Streubesitzes einher[12]. Technischer Fortschritt und die Öffnung des Kapitalmarkts für Innovationen aus dem angelsächsischen Raum führten zu einer erheblich größeren Vielfalt von Finanzprodukten[13], zugleich öffneten sich breite Bevölkerungsschichten für eine Investition in Aktien[14], zunehmend fließt auch Sparvermögen in Finanzprodukte[15]. Auch die Finanzmarktakteure stellen sich vielgestaltiger dar als noch vor einem Jahrzehnt[16], zunehmend agieren Hedgefonds und Private-Equity-Gesellschaften am Kapitalmarkt[17]. Dem

---

7 Die Banken übten ihren Einfluss durch Anteilsbesitz, Kreditbeziehungen, Aufsichtsratsposten und ihr Vollmachtsstimmrecht aus. Vgl. dazu *Hopt*, ZGR 2000, 779.

8 *Krempel*, die Deutschland AG 1996 bis 2006 und die Entflechtung der Kapitalbeziehungen der hundert größten deutschen Unternehmen, Max-Planck-Institut für Gesellschaftsforschung vom 18.11.2008, abrufbar unter http://www.mpifg.de/~lk/netvis/onlinepdf/D_AG_Trier2008.pdf (31.12.2013).

9 Diese Entflechtung wird häufig auf die durch das Steuersenkungsgesetz im Jahr 2000 (BGBl. I S. 1433) eingeführte Steuerfreistellung von Veräußerungsgewinnen durch § 8 b KStG zurückgeführt, vgl. *Hellgardt/Hoger*, ZGR 2011, 38, 56; *Hirte/Heinrich* in Kölner Kommentar, WpÜG, Einl., Rn. 1 und Fn. 1; *Krempel* (Die Deutschland AG 1996–2006 und die Entflechtung der Kapitalbeziehungen der 100 größten deutschen Unternehmen) sieht die Entscheidung, Veräußerungsgewinne steuerfrei zu stellen, hingegen als politischen Reflex auf die bereits obsolet gewordene Funktion der Netzwerkkontrolle, nicht als konkreten Anlass zur Auflösung der „Deutschland AG" an.

10 *Hellgardt/Hoger*, ZGR 2011, 38, 55.

11 So ist etwa in der Entwurfsbegründung zum NaStraG, BT-Drucks. 14/4051, von einer „erheblich verbesserten Kapitalmarktkultur" die Rede.

12 *Fritz* in Veil/Drinkuth (Hrsg.), Reformbedarf im Übernahmerecht, S. 118 ff.; *Hellgardt/Hoger*, ZGR 2011, 38, 55 weisen auf Untersuchungen hin, nach denen für das Jahr 2006 52 % der börsennotierten Unternehmen als *widely held* klassifiziert werden, wohingegen im Jahr 1996 der Anteil lediglich 26% betrug.

13 *Caspari*, NZG 2005, 98.

14 *Riehmer/Schröder*, NZG 2000, 820.

15 *Caspari*, NZG 2005, 98 fürchtet, dass sich zwar das Anlageverhalten, nicht aber das Fachwissen und die Erfahrung der Anleger geändert haben.

16 *Caspari*, NZG 2005, 98.

17 Vgl. hierzu *Fleischer*, ZGR 2008, 185 ff.

angelsächsischen Vorbild[18] folgend gewinnt auch die externe Corporate Governance zunehmend an Bedeutung: WpPG, WpÜG und WpHG sorgen gezielt für größere institutionelle Transparenz von börsennotierten Aktiengesellschaften, was auch dazu führt, dass der gewachsene Kapitalmarkt mehr und mehr Kontrollfunktion gegenüber den Unternehmen wahrnimmt. Mit den beschriebenen Änderungen der marktstrukturellen und rechtlichen Rahmenbedingungen einher ging ein bis zum Einsetzen der weltweiten Finanzkrise im Jahr 2008 stetig wachsender Übernahmemarkt in Deutschland[19].

Öffentliche Übernahmen stellen daher einen immer wichtiger werdenden Teil des deutschen Wirtschaftslebens dar. In jüngster Vergangenheit fanden einige Übernahmeverfahren zudem herausragende Beachtung in der Öffentlichkeit[20]. So führte etwa das Übernahmeangebot der Schaeffler KG an die Aktionäre der Continental AG ebenso wie das feindliche Übernahmeangebot der spanischen ACS-Gruppe an die Aktionäre der HOCHTIEF AG nicht nur zu teilweise hitzigen (rechts-)politischen Diskussionen, sondern auch zur Formulierung konkreter Wünsche und Forderungen an den (Reform-)Gesetzgeber[21].

Die steigende Bedeutung des Übernahmemarktes sowie die Revision der Übernahmerichtlinie sind Anlass, sich mit dem Pflichtangebot als „Kernstück"

---

18 *Möllers/Holzner*, NZG 2008, 166, 167 warnen vor „Placebo-Gesetzgebung aufgrund einer defizitären Teil-Rechtsvergleichung mit dem US-amerikanischen Recht".

19 Vgl. *Hirte/Heinrich* in Kölner Kommentar, WpÜG, Einleitung, Rn. 1; Mittlerweile hat das Niveau des Übernahmemarkts noch nicht wieder das Niveau vor der Finanzkrise erreicht, insgesamt steigen die Übernahmeaktivitäten aber wieder an. Marktbeobachter rechnen damit, dass sich der Markt für öffentliche Übernahmen in Deutschland weiter beleben wird, da deutsche Unternehmen nach der zurückhaltenden Akquisitionspolitik über hohe liquide Mittel verfügen dürften. Da der Unternehmenswert deutscher Unternehmen noch immer in vielen Fällen höher ist als ihr Börsenwert kommen sie sowohl als Übernehmer als auch als Übernahmekandidat in Betracht. Vgl. dazu *Ihrig*, AG 2011, R139.

20 Herausragende Beispiele sind das Pflichtangebot der Porsche AG an die Aktionäre der Volkswagen AG mit einem Transaktionsvolumen von 27,8 Mrd. Euro, das Übernahmeangebot der Schaeffler KG an die Aktionäre der Continental AG, das eine hitzige Diskussion über das unbemerkte Anschleichen an Unternehmen unter Einsatz von Swaps auslöste und das finanzpolitisch kontrovers diskutierte Übernahmeangebot des Finanzmarktstabilisierungsfonds SoFFin an die Aktionäre der Hypo Real Estate Holding AG.

21 Die Übernahme Schaeffler/Continental war Anlass für den Gesetzgeber, Aktienderivate mit Barabfindung dem Melderegime der §§ 21 ff. WpHG zu unterstellen; vgl hierzu und zu entsprechenden Forderungen mehrerer DAX-Vorstände Handelsblatt vom 28.08 2008, „DAX-Finanzchefs wollen Anschleichen stoppen".

des WpÜG zu befassen. Der empirische Befund zeigt, dass das Pflichtangebotsrecht zu großen Teilen das Recht seiner Ausnahmen ist. Seit Inkrafttreten des WpÜG liegt die Zahl der durchgeführten Befreiungsverfahren um ein Vielfaches höher als die Zahl der tatsächlich durchgeführten Pflichtangebotsverfahren[22]. Zudem ist zu beobachten, dass die Anträge auf Befreiung von den Pflichten des § 35 WpÜG fast immer erfolgreich sind.

So standen im ersten Jahr nach Inkrafttreten des WpÜG 15 Pflichtangeboten 110 Befreiungsanträge gegenüber[23]. Dieser Trend sollte sich in den folgenden Berichtsjahren fortsetzen: 2003 standen 17 Pflichtangeboten 110 Befreiungsanträgen gegenüber[24], negativ beschieden wurden lediglich 7 Anträge[25]. Im Jahr 2004 wurden insgesamt 154 Befreiungsanträge gestellt[26], von denen lediglich 9 abgelehnt wurden. Im Berichtszeitraum 2005 wurde von 113 Befreiungsanträgen lediglich ein Antrag abgelehnt[27]. Im Berichtsjahr 2006 standen 13 abgegebenen Pflichtangeboten 52 Befreiungsanträge nach § 37 WpÜG gegenüber[28]. Auch in den Berichtsjahren 2007 bis 2009 kehrte sich das Bild nicht um, insgesamt stand im Jahr 2007 230 Befreiungsanträgen eine Ablehnung gegenüber[29]. Auch 2008 wurde von 94 Befreiungsanträgen lediglich ein Antrag abgelehnt[30]. Die Zahl der abgelehnten Befreiungsanträge nahm bis 2008 stetig ab, lediglich im Jahr 2009 wurden von 174 Anträgen 10 abgelehnt[31]. Bereits dieser erste Befund

---

22 Im Zeitraum von 2002 bis 2011 standen 130 Pflichtangeboten 1171 Anträge gemäß § 36 WpÜG oder § 37 WpÜG gegenüber, vgl. Jahresberichte der BaFin 2002–2011.

23 Hiervon entfielen wiederum 43 Anträge auf Befreiungen nach § 37 WpÜG, vgl. Jahresbericht der BaFin 2002, S. 175.

24 Jahresbericht der BaFin 2003, S. 206; die Mehrzahl der Anträge betraf wiederum § 36 Abs. 3 WpÜG.

25 Jahresbericht der BaFin 2003, S. 206.

26 Hiervon entfielen 80 Anträge auf Befreiungen nach § 37 WpÜG, vgl. Jahresbericht der BaFin 2004, S. 202.

27 70 Anträge wurden auf § 37 WpÜG gestützt, vgl. Jahresbericht der BaFin 2005, S. 176.

28 Jahresbericht der BaFin 2006, S. 181; zudem wurden im Berichtsjahr 246 weitere Befreiungsanträge nach § 37 WpÜG gestellt, die allerdings ausnahmslos auf der kurzzeitigen, mittlerweile wieder zurückgenommenen Änderung der Zurechnungsnorm des § 30 Abs. 1 Satz 1 Nr. 1 WpÜG beruhten, die zu einer geänderten Zurechnung von Stimmrechten im Konzern geführt hatte. Mittlerweile ist die Rechtslage wieder hergestellt, die bis zum Übernahmerichtlinieumsetzungsgesetz gegolten hatte, weshalb diese ungewöhnlich hohe Zahl von Befreiungsanträgen in diesem Zeitraum hier außer Betracht zu bleiben hat.

29 Jahresbericht der BaFin 2007, S. 195.

30 Jahresbericht der BaFin 2008, S. 193.

31 Jahresbericht der BaFin 2009, S. 205.

deutet darauf hin, dass entgegen der gesetzlichen Konzeption die Befreiung vom Pflichtangebot geradezu die Regel darstellt, die Durchführung eines Pflichtangebotsverfahrens hingegen eine Ausnahme.

Da die enorme praktische Relevanz der Befreiungsmöglichkeiten ins Auge sticht, ist das Ziel dieser Arbeit, eine kritische Bestandsaufnahme des Rechts der Befreiung von der Angebotspflicht vorzunehmen und zu untersuchen, ob die bisherigen Erfahrungen der Praxis eine Reform des Regelungsregime verlangen.

Dabei soll zunächst ein kurzer Blick auf die wirtschaftlichen Aspekte von Unternehmensübernahmen geworfen werden, um die Interessen der an einer Übernahme Beteiligten zu ermitteln. Schließlich soll ein Blick über die Grenze geworfen werden und das Pflichtangebotsregime ausgewählter Auslandsrechte skizziert werden. Die praktischen Erfahrungen der europäischen Nachbarn können trotz aller Unterschiede im rechtlichen und marktstrukturellen Umfeld auch für die deutsche Reformdiskussion über das Pflichtangebotsrecht fruchtbar gemacht werden.

Im dritten Teil der Arbeit werden die einzelnen Befreiungsgründe und -tatbestände untersucht, wobei das Augenmerk auch auf die jeweilige Verwaltungspraxis der BaFin zu richten ist. Es soll untersucht werden, ob und wenn ja welche Schwachstellen der gesetzlichen Regelung sich in der Rechtsanwendung gezeigt haben und ob insoweit gesetzgeberischer Reformbedarf besteht.

Im vierten Teil der Arbeit wird schließlich das Verfahren der Befreiungsmöglichkeiten untersucht, wobei ebenfalls die Bedürfnisse der Rechtspraxis, die sich in der bisherigen Praxis der Gesetzesanwendung gezeigt haben, zu berücksichtigen sein werden. Abschließend erfolgt eine Bewertung der gefundenen Ergebnisse.

B. Entstehungsgeschichte des WpÜG und ökonomischer Rahmenbezug

I. Nationaler Vorläufer: Übernahmekodex der Börsensachverständigenkommission

Vor Inkrafttreten des WpÜG am 01.01.2002 existierte in Deutschland kein gesetzliches und allgemeinverbindliches Regelwerk für Unternehmensübernahmen. Die Bedeutung öffentlicher Übernahmeangebote war insgesamt – auch aufgrund marktstruktureller Bedingungen in Deutschland – eher als gering anzusehen[32].

Beeinflusst von den positiven Erfahrungen einer Übernahmeregulierung im Wege der freiwilligen Selbstkontrolle in Großbritannien[33] wurde in Deutschland bereits 1979 mit den „Leitsätzen für Übernahmeangebote“[34] der Börsensachverständigenkommission, die beim Bundesfinanzministerium angesiedelt war, ein Versuch unternommen, Mindestvorgaben für die an einer Übernahme beteiligten Unternehmen zu formulieren. Die „Leitsätze“ enthielten keine Angebotspflicht im Falle des Kontroll- bzw. Mehrheitserwerbs[35]. Die Grundsätze blieben in der Praxis weithin unbeachtet[36] und erwiesen sich als nicht wirksam[37]. Am 1. Oktober 1995 trat schließlich als weiterer Versuch

32 Hinzuweisen ist auf eine geringe Liquidität des Kapitalmarktes, eine starke kapitalmäßige Verflechtung der Industrie- und Finanzkonzerne untereinander, den hohen Grad der Eigentumskonzentration und die vergleichsweise geringe Bedeutung der Aktie als Instrument der Unternehmensfinanzierung, vgl. auch *Hirte/Heinrich* in Kölner Kommentar, WpÜG, Einl., Rn. 37 m.w.N.

33 *Schlitt/Ries* in Münchener Kommentar, AktG, § 35 WpÜG, Rn. 17.

34 „Leitsätze für öffentliche freiwillige Kauf- und Umtauschangebote bzw. Aufforderung zur Abgabe derartiger Angebote in amtlich notierten oder im geregelten Freiverkehr gehandelten Aktien bzw. Erwerbsrechten“, abgedruckt in: *Baumbach/Hopt*, HGB, 27 Aufl. 1987, Rn. 18.

35 *Schlitt/Ries* in Münchener Kommentar, AktG, § 35 WpÜG, Rn. 17; *Pötzsch* in Assmann/Pötzsch/Schneider, WpÜG, Einl., Rn. 17.

36 *Hopt*, ZHR (161) 1997, 368, 422 erklärt die Bedeutungslosigkeit auch damit, dass konkrete Verhaltensanweisungen fehlten und dass eine Überwachungsstelle nicht vorhanden war.

37 *Letzel*, NZG 2001, 260.

freiwilliger Selbstregulierung[38] der sogenannte Übernahmekodex, ebenfalls initiiert von der Börsensachverständigenkommission, in Kraft, der mit Wirkung zum 01.01.1998 modifiziert wurde[39].

1. Ratio und Grundkonzeption

Es handelte sich bei dem Übernahmekodex um eine „Empfehlung für die an freiwilligen Übernahmeangeboten beteiligten Parteien“[40], verbindlich waren die Regelungen nur für Unternehmen, die den Übernahmekodex in erforderlicher Form ausdrücklich anerkannt hatten[41].

Ziel des Übernahmekodex war die Etablierung internationaler Standards für öffentliche Übernahmeangebote, insgesamt sollten Fairness und Transparenz im Kapitalmarkt gefördert werden[42]. Als Leitprinzip lässt sich neben dem Gebot der Gleichbehandlung der an einer Übernahme beteiligten Aktionäre, der Sicherstellung der Transparenz und dem Grundsatz der Managementneutralität auch die Abgabe eines Pflichtangebots an die außenstehenden Aktionäre ausmachen.

Der Übernahmekodex sah die Einrichtung einer Übernahmekommission vor, deren Geschäftsstelle – wiederum inspiriert durch ähnliche Sanktionsmöglichkeiten des *Panel on Takeovers and Mergers* unter Geltung des britischen City Code – bei Zuwiderhandlungen gegen den Übernahmekodex als informelle Sanktion[43] eine öffentliche Rüge aussprechen konnte, indem Bemerkungen und Entscheidungen gemäß Art. 21 II Übernahmekodex veröffentlicht wurden. Diese im Vereinigten Königreich als wirksame und legitime Mittel angesehenen Sanktionsmöglichkeiten stießen im deutschen Rechtsraum zum Teil auf ganz erhebliche Kritik[44]. Die Abkehr von Versuchen einer Selbstregulierung schon vor dem Inkrafttreten der Übernahmerichtlinie hin zu einem dirigistischen System mit einer staatlichen Aufsichtsbehörde erscheint unter diesem Blickwinkel folgerichtig.

---

38 *Letzel*, NZG 2001, 260.

39 Übernahmekodex vom 14.07.1995 i.d.F. vom 28.11.1997, abgedruckt in NZG 2000, 390.

40 Übernahmekodex, Einleitung.

41 Vgl. Art. 21 Übernahmekodex.

42 *Schander*, NZG 1998, 799, 800.

43 *Letzel*, NZG 2001, 260, 266.

44 In der älteren Literatur war von einer Publizitätswaffe und dem Pranger die Rede.

2. Pflichtangebotsregime

Art. 16 des Übernahmekodex begründete die Pflicht zur Abgabe eines Pflichtangebotes im Falle des Kontrollerwerbs. Die Kontrolle erreichte nach Art. 16 S. 2 des Übernahmekodex i.d.F. vom 01.01.1998[45], wer allein oder aufgrund einer Vereinbarung mit Dritten mehr als 50% der Stimmrechte einer Zielgesellschaft auf sich vereinte, wer das Recht innehatte, die Mehrheit der Mitglieder des Verwaltungs-, Leitungs- oder Aufsichtsorgans der Zielgesellschaft zu bestellen oder wer einen Stimmrechtsanteil erlangte, der bei der ersten Beschlussfassung in allen drei vorhergehenden ordentlichen Hauptversammlungen der Zielgesellschaft zu einem Stimmrechtsanteil von drei Vierteln des präsenten, stimmberechtigten Grundkapitals geführt hätte[46]. Art. 17 enthielt eine besondere Preisbildungsregel, wonach der Angebotspreis in einem angemessenen Verhältnis zum höchsten Börsenpreis der Wertpapiere in den letzten drei Monaten vor der Kontrollerlangung stehen musste, Erwerbe zwischen Kontrollerlangung und Abgabe des Pflichtangebots waren bei der Preisermittlung mit ihrem gewogenen Durchschnittspreis zu berücksichtigen.

Art. 16 des Übernahmekodex enthielt eine abschließende[47] Aufzählung der Fälle, in denen der Erwerber einer Kontrollmehrheit kein Pflichtangebot abgeben musste. So entfiel die Angebotspflicht, wenn der Kontrollerwerb auf Grund des Erwerbs von Wertpapieren erfolgte, die nur zum Zwecke der Weiterplatzierung an Dritte vorübergehend gehalten wurden sowie im Falle des unbeabsichtigten Überschreitens der Kontrollschwelle mit unverzüglich nachfolgendem Unterschreiten der Kontrollschwelle. Ferner war ein Pflichtangebot auch dann nicht abzugeben, wenn der Bieter beabsichtigte, innerhalb von 18 Monaten nach Erreichen der Kontrolle Beschlüsse über einen Unternehmensvertrag gemäß §§ 291 ff. AktG, die Eingliederung der Zielgesellschaft gemäß §§ 319 ff. AktG, einen Formwechsel gemäß §§ 190 ff. UmwG oder über die Verschmelzung der Zielgesellschaft gemäß §§ 2 ff. UmwG zu treffen – wenn und soweit diese Absicht nach Erreichen der Kontrollschwelle der Übernahmekommission mitgeteilt und auch nicht wieder aufgegeben wurde. Wurden solche Beschlüsse nicht gefasst oder die Absicht aufgegeben, musste unverzüglich ein Pflichtangebot abgegeben werden[48].

---

45 Unter Geltung des Übernahmekodex i.d.F. vom 14.07.1995 löste nur die Erlangung von 50 % der Stimmrechte die Angebotspflicht aus.

46 Vgl. zum Kontrollbegriff des Übernahmekodex *Letzel*, NZG 2001, 260.

47 *Schander*, NZG 1998, 799, 801.

48 Vgl. Art. 16 Übernahmekodex.

Darüber hinaus konnte gemäß Art. 16 S. 3 Übernahmekodex die Hauptversammlung der Zielgesellschaft den Bieter innerhalb von 18 Monaten nach Überschreiten der Kontrollschwelle durch einen entsprechenden Hauptversammlungsbeschluss von der Pflicht zur Abgabe eines Angebots befreien, der Mehrheitsaktionär war hierbei nicht stimmberechtigt[49].

Da die Angebotspflicht an das Innehaben der Stimmrechtsmehrheit anknüpfte, fehlten naturgemäß Befreiungstatbestände, die den jetzt in § 37 WpÜG enthaltenen Fällen der besonderen Beteiligungsverhältnisse der Zielgesellschaft und der fehlenden tatsächlichen Möglichkeit der Ausübung der Kontrolle entsprechen.

3. Scheitern des Übernahmekodex

Der Übernahmekodex scheiterte letztlich an der fehlenden Akzeptanz durch börsennotierte Unternehmen[50]. Häufig wird als Hauptgrund für die fehlende Akzeptanz insbesondere die in Deutschland lange Zeit rechtspolitisch und ökonomisch umstrittene Angebotspflicht angesehen[51]. Andere stellen darauf ab, dass der Hauptnachteil des Übernahmekodex weniger die inhaltliche Ausgestaltung der Angebotspflicht sondern der Umstand war, dass sich nicht alle Unternehmen den Regelungen unterworfen hätten[52] oder machen als Schwäche das Fehlen einer Überwachungsstelle und konkreter Verhaltensanweisungen aus[53]. Jedenfalls scheiterte der Versuch, ein System der Selbstregulierung zu etablieren, weshalb schließlich die Börsensachverständigenkommission die Schaffung eines allgemeinverbindlichen gesetzlichen Rahmens für Unternehmensübernahmen empfahl[54].

---

49 Diese Regelung belegt die enge Anlehnung an die Regelungen des britischen City Code, die mit Inkrafttreten des WpÜG, das nur einige der im Übernahmekodex enthaltenen Befreiungsgründe übernimmt, wieder abgeschwächt wurde. Vgl. dazu: *Hasselbach* in Kölner Kommentar, WpÜG, § 35, Rn. 18 (Zustimmung der Hauptversammlung ist im angelsächischen Modell des City Code verwurzelt).

50 Bis April 2001 hatten lediglich 755 börsennotierte Gesellschaften, davon 86 Unternehmen des DAX 100, den Kodex anerkannt. Insgesamt waren zu diesem Zeitpunkt 1016 Unternehmen börsennotiert, vgl. Begr. RegE BT-Drucks. 14/7034, S. 27.

51 *Letzel*, NZG 2001, 260; ders. BKR 2002, 293; *Weisgerber*, ZHR 161, 421, 428.

52 *Schlitt/Ries* in Münchener Kommentar, AktG, § 35 WpÜG, Rn. 22; *Kleindiek*, ZGR 2002, 546, 554.

53 *Hopt*, ZHR 161 (1997), 368, 422.

54 Neben der Erarbeitung europäischer Vorschläge einer Übernahmerichtlinie gab einen wesentlichen Impuls zur Schaffung des WpÜG schließlich die Übernahme der Mannesmann AG durch Vodafone, vgl. hierzu *Riehmer/Schröder*, NZG 2000, 820 ff. Als Folge dieser Übernahme wurde eine Expertenkommission „Unternehmensübernahmen“ eingesetzt, die Empfehlungen eines künftigen Übernahmerechts formulierte.

II. Europäische Rechtsentwicklung

Das deutsche Pflichtangebotsrecht muss schließlich im Kontext der europäischen Harmonisierung des Übernahmerechts betrachtet werden. Die am 20.05.2004 in Kraft getretene Richtlinie des Europäischen Parlaments und des Rates betreffend öffentliche Übernahmeangebote[55] („Übernahmerichtlinie") ist das Ergebnis fast 30-jähriger Diskussionen auf europäischer Ebene.

1. Pennington-Entwurf

Nach ersten Vorarbeiten einer von der EWG-Kommission schon im Jahr 1966 eingesetzten Sachverständigen-Gruppe, die in Bezug auf Unternehmensübernahmen europäischen Regulierungsbedarf konstatierte, wurde 1974 der britische Rechtsprofessor Robert Pennington von der Kommission beauftragt, einen Entwurf einer Richtlinie vorzulegen. Der von Pennington vorgelegte „*Report on Takeover and other General Bids*"[56] orientierte sich stark am britischen City Code[57] und bildete den Anfang einer 30-jährigen Diskussion und einer ganzen Reihe unterschiedlicher Richtlinienentwürfe. Zunächst wurde der Vorschlag einer Richtlinie zur Regulierung von Unternehmensübernahmen jedoch nicht weiter verfolgt. Innerhalb der Kommission eingerichtete Arbeitsgruppen zeigten, dass auf Seiten der Mitgliedstaaten wenig Interesse an einer Rechtsangleichung auf diesem Gebiet bestand[58]. Hierfür mitverantwortlich dürfte auch der Umstand gewesen sein, dass die praktische Bedeutung öffentlicher Übernahmeangebote in den 70er Jahren gering war[59]. Ein Regelungsbedürfnis wurde dementsprechend überwiegend bezweifelt.

So fanden die ersten Bemühungen um ein europäisches Übernahmerecht einen vorläufigen Abschluss in der Verabschiedung einer Empfehlung über europäische Wohlverhaltensregeln für Wertpapiertransaktionen[60]. Diese von der

---

55 Richtlinie 2004/25/EG des Europäischen Parlaments und des Rates vom 21. April 2004 betreffend Übernahmeangebote, ABl. L 142/12.

56 Vorschlag für eine Richtlinie zur Koordinierung der mitgliedschaftlichen Schutzbestimmungen für Gesellschaften im Sinne von Art. 58 Abs. 2 des Vertrages zur Wahrung der Interessen von Gesellschaften und anderen im Hinblick auf allgemeine Übernahmeangebote für Aktien und andere Wertpapiere von Aktiengesellschaften, Komm. Dok. XI/56/74-E; dazu *Krause*, ZGR 2002, 500, 501.

57 *Baums/Rieder* in Baums/Thoma, WpÜG, Einl., Rn. 1.17.

58 *Hirte/Heinrich* in Kölner Kommentar, WpÜG, Einl., Rn. 62.

59 *Baums/Rieder* in Baums/Thoma, WpÜG, Einl., Rn. 1.17.

60 Vgl. ABl. L 212 vom 20.08.1977, S. 37–43.

Europäischen Kommission verabschiedeten Empfehlungen, die vor allem den Grundsatz der Gleichbehandlung aller Aktionäre bei Erwerb von Kontrollbeteiligungen aufgriffen[61], waren jedoch nicht bindend.

2. Richtlinienvorschläge 1989/1990

Wiederbelebt wurde die Diskussion über eine Harmonisierung des Übernahmerechts erst, als eine gestiegene praktische Relevanz öffentlicher Übernahmen bemerkt wurde und spektakuläre Unternehmensübernahmen in der Öffentlichkeit und Tagespresse Beachtung fanden[62]. Schon 1985 kündigte die europäische Kommission im Weißbuch zur Vollendung des Binnenmarktes bis 1992 einen Richtlinienvorschlag an[63], der nach einem ersten Vorentwurf 1987 schließlich 1989 vorgelegt wurde[64] und 1990 erste Änderungen durch das Europäische Parlament erfuhr[65].

Die Reaktionen der Mitgliedstaaten auf den vorgeschlagenen Richtlinienentwurf waren verhalten. Während Großbritannien durch den Richtlinienentwurf vor allem seinen Ansatz der strikten Selbstregulierung gefährdet sah, konzentrierte sich die Kritik in Deutschland in erster Linie an dem im Richtlinienentwurf vorgesehenen Pflichtangebot, das als unvereinbar mit dem deutschen Konzernrecht angesehen wurde[66]. Ein europäischer Konsens konnte Anfang der 1990er Jahre nicht erzielt werden und die Verhandlungen über eine Harmonisierung des Übernahmerechts ruhten für mehrere Jahre.

---

61 Empfehlung der Kommission betreffend europäische Wohlverhaltensregeln für Wertpapiertransaktionen vom 25.07.1977, 3. Allgemeiner Grundsatz und 17. Einzelregelung.

62 Zu nennen ist hier etwa der Übernahmekampf um die damalige Société Générale de Belgique, vgl. hierzu *Hirte*, ZIP 1989, 1233.

63 Vgl. EG Kommission, Vollendung des Binnenmarktes, Weißbuch der Kommission an den Europäischen Rat, 1985, S. 34. – BR-Drucks. 289/85.

64 Vorschlag für eine dreizehnte Richtlinie des Rates auf dem Gebiet des Gesellschaftsrechts über Übernahmeangebote vom 19.01.1989, ABl. C 64 vom 14.03.1989, S. 8, BT-Drucks. 11/4338.

65 ABl. C 38 vom 19.02.1990, S. 49 ff.

66 *Mertens*, AG 1990, 252, 256; der Rechtsausschuss des Bundestages und der Bundesrat haben den Vorschlag ebenfalls abgelehnt: Bundesrat zum Vorschlag für eine 13. Richtlinie des Rates auf dem Gebiet des Gesellschaftsrechts über Übernahmeangebote, BR-Drucks. 136/89 und Rechtsausschuss zum Vorschlag für eine 13. Richtlinie des Rates auf dem Gebiet des Gesellschaftsrechts über Übernahmeangebote, BT-Drucks. 11/6612; Rechtsausschuss zum geänderten Vorschlag für eine 13. Richtlinie des Rates auf dem Gebiet des Gesellschaftsrechts über Übernahmeangebote, BT-Drucks. 12/1465.

3. Richtlinienvorschläge 1996/1997 bis 2000

Am 08.02.1996 wurde von der Europäischen Kommission ein im Vergleich zu den Vorentwürfen stark veränderter Vorschlag einer Übernahmerichtlinie vorgelegt[67], der im Sinne einer Rahmenrichtlinie überwiegend allgemeine Grundsätze enthielt, ansonsten den Mitgliedsstaaten einen weiten Umsetzungs- bzw. Auslegungsspielraum beließ[68]. Dieser Vorschlag wurde nach Verhandlungen und Änderungswünschen des Europäischen Parlaments ersetzt durch den am 10.11.1997 vorgelegten geänderten Vorschlag für eine 13. Richtlinie des Europäischen Parlaments[69]. Der so geänderte Vorschlag trug den Bedenken Großbritanniens Rechnung und ließ es zu, Rechtsstreitigkeiten mit Bezug zu Übernahmeverfahren weitgehend den Gerichten zu entziehen[70], Art. 3 Abs. 1 des geänderten Vorschlags sah zudem kein zwingendes Pflichtangebot mehr vor und erlaubte eine Sicherstellung des Schutzes der Minderheitsaktionäre auch durch wenigstens gleichwertige Vorkehrungen, sog. Gleichwertigkeitsklausel[71].

Dieser Entwurf war Grundlage der Verhandlungen des Rates über einen Gemeinsamen Standpunkt im Jahr 2000 und Grundlage einer lebhaften Schlussphase der Diskussion einer europäischen Übernahmerichtlinie[72]. So wurde am 19.06.2000 ein Gemeinsamer Standpunkt formell verabschiedet[73], der grundsätzlich weiter dem Konzept einer Rahmenrichtlinie folgte, allerdings von der

---

67 Vorschlag für eine 13. Richtlinie des Europäischen Parlaments und des Rates auf dem Gebiet des Gesellschaftsrechts über Übernahmeangebote, ABl. C 162 vom 06.06.1996, S. 5.

68 *Hirte/Heinrich* in Kölner Kommentar, WpÜG, Einl., Rn. 63. Ablehnend weiterhin der Rechtsausschuss des Bundestages: BT-Drucks. 11/6612, S. 2.

69 Geänderter Vorschlag für eine 13. Richtlinie des Europäischen Parlaments und des Rates auf dem Gebiet des Gesellschaftsrechts über Übernahmeangebote vom 14.11.1997, ABl. C 378 vom 13.12.1997, S.10.

70 Vgl. Art. 4 Nr. 5 des Richtlinienvorschlags; dazu *Baums/Rieder* in Baums/Thoma, WpÜG, Einl., Rn. 1.21.

71 Nach *Neye*, DB 1996, 1121, 1122 sollte mit der Gleichwertigkeitsklausel insbesondere Deutschland ermöglicht werden, sein System des konzernrechtlichen Minderheitenschutzes beizubehalten. Diese Gleichwertigkeitsklausel war den Mitgliedsstaaten in der Mehrheit nicht zu vermitteln, der deutsche Widerstand gegen die Pflichtangebotsregel wurde daher in der ersten Jahreshälfte 1999 aufgegeben, vgl. dazu *Neye*, AG 2000, 289, 293 sowie *Kleindiek*, ZGR 2002, 546, 556.

72 *Mülbert*, NZG 2004, 633.

73 Gemeinsamer Standpunkt im Hinblick auf den Erlass einer Richtlinie des Europäischen Parlaments und des Rates auf dem Gebiet des Gesellschaftsrecchts betreffend Übernahmeangebote vom 19.06.2000, Abl. C 23 vom 24.01.2001, S. 1–14.

sog. „Gleichwertigkeitsklausel" wieder abrückte und in Art. 5 ein Pflichtangebot wieder zwingend vorsah. Im Mittelpunkt der rechtspolitischen Diskussion stand jedoch insbesondere das Regelungsregime in Bezug auf ein europäisches *Level Playing Field*; der Gemeinsame Standpunkt regelte die erlaubten Abwehrmaßnahmen des Vorstands der Zielgesellschaft sehr restriktiv. Das Europäische Parlament beschloss im Anschluss zahlreiche Änderungen des Gemeinsamen Standpunkts[74], die teilweise auch dessen Grundkonzeption betrafen. Kern der Kritik des Europäischen Parlaments[75] war wiederum die Schaffung eines europäischen *Level Playing Field* und damit die Frage nach der Zulässigkeit von Abwehrmaßnahmen der Leitungsorgane der Zielgesellschaft[76]. Nachdem das Vermittlungsverfahren durchlaufen war, eine politische Einigung eigentlich erzielt und ein Richtlinientext durch den Vermittlungsausschuss verabschiedet wurde[77], sorgte das Europäische Parlament für einen „Paukenschlag"[78] und lehnte den Vorschlag des geänderten Richtlinienentwurfes mit 273 zu 273 Stimmen bei 22 Enthaltungen ab[79]. Das Vorhaben einer europäischen Harmonisierung des Übernahmerechts war damit vorläufig gescheitert.

4. Abschlussbericht der High Level Group of Corporate Law Experts

Ab 2002 wurde eine siebenköpfige „High Level Group of Corporate Law Experts" unter Leitung des Niederländers Jaap Winter eingerichtet, deren Aufgabe darin bestand, die Kommission in der Vorbereitung eines neuen Richtlinienvorschlags zu unterstützen, der den gegen den Gemeinsamen Standpunkt gerichteten Bedenken Rechnung tragen sollte. In dem von der Winter-Kommission

---

74 Legislative Entschließung des Europäischen Parlaments zu dem Gemeinsamen Standpunkt des Rates im Hinblick auf den Erlass der Richtlinie des Europäischen Parlaments und des Rates auf dem Gebiet des Gesellschaftsrechts betreffend Übernahmeangebote vom 13.12.2000 (8129/1/2000 - C5-0327/2000 — 1995/0341(COD)).

75 Und des deutschen Abgeordneten Lehne als „spiritus rector" dieser Kritik, vgl. *Baums/Rieder* in Baums/Thoma, WpÜG, Einl., Rn. 1.24.

76 Änderungsbedarf sah das Europäische Parlament auch bei der Regelung der Gegenleistung des Bieters, der Beteiligung der Arbeitnehmer und in Bezug auf die Regelung des Squeeze-Out von Minderheitsaktionären.

77 Gemeinsamer Text gebilligt vom Vermittlungsausschuss abgedruckt bei *Neye*, ZIP 2001, 1123.

78 *Mülbert*, NZG 2004, 633.

79 Sitzungsprotokoll des Europäischen Parlaments vom 04.07.2001, Abl. C 65 vom 14.03.2002, S. 16.

vorgelegten Abschlussbericht[80] unterbreitete die „Winter-Kommission" auch Vorschläge zur Schaffung eines *Level Playing Field.*

5. Geänderter Vorschlag der Kommission für eine Übernahmerichtlinie[81]

Ausgehend vom Bericht der „Winter-Kommission" legte die Kommission im Oktober 2002 einen neuen Richtlinienvorschlag vor, der weiter der Konzeption der Rahmenrichtlinie folgt und nicht alle Vorschläge des Berichts der Winter-Kommission aufgreift[82]. Streitpunkt war vor allem die Ausklammerung der in einigen Mitgliedsstaaten verbreiteten Doppel- und Mehrstimmrechte aus der in Art. 11 der Richtlinie enthaltenen Durchgriffsregelung. Etliche Mitgliedsstaaten sahen hierdurch das Ziel der Schaffung eines *Level Playing Field* als gefährdet an. Schließlich empfahl auch ein vom Europäischen Parlament in Auftrag gegebenes Gutachten von Lamadini und Dauner-Lieb, die Mehrstimmrechte in die Durchbruchsregel der Richtlinie aufzunehmen, da andernfalls zu befürchten sei, dass zahlreiche Unternehmen dieses Mittel zur Verhinderung von Unternehmensübernahmen einsetzen würden[83].

Schließlich ermöglichte ein von der italienischen Ratspräsidentschaft unterbreiteter Kompromissvorschlag eine Einigung: So wurden zwar die Mehr-, nicht aber die Doppelstimmrechte in die Richtlinie einbezogen und durch das zweistufige Optionsmodell wurde es den Mitgliedsstaaten ermöglicht, von der Neutralitätspflicht bzw. der europäischen Durchbrechungsregel abzusehen[84]. Insbesondere die Möglichkeit zum Opting-out[85] ermöglichte erst die Einigung[86].

---

80 Bericht der hochrangigen Gruppe von Experten auf dem Gebiet des Gesellschaftsrechts über die Abwicklung von Unternehmensübernahmen vom 10.01.2002; abrufbar unter http://ec.europa.eu/internal_market/company/docs/modern/consult_de.pdf (20.02.2013).

81 Vorschlag für eine Richtlinie des Europäischen Parlaments und des Rates betreffend Übernahmeangebote vom 02.10.2002, KOM/2002/0534 endg. - COD 2002/0240 = Abl. C 45E vom 25.02.2003, S. 1 ff.

82 *Wiesner*, ZIP 2002, 208 ff.; *Baums/Rieder* in Baums/Thoma, WpÜG, Einl., Rn. 1.32 mit dem Hinweis, dass sich der nach dem Winter-Bericht abzeichnende Paradigmenwechsel in dem Entwurf der Kommission nicht widerspiegele.

83 Zusammenfassung von *Dauner-Lieb* und *Lamadini* in BB 2003, 265 f.

84 *Maul*, NZG 2005, 151 ff.

85 Kritisch hierzu *Hirte/Heinrich* in Kölner Kommentar, Einl., Rn. 67 b mit dem Hinweis, dass das Optionsmodell „die Kerninhalte der Richtlinie zu rein fakultativ anwendbaren Vorgaben degradiere".

86 *Kindler/Horstmann*, DStR 2004, 866, 868.

Das Europäische Parlament nahm diesen Kompromissvorschlag an, und so wurde mit der Zustimmung des Rats am 30.03.2004 die Übernahmerichtlinie fast dreißig Jahren nach der Vorlage des „Pennington-Entwurfs" verabschiedet.

III. Umsetzung der Übernahmerichtlinie in Deutschland

Neben mehreren lediglich geringfügigen Änderungen[87] erfuhr das WpÜG zentrale Änderungen erst durch das Gesetz zur Umsetzung der Übernahmerichtlinie[88].

Zu den wesentlichen Änderungen des WpÜG im Rahmen der Richtlinienanpassung gehören die Einführung des europäischen Verhinderungsverbots[89], die europäische Durchbrechungsregelung, die Einführung eines Optionsmodells[90] mit der Möglichkeit einer Entscheidung der Hauptversammlung zwischen dem grundsätzlich strengeren[91] europäischen Verhinderungsverbot oder dem weitergehende Ausnahmen zulassenden deutschen Vereitelungsverbot, ferner das übernahmerechtliche Ausschlussrecht und komplementär hierzu ein Andienungsrecht der Minderheitsaktionäre wenn der Mehrheitsaktionär einen Antrag nach §§ 39a f. WpÜG stellen könnte[92] (Squeeze-out und Sell-out). Im Bereich der Pflichtangebotsregeln waren Änderungen der Höhe der geschuldeten Gegenleistung erforderlich, auf Grund von Art. 5 IV Unterabs. 1 der Übernahmerichtlinie war der Referenzzeitraum, in dem Vorerwerbe des Bieters zu berücksichtigen sind, in § 4 WpÜG-AngebotsVO auf sechs Monate zu verlängern.

In der Folge wurden durch das Transparenzrichtlinie-Umsetzungsgesetz vom 5. Januar 2007[93] die Zurechnungsvorschriften des Übernahmerechts und des Wertpapierhandelsrechts aneinander angepasst, das Risikobegrenzungsgesetz

---

87 Vgl. Aufzählung von *Hirte/Heinrich* in Kölner Kommentar, WpÜG, Einl., Rn. 52, 56 ff.

88 Gesetz zur Umsetzung der Richtlinie 2004/25/EG des Europäischen Parlaments und des Rates vom 21. April 2004 betreffend Übernahmeangebote (Übernahmerichtlinie-Umsetzungsgesetz) vom 8. Juli 2006, BGBl. I S. 2553). Vgl. zu den Änderungen anlässlich der Umsetzung der Übernahmerichtlinie *Diekmann*, NJW 2007, 17; *Schüppen*, BB 2006, 165; *Merkt/Binder*, BB 2006, 1285ff; *van Kann/Just*, DStR 2006, 328.

89 § 33 a WpÜG, vgl. hierzu Begr. RegE BT-Drucks. 16/1003, S. 13.

90 § 33 a Abs. 1 WpÜG.

91 *Glade* in Heidel, Aktienrecht und Kapitalmarktrecht, § 33a WpÜG, Rn. 2.

92 Art. 16 ÜbernahmeRL, § 39 c WpÜG; zum Andienungsrecht von Minderheitsaktionären nach der ÜbernahmeRL, vgl. *Hasselbach*, ZGR 2005, 387–416; einen Überblick über die Regelungen in den einzelnen EU - Mitgliedsstaaten geben *van der Elst/van den Stehen*, ECFR 2009, 391–439.

93 BGBl. I 2007, S. 10.

vom 21. August 2008[94] änderte die Vorschrift des § 30 Abs. 2 WpÜG über das Acting in Concert.

IV. Inhalt und Ratio des Pflichtangebots

Der fünfte Abschnitt des WpÜG enthält mit den Regelungen über die das Pflichtangebot ein Kernstück des deutschen Übernahmerechts. Nach § 35 Abs. 1 WpÜG hat, wer unmittelbar oder mittelbar die Kontrolle über eine Zielgesellschaft erlangt, dies unter Angabe seines Stimmrechtsanteils unverzüglich, spätestens innerhalb von sieben Kalendertagen, gemäß § 10 Abs. 3 Satz 1 und 2 WpÜG zu veröffentlichen. Gemäß § 35 Abs. 2 WpÜG hat der Bieter innerhalb von vier Wochen nach der Veröffentlichung der Erlangung der Kontrolle über eine Zielgesellschaft der Bundesanstalt eine Angebotsunterlage zu übermitteln und nach § 14 Abs. 2 WpÜG ein Angebot zu veröffentlichen. Die Pflichten des § 35 Abs. 1 und 2 WpÜG bestehen nicht, wenn die Kontrolle über die Zielgesellschaft auf Grund eines Übernahmeangebotes erworben wurde. Kontrolle ist gemäß § 29 Abs. 2 WpÜG das Halten von mindestens 30 % der Stimmrechte der Zielgesellschaft; dem Bieter werden die in § 30 Abs.1 und 2 genannten Stimmrechte zugerechnet. Die Kontrollschwelle des § 29 WpÜG ist rein formal, ob der Bieter die Gesellschaft tatsächlich beherrscht und beherrschen will, spielt keine Rolle. Für Art und Höhe der vom Bieter anzubietenden Gegenleistung gelten die § 31 WpÜG und §§ 3–7 WpÜG-AngebotsVO. Bei Bestimmung der „angemessenen“ Gegenleistung sind der gewichtete durchschnittliche Börsenkurs sowie Vorerwerbe von Aktien der Zielgesellschaft zu berücksichtigen; außerbörsliche Nacherwerbe erhöhen die Gegenleistung.

Aus der Begründung des Gesetzentwurfs der Bundesregierung zum WpÜG gehen die Motive für die Einführung der Angebotspflicht bei Erreichen einer bestimmten Kontrollschwelle nur ungenau hervor[95], wird die Notwendigkeit der Schaffung eines regulatorischen Rahmens für Unternehmensübernahmen doch vor allem mit allgemeinen und rechtspolitischen Erwägungen begründet. So sollte ausweislich der Regierungsbegründung durch die Kodifizierung eines Rechts der Unternehmensübernahmen den Anforderungen der Globalisierung und der Finanzmärkte angemessen Rechnung getragen werden und der Wirtschaftsstandort und Finanzplatz Deutschland im internationalen Wettbewerb gestärkt werden[96]. Etabliert werden sollte ein „faires und geordnetes

---

94 BGBl. I 2008, S. 1666.

95 Kritisch hierzu auch: *Letzel* in BKR 2002, 293,

96 BT-Drucksache 14/7034, S. 28 rechte Spalte.

Angebotsverfahren" – das Übernahmen weder fördert noch verhindert, Information und Transparenz für Aktionäre und Arbeitnehmer verbessert und die rechtliche Stellung von Minderheitsaktionären bei Unternehmensübernahmen stärkt. Schließlich wurde als Motiv für die Schaffung des WpÜG die Orientierung an international üblichen Standards genannt[97]. Konkret zur Pflichtangebotsregelung führt die Begründung des Regierungsentwurfs lediglich aus, die Angebotspflicht solle dem Aktionär die Möglichkeit geben, seine Beteiligung an der Zielgesellschaft zu einem angemessenen Preis veräußern zu können[98].

In der rechtswissenschaftlichen Literatur, die der Einführung einer Pflichtangebotsregelung zunächst sehr kritisch gegenüber stand, wurde in der Vergangenheit die rechtssystematische Einordnung der Angebotspflicht als konzernrechtliches oder kapitalmarktrechtliches Instrument streitig diskutiert und versucht, das Pflichtangebot in System und Schutzregime des deutschen Aktienkonzernrechts einzuordnen bzw. aus diesem heraus zu begründen. Teilweise wurde vertreten, aufgrund des deutschen Aktienkonzernrechts bedürfte es einer durch das Pflichtangebot vermittelten Konzerneingangskontrolle nicht[99]. Andere Autoren sahen die innere Rechtfertigung der Angebotspflicht in dem Recht der Aktionäre auf Gleichbehandlung, welches verlange, dass sämtliche Aktionäre an der Kontrollprämie partizipieren, die ein Kontrollerwerber zu zahlen bereit ist, oder begründeten das Pflichtangebot aus der gesellschaftsrechtlichen Treuepflicht heraus[100]. Zwischenzeitlich betont die herrschende Meinung jedoch zu Recht den kapitalmarktrechtlichen Schutzzweck des Pflichtangebots[101]. Zugleich vermittelt das Pflichtangebot dem einzelnen Aktionär Konzerneingangsschutz dergestalt, dass dem einzelnen Aktionär, zu einem Zeitpunkt, in dem der Schutz des Aktienkonzernrechts noch nicht eingreift, die Möglichkeit eingeräumt wird, die bislang unbeherrschte Gesellschaft zu verlassen[102]. Diese Form

---

97 Vgl. BT-Drucksache 14/7034, S. 28, rechte Spalte

98 Vgl. BT-Drucksache 14/7034, S. 30 linke Spalte

99 *Altmeppen* in ZIP 2001, 1073, 1082; für die Qualifizierung der Angebotspflicht als Instrument des gesellschaftsrechtlichen Konzerneingangsschutzes auch *Baums/Hecker* in Baums/Thoma, vor § 35 Rn. 93, 106.

100 *Berding* in WM 2002, 1149, 1157.

101 *Stumpf/Schoppmann* in Forum Mergers & Acquisition, S. 38; *Steinmeyer* in Steinmeyer, WPÜG, 3. Aufl. 2012, § 35 Rn. 6; *Noack/Zetzsche* in Schwark/Zimmer, KMRK, § 35 Rn. 3; *Meyer* in Geibel/Süßmann, WPÜG, § 35 Rn. 8; *Habersack* in Emmerich/Habersack, Aktien- und GmbH-Konzernrecht, vor § 311, Rn. 25; *Schlitt/Ries* in MünchKomm. AktG, Band VI, 3. Aufl. 2011, § 35 Rn. 5.

102 *Noack/Zetzsche* in Schwark/Zimmer, KMRK, § 35 Rn. 3

des Konzerneingangsschutzes bedeutet jedoch nicht, dass die Konzernbildung insgesamt verhindert oder die Unabhängigkeit einer börsennotierten Gesellschaft gesichert werden soll[103], jedoch wird dem einzelnen Aktionär durch die Pflichtangebotsregelung die Möglichkeit eingeräumt, der Beherrschungssituation durch einen Kontrollaktionär zu entgehen[104]. Diese Exit-Möglichkeit im Falle des erstmaligen Kontrollerwerbs oder der des Kontrollwechsels stärkt somit unmittelbar auch die Funktionsfähigkeit der Kapitalmärkte insgesamt[105], da der Anleger, der zu einem Zeitpunkt investierte, in dem die Zielgesellschaft noch unbeherrscht war, in die Kontinuität dieser Beteiligungsverhältnisse vertrauen darf[106]. Dadurch, dass der Aktionär im Falle der Kontrollerlangung durch einen Mehrheitsaktionär die Gesellschaft gegen Zahlung einer angemessenen Gegenleistung verlassen kann, werden Anreize zur Investitionstätigkeit gesetzt[107] da kein Anleger gehalten ist, eine Investition in eine Gesellschaft zu unterlassen, die ein potentielles Übernahmeziel darstellt. Obwohl es sich in dieser Form tatsächlich um eine Form des Konzerneingangsschutzes handelt, wird der kapitalmarktrechtliche Charakter der Pflichtangebotsregelung schon aus Anwendungsbereich des WpÜG ersichtlich, der auf an einem organisierten Markt notierte Zielgesellschaften beschränkt ist[108]. Für den kapitalmarktrechtlichen Charakter der Angebotspflicht spricht schließlich, auch, dass eine Angebotspflicht auch im Falle des Kontrollwechsels besteht[109].

V. Ökonomischer Rahmenbezug

Im Folgenden wird mit dem Ziel, den bestehenden Regulierungsbedarf zu ermitteln, untersucht, wie Unternehmensübernahmen entstehen und welche ökonomischen Auswirkungen sie haben. Um die ökonomische Wirkung der Pflichtangebotsregelung zu erfassen, müssen die Entstehungsursachen von

---

103 *Habersack* in Emmerich/Habersack Aktien- und GmbH-Konzernrecht, vor § 311, Rn. 25.

104 *Hasselbach* in Kölner Kommentar WPÜG, 2. Aufl. 2011, § 35 Rn. 1.

105 *Baums/Hecker* in Baums/Thoma, WpÜG, vor § 35 Rn. 106.

106 Vgl. *Meyer* in Geibel/Süßmann, WPÜG, § 35 Rn. 8; Steinmeyer in Steinmeyer, WPÜG, 3. Aufl. 2012, § 35 Rn. 6.

107 Vgl. *Steinmeyer* in Steinmeyer, WPÜG, 3. Aufl. 2013, § 35 Rn. 7.

108 *Meyer* in Geibel/Süßmann, WpÜG, § 35 Rn. 5. A.A. (Instrument des Konzerneingangsschutzes und daher dem Konzernrecht zuzuordnen): *Baums/Hecker* in Baums/Thoma, WpÜG, vor § 35, Rn. 106; *Ekkenga/Hofschroer* in DStR 2002, 768, 771.

109 *Habersack* in Emmerich/Habersack, Aktien- und GmbH-Konzernrecht, vor § 311, Rn. 25.

Unternehmensübernahmen und ihre ökonomischen Folgen berücksichtigt werden. Erst dann lässt sich feststellen, welche Interessen der an einer Übernahme Beteiligten besonderen Schutzes bedürfen und welche Rahmenbedingungen geschaffen werden müssen, um Unternehmensübernahmen effizienzfördernd zu gestalten[110].

Die ökonomische Analyse der Unternehmensübernahmen hat vor allem im US-amerikanischen Rechtssystem schon lange Tradition. Dort wird insbesondere seit der Übernahmewelle der 80er Jahre[111] das Phänomen der Unternehmensübernahmen ökonomisch und empirisch untersucht. Die in den USA gefundenen Ergebnisse sind trotz der nach wie vor bestehenden Unterschiede im rechtlichen und rechtstatsächlichen Umfeld der Rechtsordnungen vorsichtig auf Deutschland übertragbar[112].

---

110 Ob eine wirtschafts- oder rechtspolitische Maßnahme effizient ist, wird in der Regel nach dem Kaldor/Hicks-Kriterium, d.h. auf Grundlage einer Kosten - Nutzen - Analyse ermittelt. Eine Übernahme ist in diesem Sinne effizient, wenn die Gewinne der Begünstigten den möglichen Verlust der Benachteiligten übersteigen. Insoweit ist der auf der Grundlage des Kaldor/Hicks -Kriteriums entwickelte Effizienzbegriff eine Fortentwicklung des von Vilfredo Pareto entwickelten ökonomischen Effinzienzbegriffs, wonach eine Maßnahme pareto - optimal ist, wenn mindestens ein Beteiligter durch sie gewinnt und keiner verliert. *Eidenmüller*, DStR 2007, 2116 (Fn.2) weist darauf hin, dass Unternehmensübernahmen dem Pareto - Kriterium praktisch nie genügen. Vgl. auch *Eidenmüller*, Effizienz als Rechtsprinzip, S. 48, 51 ff. Auch der Gesetzgeber greift auf den Effizienzbegriff als Maßstab und Regelungsziel zurück. So heißt es in der Begründung des Gesetzes zur Begrenzung der mit Finanzinvestoren verbundenen Risiken (Begr. RegE, BT-Drucks. 16/7438, S. 1) Ziel der Erhöhung der kapitalmarktrechtlichen Transparenz sei es, unerwünschte Aktivitäten von Finanzinvestoren zu erschweren oder zu verhindern, ohne Finanz- oder Unternehmenstransaktionen, die effizienzfördernd wirken, zu beeinträchtigen. Kritisch hierzu: *Möllers/Holzner*, NZG 2008, 166 ff.

111 In den 70er und 80 Jahren wurden in den USA verstärkt mit *Junk Bonds* finanzierte und überwiegend feindliche *Cash Tender Offers* mit teilweise extremen Kontrollprämien erfolgreich durchgeführt, die die zuvor üblichen *Proxy Contests* ablösten. Das Volumen aller M&A-Aktivitäten in den USA stieg in dem Zeitraum von 1975 bis 1988 von 11,8 Milliarden USD auf 246,9 Milliarden USD. Vgl dazu *Albrecht*, Das Übernahmerecht des U.S.-amerikanischen Williams Act, S. 24; *Weimar*, BB 1991, 2309, 2310.

112 *Mülbert/Birke*, WM 2001, 705, 709 und *Hirte/Heinrich* in Kölner Kommentar, WpÜG, Einl., Rn. 31 weisen zu Recht darauf hin, dass aufgrund der in den letzten Jahren stark gestiegenen Markttiefe in Deutschland die angeblich fehlende Informationseffizienz des deutschen Kapitalmarktes nicht mehr übezeugend gegen eine Übertragbarkeit der US-amerikanischen Ergebnisse eingewandt werden kann.

1. Motive für Unternehmensübernahmen

In der US-amerikanischen Literatur finden sich eine Vielzahl von Erklärungsversuchen zur Entstehung von Unternehmensübernahmen, die sich grob in drei Kategorien von Motivstrukturen zusammenfassen lassen[113]: Zu nennen sind zunächst die Theorien, die mit unterschiedlichen Schwerpunkten und ausgehend von unterschiedlichen Prämissen Unternehmensübernahmen mit einer damit einhergehenden Effizienzsteigerung begründen. Schließlich existieren verschiedene Umverteilungstheorien, deren Vertreter in Unternehmensübernahmen vor allem einen Wohlstandstransfer zu Lasten einzelner Interessengruppen sehen. Wiederum andere erklären Unternehmensübernahmen mit eigennützigen Motiven des Managements.

a) Effizienzsteigerung

Verschiedene Erklärungsversuche führen Unternehmensübernahmen darauf zurück, dass Übernahmen zu einer Effizienzsteigerung der beteiligten Unternehmen führen.

aa) Markt für Unternehmenskontrolle

Anhänger der von *Manne* mitbegründeten Theorie des Marktes für Unternehmenskontrolle[114] begründen Unternehmensübernahmen mit der Inkompetenz der Unternehmensleitung der Zielgesellschaft, die durch einen Kontrollerwerber abgelöst wird. Ausgangspunkt dieser Theorie ist die Annahme, dass eine schlechte Leistung der Unternehmensleitung dazu führt, dass der Wert des Unternehmens und daher der Börsenkurs sinkt, wodurch ein Unternehmen dann zum potentiellen Übernahmekandidaten wird, wenn der Bieter die Möglichkeit sieht, durch eine bessere Nutzung der Ressourcen durch eine bessere Geschäftsleitung einen höheren Gewinn zu erzielen[115]. Insoweit übe ein aktiver Übernahmemarkt eine Disziplinierungswirkung des Managements aus, da

---

113 *Jansen* in Mergers & Acquisitions: Unternehmensakquisitionen und -kooperationen, S. 132 differenziert mit weiteren Untergliederungen zwischen den Motivstrukturen „reale Motive", „spekulative Motive" und „Management-Motive". *Oehlrich*, NJOZ 2009, 4346 unterscheidet „Effizienzmotive" und „Managementmotive".

114 *Manne* J. Pol. Econ.,110,113; ähnlich schon: *Berle/Means*, The Modern Corporation Private Property (1968), S.246f.; *Easterbrook/Fischel*, Corporate Control Transactions, 91 Yale L.J., 698, 705; *Reul*, Die Pflicht zur Gleichbehandlung der Aktionäre, S. 128ff.

115 *Manne*, 73 J. Pol. Econ. (1965), 110,113.

bereits die offensichtliche Möglichkeit, zum Übernahmekandidaten zu werden, disziplinierend auf die bestehende Geschäftsleitung eines Unternehmens wirke[116]. Diese Disziplinierungswirkung steht bei Vertretern der Theorie des „Marktes für Unternehmenskontrolle"[117] im Vordergrund, da allein diese Disziplinierungswirkung zu einer effizienzsteigernden Reallokation der Kontrolle über Unternehmen führen könne. Daneben soll Effekt des Marktes für Unternehmenskontrolle auch ein höherer Gewinn für Aktionäre sowie den Kontrollerwerber[118] sowie eine Reduzierung der Agency-Kosten sein[119].

Prämisse der These eines Marktes für Unternehmenskontrolle ist daher die nicht unumstrittene Annahme, dass der Börsenkurs eines Unternehmens tatsächlich die Leistung des Managements widerspiegelt und dass durch die Trennung von Kontrolle und Eigentum in der Publikumsgesellschaft[120] Interessenkonflikte entstehen können[121]. Teilweise wird bereits bestritten, dass die Kapitalmärkte tatsächlich auf Informationen über ein schlechtes Management in der von den Vertretern der Theorie beschriebenen Art und Weise reagieren. Andererseits ist im Grundsatz anerkannt, dass der Aktienkurs einer Gesellschaft zumindest eine von mehreren Informationsquellen für Managerleistungen ist[122].

---

116 *Klemm/Reinhardt*, NZG 2007, 281.

117 Kontrolle ist in diesem Sinne als die Möglichkeit zu verstehen, die Ressourcenverteilung innerhalb des Unternehmens zu bestimmen.

118 *Coffee*, Regulating The Market for Corporate Control, Colum. L. Rev., 1145, 1163.

119 *Mülbert/Birke*, WM 2001, 705, 707.

120 Die Trennung von Eigentum und Kontrolle/Geschäftsleitung in der Aktiengesellschaft gilt als klassisches Beispiel eines Prinzipal-Agenten-Konfliktes, da der Vorstand das Unternehmerinteresse zu wahren hat, das mit dem Interesse des Anteilseigners nicht identisch sein muss. Vgl. zum Prinzipal-Agenten-Konflikt in Übernahmesituationen *Koch*, WM 2010, 1155, 1156; zur Trennung von Eigentum und Kontrolle in der Aktiengesellschaft instruktiv *Fama*, 88 J. Pol. Econ., 288 ff.

121 Diese Erkenntnis war Ausgangspunkt der Diskussion über die Corporate Governance, vgl. grundlegend *Berle/Means*, The modern Corporation and private property, 1968, S. 112.

122 *Sester*, ZGR 2009, 310, 333. Ausführlich zur *Efficient Capital Market Hypothesis*, wonach der Aktienkurs einer Gesellschaft die allgemein verfügbaren Informationen über diese Gesellschaft widerspiegelt auch *Nyenhuis*, Bedingte Übernahmeangebote, S. 23. Zur Gegenauffassung der *Behavioral Finance*, aus dem deutschen Schrifttum etwa *Klöhn*, Kapitalmarkt, Spekulation und Behavioral Finance, S. 94, 126 m.w.N.: Die Annahme, Kapitalmarktteilnehmer, zumindest professionelle Anleger, verhielten sich rational und zumindest im Wege der Arbitrage würden falsche Annahmen anderer Anleger korrigiert und Informationseffizienz auf den Märkten hergestellt durch die Ursachen der Finanzmarktkrise erschüttert sieht *Spindler* AG 2010, 601, 602.

Andere Kritiker bezweifeln die effizienzsteigernde Wirkung einer angeblichen Disziplinierung des Managements und schreiben dem Markt für Unternehmenskontrolle gar effizienzmindernde Auswirkungen zu, da Unternehmensleitungen sich darauf konzentrierten, kurzfristige Erfolge zu Lasten einer nachhaltigen Unternehmensentwicklung vorzuweisen[123].

Auf Grund des deutschen Corporate Governance-Systems hat die Disziplinierungswirkung eines aktiven Übernahmemarktes eine geringere Bedeutung als dies etwa in angelsächsischen Ländern der Fall ist[124]. Auch aufgrund der in Deutschland wie in Kontinentaleuropa insgesamt vorherrschenden Aktionärsstruktur, die immer noch durch zahlreiche Kontrollaktionäre charakterisiert wird, tritt der Konflikt zwischen Vorstand und Aktionären in den Hintergrund, die Konfliktlage ist eher geprägt von dem Verhältnis der außenstehenden Aktionäre und einem Kontrollaktionär[125], der seinerseits das Management der Gesellschaft besetzen kann.

Empirische Untersuchungen vermögen die These eines Marktes für Unternehmenskontrolle nicht eindeutig zu bestätigen[126], insbesondere erklärt der Ansatz nicht, warum auch - und sogar bevorzugt - profitable Unternehmen übernommen werden[127]. Eine inkompetente, die Ressourcen eines Unternehmens nicht ausschöpfende Geschäftsleitung kann daher das Phänomen der Unternehmensübernahmen jedenfalls nicht allein erklären[128]. Schließlich ist der Markt für Unternehmenskontrolle, auf dem um die Managerposition konkurriert wird[129], auch nicht der einzige, disziplinierend auf das Management wirkende Markt. Zu

---

123 Sog. *short termism*, vgl. dazu *Bradley*, Corporate Control, 53, M.L.R, S. 170, 177.

124 *Wymeersch*, AG 1995, 299, 305, 315 weist darauf hin, dass das Konzept des Marktes für Unternehmenskontrolle voraussetzt, dass die Aktien breit gestreut sind und über die Börse gehandelt werden.

125 *Hirte/Heinrich* in Kölner Kommentar, WpÜG, Einl., Rn. 31.

126 *Nyenhuis*, Bedingte Übernahmeangebote, S. 26.

127 *Nyenhuis*, Bedingte Übernahmeangebote, S. 26; *Schneider/Anziger*, Stellungnahme anlässlich der öffentlichen Anhörung zu dem „Entwurf eines Gesetzes zur Stärkung des Anlegerschutzes und Verbesserung der Funktionsfähigkeit des Kapitalmarkts (Anlegerschutz- und Funktionsverbesserungsgesetz)“, S. 3: „Es ist ein Irrtum, zu glauben, dass die Übernahmen dazu dienen, bei schlecht geführten Unternehmen das Management auszutauschen. Richtig ist vielmehr, dass gerade gut geführte, eigenkapitalstarke und ertragreiche Unternehmen übernommen werden, und zwar entweder durch Wettbewerber oder durch Investoren, die das Eigenkapital der Zielgesellschaft abziehen wollen.“

128 *Hirte/Heinrich* in Kölner Kommentar, WpÜG, Einl., Rn. 16.

129 *Grundmann*, NZG 2005, 122.

nennen sind weitere Märkte, insbesondere Produktmärkte und der Markt für die angebotene Leistung allgemein[130].

bb) Synergieeffekte

Ein anderer Ansatz erklärt Unternehmensübernahmen mit dem Potential für Synergieeffekte[131]. Nach diesem Ansatz wird eine Zielgesellschaft dann übernommen, wenn sie Besonderheiten aufweist, die gerade für die konkrete Bietergesellschaft einen höheren Wert besitzt als für den restlichen Markt[132]. Es ist nach diesem Ansatz also nicht entscheidend, ob die Zielgesellschaft an sich ineffizient geleitet wird. Denkbare Effizienzsteigerung können finanzieller[133], aber auch operativer Art[134] sein. Die effizienzsteigernde Wirkung von Unternehmensübernahmen durch das Entstehen von Synergien ist empirisch weitgehend belegt[135].

cc) Free cash flow

Diese Theorie sieht Unternehmen als Übernahmekandidaten an, die über ein erhöhtes Maß liquiden Vermögens verfügen und dies nicht in Form von Dividendenzahlungen an die Anteilseigner ausschütten[136]. Ausgangspunkt

---

130 *Grundmann*, NZG 2005, 122 m.w.N.

131 *Bebchuk*, The Case for Facilitating Competing Tender Offers, 95 Harv. L. Rev. 1028, 1031; *Nyenhuis*, Bedingte Übernahmeangebote, S. 24f.

132 *Roßkopf*, Selbstregulierung von Übernahmeangeboten in Großbritannien, S. 76.

133 *Hirte/Heinrich* in Kölner Kommentar, WpÜG, Einl., Rn. 13: Die Kapitalkosten der beteiligten Unternehmen verringern sich, was zu einem geringeren Insolvenzrisiko führt.

134 Zu nennen sind *Economies of Scale*, d.h. Erträge die sich aus niedrigeren Produktionskosten bei steigender Größenordnung der Produktion ergeben (Zusammenhang zwischen der Größe und der Wirtschaftlichkeit eines Unternehmens) und *Economies of Scope*, d.h. Kostenvorteilen bei heterogenen Produktprogrammen (Zusammenhang zwischen Produktvielfalt und Wirtschaftlichkeit). Vgl dazu *Jansen*, Mergers & Acquisitions: Unternehmensakquisitionen und -kooperationen, S. 135 sowie *Hirte/Heinrich* in Kölner Kommentar, WpÜG, Einl., Rn. 12.

135 *Mülbert/Birke*, WM 2001, 705, 707 m.w.N.; *Hirte/Heinrich* in Kölner Kommentar, WpÜG, Einl., Rn. 12.

136 *Jensen*, The Free Cash Flow Theory of Takeovers: A Financial Perspective on Mergers and Acquisitions and the Economy. "The Merger Boom", Proceedings of a Conference sponsored by Federal Reserve Bank of Boston, pp. 102–143, 1987, abrufbar unter http://ssrn.com/abstract=350422 or doi:10.2139/ssrn.350422. Free Cash Flow meint die finanziellen Überschüsse eines Unternehmens (nach Investitionen und Steuern), die allen Kapitalgebern zur Verfügung stehen, vgl. *Theyson-Wadle* in Beisel/Klumpp, Unternehmenskauf, 3.IX., Rn. 81.

dieser These ist die Annahme, Manager würden das Vermögen der Gesellschaft dadurch verschwenden, dass zurückbehaltene Gewinne nicht ausgeschüttet, sondern in externes Wachstum investiert würden[137]. Auch nach dieser Auffassung sollen Übernahmen disziplinierend auf das Management der Zielgesellschaft wirken, das nicht benötigte Vermögen der Gesellschaft soll vermindert werden, was potentiellen Investoren signalisieren soll, dass die Verwaltung der Gesellschaft das Vermögen nicht verschwendet sondern diszipliniert einsetzt[138].

b) Motive des Managements des Bieters

Andere Erklärungsversuche von Unternehmensübernahmen führen Übernahmen auf eigennützige Motive des Managements des Bieters zurück. Nach der Theorie des *Empire Building* versucht die Unternehmensleitung des Bieters, durch die Übernahme das eigene Unternehmen unter Außerachtlassung der Aktionärsinteressen zu vergrößern und ein *corporate empire* aufzubauen[139]. Vertreter der Hybris-Theorie erklären Übernahmen mit der Selbstüberschätzung der Unternehmensleitung des Bieters[140], die ihre Fähigkeiten, die Zielgesellschaft zu führen oder ihre Analysefähigkeit überschätzen. Die Relevanz der Managertheorien in unterschiedlichen Ausprägungen ist nur teilweise empirisch belegt[141].

c) Umverteilungstheorien

Verschiedene Theorien betonen, dass Folge einer Unternehmensübernahme vor allem ein Wohlstandstransfer zum Nachteil unterschiedlicher Interessengruppen ist. Ein Schwerpunkt der Diskussion beschäftigt sich mit einem angeblichen

---

137 *Röhrich*, RIW 1993, 93, 96.

138 *Mülbert/Birke*, WM 2001, 705, 707: Übernahmen als Vehikel zur Rückgängigmachung effizienzmindernder diversifizierender Unternehmenszusammenschlüsse. *Hirte/Heinrich* in Kölner Kommentar, WpÜG, Einl., Rn. 17 m.w.N. zur empirischen Relevanz der Hypothese.

139 Vgl. die Nachweise bei *Mülbert/Birke*, WM 2001, 705, 707; *Nyenhuis*, Bedingte Übernahmeangebote, S. 35, *Roßkopf*, Regulierung von Übernahmeangeboten in Großbritannien, S. 77.

140 *Oehlrich*, NJOZ 2009, 4346, 4349.

141 Vgl. *Hirte/Heinrich* in Kölner Kommentar, WpÜG, Einl., Rn. 30 m.w.N: Die Hybris-These könne in Verbindung mit Erkenntnissen zum Herdenverhalten Übernahmezyklen erklären. Gegen die These der Managertheorien sprechen hingegen die empirischen Untersuchungen, die belegen, dass Übernahmen effizienzsteigernd wirken.

Vermögenstransfer von den Minderheitsaktionären hin zum Bieter, der in der Lage sei, Effizienzverluste auf die Minderheitsaktionäre abzuwälzen[142].

2. Auswirkungen auf die an einer Übernahme Beteiligten

Die zahlreichen Untersuchungen über die Auswirkungen einer Unternehmensübernahme auf die Börsenkurse der beteiligten Unternehmen zeigen mehrheitlich, dass die Aktionäre der Zielgesellschaft in der Regel Kursgewinne realisieren[143]. In Bezug auf die Kursentwicklung der Bietergesellschaft sind die Ergebnisse empirischer Untersuchungen ambivalent: Frühe Untersuchungen berichten von tendenziell positiven oder neutralen Auswirkungen[144], neuere Untersuchungen kommen zu dem Ergebnis, dass sich der Börsenkurs der Bietergesellschaft zumindest langfristig tendenziell negativ entwickelt[145].

Die Entwicklung der Börsenkurse der beteiligten Unternehmen nach einer Übernahme ist allerdings nur dann geeignet, Auskunft über die gesamtwirtschaftlichen Auswirkungen von Unternehmensübernahmen zu erteilen, wenn die Märkte alle verfügbaren Informationen verarbeiten und hierdurch der Aktienkurs den tatsächlichen Wert der beteiligten Unternehmen widerspiegelt[146]. Ob die Märkte tatsächlich rational alle verfügbaren Informationen verarbeiten, wird

---

142 Näher zu den verschiedenen Ausprägungen der Umverteilungstheorien (Schädigung der Anleihegläubiger, der Minderheitsaktionäre sowie der Arbeitnehmer der Zielgesellschaft) *Hirte/Heinrich* in Kölner Kommentar, WpÜG, Einl. Rn. 18, jeweils m.w.N.

143 Vgl. die Zusammenfassung 65 empirischer Untersuchungen in den verschiedenen US-amerikanischen Übernahmewellen von *Martynova/Renneboog*, A Century of Corporate Takeovers: What Have We learned and Where Do We Stand?, abrufbar unter: http://ssrn.com/abstract=820984; *Hirte/Heinrich* in Kölner Kommentar, WpÜG, Einl., Rn. 5: Übernahmeprämien zwischen 15 und 50 % des Vor-Übernahmewertes. *Schüppen* in Frankfurter Kommentar, WpÜG, Einl., Rn. 38 weist darauf hin, dass sich die empirischen Untersuchungen schon in Methode, Ziel, Untersuchungsobjekt und -zeitraum stark unterscheiden, weshalb gesicherte Erkenntnisse nur schwer zu gewinnen seien. Dass die Aktionäre der Zielgesellschaft von einer Übernahme profitieren, könne jedoch als „halbwegs belastbar" gelten.

144 *Jensen/Ruback*, The Market for Corporate Control: The Scientific Evidence, 11 J.Fin. Econ.5 (1983), abrufbar unter http://ssrn.com/abstract=244158 (31.12.2013): "(…) *Target firm shareholders benefit, bidding firm shareholders do not lose*".

145 *Hirte/Heinrich* in Kölner Kommentar, WpÜG, Einl., Rn. 6 und *Nyenhuis*, Bedingte Übernahmeangebote, S. 21, jeweils m.w.N.

146 *Nyenhuis*, Bedingte Übernahmeangebote, S. 22; *Hirte/Heinrich* in Kölner Kommentar, WpÜG, Einl. Rn. 8.

angesichts der Erfahrungen während der weltweiten Finanzmarktkrise 2008 neu diskutiert. Grundprämisse der Kapitalmarkttheorie war bislang die Annahme, zumindest professionelle Marktteilnehmer verhielten sich rational und sorgten so im Wege der Arbitrage für ein Mindestmaß an Informationseffizienz der Kapitalmärkte[147]. Die Finanzmarktkrise[148] zeigte nun aber, dass es vor allem professionelle Anleger waren, die zum Teil drastisch überbewertete Papiere erwarben[149] und deren Verhalten somit Rationalitätsdefizite aufwies, die bislang vor allem bei Privatanlegern beobachtet wurden[150]. Diese Erfahrungen bestätigen Annahmen der *Behavioral Finance*, deren Vertreter gängige Rationalitätsannahmen durch differenzierte psychologische und verhaltenswissenschaftliche Modelle ersetzen[151] und irrationalem Verhalten sog. *Noise Trader* Einfluss auf die Preisbildung der Kapitalmärkte zuschreiben. Die *Behavioral Finance* untersucht Anomalien individuellen Verhaltens, die systematisch auftreten, durch Marktkräfte nicht eliminiert werden und sich auch nicht im Kollektiv aufheben. Beispiele irrationalen Verhaltens sind etwa Herdenverhalten oder übertriebenes Selbstvertrauen der Marktteilnehmer. Die Finanzmarktkrise zeigte nun, dass auch institutionelle Anleger einem *overconfidence bias*[152] unterliegen und Herdenverhalten[153] zeigen, was der Annahme eines (informations-) effizienten Kapitalmarktes, der im Sinne der *Efficient Capital Market Hypothesis*[154] alle allgemein verfügbaren

---

147 *Spindler*, AG 2010, 601, 610: Zumindest im Wege der Arbitrage würden falsche Annahmen anderer Anleger korrigiert. Ähnlich: *Zimmer*, Gutachten G zum 68. Deutschen Juristentag, G 15 m.w.N: Bislang lautete eine einflussreiche These, dass besser informierte professionelle Anleger (*„smart money"*) die durch irrationales Anlageverhalten der Privatanleger ausgelösten Kursentwicklungen im Wege der Arbitrage korrigierten und so Informationseffizienz herstellen.

148 Eingehende Analyse der Ursachen der Finanzmarktkrise bei *Hellwig*, Gutachten E zum 68. Deutschen Juristentag.

149 *Zimmer*, Gutachten G zum 68. Deutschen Juristentag, G 17.

150 *Zimmer*, Gutachten G zum 68. Deutschen Juristentag, G 15 mit Fn. 10 nennt als Beispiel einer „massenhaften Fehlbewertung von Investitionstiteln" die sog. Dotcom-Blase, die zum Zusammenbruch des Neuen Marktes führte.

151 *Spindler*, AG 2010, 601, 609; ähnlich: *Zimmer*, Gutachten G zum 68. Deutschen Juristentag, G 17.

152 *Zimmer*, Gutachten G zum 68. Deutschen Juristentag, G 17.

153 Nach *Zimmer*, Gutachten G zum 68. Deutschen Juristentag, wird das Herdenverhalten institutioneller Anleger damit erklärt, dass Portfolio-Manager danach bewertet würden, wie sich die Werte ihrer Fonds im Vergleich mit den Fonds der Konkurrenten entwickeln.

154 Vgl. hierzu, *Hirte/Heinrich* in Kölner Kommentar, WpÜG, Einl., Rn. 8; *Nyenhuis*, Bedingte Übernahmeangebote, S. 22; *Sester* ZGR 2009, 310, 323 m.w.N.

Informationen widerspiegelt und somit eine verlässliche Information über den Wert einer Gesellschaft bieten kann, entgegensteht[155]. Gleichwohl bestreiten auch die Vertreter der *Behavioral Finance* nicht, dass Wertpapiermärkte Informationen verarbeiten und insoweit auch Informationsfunktion haben[156]. Diese Annahme wird auch durch die empirische Kapitalmarktforschung belegt[157].

3. Ökonomie des Pflichtangebotrechts

Vor allem die ältere Literatur hatte erhebliche Vorbehalte gegen die Einführung einer Pflichtangebotes in das deutsche Recht. Neben dogmatischen Gründen – das Pflichtangebot sei systemfremd – wurde auch vorgebracht, das Pflichtangebot führe zu einer schädlichen Konzentration in der Volkswirtschaft[158]. Hingewiesen wurde auch immer wieder auf die mit dem Pflichtangebot einhergehende finanzielle Belastung des Bieters, die dazu führe, auch ökonomisch wünschenswerte, weil effiziente Unternehmensübernahmen zu verhindern[159]. Der dogmatische Streit über das Pflichtangebot kann als historisch bezeichnet werden: Die zwischenzeitlich weitgehend akzeptierte Angebotspflicht ist Teil des deutschen und europäischen Kapitalmarktrechts und wird es bleiben. Sollte das Pflichtangebot allerdings ökonomisch sinnvolle und wohlfahrtsfördernde Unternehmensübernahmen verhindern, hätte dies Auswirkungen auf Ausgestaltung und Auslegung der Befreiungsgründe und – tatbestände, die gewissermaßen einen Ausgleich für die Angebotspflicht bilden müssten. Dass die Angebotspflicht aber tatsächlich effiziente Übernahmen verhindert, muss bezweifelt werden. Empirisch ist jedenfalls nicht belegt, dass die Existenz einer Pflichtangebotsregelung dazu führt, dass die Zahl der Übernahmen oder die Transaktionsvolumina zurückgehen. Trotz aller Unterschiede im rechtlichen und marktstrukturellen Umfeld zeigt auch das Beispiel Großbritanniens, dass ein aktiver Übernahmemarkt sowie eine

---

155 *Spindler*, AG 2010, 601, 610 hält eine grundsätzliche Diskussion über die dem Recht zugrunde liegenden Verhaltensannahmen der Marktteilnehmer für nötig. Die Finanzmarktkrise habe ein „grelles Schlaglicht" auf fundamentale Annahmen der Kapitalmarkttheorie geworfen.

156 *Sester*, ZGR 2009, 310, 327.

157 *Sester*, ZGR 2009, 310, 327 (Fn. 58) weist auf neue Untersuchungen hin, die auf eine in den letzten Jahrzehnten sogar stark verbesserte Informationseffizienz organisierter Wertpapiermärkte in hochentwickelten Staaten hindeuten.

158 *Kallmeyer*, ZHR 161, 435, 436; *Altmeppen*, ZIP 2001, 1082.

159 *Kallmeyer*, ZHR 161, 435, 436 bezweifelt aus diesem Grund die Verfassungsmäßigkeit einer gesetzlichen Angebotspflicht; *Röhrich*, RIW 1993, 93, 98; vgl. aus dem neuen Schrifttum: *von Falkenhausen*, ZHR 174, 293, 295.

strenge Pflichtangebotsregelung kein Widerspruch sein müssen. In Bezug auf die angebliche Budgetbeschränkung des Bieters gilt außerdem, dass der Bieter nur insoweit vermögensbeschränkt ist, als das Kapital, das er aufzubringen in der Lage ist, durch den Wert des übernommenen Unternehmens beschränkt ist[160]. Im Übrigen dürfte es sich vor allem um ein Finanzierungsproblem handeln[161]. So kann die finanzielle Belastung des Bieters, die mit der Pflichtangebotsregelung einhergeht, auch dazu führen, dass ineffiziente und gesamtwirtschaftlich nicht wünschenswerte Unternehmensübernahmen verhindert werden.

4. Ergebnis der ökonomischen Analyse

Die ökonomische Analyse des Phänomens der Unternehmensübernahmen zeigt, dass die Motive für die Übernahme eines Unternehmens vielfältig sein können und es auf die Frage nach dem Warum von Unternehmensübernahmen keine allein gültige Erklärung geben kann. Am plausibelsten erscheinen jene Theorien, die erwartete Effizienzsteigerungen als leitendes Motiv des Bieters sehen[162].

In Bezug auf die ökonomischen Auswirkungen einer Unternehmensübernahme auf die an der Übernahme beteiligten Rechtssubjekte kann als empirisch bestätigt angesehen werden, dass insbesondere die Zielgesellschaft bzw. die Aktionäre der Zielgesellschaft von einer Unternehmensübernahme profitieren. Festzuhalten ist aber auch, dass sich Erfolg oder Misserfolg einer Übernahme – und zwar bezogen auf ökonomische Effizienz nach dem Kaldor/Hicks-Kriterium – im Vorhinein nicht absehen lässt. Da jedoch weitgehend Einigkeit darüber besteht, dass Übernahmen effizienzsteigernd und wohlfahrtssteigernd wirken können, muss es Ziel jeder Übernahmeregulierung sein, rechtliche Rahmenbedingungen zu schaffen, die ein faires Übernahmeverfahren unter Gleichbehandlung der Aktionäre gewährleisten ohne dass Unternehmensübernahmen unnötig erschwert werden. Unter diesen Voraussetzungen leisten Unternehmensübernahmen als Teil des deutschen Wirtschaftslebens einen sinnvollen Beitrag zum Strukturwandel[163].

---

160 *Houben*, WM 2000, 1873, 1878.

161 *Houben*, WM 2000, 1873: Eine Unternehmensübernahme, die sich auf dem Kapitalmarkt nicht finanziren lässt, könne gesamtwirtschaftlich nicht wünschenswert sein.

162 *Hirte/Heinrich*, Kölner Kommentar, WpÜG, Einl. Rn. 34.

163 *Hirte/Heinrich* in Kölner Kommentar, WpÜG, Einl., Rn. 38.

C. Rechtsvergleichende Umschau

Der Blick auf ausgewählte Auslandsrechte kann Aufschluss darüber erteilen, welche Problemfelder sich in der Rechtsanwendung auländischer Rechtsordnungen gezeigt haben und wie diese bewältigt wurden. Die Erfahrungen anderer Staaten können so für die deutsche Reformdiskussion fruchtbar gemacht werden. Bei jeder rechtsvergleichenden Umschau müssen jedoch auch marktstrukturelle, rechtskulturelle und sonstige Unterschiede der verschiedenen Rechtsordnungen im Blick behalten werden. In Bezug auf die Regulierung von Übernahmen spielt hierbei die insbesondere die bestehende Aktionärsstruktur und die Grundzüge der jeweiligen Corporate Governance eine Rolle. Eine vertiefte Wirkungsanalyse kann an dieser Stelle nicht vorgenommen werden.

I. Vereinigtes Königreich

1. Rechtstatsachen

Bei der Londoner City handelt es sich um einen der größten Finanzmärkte der Welt und um das am längsten operierende Finanzzentrum der Welt[164]. Unternehmensübernahmen spielen in Großbritannien noch immer eine größere Rolle als in Kontinentaleuropa und sind wesentlicher Bestandteil des britischen Wirtschaftslebens. Die Gründe hierfür sind vielfältig, sie hängen von einer Reihe von marktstrukturellen Bedingungen ab. Die Unternehmenslandschaft in Großbritannien zeichnet sich weiterhin durch einen im Vergleich zu Kontinentaleuropa weit verbreiteten Streubesitz[165] und einen aktiven Übernahmemarkt aus[166]. Zwar spielen institutionelle Anleger eine herausragende Rolle, dennoch verfügen die wenigstens

---

164 *Roßkopf*, Selbstregulierung von Übernahmeangeboten in Großbritannien, S. 88.

165 Im Vereinigten Königreich hält ein kontrollierender Aktionär im Durchschnitt 9,9 % der stimmberechtigten Aktien. Zahl zitiert nach: *Sepe*, Private Sale of corporate control. Why the European Bid Rule is Inefficient, abrufbar unter http://ssrn.com/abstract-1086321; Angaben zur Konzentration der Stimmrechtsanteile finden sich auch bei Barca/Becht (Hrsg), The Control of Corporate Europe, Appendix II S. 319: Hiernach konzentrierten sich im Jahr 1996 84,0 % der Stimmrechte bei Aktionären, deren Beteiligung unter 25 % lag.

166 *Baum*, RIW 2003, 421.

Gesellschaften über Kontrollaktionäre. Hinzu kommt eine insgesamt höhere Zahl börsennotierter Unternehmen sowie der Umstand, dass eine Kapitalanlage in Aktien weitaus verbreiteter ist als es derzeit in Kontinentaleuropa noch der Fall ist. Das britische Recht kennt zudem wenige Instrumentarien, die zum Kontrollerhalt eingesetzt werden können[167]. Hinzu kommt, dass im britischen Recht die Aktionärsmehrheit über die Gesellschafterversammlung unmittelbar Einfluss auf die Besetzung der Geschäftsführung nehmen kann, die *directors* werden von den *shareholders* in *general meeting* bestellt und abberufen[168], was es dem kontrollierenden Aktionär ermöglicht, im Wege der Unternehmensübernahme auch die Geschäftsleitung zu ersetzen[169]. Das britische Bankenwesen eignet sich gut für die Durchführung von Unternehmensübernahmen[170], das Recht der Unternehmensverfassung ist insgesamt liberal geprägt, Mitbestimmungsregeln fehlen[171].

2. Der Takeover Code

a) *Entstehungsgeschichte*

Das Vereinigte Königreich verfügt nicht nur über den größten Finanzmarkt Europas, sondern auch über die längste Erfahrung mit Übernahmen und die ausführlichsten Regelungen des Übernahmerechts in Europa. Das britische Regulierungssystem hatte Modellcharakter für nahezu sämtliche nationale Versuche der EU-Mitgliedsstaaten, Unternehmensübernahmen zu regulieren sowie für die Übernahmerichtlinie[172]. Bekanntlich setzte das Vereinigte Königreich jahrzehntelang auf einen überaus erfolgreichen und funktionierenden Mechanismus der Selbstregulierung[173]. Erste Versuche einer Selbstregulierung der Londoner City wurden in der Folge des Übernahmebooms der 50er Jahre unternommen. Im Jahr 1959 kam es mit den von der Bank of England initiierten und von Praktikern mitentwickelten *Notes on Amalgamation of British Businesses*[174]

---

167 Vgl. dazu *Roßkopf*, Selbstregulierung von Unternehmensübernahmen in Großbritannien, S. 69.

168 *Rose*, Company Law, S. 61.

169 Vgl. *Hopt* in Hopt/Wymeersch, European Takeover Law and Practice, S. 165, 167 ff.

170 *Roßkopf*, Selbstregulierung von Unternehmensübernahmen in Großbritannien, S. 70.

171 *Roßkopf*, Selbstregulierung von Unternehmensübernahmen in Großbritannien, S. 69.

172 *Psaroudakis*, ECFR 2010, 550.

173 *Hirte/Heinrich* in Kölner Kommentar, WpÜG, Einl., Rn. 72.

174 Diese werden auch als sog. *Queensberry Rules* bezeichnet, vgl. Gower and Davies' Principles of Modern Company Law, S. 964. Zur Entstehung und Entwicklung des City Code eingehend: *Roßkopf*, Selbstregulierung von Unternehmensübernahmen, S. 99ff.

zum ersten rudimentären[175] nichtgesetzlichen Verhaltenskodex in Bezug auf Unternehmensübernahmen, der einige *Principles* und Verfahrensvorschriften enthielt. Hintergrund war die Befürchtung, der Gesetzgeber könne aufgrund der bei einer steigenden Anzahl von Übernahmen[176] zu beobachtenden Missständen[177] von sich aus regulierend tätig werden. Aus demselben Grund, nämlich um einer Gesetzesinitiative des Parlaments zuvorzukommen, wurde 1968 ebenfalls von Praktikern der Londoner City der *City Code on Takeovers and Mergers* (*City Code*) erarbeitet. Ziel war es, allgemein anerkannte Verhaltensregeln für Übernahmen zu schaffen, die Übernahmepraxis effizient zu gestalten und durch den effizienten Selbstkontrollmechanismus den Finanzplatz London attraktiver zu gestalten.

Grundlegende Änderungen erfuhr der City Code im Jahr 2006 insbesondere im Hinblick auf Artikel 4 der EU-Übernahmerichtlinie. Er erhielt im Zuge der umfassenden Modernisierung des Gesellschaftsrechts im Vereinigten Königreich mit Wirkung vom 06.04.2007 eine gesetzliche Verankerung in Part 28, Sec. 942–992 des Companies Act 2006[178]. Bis zu diesem Zeitpunkt erfolgte die Umsetzung der Übernahmerichtlinie durch *Interim Implementation Regulations*[179], eine Art Gesetzesersatz[180]. Eine Neufassung des City Code erfolgte bereits mit Wirkung zum 28.05.2006, der Code heißt seit diesem Zeitpunkt *Takeover Code*.

Weitere wichtige Rechtsquellen des englischen Kapitalmarktrechts sind der *Financial Services and Markets Act 2000* und das *Handbook of Rules and*

---

175 *Roßkopf*, Selbstregulierung von Unternehmensübernahmen in Großbritannien, S. 100.

176 Die Gründe für den zu dieser Zeit Übernahmeboom der Nachkriegsjahre waren vielfältig: Der Börsenkurs der meisten Unternehmen spiegelte deren Wert in der Regel nicht richtig wider, wofür zum einen die Inflation der Nachkriegsjahre, zum anderen die restriktive Dividendenpolitik verantwortlich gemacht werden; ausführlich und mit Hinweis auf weitere wirtschaftliche Anreize: *Roßkopf*, Selbstregulierung von Unternehmensübernahmen in Großbritannien, S. 94 f.; *Nyenhuis*, Bedingte Übernahmeangebote, S. 48.

177 Gower and Davies' Principles of Modern Company Law, 2003, S. 706: *"bidders took full advantage of the absence of regulation"*.

178 2006 c. 46; Morse (Hrsg.), Palmer's Company Law: Annotated Guide to the Companies Act 2006 c.46/941, S. 802; s.a. *Davies/Rickford*, ECFR 2008, 239, 268f.

179 The Takeover Directive (interim Implementations) Regulations 2006 v. 20.05.2006, Statutory Instruments No. 1183, abrufbar unter www.opsi.gov.uk/si/si2006/20061183.htm (31.12.2012).

180 *Knott*, NZG 2006, 850.

Guidance der *Financial Services Authority*, das erläuternde und konkretisierende Durchführungsvorschriften enthält[181].

b) Regelungsstruktur

Der Takeover Code besteht aus sechs „*General Principals*", die den Grundsätzen von Artikel 3 der Übernahmerichtlinie entsprechen, 38 *Rules* mit einer Reihe von Anmerkungen (*Notes*), einer ausführlichen und instruktiven Einleitung (*Introduction*), einem detaillierten Definitionskatalog und verschiedenen erläuternden Anhängen (*appendix*).

Die Auslegung der Regelungen des Takeover Code durch den Takeover Panel erfolgt flexibel und orientiert sich am Wortlaut der Regelungen, aber auch an Wesen und Geist des Takeover Code[182] Auf diese Art und Weise schafft auch nach der gesetzlichen Verankerung des Takeover Code die Tätigkeit des Takeover Panel ein hohes Maß an anwendungsbezogener Flexibilität, die als Gegengewicht zur hohen Regelungsintensität fungiert[183].

c) Der Takeover Panel

Die Organe zur Überwachung von Übernahmen sind nun staatliche Einrichtungen und verfügen auch über staatliche Sanktionsmöglichkeiten. Organ zur Überwachung der Übernahmeaktivitäten ist weiterhin der *Panel on Takeovers and Mergers*, der aus bis zu 35 Mitgliedern in fünf Ausschüssen („*committees*") besteht[184]. Das *Code committee* übt legislative Funktionen aus, ihm obliegt die Aktualisierung und Ergänzung des Takeover Code. Entscheidungen und die tägliche Verwaltungsarbeit obliegen der *Panel Executive*. Aufgabe des *Hearings Committee* ist die Überwachung der *Panel Executive*, die Regeln der *Executive*[185] unterliegen einem *review des Hearing Committee*[186]. Entscheidungen des *Hearing Committees* können vor dem *Takeover Appeal Board*[187] angefochten

---

181 *Veil/Wundenberg*, Englisches Kapitalmarktrecht, S. 5.

182 Vgl. Takeover Code, Introduction 2 (b): „*(…) their spirit must be observed as well as their letter.*"

183 *Baum*, RIW 2003, 421, 433.

184 Die Ausschüsse und ihre Mitglieder sind auf der Homepage des Panel abrufbar: http://www.thetakeoverpanel.org.uk/structure/committees (20.02.2013).

185 vgl. Sec. 943 Companies Act 2006.

186 vgl. Sec. 951 Companies Act 2006 und die Regeln in der Introduction unter 7 (a) S.A13.

187 Es handelt sich hierbei um ein staatlich eingesetztes aber unabhängiges *tribunal*.

werden, dessen Entscheidungen der gerichtlichen Überprüfung unterliegen. Die Mitarbeiter des Panels sind Praktiker, in der Regel Investmentbanker, Anwälte oder Steuerberater. Die Arbeitsweise des Panel zeichnet sich durch große Flexibilität und Schnelligkeit aus[188]. Mitglieder des Panel sind der *Chairman* und zwei *Deputy Chairmen* und weitere Mitglieder, die durch den Panel selbst gewählt werden. Weiter werden Mitarbeiter von verschiedenen Finanzinstitutionen als Mitarbeiter entsandt, es handelt sich um Investmentbanker, Anwälte oder Steuerberater[189]. Die Zusammensetzung des Panel und die in den *comittees* vorhandene Fachkenntnis und Erfahrung sorgt auf diese Art und Weise nicht nur für Interessenpluralität[190], sondern auch für hohe Akzeptanz in der Praxis[191].

Die dem Panel zur Durchsetzung der Pflichten aus dem Takeover Code zur Verfügung stehenden Sanktionen sind in der Einleitung des Takeover Code aufgeführt[192]. So hat der Panel die Möglichkeit, eine nicht-öffentliche Rüge (*private statement of censure*) oder einen öffentlichen Verweis auszusprechen (*public statement of censure*) oder einen etwaigen Verstoß an andere Stellen, etwa die *Financial Services Authority*, zu melden, die ihrerseits Maßnahmen gegen den Bieter ergreifen kann[193]. Als besonders drastische Sanktionsmöglichkeit erweist sich das sog. *cold-shouldering*[194]. Verstößt ein Bieter gegen Bestimmungen des Takeover Code, kann der Panel ein *panel statement* veröffentlichen[195]. Nach entsprechender öffentlicher Bekanntmachung sind Marktteilnehmer, die von dem Verstoß des Bieters gegen die Regeln des Takeover Code Kenntnis erlangt haben, nicht mehr berechtigt, dem Bieter ihre Anteile zu veräußern[196], da die

---

188 *Nyenhuis*, Bedingte Übernahmeangebote, S. 54.

189 Die Finanzinstitutionen, die Mitglieder in den Panel entsenden, sind im Takeover Code, Introduction 4 (a)(iv) benannt.

190 *Nyenhuis*, in Bedingte Übernahmeangebote, S. 55.

191 Insbesondere als der Takeover Code noch ein reines Instrument der Selbstregulierung darstellte, sorgte die Zusammensetzung des Panel aus Praktikern, die der City nahe standen, auch für den Vorwurf mangelnder Neutralität bei der Anwendung des Takeover Code und den Verdacht der Parteilichkeit zugunsten der Institutionen der City; vgl. hierzu *Roßkopf*, Selbstregulierung von Übernahmeangeboten in Großbritannien, S. 228f.

192 Vgl. Introduction 11 (b) (i)-(v):

193 *Schlitt/Ries* in Münchener Kommentar, AktG, § 59 WpÜG, Rn. 8.

194 *Baum*, RIW 2003, 421, 426.

195 Vgl. im Einzelnen: Takeover Code Introduction 11 (b) (v).

196 Den dem Regelwerk der FSA unterliegenden Finanzdienstleistern ist es untersagt, im Rahmen von Übernahmen für Personen tätig zu werden, die sich nicht an den

Vorschriften der *Financial Services Authority* es den Mitgliedern verbieten, in diesem Fall weiter für den Gerügten tätig zu werden[197]. In der über 40-jährigen Geschichte des Takeover Code griff der Takeover Panel erst zweimal[198], zuletzt im Mai 2010[199], zur Sanktion des *cold-shouldering*, was ebenfalls Indiz für die hohe Akzeptanz des Takeover Code in der britischen Finanzwelt ist.

Einen automatischen Rechtsverlust bei Missachtung der Angebotspflicht kennt das englische Recht hingegen nicht.

3. Das Pflichtangebot

Vier Jahre nach Inkrafttreten des Takeover Code, nämlich im Jahr 1972, wurde in den Takeover Code eine Pflichtangebotsregelung aufgenommen[200], mit der der Schutz der Aktionäre einer Zielgesellschaft bezweckt wurde, die im Falle eines Kontrollerwerbs die Gelegenheit erhalten sollten, gegen Zahlung einer angemessenen Gegenleistung aus der Gesellschaft auszuscheiden[201]. Pflichtangebote spielen zahlenmäßig im aktiven Übernahmemarkt Großbritanniens jedoch nur eine untergeordnete Rolle: so waren im Zeitraum von 2002 bis 2010 von insgesamt 2088 Angeboten nur 74 Angebote Pflichtangebote[202]. Im deutschen

---

Code gehalten haben. Vgl. MAR 4.3 (Support of the Takeover Panel`s Functions) des FSA Handbook, abrufbar unter http://fsahandbook.info/FSA/html/MAR/4/3.

197 *Altenhain* in Kölner Kommentar, WpÜG, § 60, Rn. 17; Morse in: Palmer's Company Law, c. 46/941, S. 802; Gower and Davies' Principles of Modern Company Law, S. 975.

198 Vgl. die Angaben auf der Homepage des Panel, zum ersten Fall eines Cold-shouldering kam es am 26.03.1992. Die Entscheidungen sind abrufbar unter www.thetakeoverpanel.org.uk/the-code/compliance/cold-shouldering (20.02.2013).

199 Entscheidung des Takeover Appeal Board vom 14.07.2010 (Brian Myerson), abrufbar unter www.thetakeoverappealboard.org.uk/downloads/2010.01.pdf (20.02.2013) ; das Takeover Appeal Board bezeichnet in der Entscheidung das cold-shouldering als *„severe sanction"*.

200 *Merkt*, Festschrift für Schwark, S. 530; zur historischen Entwicklung: *Roßkopf*, Selbstregulierung von Übernahmeangeboten in Großbritannien, S. 86 ff. sowie *Baums/Hecker* in Baums/Thoma, WpÜG, vor § 35, Rn. 3ff.

201 *Merkt*, Festschrift für Schwark, S. 530.

202 Vgl. die statistischen Angaben in Takeover Panel Report 2001/2002, S. 22; Takeover Panel Report 2002/2003 S. 17; Takeover Panel Report 2003/2004 S. 22, Takeover Panel Report 2004/2005 S. 15; Takeover Panel Report 2005/2006 S. 24, Takeover Panel Report 2006/2007 S. 25; Takeover Panel Report 2007/2008 S. 17, Takeover Panel Report 2008/2009 S. 17; Takeover Panel Report 2009/2010, S. 23; jeweils abrufbar unter www.thetakeoverpanel.org.uk/statements/reports (20.02.2013); ähnlich: *Crawshay* in Veil (Hrsg.), Übernahmerecht in Praxis und Wissenschaft, S. 83, 89

Schrifttum wird die geringe Zahl der Pflichtangebote unter Geltung des Takeover Code teilweise damit erklärt, die Marktteilnehmer in England würden die Angebotspflicht als überschießend empfinden und daher Beteiligungen tunlichst unter der Kontrollschwelle von 30 % halten[203]. Überzeugender ist aber wohl die Erklärung, dass es aufgrund des in Großbritannien viel stärker verbreiteten Streubesitzes zur faktischen Kontrolle über eine Zielgesellschaft einer Beteiligung von 30 % gar nicht bedarf[204] und dass zudem das Whitewash-Verfahren einvernehmliche Übernahmen unter Einbeziehung der Hauptversammlung der Zielgesellschaft ermöglicht[205]. Auch in Großbritannien scheint sich zudem der in Deutschland ermittelte empirische Befund zu bestätigen, dass die Befreiungen von der Angebotspflicht in der praktischen Aufsichtstätigkeit eine weitaus größere Rolle spielen als die Pflichtangebotsverfahren selbst[206].

a) *Kontrollschwelle*

Gemäß rule 9.1 (a) ist derjenige, der allein oder zusammen mit ihm gemeinsam handelnder Personen (*persons acting in concert with him*[207]) die Kontrolle über eine Zielgesellschaft erlangt, verpflichtet, ein Pflichtangebot an alle Aktionäre herauszulegen. Der Takeover Code definiert Kontrolle als das Halten von Anteilen oder einer sonstigen Position im Hinblick auf Anteile an einer Zielgesellschaft, die 30 % oder mehr der Stimmrechte der Zielgesellschaft vermitteln. Erfasst wird nicht nur das Halten von Stimmrechten vermittelnden Aktien, sondern auch sonstige *Interests in Securities*[208]. Gemäß der als „*creeper rule*" bekannt gewordenen Rule 9. 1 (b) des Takeover Code ist ein Pflichtangebot auch herauszulegen, wenn ein Kontrollinhaber, der bereits zwischen 30 % und 50 % der Stimmrechte einer Zielgesellschaft hält, selbst oder durch eine mit ihm gemeinsam handelnde Person seinen Stimmrechtsanteil an der Zielgesellschaft erhöht. Die *creeper rule* des Takeover Code wurde seit 1993 immer wieder verschärft.

---

203 *Baums/Hecker* in Baums/Thoma, WpÜG, vor § 35, Rn. 142.

204 *Merkt*, Festschrift für Schwark, S. 533.

205 *Merkt*, NZG 2011, 561, 567.

206 *Crawshay* in Veil (Hrsg.), Übernahmerecht in Praxis und Wissenschaft, S. 83, 89.

207 Vgl. die Definition des „acting in concert" im Kapitel „Definitions" des Takeover Code sowie die Ausführungen in der *note on rule 9.1*.

208 Gemäß der *Notes on Interests in Securities*, Definitionskatalog Takeover Code, werden auch diejenigen Aktien der Zielgesellschaft erfasst, die dem Bieter gehören, auf deren Stimmrechtsausübung er Einfluss nehmen kann, auf die er eine Kaufoption hat oder die Referenzaktivum von Derivatengeschäften sind, vgl. Definition der *Interests in Securities* Abs. 1 bis 5.

Bis zu diesem Zeitpunkt musste bei einer Beteiligung zwischen 30 % und 50 % ein Pflichtangebot nämlich nur dann abgegeben werden, wenn der Bieter innerhalb von 12 Monaten nach dem Überschreiten der Kontrollschwelle mindestens 2% weitere Stimmrechte hinzuerwarb. Da man befürchtete, ein Bieter könne – gegebenenfalls über einen Zeitraum mehrerer Jahre – seine Beteiligung sukzessive zu einer Mehrheitsposition aufbauen, wurden die relevanten Schwellen zunächst auf 1 % abgesenkt[209] und schließlich ganz abgeschafft[210].

Gemäß *note 8 on rule 9.1* – sog. *chain principle* – löst der mittelbare Kontrollerwerb nur unter besonderen Voraussetzungen eine Angebotspflicht aus: dies ist der Fall, wenn es sich bei der Beteiligung an der mittelbaren Zielgesellschaft aus Sicht der unmittelbar erworbenen Zielgesellschaft um eine wesentliche Beteiligung handelt, was dann anzunehmen ist, wenn die Beteiligung an der mittelbaren Zielgesellschaft mindestens 50 % des Anlagevermögens der unmittelbaren Zielgesellschaft darstellt. Eine Angebotspflicht besteht auch, wenn die mittelbar erworbene Zielgesellschaft der eigentliche Zweck des unmittelbaren Erwerbs der Gesellschaft war, die die Kontrolle an der Zielgesellschaft vermittelt[211].

Die Pflicht zur Herauslegung eines Pflichtangebots entfällt, wenn der Bieter die Kontrolle aufgrund eines freiwilligen öffentlichen Angebots erlangt[212].

b) Rechtsfolge: Angebotspflicht

Gemäß Rule 9.1 hat der Erwerber der Kontrolle allen außenstehenden Aktionären ein *mandatory bid* zu unterbreiten, das auf Barzahlung gerichtet ist (*cash offer*) oder eine *cash alternative* als Gegenleistung beinhaltet. Mindestpreis ist gemäß Rule 9.5 des Takeover Code der höchste Erwerbspreis, den der Bieter innerhalb der letzten zwölf Monate vor Veröffentlichung des Angebots für die Aktien oder Ansprüche auf Aktien der Zielgesellschaft gezahlt hat[213]. Auch von dieser Mindestpreisregelung kann unter bestimmten Voraussetzungen ein Dispens erteilt werden. Allerdings kennt der Takeover Code keine dem § 31 Abs. 5 WpÜG entsprechende Regelung, Nacherwerbe haben daher keinen automatischen Einfluss auf den den Aktionären im Pflichtangebotsverfahren zu bietenden Mindestpreis.

---

209 *Vorpeil*, RIW 1993, 948f.

210 *Crawshay* in Veil (Hrsg), Übernahmerecht in Praxis und Wissenschaft, S. 83, 85.

211 Note 9 (b) on rule 9.1; vgl. auch *Schlitt/Ries* in Münchener Kommentar, AktG, § 35 WpÜG, Rn. 28.

212 Dies entsprach schon bisher der Praxis des Panel und ist seit Inkrafttreten der Übernahmerichtlinie ausdrücklich in Rule 9.1 geregelt.

213 Gower and Davies' Principles of Modern Company Law, S. 1018.

Gemäß rule 35.3 ist es dem Bieter aber für einen Zeitraum von sechs Monaten nach dem Ende der Angebotsannahme untersagt, Nacherwerbe zu tätigen, oder Angebote zu besseren Konditionen zu machen, wenn er oder mit ihm gemeinsam handelnde Personen 50 % oder mehr der Stimmrechte der Zielgesellschaft halten.

Gemäß Rule 10 muss jedes freiwillige Übernahmeangebot die Bedingung enthalten, dass eine mindestens 50 % der Stimmrechte gewährende Beteiligung des Bieters erreicht wird, andernfalls wird das Angebot nicht verbindlich. Rule 9.3 ordnet die Geltung der *acceptance condition* auch für Pflichtangebote an. Hintergrund dieser Regelung ist das Ziel, Übernahmen zu verhindern, die auf den bloßen Erwerb einer Hauptversammlungsmehrheit gerichtet sind[214]. Zudem wird durch die Mindestannahmeschwelle erreicht, dass der Bieter einen so hohen Angebotspreis bietet, dass er der Mehrheit der Aktionäre als ausreichend erscheint und das Angebot folglich von der Mehrheit der Aktionäre angenommen wird[215]. Auf diese Weise dient die Mindestannahmeschwelle auch der Preisbildung. Der Panel kann Ausnahmen von der *acceptance condition* zulassen.

Das Pflichtangebot hat eine Annahmefrist von mindestens 21 Tagen: Wird nach Ablauf dieser 21 Tage die Bedingung erfüllt, dass der Bieter mindestens 50 % der Stimmrechte der Zielgesellschaft hält, verlängert sich die Annahmefrist um 14 Tage, in denen die Aktionäre, die das Angebot bislang nicht angenommen haben, die Möglichkeit erhalten, ihre Stellung als Minderheitsaktionär doch noch aufzugeben und die Gesellschaft zu verlassen[216].

c) Ausnahmen von der Angebotspflicht

Rule 9 sieht die Möglichkeit vor, dass der Panel nach pflichtgemäßem Ermessen im Einzelfall Ausnahmen vom Pflichtangebot gewähren kann[217]. Die einzelnen Tatbestände, die eine Befreiung ermöglichen, ergeben sich aus den *Notes on Dispensation from rule 9*. In den dort genannten Fällen wird der Panel im Regelfall Dispens von den Verpflichtungen zum Angebot erteilen.

aa) Whitewash

Note 1 der *notes on dispensation from rule 9* regelt die Befreiung von der Angebotspflicht durch den berühmt gewordenen Whitewash-Beschluss. Detaillierte

---

214 *Braun*, Befreiung vom Pflichtangebot, S. 282.

215 *Crawshay* in Veil (Hrsg.), Übernahmerecht in Praxis und Wissenschaft, S. 83, 89.

216 *Zinser*, RIW 2001, 481, 486; *Crawshay* in Veil (Hrsg.), Übernahmerecht in Praxis und Wissenschaft, S. 83, 89.

217 Vgl. rule 9: „*Except with the consent of the panel* (...).“

Verfahrensregeln und genaue Dokumentationspflichten zum Whitewash-Verfahren enthält außerdem *appendix 1* (*whitewash guidance note*). In den Fällen, in denen die Überschreitung der Kontrollschwelle durch Ausgabe junger Aktien im Zuge einer Kapitalerhöhung geschieht, kann der Bieter durch Beschluss der Hauptversammlung der Zielgesellschaft (*independent vote at a shareholders meeting*) von der Verpflichtung zum Angebot befreit werden.

Eine Befreiung setzt voraus, dass die Kontrollschwelle durch die Zeichnung neuer Aktien überschritten wird, die außenstehenden Aktionäre sind im Vorhinein durch ein vom Panel zu genehmigendes Schreiben ausführlich über die Person des Kontrollerwerbers, die Zahl der zu zeichnenden Aktien und den Umstand zu informieren, dass der Panel um eine Befreiung von der Angebotspflicht ersucht wird und die Befreiung bei einer Zustimmung der außenstehenden Aktionäre erteilen wird und dass hierüber in der Hauptversammlung abzustimmen ist. Da einem Whitewash-Beschluss nur Sachverhalte zugänglich sind, in denen die Zeichnung neuer Aktien im Vordergrund steht, ist eine Befreiung ausgeschlossen, wenn der Kontrollerwerber 12 Monate vor der entsprechenden Information der außenstehenden Aktionäre Anteile an der Zielgesellschaft erworben[218] und seine Kontrollposition bereits aufgebaut hat. Ferner ist der Bieter auch nicht berechtigt, in dem Zeitraum zwischen der Information der außenstehenden Aktionäre und der anberaumten Hauptversammlung weitere Anteile der Zielgesellschaft hinzuzuerwerben. Auch in diesem Fall baut der Bieter im Rahmen des Whitewash-Verfahrens seine Kontrollposition aktiv aus und der Schutzzweck der Befreiungsmöglichkeit wird verfehlt, wenn nicht der Kontrollerwerb und die von den außen stehenden Aktionären erst zu beschließende Strukturmaßnahme zusammenfallen. Aus dem Zusammenhang des Whitewash-Beschlusses mit Kapitalmaßnahmen ergibt sich auch, dass das von den außenstehenden Aktionären erklärte Einverständnis mit dem Kontrollerwerb nur in diesen Fällen Einfluss auf die Angebotspflicht des Erwerbers haben kann. Im „Normalfall" des Kontrollerwerbs vermag ein Mehrheitsbeschluss der Aktionäre die Angebotspflicht nicht zu beseitigen[219].

Ihre innere Rechtfertigung zieht die Befreiungsmöglichkeit im Whitewash-Verfahren aus der in Großbritannien verbreiteten Überzeugung, dass insbesondere in den Fällen der Kapitalerhöhung die außen stehenden Aktionäre selbst am besten darüber entscheiden können, ob der durch ein Pflichtangebot vermittelte

218 Vgl. Notes on dispensations from rule 9 No.1 (a).

219 Anders allenfalls in den Fällen des Kontrollwechsels und selbst dann nur bei Vorliegen eines besonderen Grundes.

Aktionärsschutz verzichtbar erscheint oder nicht[220]. Das englische Recht nimmt es in diesem Zusammenhang hin, dass die Interessen einzelner Minderheitsaktionäre gegebenenfalls unberücksichtigt bleiben. Auch diese Bewertung ist unter Berücksichtigung der Aktionärsstruktur in England zu sehen[221].

bb) Verwertung einer Sicherheit (enforcement of security for a loan)

Gemäß N. 2 der *Notes on dispensations from rule 9* kommt eine Befreiung von der Angebotspflicht außerdem in Betracht, wenn der Kontrollerwerb Folge der Verwertung einer Sicherheit ist. Der Kontrollerwerber ist in diesen Fällen aber verpflichtet, innerhalb einer bestimmten Frist seine Beteiligung durch Verkauf der Anteile unter die Kontrollschwelle abzusenken.

cc) Sanierungsfälle (rescue operations)

Gemäß Nr. 3 der *notes on dispensations from rule 9* kann der Panel einen Dispens von der Angebotspflicht in bestimmten Krisensituationen der Gesellschaft gewähren, wenn der Erwerb von Anteilen an der Zielgesellschaft und damit auch der Kontrollerwerb selbst Bestandteil einer Sanierungsmaßnahme ist und die Gesellschaft ohne die zur Kontrollerlangung führenden Maßnahmen nicht gerettet werden kann[222]. Der Panel legt dieses Sanierungsprivileg eng aus[223]. Voraussetzung ist, dass die Gesellschaft insolvent ist oder es in absehbarer Zeit wird[224]. Die Situation der Zielgesellschaft muss so akut sein, dass die zum Kontrollerwerb führenden Maßnahmen so rasch ergriffen werden müssen, dass eine zustimmende Entscheidung der Aktionäre nicht eingeholt werden kann. Voraussetzung ist dann aber, dass entweder ein entsprechender Zustimmungsbeschluss der Anteilseigner der Zielgesellschaft schnellstmöglich nachgeholt wird oder der Schutz der außenstehenden Aktionäre nach Überzeugung des Panel auf andere den Umständen angemessene Art und Weise gewährleistet wird. Kommt ein Zustimmungsbeschluss der anderen Anteilseigner nicht zustande und kann der Kontrollerwerber den Schutz der außenstehenden Anteilseigner nach Überzeugung des Panel auch nicht auf andere geeignete Art und Weise sicherstellen, kommt zwar eine Befreiung von der Angebotspflicht nicht in Betracht, der

---

220 *Hasselbach* in Kölner Kommentar, WpÜG, § 35, Rn. 13.

221 Ausführlicher noch unter E. IV. 8 a).

222 Vgl. Nr. 3 der *Notes on dispensations from rule 9*: „(...) *when a company is in such a serious financial position that the only way it can be saved is by an urgent rescue operation* (...)".

223 *Zinser*, NZG 2000, 573, 575.

224 *Crawshay* in Veil (Hrsg.), Übernahmerecht in Praxis und Wissenschaft, S. 83, 91.

Kontrollerwerber kann den Panel aber immer noch um einen Dispens von der in Rule 9.5 enthaltenen Mindestpreisregelung ersuchen.

dd) Versehentlicher Kontrollerwerb

Ferner kann Befreiung dann erteilt werden, wenn der Kontrollerwerb versehentlich („*due to an inadvertent mistake*") erfolgte und der Kontrollerwerber seine Beteiligung innerhalb eines bestimmten Zeitraumes wieder unter die Kontrollschwelle absenkt[225], wobei die Veräußerung an mit dem Kontrollerwerber unverbundene Personen zu erfolgen hat. Ein wissentliches Überschreiten führt dazu, dass Befreiung nicht mehr erteilt wird, auch wird eine Befreiung nur in bestimmten Fällen erteilt, wenn der Panel eine Sorgfaltswidrigkeit beim Bieter festgestellt hat.

ee) Dritter mit 50 % der Stimmrechte

Eine dem deutschen Recht unbekannte Befreiungsmöglichkeit regelt Nr. 5 (a) der *notes on dispensations from rule 9*: Hiernach muss ein Pflichtangebot dann nicht abgegeben werden, wenn Anteilseigner, die zusammen mindestens 50% der Anteile der Zielgesellschaft halten, schriftlich bestätigen, dass sie das Pflichtangebot nicht annehmen werden. Die Befreiungsmöglichkeit in diesem Fall steht in Zusammenhang mit der *acceptance condition* gemäß Rule 9.3[226], nach der der Kontrollerwerber in Folge eines Angebots einen Anteil von mindestens 50 % der Stimmrechte an der Zielgesellschaft erreichen muss. Wenn nun aber die außen stehenden Aktionäre erklären, sie würden ein Angebot nicht annehmen, kann diese Bedingung nicht mehr erfüllt werden, das Angebot ist daher ohnehin nicht verbindlich[227] und insoweit handelt es sich daher nicht um einen echten Verzicht der außenstehenden Aktionäre[228].

Gemäß Nr. 5 (b) der *notes on dispensations* ist ein Angebot auch dann nicht abzugeben, wenn ein Dritter bereits mindestens 50 % der Stimmrechte der Zielgesellschaft hält.

ff) Aufleben des Stimmrechts aus stimmrechtslose Aktien

Schließlich entsteht die Angebotspflicht nicht, wenn durch ein Aufleben des Stimmrechts eigentlich stimmrechtsloser Aktien der Bieter die Kontrollschwelle überschreitet. Etwas anderes gilt allerdings dann, wenn der Kontrollerwerber

---

225 *Maul/Muffat-Jeandet/Simon*, Takeover bids in Europe, Rn. 3454.
226 *Crawshay* in Veil (Hrsg.), Übernahmerecht in Praxis und Wissenschaft, S. 83, 91.
227 *Zinser*, NZG 2000, 573, 575.
228 *Braun*, Befreiung vom Pflichtangebot, S. 300.

schon bei Erwerb der Anteile davon ausgehen konnte, dass die Stimmrechte aufleben würden.

gg) Rule 9.7: Veräußerung von Anteilen

Eine Befreiung von der Angebotspflicht kann in Abstimmung mit dem Panel auch erteilt werden, wenn als Alternative zur Angebotspflicht der Kontrollerwerber Anteile an der Gesellschaft veräußert. In diesem Fall unterliegt der Bieter allerdings bis zur Veräußerung der Anteile Stimmrechtsbeschränkungen, die sicherstellen, dass er nicht 30% oder mehr der Stimmrechte der Zielgesellschaft ausübt.

II. Österreich

1. Entstehungsgeschichte des österreichischen Übernahmegesetzes (ÜbG)

Schon am 01.01.1999 trat in Österreich das Übernahmegesetz in Kraft[229]. Wie in den meisten europäischen Staaten hatte auch in Österreich der englische City Code Vorbildfunktion für Inhalt und Struktur der Kodifizierung. In den Beratungen des Gesetzgebers spielten auch die Vorschläge einer europäischen Übernahmerichtlinie, hier insbesondere der am 10.11.1997 vorgelegte Vorschlag eine Rolle, zudem stellte das Übernahmegesetz auch eine politische Reaktion auf die feindliche Übernahme der Creditanstalt durch die Bank Austria dar[230].

Der österreichische Gesetzgeber ließ sich bei den Beratungen des Übernahmegesetzes von dem Ziel leiten, Unternehmen den Zugang zu günstigem Eigenkapital zu erleichtern und den österreichischen Kapitalmarkt und Börsenstandort zu stärken[231]. In Österreich ging man wie vielerorts in Europa davon aus, dass die Attraktivität an der Börse notierter Unternehmen für Anleger durch ein geordnetes Übernahmerecht gesteigert werden könne und dass daher gesetzliche Rahmenbedingungen zu schaffen sind, die internationalen Standards entsprechen. Außerdem wurde mit dem Übernahmegesetz bezweckt, Minderheitsaktionäre zu schützen, Aktionäre gleich zu behandeln, Marktverzerrungen bei den

229 Übernahmegesetz, BGBl. I 1998, Nr. 127. Weitere Rechtsquellen des österreichischen Kapitalmarktrechts sind das BörseG (BGBl. 1989/555 i.d.F. I 2009/22), das KapitalmarktG (BGBl. 1991/625 i.d.F. I 2008/69) und das Wertpapieraufsichtsgesetz (BGBl. I 2007/60 i.d.F. 2009/22).

230 Jahresbericht der Übernahmekommission 2009, S. 4.

231 Erl. RV 1276 BlgNr. XX. GP, Vorblatt); *Diregger/Kalss/Winner* in Münchener Kommentar, AktG, Österreichisches Übernahmerecht, Rn. 8.

von Übernahme betroffenen Gesellschaften zu verhindern und das Übernahmeverfahren klar, rasch und transparent durchzuführen[232]. Der österreichische Gesetzgeber versprach sich von einem wirksamen Anlegerschutz zugleich eine Stärkung des Kapitalmarkts[233].

Erste tiefgreifende Änderungen erfuhr das österreichische Übernahmerecht im Jahr 2006 durch das Übernahmerechtsänderungsgesetz (ÜbRÄG)[234]. Durch das Übernahmerechtsänderungsgesetz wurden zum einen notwendige Modifizierungen aufgrund der EU-Übernahmerichtlinie vom April 2004 umgesetzt, zum anderen nutzte der Gesetzgeber das Inkrafttreten der Übernahmerichtlinie für eine Gesamtrevision des Übernahmerechts, in die auch praktische Erfahrungen aus der bisherigen Übernahmepraxis einflossen[235].

Die Durchführung des Übernahmegesetzes obliegt einer Übernahme-Kommission, die aus zwölf nebenberuflichen Mitgliedern und einer Geschäftsstelle besteht[236], die zwar bei der Wiener Börse AG angesiedelt ist, von dieser jedoch ebenso wie von staatlicher Verwaltung unabhängig ist. Der Übernahmekommission obliegt im Wesentlichen die Kontrolle des Angebotsvorgangs und die Beurteilung der Frage, ob ein Pflichtangebot zu stellen ist[237].

2. Rechtstatsächliches Umfeld; Relevanz der Befreiungsgründe

In der Praxis der Übernahmekommission hat sich gezeigt, dass die Bedeutung der Ausnahmetatbestände mindestens so groß ist wie die Angebotspflicht selbst.

---

232 Diese allgemeinen Grundsätze für öffentliche Übernahmeangebote finden etwa Ausdruck in den Informationspflichten des Bieters und der Zielgesellschaft (§§ 7, 14, 18 ÜbG), der Prüfung des Angebots durch einen Sachverständigen (§ 9 ÜbG), dem Verbot der Benachteiligung der Angebotsadressaten gegenüber Dritten (§ 16 ÜbG). Der Beschleunigungsgrundsatz ist in § 3 Nr. 5 ÜbG normiert. Vgl. auch *Stockenhuber*, RIW 1999, 752, 760.

233 *Diregger/Kalss/Winner* in Münchener Kommentar, AktG, Österreichisches Übernahmerecht, Rn. 8.

234 Gesetz zur Umsetzung der Übernahmerichtlinie vom 09.06.2006 (NR: GP XXII RV 1334 AB 1382 S. 142. Einspr. D. BR.: 1441 AB 1529 S. 153. BR: AB 7519 S. 733); mit Materialien abrufbar unter http://www.takeover.at/ (20.02.2013).

235 Insbesondere die Ausnahmebestimmungen gemäß §§ 24, 25 ÜbG wurden einer „inhaltlichen Totalrevision" unterzogen, vgl. *Diregger/Kalss/Winner* in Münchener Kommentar, AktG, Österreichisches Übernahmerecht, Rn. 224.

236 Die Mitglieder der Übernahmekommission sind abrufbar unter www.takeover.at.

237 Vgl. auch die Selbstdarstellung der Übernahmekommission, abrufbar unter http://www.takeover.at/ueberuns.html

Insbesondere ist die Zahl der öffentlichen Angebote relativ gering[238], was auch an der für Österreich typischen Beteiligungsstruktur liegt. Wie viele kontinentaleuropäische Staaten zeichnet sich auch die österreichische Aktionärsstruktur durch einen relativ geringen Streubesitz aus, zahlreiche österreichische Aktiengesellschaften werden von Mehrheitsaktionären beherrscht. Hiermit einher geht eine im internationalen Vergleich niedrige Hauptversammlungspräsenz, die Teilnahmequote der Streubesitzaktionäre ist ebenfalls niedrig[239]. Diese Beteiligungsstruktur ist ein Grund für die geringe Zahl öffentlicher Angebote: So wurden in dem Zeitraum zwischen dem Inkrafttreten des ÜbG und Mai 2010 insgesamt 45 öffentliche Angebote abgegeben; im gleichen Zeitraum wurde in 59 Fällen eine Ausnahme von der Angebotspflicht festgestellt, was die große Bedeutung der Ausnahmetatbestände belegt[240].

3. Pflichtangebotsregime

a) *Kontrollerwerb*

Bis zum Inkrafttreten der Novelle des Übernahmegesetzes 2006 ging das Übernahmegesetz auf Tatbestandsseite von einem materiellen Kontrollbegriff aus, wobei vor allem darauf abgestellt wurde, ob Einfluss bzw. zumindest die Möglichkeit der Einflussnahme auf die Zielgesellschaft gegeben war. Kontrolle war gemäß § 22 Abs. 2 ÜbG a.F. als Beteiligung definiert, die es dem Bieter allein oder gemeinsam mit anderen ermöglichte, einen beherrschenden Einfluss auf die Gesellschaft auszuüben[241]. § 22 Abs. 4 a.F. ÜbG verwies damit rechtstechnisch im Sinne einer unwiderleglichen Vermutung auf die Kontrolltatbestände

---

238 Im Berichtsjahr 2010 wurden lediglich 2 Übernahmeverfahren durchgeführt, das Volumen betrug insgesamt 268 Mio. Euro; 2 weitere Übernahmeverfahren wurden nicht beendet; ausführliche Statistiken finden sich in den Jahresberichten der Übernahmekommission, abrufbar unter www.takeover.at.

239 So nahmen im Jahr 2008 nur 11 % der Streubesitzaktionäre an den Hauptversammlungen teil, was 4,7 % der stimmberechtigten Aktien darstellt, zugleich stellte der kontrollierende Aktionär oder die kontrollierende Aktionärsgruppe mit einem durchschnittlichem Anteil von 43,5 % am Grundkapital in der Hauptversammlung eine Stimmrechtsquote von über ¾ dar; vgl. Jahresbericht der Übernahmekommission 2009, S. 4; zu den Bemühungen, die Hauptversammlungspräsenz zu stärken, vgl. Materialien zum Aktienrechts-Änderungsgesetz 2009, 233/ME XXIII. GP S. 1.

240 *Diregger/Kalss/Winner* in Münchener Kommentar, AktG, Österreichisches Übernahmerecht, Rn. 19.

241 *Diregger/Kalss/Winner* in Münchener Kommentar, AktG, Österreichisches Übernahmerecht, Rn. 179.

der Konzernrechnungslegung, wohingegen die weitere Konkretisierung des Kontrollbegriffs mit Verordnungsermächtigung an die Übernahmekommission delegiert wurde[242].

Die markanteste Änderung der Novelle 2006 bestand nun in der Einführung eines formellen[243], rein quantitativen Kontrollbegriffs[244]. Eine kontrollierende Beteiligung liegt gemäß § 22 Abs. 2 und Abs. 3 ÜbG nunmehr bei einer Beteiligung an einer Zielgesellschaft vor, die mehr als 30 % der Stimmrechte vermittelt. Der Gesetzgeber begründete diesen Wechsel hin zum formellen Kontrollbegriff namentlich mit einer Verbesserung der Vorhersehbarkeit der übernahmerechtlichen Folgen und der damit verbundenen größeren Planungssicherheit bei Transaktionen[245].

Gemäß § 27 Abs.1 Nr. 1 ÜbG kann in der Satzung einer Zielgesellschaft ein niedrigerer Schwellenwert als 30 % vorgeschrieben werden. Die Beschlussfassung über die Herabsetzung bedarf gemäß § 27 Abs. 2 ÜbG einer qualifizierten Mehrheit, eine spätere Erhöhung dürfte praktisch ausgeschlossen sein, da sie nur mit Zustimmung aller Aktionäre möglich ist, § 27 Abs. 3 ÜbG[246].

b) Creeping-in-Regelung

Gemäß § 22 Abs. 4 ÜbG muss ein Pflichtangebot auch abgeben, wer zu einer kontrollierenden Beteiligung, ohne dass ihm die Mehrheit der Stimmrechte zusteht,

---

242 Vgl. zum materiellen Kontrollbegriff des ÜbG a.F. etwa *Kalss*, NZG 1999, 421, 423.

243 Eine materielle Beurteilung der Kontrollsituation schon auf Ebene des die Angebotspflicht auslösenden Tatbestands erfolgt nur noch in einigen Fällen des mittelbaren Kontrollerwerbs (§ 22 Abs. 3 Nr. 2 ÜbG) und bei Umstrukturierungen innerhalb einer Gruppe gemeinsam vorgehender Rechtsträger (§ 22a Nr. 3). Zu diesen Sachverhalten ausführlich: *Gall* in Huber (Hrsg.), ÜbG, § 24, Rn. 40 m.w.N.

244 Vgl. zu den Änderungen durch das ÜbRÄG auch *Gerschpacher*, Das Pflichtangebot im Übernahmegesetz, S. 56f.

245 Vgl. Erl. RV 1334 BlgNr. XXII GP, 2; zur harschen Kritik an der Einführung des formellen Kontrollbegriffs, vgl. Jahresbericht der Übernahmekommission 2009, S. 6. Die Übernahmekommission weist darauf hin, dass aufgrund der Aktionärsstruktur in Österreich die Einführung eines formellen Kontrollbegriffs zu einer Verschlechterung des Anlegerschutzes führte, da in zahlreichen Gesellschaften Aktionäre mit einer Beteiligung von unter 30 % über die faktische Mehrheit in der Hauptversammlung verfügten. Die Übernahmekommission regt daher an, die frühere flexiblere Regelung wieder einzuführen oder den Schwellenwert von 30 % deutlich abzusenken, vgl. Jahresbericht der Übernahmekommission 2009, S. 7.

246 Selbst ein einstimmiger Hauptversammlungsbeschluss genügt nur, wenn alle Beteiligungsinhaber anwesend sind und mitstimmen, vgl. *Diregger/Kalss/Winner* in Münchener Kommentar, AktG, Österreichisches Übernahmerecht, Rn. 191.

innerhalb eines Zeitraumes von zwölf Monaten Aktien hinzuerwirbt, die ihm zusätzlich mindestens 2 % der Stimmrechte der Zielgesellschaft verschaffen, sog. Creeping-in-Regelung[247]. Der Gesetzgeber wollte mit dieser Regelung einen vor Inkrafttreten des Übernahmegesetzes akquirierten Altbestand erfassen, es sollte verhindert werden, dass ein derartiger Altbestand durch Zukäufe zu günstigen Konditionen schleichend konsolidiert wird, ohne dass die Minderheitsaktionäre die Möglichkeit zum Ausstieg aus der Gesellschaft erhalten[248]. Der Bieter soll nicht in die Lage versetzt werden, durch Erhöhung des Preises sukzessive weitere Aktionäre anzusprechen und unter Ungleichbehandlung der Anteilseigner die Kontrolle zu konsolidieren[249]. Mit der erneuten Angebotspflicht bei Ausbau einer Kontrollbeteiligung sollen auch Umgehungen der Angebotspflicht verhindert werden[250].

Nach § 22 Abs. 4 ÜbG ist Rechtsfolge eines „Creeping-in" die Pflicht, den Hinzuerwerb der Übernahmekommission unverzüglich mitzuteilen und innerhalb von 20 Börsentagen ein Pflichtangebot abzugeben. Der Betrachtungszeitraum für den Hinzuerwerb nach § 22 Abs. 4 ÜbG beträgt 12 Monate und ist revolvierend, die Ausnahmen von der Angebotspflicht nach § 25 Abs. 1 ÜbG sind sinngemäß anzuwenden. Denkbar ist insoweit, dass entweder der Kontrollerwerb oder der Hinzuerwerb weiterer Beteiligungspapiere oder sowohl Kontrollerwerb als auch Hinzuerwerb privilegiert sind[251].

Die Einführung der Creeping-in-Regelung war im Gesetzgebungsverfahren nicht unumstritten, hingewiesen wurde insbesondere darauf, dass durch eine gesetzliche Regelung des Creeping-in kontrollierende Aktionäre zu wiederholten Pflichtangeboten gezwungen würden, was die Geschäftstätigkeit der Zielgesellschaft durch alljährliche Übernahmeangebote empfindlich stören würde. Der österreichische Gesetzgeber wies diese Bedenken jedoch unter Hinweis darauf zurück, dass es eine irrtümliche Annahme sei, der sukzessive Zukauf von Aktien stelle einen normalen wirtschaftlichen Vorgang dar[252]. Es sei ausdrücklich Zweck

---

247 Vgl. zur Creeping-in-Regelung im österreichischen Recht auch Teil E. I. 2. b).

248 *Huber*, ÜbG, § 22, Rn. 69, *Merkt*, Festschrift für Schwark, S. 544; vgl. aber Erl. RV 1276, BlgNr XX GP, 42 wonach durch die Creeping-in-Regelung verhindert werden soll, dass eine knapp kontrollierende Beteiligung zu günstigen Konditionen erworben wird, die durch Zukäufe weiterer Stimmrechte konsolidiert wird.

249 *Huber*, ÜbG, § 22, Rn. 70.

250 *Diregger/Kalss/Winner* in Münchener Kommentar, AktG, Österreichisches Übernahmerecht, Rn. 218.

251 *Huber*, ÜbG, § 22, Rn. 80.

252 Erl. RV 1276 BlgNr. XX GP, S. 25.

der Regelung, gerade solche Verhaltensweisen zu unterbinden, die wiederholte Angebote notwendig machen würden.

c) Gesicherte Sperrminorität gemäß § 26 a ÜbG

Gemäß § 26 a ÜbG liegt eine gesicherte Sperrminorität bei einer Beteiligung von mehr als 26 %, aber nicht mehr als 30 % der auf die ständig stimmberechtigten Aktien entfallenden Stimmrechte vor. Die Erlangung der 26 % übersteigenden Beteiligung ist unverzüglich anzuzeigen, Rechtsfolge ist eine gesetzliche Stimmrechtsbeschränkung, § 26 a Abs. 2 ÜbG. Die Regelung, die praktisch wenig Relevanz besitzt[253], stellt eine Ausnahmeregelung im europäischen Übernahmerecht dar und ist Ausfluss eines rechtspolitischen Kompromisses, da im Gesetzgebungsverfahren aufgrund der österreichischen Aktionärsstruktur Bedenken zu der formalen Kontrollschwelle von 30 % geäußert wurden. Aufgrund der geringen Präsenz des Streubesitzes bei Hauptversammlungen sollten schon bei Beteiligungen unter 30 % Schutzmechanismen zugunsten der Minderheit eingreifen. Da eine einfache Sperrminorität von diesem Schutzmechanismus noch nicht erfasst werden sollte, zugleich der zulässige Stimmrechtsanteil niedriger festgesetzt werden musste als der Schwellenwert für eine kontrollierende Beteiligung, lag es nahe, die gesetzliche Stimmrechtsbeschränkung bei 26 % festzulegen[254]. Analog zu den Ausnahmen von der Pflichtangebotsregelung bestehen gemäß Absatz 3 Ausnahmen von den Rechtsfolgen der Stimmrechtsbeschränkungen. Auf Antrag eines Beteiligten kann die Übernahmekommission die gesetzliche Stimmrechtsbeschränkung gemäß § 26 a Abs. 4 ÜbG ganz oder teilweise aufheben.

d) Rechtsfolge: Angebotspflicht

Wird die Angebotspflicht ausgelöst, ist der Bieter verpflichtet, dies der Übernahmekommission unverzüglich mitzuteilen und innerhalb von 20 Börsentagen ein Pflichtangebot an alle außenstehenden Beteiligungsinhaber zu unterbreiten. Das Angebot muss unbedingt sein und zumindest eine Gegenleistung in bar enthalten[255], deren Höhe in § 26 ÜbG geregelt ist: Vorerwerbe in einem Zeitraum von 12 Monaten vor Anzeige des Angebots an die Übernahmekommission[256] stellen

253 Vgl. Jahresbericht der Übernahmekommission 2009, S. 3.

254 Vgl. Erl. RV 1334 BlgNr. XXII GP, S. 19.

255 Die Einführung einer zwingenden Baralternative war nicht unumstritten, vgl. *Diregger/Winner*, WM 2002, 1587.

256 Bis zur Novelle des Übernahmerechts im Jahr 2006 war zum Schutze der Paketaktionäre noch ein – in der Praxis häufig genutzter – Paketabschlag von höchstens

ebenso eine Untergrenze dar wie der durchschnittliche Börsenkurs der letzten sechs Monate[257]. Anders als das freiwillige Übernahmeangebot unterliegt das Pflichtangebot keiner gesetzlichen Mindestannahmebedingung.

4. Ausnahmen von der Angebotspflicht

Neben § 25 a Abs. 1 ÜbG, wonach die Pflicht zur Abgabe eines Pflichtangebots entfällt, wenn die kontrollierende Beteiligung durch ein Übernahmeangebot erworben wird, eine Regelung, die insoweit § 35 Abs. 3 WpÜG entspricht, hat der österreichische Gesetzgeber in §§ 24, 25 ÜbG weitere Ausnahmen von der Angebotspflicht geregelt. Allerdings wählt der österreichische Gesetzgeber eine gänzlich andere Regelungstechnik als der WpÜG-Gesetzgeber und lässt die Angebotspflicht – flankiert durch ein abgestuftes System von Melde- und Anzeigepflichten des Bieters – ex lege entfallen. § 24 ÜbG erfasst Konstellationen, in denen die formale Kontrollbeteiligung entweder keinen beherrschenden Einfluss vermittelt oder in denen bei materieller Betrachtung keine wesentliche Änderung der Kontrollverhältnisse vorliegt[258]. § 25 ÜbG erfasst Sachverhalte, in denen trotz materieller Kontrollerlangung und materiellen Kontrollwechsels die Angebotspflicht entfällt, weil volkswirtschaftliche Interessen oder die Interessen des Bieters das Interesse der Aktionäre der Zielgesellschaft an dem Angebot überwiegen. In beiden Fallgruppen hat der Bieter das Erreichen bzw. Überschreiten der Kontrollschwelle der Übernahmekommission anzuzeigen oder mitzuteilen.

a) Ausnahmetatbestände gemäß § 24 ÜbG

§ 24 Abs. 1 ÜbG enthält eine Generalklausel, nach der die Angebotspflicht dann nicht besteht, wenn die Beteiligung an der Zielgesellschaft keinen beherrschenden

---

15 % zulässig, die Satzung der Zielgesellschaft konnte diese Möglichkeit jedoch ausschließen. Vgl. zur früheren Rechtslage *Diregger/Kalls/Winner* in Münchener Kommentar, AktG, 2. Aufl. 2004, Österreichisches Übernahmerecht, Rn. 189 m.w.N. zur rechtspolitischen Kritik an der Möglichkeit der Paketabschläge.

257 § 26 Abs. 1 S. 3 ÜbG: abgestellt wird nunmehr ausdrücklich auf den gewichteten Börsenkurs, die Rückrechnung des 6-Monatszeitraums erfolgt seit 2006 von dem Zeitpunkt, zu dem die Absicht zur Angebotsabgabe öffentlich bekannt gemacht wurde. In der Entscheidung vom 06.11.2012 – GZ 2012/1/4–24 hat die österreichische Übernahmekommission im Wege teleologischer Reduktion der Vorschrift wegen augenscheinlicher Marktilliquidität lediglich auf den Vorerwerbspreis abgestellt; vgl. hierzu *von Falkenhausen*, NZG 2013, 409.

258 *Diregger/Kalss/Winner* in Münchener Kommentar, AktG, Österreichisches Übernahmerecht, Rn. 225.

Einfluss auf diese vermitteln kann oder wenn der Rechtsträger, der diesen Einfluss bei wirtschaftlicher Betrachtungsweise letztlich ausüben kann, nicht wechselt. In der Sache handelt es sich bei § 24 ÜbG daher nicht um eine echte Ausnahme von der Angebotspflicht[259], sondern um eine Zusammenfassung derjenigen Fälle, in denen materiell keine Kontrolländerung eintritt, insoweit handelt es sich um eine Korrektur des starren formellen Kontrollbegriffs in § 22 ÜbG[260]. § 24 Abs. 2 und Abs. 3 ÜbG konkretisieren die Generalklausel des Abs. 1 durch Regelbeispiele[261].

aa) Kein beherrschender Einfluss auf die Zielgesellschaft

§ 24 Abs. 2 ÜbG enthält nicht abschließende[262] konkretisierende Regelbeispiele zur Generalklausel in § 24 Abs. 1 ÜbG. Entscheidend ist, ob beherrschender Einfluss auf die Zielgesellschaft ausgeübt werden kann, nicht, ob dieser tatsächlich ausgeübt wird.

Gemäß § 24 Abs. 2 Nr. 1 ÜbG vermittelt die Beteiligung einer Zielgesellschaft keinen beherrschenden Einfluss, wenn ein anderer Aktionär zusammen mit den mit ihm gemeinsam vorgehenden Rechtsträgern über zumindest gleich viele Stimmrechte an der Zielgesellschaft wie der Bieter verfügt.

Gemäß § 24 Abs. 2 Nr. 2 ÜbG liegt eine beherrschenden Einfluss vermittelnde Beteiligung an der Zielgesellschaft dann nicht vor, wenn die Aktien aufgrund der üblichen Anwesenheit der anderen Aktionäre in der Hauptversammlung der Zielgesellschaft nicht die Mehrheit der Stimmrechte vermitteln. In Anlehnung an den bis 2006 gültigen § 3 der ersten Übernahmeverordnung ist hierbei wohl an die Präsenz in den letzten drei Hauptversammlungen anzuknüpfen[263]. Den Materialien ist zu entnehmen, dass die historischen Hauptversammlungspräsenzen bereinigt werden können, wenn es etwa zum Ausscheiden eines Paketaktionärs gekommen ist[264]. Es ist daher stets zu ermitteln, welches Stimmgewicht einem neuen Hauptaktionär angesichts der Hauptversammlungspräsenzen der Zielgesellschaft zukommen wird.

---

259 Vgl. dazu *Winner*, ÖJZ 2006, 664.

260 *Gall* in Huber (Hrsg.), ÜbG, § 24, Rn. 4.

261 *Gerschpacher*, Das Pflichtangebot im Übernahmegesetz, S. 125.

262 *Diregger/Kalls/Winner* in Münchener Kommentar, AktG, Österreichisches Übernahmerecht, Rn. 228.

263 *Gall* in Huber (Hrsg.), ÜbG, § 24, Rn. 14.

264 *Gall* in Huber (Hrsg.), ÜbG, § 24, Rn. 15; *Diregger/Kalls/Winner* in Münchener Kommentar, AktG, Österreichisches Übernahmerecht, Rn. 228. Eine normative Korrektur der historischen Daten der letzten Hauptversammlungspräsenzen nahm die Übernahmekommission etwa in der Entscheidung vom 24.02.2005, GZ 2004/1/112 (Böhler-Uddeholm) vor.

Gemäß § 24 Abs. 2 Nr. 3 ÜbG liegt eine Ausnahme von der Angebotspflicht ferner vor, wenn die Stimmrechtsausübung aufgrund satzungsmäßigen Höchststimmrechts auf höchstens 20 % beschränkt ist[265].

bb) Kein Wechsel der Kontrolle

§ 24 Abs. 3 ÜbG enthält Regelbeispiele, bei deren Vorliegen die Vermögensinteressen der Aktionäre nicht betroffen sind, da zwar formal die Kontrolle wechselt, bei wirtschaftlicher Betrachtung allerdings der tatsächlich kontrollierende Aktionär nicht wechselt. Erfasst sind insbesondere Konzernumstrukturierungen – § 24 Abs. 3 Nr. 1 ÜbG nennt Downstream-Übertragungen, § 24 Abs. 3 Nr. 2 ÜbG Upstream-Übertragungen[266] – und Umstrukturierungen innerhalb kontrollierender Gruppen. Anders als unter Geltung des ÜbG a.F. bis 2006 setzt eine Befreiung nicht mehr voraus, dass die Beteiligungsidentität gewahrt bleibt[267], daher ist der Ein- oder Austritt von Gesellschaftern ebenso unschädlich wie eine Änderung der Beteiligungsquoten, wenn und soweit nur der materiell beherrschende Einfluss auf die Zielgesellschaft nicht von einem anderen Rechtsträger ausgeübt werden kann[268], wobei eine wirtschaftliche Betrachtungsweise vorzunehmen ist[269].

---

265 Die Vorschrift ist rechtspolitisch umstritten, in der Literatur werden unter Hinweis auf die Gesetzesmaterialien und europarechtliche Überlegungen verschiedene Ansätze einer teleologischen Reduktion diskutiert: vgl. zur Diskussion *Winner* ÖJZ 2006, 665 sowie *Gall* in Huber (Hrsg.), ÜbG, § 24, Rn. 19ff. (Teleologische Reduktion, wenn Bieter über 75 % des Grundkapitals verfügt), *Diregger/Kalls/Winner* in Münchener Kommentar, AktG, Österreichisches Übernahmerecht, Rn. 238: Voraussetzung einer Befreiung ist, dass keine Beherrschungsmöglichkeit besteht.

266 Die Materialien nennen als Anwendungsfall von § 24 Abs. 3 Nr. 1 ÜbG auch die Übertragung von Beteiligungen zwischen Schwestergesellschaften (Erl.RV 1334 BlgNr. XXII. GP, 15). Der Wortlaut von Abs. 3 Nr. 1 und Nr. 2 setzt aber ein Über- und Unterordnungsverhältnis voraus, bleibt die materielle Kontrollsituation im Falle einer Übertragung zwischen Schwestergesellschaften unverändert, kommt eine Befreiung nur unter Rückgriff auf die Generalklausel des § 24 Abs. 1 ÜbG in Betracht, vgl. dazu *Diregger/Kalls/Winner* in Münchener Kommentar, AktG, Österreichisches Übernahmerecht, Rn. 241 sowie *Gall* in Huber (Hrsg.), ÜbG, § 24, Rn. 27.

267 *Diregger/Kalls/Winner* in Münchener Kommentar, AktG, Österreichisches Übernahmerecht, Rn. 241; Erl.RV 1334 BlgNr. XXII GP, 15: Abs. 3 Nr. 1 ist auch dann anwendbar, wenn sich bei Einbringung in eine Holding die Beteiligungsverhältnisse verschieben oder wenn andere Aktionäre hinzutreten.

268 *Gall* in Huber (Hrsg.), ÜbG, § 24, Rn. 27.

269 *Diregger/Kalls/Winner* in Münchener Kommentar, AktG, Österreichisches Übernahmerecht, Rn. 241.

§ 24 Abs. 3 Nr. 3 ÜbG privilegiert die Übertragung von Aktien auf eine Privatstiftung, auf deren Geschäftsführung der bisher kontrolliert Beteiligte einen beherrschenden Einfluss ausüben kann[270].

Gemäß § 24 Abs. 3 Nr. 4 ÜbG entfällt die Angebotspflicht schließlich, wenn bei Abschluss oder Auflösung eines Stimmbindungsvertrags die Willensbildung in der Zielgesellschaft nicht von einem anderen Rechtsträger oder einer anderen Gruppe von Rechtsträgern beherrscht werden kann[271].

cc) Rechtsfolge: Mitteilungspflicht

Bei Vorliegen eines Ausnahmetatbestands oder bei Erfüllung der Generalklausel des Abs. 1 kommt es weder zur Angebotspflicht, noch zu einem Ruhen der Stimmrechte der Beteiligten. Die Befreiungswirkung tritt ex lege ein. Der beteiligte Aktionär ist lediglich verpflichtet, unverzüglich eine Mitteilung an die Übernahmekommission zu erstatten, § 24 Abs. 1 ÜbG. Durch die Mitteilung muss die Übernahmekommission in die Lage versetzt werden, den mitgeteilten Sachverhalt in rechtlicher Hinsicht zu überprüfen[272]. Die Übernahmekommission kann, sollten die Sachverhaltsangaben, die der Bieter übermittelt, für die Beurteilung, ob die Voraussetzungen eines Ausnahmetatbestands gegeben sind, nicht ausreichen, unter Berufung auf § 30 Abs. 4 ÜbG die Vorlage weiterer Unterlagen verlangen, eine besondere Entscheidungskompetenz wird nicht begründet, insbesondere kann die Übernahmekommission die Angebotspflicht nicht anordnen oder Bedingungen bzw. Auflagen erteilen[273]. Will der Bieter Rechtssicherheit über das Vorliegen der gesetzlichen Voraussetzungen, kann er ein Feststellungsverfahren nach § 26 b ÜbG in die Wege leiten.

---

270 *Diregger/Kalls/Winner* in Münchener Kommentar, AktG, Österreichisches Übernahmerecht, Rn. 246; der bisherigen Praxis der Übernahmekommission entsprechend sind sowohl Übertragungen einer Kontrollbeteiligung auf Familienstiftungen als auch auf Industriestiftungen erfasst.

271 Feststellung des Justizausschusses zu § 24 ÜbG, AUB 1382 BlgNr. XXII. GP,3: Die Änderung eines Stimmbindungsvertrages wird von § 24 Abs. 3 Nr. 4 ÜbG hingegen nicht erfasst. Die Änderung einer Gruppe ist schon auf der Ebene des Auslösetatbestandes gemäß § 22a ÜbG materiell zu beurteilen, eines eigenen Ausnahmetatbestands bedarf es nicht, *Gall* in Huber (Hrsg.), ÜbG, § 24, Rn. 40.

272 *Diregger/Kalls/Winner* in Münchener Kommentar, AktG, Österreichisches Übernahmerecht, Rn. 251.

273 *Gall* in Huber (Hrsg), ÜbG, § 24, Rn. 55.

b) *Ausnahmetatbestände gemäß § 25 ÜbG*

§ 25 ÜbG erfasst hingegen diejenigen Fälle, in denen eine Beteiligung durch Überschreiten der Kontrollschwelle tatsächlich beherrschenden Einfluss vermittelt, in denen aber aus verschiedenen Gründen eine Privilegierung unter Berücksichtigung der Interessen der an der Übernahme Beteiligten angemessen erscheint. Insgesamt zählt der abschließende[274] Katalog des § 25 ÜbG sechs Fallgruppen auf.

aa) Voraussetzungen

§ 25 Abs. 1 Nr. 2 ÜbG privilegiert den mittelbaren Kontrollerwerb, wenn bei einer mittelbar kontrollierenden Beteiligung der Buchwert der Beteiligung an der Zielgesellschaft weniger als 25 % des buchmäßigen Nettoaktivvermögens beträgt[275]. § 25 Abs.1 Nr. 2 ÜbG lässt die Angebotspflicht beim Erwerb der Beteiligung zu Sanierungszwecken oder zur Sicherung einer Forderung entfallen. Der Gesetzgeber sah die Fortführung eines Krisenunternehmens als wünschenswert an, Sanierungsbemühungen sollten nicht durch den mit einem Pflichtangebot verbundenen Liquiditätsbedarf erschwert werden[276]. Das Sanierungsprivileg wird eng ausgelegt[277], die Übernahmekommission prüft anhand objektiver Kriterien, ob Sanierungsbedarf[278] besteht und der Bieter in Sanierungsabsicht

---

274 *Gall* in Huber (Hrsg.), ÜbG, § 25, Rn. 14. Im Zuge der Novelle des Übernahmerechts 2006 hat der Gesetzgeber aufgrund verfassungsrechtlicher Bedenken die in § 25 Abs. 1 ÜbG a.F. enthaltene Verordnungsermächtigung an die Übernahmekommission gestrichen. Die Übernahmekommission hatte zwar keinen Gebrauch von dieser Ermächtigung gemacht, allerdings wurden im Rahmen einzelner Entscheidungen von der Übernahmekommission im Wege der Analogie ungeschriebene Ausnahmen entwickelt.

275 *Gall* in Huber (Hrsg.), ÜbG, § 25, Rn. 17: maßgeblich für den anzustellenden Vergleich sind die handelsrechtlichen Buchwerte, stille Reserven bleiben auf Tatbestandsebene ebenso unberücksichtigt wie ein abweichender Börsenkurs oder Verkehrswert. Diese Faktoren können aber auf Rechtsfolgenseite im Rahmen von § 25 Abs. 4 ÜbG zu berücksichtigen sein. Die Übernahmekommission prüft regelmäßig auch die Entwicklung der relevanten Bilanzpositionen um auszuschließen, dass Bilanzmaßnahmen zu dem Zweck durchgeführt wurden, von der Privilegierung des § 25 Abs. 1 Nr. 1 ÜbG Gebrauch zu machen.

276 Erl. RV 1276 BlgNr. XX GP, 43.

277 *Diregger/Kalls/Winner* in Münchener Kommentar, AktG, Österreichisches Übernahmerecht, Rn. 259; *Gall* in Huber (Hrsg.), ÜbG, § 25, Rn. 26; vgl. auch Übernahmekommission, vom 09.08.2001, GZ 2001/2/5-50.

278 Sanierungsbedürftig ist die Zielgesellschaft jedenfalls dann, wenn ein Insolvenztatbestand im Sinne der §§ 66f. KO vorliegt oder wenn die Insolvenz so deutlich

handelt, was durch Vorlage eines Sanierungskonzeptes zu belegen ist[279]. Die Angebotspflicht entfällt schließlich auch, wenn die Kontrollbeteiligung zur Sicherung von Forderungen erlangt wird[280].

Gemäß § 25 Abs. 1 Nr. 3 ÜbG besteht keine Angebotspflicht, wenn die Kontrollschwelle nur vorübergehend[281] oder unbeabsichtigt überschritten wird, wenn die Überschreitung unverzüglich rückgängig gemacht wird. Seit der Novelle des Übernahmegesetzes 2006 ist es nicht mehr erforderlich, dass die Überschreitung geringfügig ist[282]. Erforderlich ist jedoch, dass die Überschreitung der Kontrollschwelle rechtzeitig rückgängig gemacht wird, wobei die Übernahmekommission gemäß Abs. 2 ermächtigt ist, den Verkauf der Anteile anzuordnen.

§ 25 Abs. 1 Nr. 4 ÜbG privilegiert schließlich die Schenkung von Anteilen zwischen Angehörigen[283] sowie den Erwerb von Anteilen an einer Zielgesellschaft auf Grund Erbgang oder der Teilung von Vermögen aus Anlass einer Scheidung.

Gemäß § 25 Abs. 1 Nr. 5 ÜbG privilegiert ist die Übertragung von Aktien auf Rechtsträger, an denen mittelbar oder unmittelbar neben den bisherigen Gesellschaftern ausschließlich deren nahe Angehörige beteiligt sind, sowie die Übertragung auf eine Privatstiftung, auf deren Geschäftsführung die Angehörigen einen beherrschenden Einfluss ausüben können.

Gemäß § 25 Abs. 1 Nr. 6 ÜbG muss auch dann kein Pflichtangebot abgegeben werden, wenn der Bieter innerhalb von fünf Monaten nach Unterschreiten der

---

absehbar ist, dass das konkrete Risiko eines Totalverlustes der Investments der Aktionäre der Zielgesellschaft besteht. Vgl. dazu *Huber*, ÜbG, § 25, Rn. 31.

279 *Huber*, ÜbG, § 25, Rn. 35; *Diregger/Kalls/Winner* in Münchener Kommentar, AktG, Österreichisches Übernahmerecht, Rn. 261.

280 Da gemäß § 22 Abs. 2 und 3 ÜbG Stimmrechte aus Aktien, die zur Sicherheit übereignet sind, einseitig dem Sicherungsgeber zugerechnet werden, wenn und soweit dieser die Stimmrechte hieraus ohne Weisung des Sicherungsnehmers ausüben kann, kommt ein Kontrollerwerb im Falle der Sicherungsübereignung nur in Betracht, wenn der Sicherungsgeber die Stimmrechte nicht ohne Weisung des Sicherungsnehmers ausüben kann und der Sicherungsgeber die Stimmrechtsausübung nicht beeinflussen kann, vgl. *Huber*, ÜbG, § 25, Rn. 40.

281 Der Begriff „vorübergehend" ist gesetzlich nicht definiert. Die Übernahmekommission hat einen Zeitraum von einem Monat als vorübergehend angesehen, vgl. ÜbK v. 21. 10. 1999, GZ 1999/1/2–8; kritisch hierzu: *Huber*, ÜbG, § 25, Rn. 49.

282 Erl. RV 1334 BlgNr. XXII. GP, S. 16.

283 § 25 Abs. 1 Nr. 3 ÜbG verweist nur auf § 32 Abs. 1 KO, nahe Angehörige sind daher Eheleute, in gerader Linie oder bis zum vierten Grad der Seitenlinie verwandte oder verschwägerte Personen sowie Wahl- und Pflegekinder im Verhältnis zu ihren Wahl- und Pflegeeltern sowie Personen in außerehelicher Gemeinschaft.

Kontrollschwelle einen Squeeze-out nach dem Gesellschafterausschlussgesetz zu den Konditionen wie beim Pflichtangebot durchführt. Es handelt sich um eine Fortschreibung der bisherigen Entscheidungspraxis der Übernahmekommission[284]. In Fällen, in denen die Voraussetzungen für einen Gesellschafterausschluss vorliegen und dieser auch tatsächlich durchgeführt wird, ist die Verdopplung beider Verfahren sinnlos, wenn und soweit bei Bestimmung der Abfindung der Preisfindungsmechanismus des Übernahmegesetzes eingehalten wird und die Auszahlung zeitnah erfolgt[285].

bb) Rechtsfolge

Liegen die Voraussetzungen § 25 Abs. 1 ÜbG vor, besteht zwar keine Angebotspflicht, wohl aber eine Anzeigepflicht an die Übernahmekommission.

Da die in § 25 ÜbG genannten Sachverhalte aufgrund des Vorliegens einer auch materiell veränderten Kontrollsituation für die Aktionäre der Zielgesellschaft zumindest potentiell gefährlich sind[286], sieht § 25 Abs. 2–4 ÜbG abgestufte aufsichtsrechtliche Interventionen der Übernahmekommission vor: Die Übernahmekommission wird in zwei Fällen, nämlich bei Vorliegen einer mittelbaren Beteiligung im Sinne von § 25 Abs. 1 Nr. 1 ÜbG und bei Kontrollerlangung zu Sanierungs- oder Sicherungszwecken gemäß § 25 Abs. 1 Nr. 2 ÜbG ermächtigt, die Abgabe eines Pflichtangebotes anzuordnen. Aus Sicht des Gesetzgebers sind dies die aus Sicht der Minderheitsaktionäre „heikelsten Fallgestaltungen“[287].

In jedem der in § 25 Abs. 1 ÜbG genannten Fälle ist die Übernahmekommission allerdings berechtigt, Bedingungen oder Auflagen zu treffen.

c) Sonderfall: Angebotspflicht im Falle passiver Kontrollerlangung

Eine weitere gesetzliche Ausnahme von der Angebotspflicht gemäß § 22 ÜbG enthält § 22 b Abs. 1 ÜbG für Fälle der passiven Kontrollerlangung. Nach dieser Vorschrift muss, wer eine kontrollierende Beteiligung erlangt, ohne dies

---

284 Vgl. Erl. RV 1334 XXII. GP S. 16.

285 § 25 Abs. 1 ÜbG sieht eine Fünfmonatsfrist vor, die sich auf die vollständig Abwicklung des Squeeze-out-Verfahrens bezieht. Der Bieter muss innerhalb dieser Frist auch die Barabfindung an die ausgeschlossenen Aktionäre bezahlt haben, vgl. *Huber*, ÜbG, § 25, Rn. 83; *Diregger/Kalls/Winner* in Münchener Kommentar, AktG, Österreichisches Übernahmerecht, Rn. 275.

286 *Diregger/Kalls/Winner* in Münchener Kommentar, AktG, Österreichisches Übernahmerecht, Rn. 225.

287 Erl. RV 1334 BlgNr. XXII. GP, 16.

durch zeitnahe[288] Handlungen wie insbesondere durch Anteilserwerb bewirkt zu haben, kein Angebot legen, wenn er beim Erwerb der Anteile nicht mit der Kontrollerlangung rechnen musste. § 22 b Abs. 1 S. 2 ÜbG statuiert jedoch eine Anzeigepflicht an die Übernahmekommission, die innerhalb von 20 Börsentagen ab Erlangung der kontrollierenden Beteiligung zu erfüllen ist. Zudem ordnet § 22 b Abs. 2 ÜbG das Ruhen der 26 % übersteigenden Stimmrechte an. Ein weiterer Ausbau der Beteiligung löst die Angebotspflicht nach § 22 Abs. 1 ÜbG wieder aus. Die Stimmrechtsbeschränkung entfällt nach Abwicklung eines Angebots.

Die Vorschrift, insbesondere die Stimmrechtsbeschränkung in § 22 b Abs. 2 ÜbG ist in Zusammenhang mit der ebenfalls 2006 eingeführten Stimmrechtsbeschränkung bei Erreichen einer gesicherten Sperrminorität in § 26 a ÜbG zu sehen[289]. Auf Antrag des Beteiligten kann gemäß § 22 b Abs. 3 ÜbG die Übernahmekommission das Ruhen der Stimmrechte ganz oder teilweise aufheben und stattdessen Bedingungen und Auflagen festlegen, sofern dadurch ein gleichwertiger Schutz der Inhaber von Beteiligungspapieren gewährleistet ist, wobei eine Aufhebung des Ruhens der die 30 %-Schwelle übersteigenden Stimmrechte ausgeschlossen ist.

Der Bieter kann im Falle passiver Kontrollerlangung also zwischen mehreren Handlungsalternativen wählen, es bleibt ihm unbenommen, seine Anteile zu verkaufen und seine Beteiligung zu reduzieren, er kann ferner seine Stimmrechte teilweise ruhen lassen oder ein Übernahmeangebot stellen[290], wodurch die Sanktion der Stimmrechtsbeschränkung gemäß § 22 b Abs. 2 S. 2 ÜbG entfällt. Ein Ausbau der 30 % übersteigenden Beteiligung löst in jedem Fall ein Pflichtangebot aus, der Bieter ist in diesem Fall nicht mehr länger als passiv anzusehen. Nach der Gesetzesbegründung ausgenommen ist aber die Ausübung des Bezugsrechts im Rahmen einer Kapitalerhöhung, wenn die Beteiligung nicht ausgebaut, sondern prozentual aufrechterhalten wird[291]. Bei einem Ausbau der Stimmrechte gelten die Creeping-in-Vorschriften nicht entsprechend, das heißt,

288 Das Merkmal „zeitnah“ bezieht sich auf den Zeitraum zwischen der letzten aktiven Handlung des Aktionärs, die mit dem späteren Kontrollerwerb in Zusammenhang steht und dem tatsächlichen Kontrollerwerb. *Huber*, ÜbG, § 22b, Rn. 15 rekurriert auf die Einjahresfrist in § 26 ÜbG.

289 Zur rechtspolitischen Diskussion der als Kompromiss bezeichneten Regelung der §§ 22b und 26a ÜbG, die in der Sache auch eine Kritik an der Kontrollschwelle von 30 % gemäß § 22 ÜbG darstellt, vgl. *Diregger/Kalss/Winner*, Übernahmerecht, Rn. 291.

290 Erl. RV 1334, BlgNr. XXII, GP, 14.

291 Vgl. Erl. RV 1334, BlgNr. XXII, GP, 14.

dass jeder noch so geringfügige Hinzuerwerb ein Pflichtangebot auslöst, was auch bei Anteilserwerben von weniger als 2 % innerhalb eines Jahres gilt[292].

d) Angebotspflicht im Falle wechselseitiger Stimmrechtszurechnung

§ 23 Abs. 1 ÜbG regelt die wechselseitige Zurechnung von Stimmrechten gemeinsam vorgehender Rechtsträger und die Erstreckung der Bieterpflichten auf weitere Personen[293].

Gemäß § 23 Abs. 3 ÜbG gelten sowohl die Pflicht zur Angebotsstellung sowie alle sonstigen Bieterpflichten grundsätzlich für alle mit einem Bieter gemeinsam vorgehende Rechtsträger[294]. Gemäß § 23 Abs. 3 S. 2 ÜbG gilt dies für Parteien einer Absprache über die Ausübung von Stimmrechten aber nur insofern, als sie an der Kontrollerlangung mitwirken und das Stimmrecht nicht bloß nach Weisung des Beteiligten ausüben. In diesem Fall bleibt es zwar bei der wechselseitigen Zurechnung, die Pflicht zur Stellung eines Angebots und die sonstigen Bieterpflichten entfallen jedoch gesetzlich, weshalb es sich systematisch um eine echte gesetzliche Ausnahme handelt[295], wenngleich die Vorschrift letztlich den Angebotspflichtigen bei einer Mehrzahl von Bietern regelt[296]. Voraussetzung für eine Erstreckung der Bieterpflichten ist daher eine aktive Mitwirkung an der Kontrollerlangung und dass der Anteilseigner bei Ausübung seines Stimmrechts zumindest in Teilbereichen weisungsfrei ist[297].

---

292 *Huber*, ÜbG, § 22 b, Rn. 31.

293 Die bisher in § 23 Abs. 1 a.F. ÜbG geregelte Definition der gemeinsam vorgehenden Rechtsträger ist nunmehr in § 1 Nr. 6 ÜbG enthalten. Hiernach sind gemeinsam vorgehende Rechtsträger natürliche oder juristische Personen, die mit dem Bieter auf der Grundlage eine Absprache zusammenarbeiten, um die Kontrolle über die Zielgesellschaft zu erlangen oder auszuüben, insbesondere durch Koordination der Stimmrechte, oder die aufgrund einer Absprache mit der Zielgesellschaft zusammenarbeiten, um den Erfolg des Übernahmeangebots zu verhindern. Hält ein Rechtsträger eine unmittelbare oder mittelbare kontrollierende Beteiligung an einem oder mehreren anderen Rechtsträgern, so wird vermutet, dass alle diese Rechtsträger gemeinsam vorgehen; dasselbe gilt, wenn mehrere Rechtsträger eine Absprache über die Ausübung ihrer Stimmrechte bei der Wahl der Mitglieder des Aufsichtsrats getroffen haben.

294 *Gall*, Angebotspflicht, S. 80 ff.

295 *Braun*, Die Befreiung vom Pflichtangebot nach dem WpÜG, S. 331.

296 *Braun*, Die Befreiung vom Pflichtangebot nach dem WpÜG, S. 331.

297 *Huber*, ÜbG, § 23, Rn. 46.

5. Aufgaben der Übernahmekommission, insb. Stellungnahmen gemäß § 29 ÜbG

Gemäß § 29 ÜbG liegt die Zuständigkeit für alle im Übernahmegesetz geregelten Angelegenheiten bei der Übernahmekommission, die zur amtswegigen Überwachung der Anwendung der Vorschriften verpflichtet ist und die Einleitung eines Verfahrens jeder Zeit von Amts wegen beschließen kann. Ferner ist sie gemäß § 29 Abs. 1 S. 3 ÜbG auch zur Erstattung von Stellungnahmen, zur Beratung und zur gütlichen Beilegung von Meinungsverschiedenheiten bei Anwendung des Übernahmegesetzes zuständig. Die Beratungstätigkeit macht einen großen Teil der Arbeit der Übernahmekommission aus. So betraf im Berichtsjahr 2010 die Mehrzahl der geführten Senatsverfahren Stellungnahmen gemäß § 29 ÜbG zu unterschiedlichen Rechtsfragen[298].

§ 29 ÜbG ermöglicht eine formfreie Behandlung von Anfragen im Vorfeld eines Übernahmeangebots, was vom Gesetzgeber ausdrücklich gewünscht wurde. Durch die Vorschrift wird die Übernahmekommission ermächtigt, in Form von unverbindlichen schriftlichen oder mündlichen Stellungnahmen, die häufig einem Rechtsgutachten ähnlich sind, vorzugehen. In der Praxis übt die Übernahmekommission ihre Tätigkeit unbürokratisch, schnell und flexibel aus. Die Mitarbeiter stehen laufend zu Konsultationen zur Verfügung, was dazu führt, dass auf informeller Ebene zahlreiche Rechtsfragen vorab erörtert werden[299].

6. Feststellungsverfahren

§ 26 b ÜbG regelt ein allgemeines Feststellungsverfahren, in dem ein Aktionär bei der Übernahmekommission die Feststellung verlangen kann, ob für ihn eine Angebotspflicht besteht. Bejaht die Übernahmekommission die Angebotspflicht, hat der Bieter gemäß § 26 b Abs. 3 ÜbG die Möglichkeit, seine Beteiligung innerhalb von 20 Börsentagen auf maximal 30 % der Stimmrechte zu beschränken.

§ 33 ÜbG regelt ein Nachprüfungsverfahren, in dem die Übernahmekommission mit Wirkung für und gegen den Bieter, die gemeinsam mit ihm vorgehenden Rechtsträger, die Zielgesellschaft und alle Beteiligungspapierinhaber feststellen

---

298 Vgl. Jahresbericht der Übernahmekommission 2010, S. 3. Im Vordergrund stehen hierbei Rechtsfragen zum gemeinsamen Vorgehen bzw. zur Bildung/Auflösung/Änderung von Syndikaten, welche sich durch besondere Schwierigkeiten bei der Ermittlung des Sachverhalts und hoher rechtlicher Komplexität auszeichnen; vgl. Jahresbericht der Übernahmekommission 2010, S. 15.

299 *Huber*, ÜbG, § 29, Rn. 5.

kann, ob ein Pflichtangebot den gesetzlichen Vorschriften entsprach oder ob ein Pflichtangebot zu Unrecht nicht gestellt oder nicht angeordnet wurde.

In beiden Verfahren können die Aktionäre der Zielgesellschaft unter bestimmten Voraussetzungen Parteistellung erlangen. Einzelheiten zu dem Feststellungsverfahren und dem Nachprüfungsverfahren werden in Zusammenhang mit der Diskussion über die Einführung eines Feststellungsverfahrens in das WpÜG untersucht.

III. Schweiz

1. Rechtstatsächliches Umfeld, Struktur der Angebotspflicht

Das Schweizer Übernahmerecht ist Bestandteil des Börsengesetzes (BEHG) vom 01.01.1998[300], Das Nicht-EU-Mitgliedsland Schweiz verfügte daher bereits vor den meisten europäischen Staaten über eine am Entwurf der Übernahmerichtlinie orientierte[301] gesetzliche Regulierung von Unternehmensübernahmen. Inspirierend wirkten auch hier die britischen Erfahrungen mit dem City Code[302]. Gemäß Art. 33 a BEHG erlässt eine Übernahmekommission[303] die zum Vollzug der Bestimmungen über öffentliche Kaufangebote erforderlichen Verfügungen und überwacht die Einhaltung der Vorschriften. Aufsichtsbehörde im Anwendungsbereich des Börsengesetzes ist die Eidgenössische Finanzmarktaufsicht (FINMA), die zum einen Beschwerdeinstanz für Anfechtungen von Verfügungen der Übernahmekommission ist[304] und zum anderen die Kompetenz hat, Bestimmungen über Pflichtangebote zu treffen[305], wovon in Art. 28 der BEHV-FINMA[306] Gebrauch gemacht wurde. Für Übernahmen relevante Regelungen

---

300 Bundesgesetz über die Börsen und den Effektenhandel vom 24.03.1995 (SR 954.1).

301 *Binder*, GesKR Online-Beitrag 3/2010, S. 8, abrufbar unter: http://www.dike.ch/image/data/zeitschriften/GesKR/online-beitraege/Binder_Onlinebeitrag.pdf (31.12.2013).

302 *Nobel/Drenckhan*, WM 2006, 1129.

303 Die Übernahmekommission ist eine unabhängige eidgenössische Fachbehörde mit nebenamtlichen, von der FINMA bestimmten (Art. 23 BEHG) Mitgliedern, die ausschließlich im Übernahmebereich tätig ist. Die Übernahmekommission setzt sich gemäß Art. 23 Abs. 1 BEHG aus sachverständigen Vertretern der Effektenhändler, der kotierten Gesellschaften und der Anleger zusammen. Die aktuelle Zusammensetzung ist abrufbar unter www.takeover.ch.

304 Vgl. Art. 33 c BEHG.

305 Vgl. Art. 32 Abs. 6 BEHG.

306 Verordnung der Eidgenössischen Finanzmarktaufsicht über die Börsen und den Effektenhandel vom 25.10.2008 (SR 954.193).

finden sich schließlich in der Verordnung der Übernahmekommission über öffentliche Kaufangebote (UEV)[307].

Art. 32 BEHG regelt die Angebotspflicht im Falle des Kontrollerwerbs. Nach dieser Vorschrift ist, wer direkt, indirekt oder in gemeinsamer Absprache mit Dritten Beteiligungspapiere erwirbt und damit zusammen mit den Papieren, die er bereits besitzt, den Grenzwert von 33 ⅓ % der Stimmrechte einer Zielgesellschaft überschreitet, verpflichtet, ein Angebot für alle kotierten Beteiligungspapiere der Gesellschaft zu unterbreiten. Der Einführung der Angebotspflicht ging vor Inkrafttreten des Börsengesetzes in Praxis und Wissenschaft eine lebhafte Diskussion voraus, die Argumente, die gegen eine Angebotspflicht vorgebracht wurden, ähnelten denen in Deutschland[308]. Insgesamt kann die Konzeption des Pflichtangebotsrechts, insbesondere die Möglichkeit zum Opting-out als Ergebnis eines politischen Kompromisses bezeichnet werden.

Die Aktionärsstruktur in der Schweiz ähnelt der Struktur in den meisten kontinentaleuropäischen Ländern. Viele börsennotierte Gesellschaften werden von Einzel- oder Großaktionären mit über 50 % der Stimmrechte beherrscht. Neuere Untersuchungen deuten jedoch an, dass die Anzahl von Gesellschaften mit beherrschenden Aktionären in den letzten Jahren stark abgenommen hat[309].

Auch in der Schweiz scheint sich der in Deutschland ermittelte empirische Befund zu bestätigen, dass das Recht des Pflichtangebots zu großen Teilen das Recht seiner Ausnahmen ist[310].

---

307 Verordnung der Übernahmekommission über öffentliche Kaufangebote vom 21.08.2008 (SR 954.195.1).

308 *Bernet*, Die Regelung öffentlicher Kaufangebote im neuen Börsengesetz (BEHG), S. 62 ff; *Böckli*, Schweizer Aktienrecht, § 7, Rn. 241, S. 853 führt den Entschluss zur Einführung eines Pflichtangebots auch darauf zurück, dass Marktteilnehmer in „frühkapitalistischer Unverfrorenheit“ Paketzuschläge von 25–100 % und darüber zahlten.

309 Vgl. Untersuchungen des Sekretariats der Übernahmekommission für das Jahr 2008, zit. in Memorandum der Übernahmekommission zur Kontrollprämie vom 21.01.2011, abrufbar unter www.takeover.ch: Nach einer Untersuchung der Bank Julius Bär wurden im Jahr 1996 41% der in der Schweiz kotierten Publikumsgesellschaften von einem Einzelaktionär mit mehr als 50 % der Stimmrechte beherrscht (vgl. Besitzverhältnisse von Aktien in: Marktübersicht Schweiz, Swiss Research; September 1996, S. 22ff.); im Jahr 2008 wurden hingegen nur noch 22% der betrachteten Gesellschaften von Einzelaktionären mit über 50 % der Stimmrechte beherrscht.

310 *Böckli*, Schweizer Aktienrecht, § 7, Rn. 245, S. 856. a.A: *Schenker*, Schweizerisches Übernahmerecht, S. 494.

2. Das Pflichtangebot

a) Kontrollschwelle; Opting-Out und Opting-Up

Gemäß Art. 32 BEHG ist, wer direkt, indirekt oder in gemeinsamer Absprache mit Dritten[311] Beteiligungspapiere erwirbt und hierdurch die Schwelle von 33 ⅓ % der Stimmrechte überschreitet, zur Abgabe eines Pflichtangebots für alle kotierten Beteiligungspapiere der Gesellschaft verpflichtet.

Eine aus deutscher Sicht sehr liberale Regelung enthält Art. 22 Abs. 2 BEHG. Nach dieser Vorschrift hat eine Zielgesellschaft[312] die Möglichkeit zum Opting-out. Die Gesellschaft kann nach dieser Regelung vor der Kotierung die Angebotspflicht insgesamt ausschließen, in dem in den Statuten der Gesellschaft abstrakt und ohne Bezug auf einen einzelnen Aktionär[313] festgelegt wird, dass ein Übernehmer nicht zu einem öffentlichen Angebot gemäß Art 32 BEHG und Art. 52 BEHG verpflichtet ist.

Nach Kotierung der Gesellschaft kann diese gemäß Art. 22 Abs. 3 BEHG eine Opting-out-Regelung durch entsprechenden Beschluss der Generalversammlung nur dann in ihre Statuten aufnehmen, wenn dies keine Benachteiligung der Aktionäre im Sinne von Art. 706 des Obligationenrechts[314] bewirkt. Art 706 Abs. 2 Ziff. 3 OR ordnet den Grundsatz der Gleichbehandlung aller Aktionäre an, der durch die nachträgliche Aufnahme einer Opting-out-Regelung in die Statuten der Zielgesellschaft nicht verletzt werden darf. Eine solche Verletzung wird nach der Praxis der Übernahmekommission dann angenommen, wenn das Opting-out unter Bezugnahme auf eine konkrete Transaktion eingeführt wird. In diesem Fall wird vermutet, dass das Opting-out allein den Großaktionären nützt. Die Vermutung geht so weit, dass die Übernahmekommission vermutet, dass eine Opting-out-Klausel im Hinblick auf eine spezielle Transaktion eingeführt

---

311 Gemäß Art. 24 Abs. 3 BEHG gelten die Pflichten des Anbieters auch für alle, die mit ihm in gemeinsamer Absprache handeln. Weitere Regelungen des *acting in concert* finden sich in Art. 10 Abs. 1 und 2, Art. 31 BEHV-FINMA (erfasst sind auch Absprachen über den gemeinsamen Erwerb von Aktien) und Art. 11 und Art. 12 UEV.

312 Gemäß Art. 22 Abs. 1 BEHG handelt es sich hierbei um eine schweizerische Gesellschaft, deren Beteiligungspapiere zumindest teilweise an einer Börse in der Schweiz kotiert sind.

313 *Schenker*, Schweizerisches Übernahmerecht, S. 538; Empfehlung der Übernahmekommission vom 03.03.2004 (Adval Tech Holding AG), 0184/01; Empfehlung der Übernahmekommission vom 08.08.2007 (Societe Bancaire Privee S.A), 0324/01.

314 SR 220 Bundesgesetz betreffend die Ergänzung des Schweizerischen Zivilgesetzbuches (Fünfter Teil: Obligationenrecht) vom 30.03.1911, BBl 1905 II 1, 1909 III 725, 1911 I 845.

wurde, wenn die spezielle Transaktion innerhalb einer Frist von fünf Jahren nach Einführung der Opting-out-Klausel erfolgt[315].

Gemäß Artikel 32 Abs. 1 Satz 2 BEHG können Zielgesellschaften den Schwellenwert, bei dessen Überschreiten ein Pflichtangebot abzugeben ist, auf bis zu 49 % anheben (Opting-up). Auch bei der Anwendung der Opting-up-Klausel gilt hierbei in der Praxis der Übernahmekommission die Fünf-Jahres-Frist, innerhalb derer bei nachträglicher Einführung einer Opting-up-Klausel vermutet wird, dass diese die Minderheitsaktionäre in ihren Interessen verletzt, weshalb innerhalb der Fünf-Jahres-Frist bei Überschreiten der Schwelle von 33 ⅓ % ein Angebot abzugeben ist[316].

Statistisch lässt sich festhalten, dass rund 20 % der an der SIX Swiss Exchange kotierten Gesellschaften Opting-out-Klauseln in ihre Statuten aufgenommen haben, weitere ca. 5 % Opting-up-Klauseln, wobei die Beteiligungsschwelle in der Regel auf 49 % gesetzt wurde[317].

Ferner ist zu beobachten, dass mit zunehmender Größe einer Gesellschaft die Ausnahmen vom gesetzlichen Normalfall seltener werden. Im bedeutendsten Aktienindex SMI gibt es keine einzige Gesellschaft, die ein Opting-out vorgenommen hat, mit der Swatch AG zudem nur eine Gesellschaft mit Opting-up-Klausel in den Statuten[318].

Art. 52 BEHG regelt den Fall des Überschreitens einer zweiten Schwelle von 50 % der Stimmrechte einer Zielgesellschaft. Nach dieser Vorschrift muss ein Pflichtangebot abgeben, wer bei Inkrafttreten des BEHG direkt, indirekt oder in Absprache mit Dritten über Beteiligungspapiere verfügt, die ihm die Kontrolle über mehr als 33 ⅓ %, aber weniger als 50 % der Stimmrechte der Zielgesellschaft verleihen, wenn er Beteiligungspapiere erwirbt und damit den Grenzwert von 50 % der Stimmrechte überschreitet. Bei dieser Regelung handelt es sich nicht um eine an den englischen City Code angelehnte Regelung des Creeping-in, sondern lediglich um eine auf Altfälle beschränkte nachlaufende Angebotspflicht[319].

---

315 *Schenker*, Schweizerisches Übernahmerecht, S. 536;

316 Kritisch hierzu *Schenker*, Schweizerisches Übernahmerecht, S. 539.

317 Im September 2011 hatten von insgesamt 247 Emittenten 59 Opting-Out-Klauseln und 14 Opting-Up-Klauseln in ihre Satzungen aufgenommen. Quelle: Emittenten-Suchabfrage der SIX Exchange Regulation, abrufbar unter http://www.six-exchange-regulation.com.

318 Quelle: http://www.six-exchange-regulation.com.

319 *Merkt*, Festschrift für Schwark, S. 543.

b) *Rechtsfolge: Angebotspflicht*

Rechtsfolge des Überschreitens der Kontrollschwelle gemäß Art. 32 BEHG ist die Pflicht zur Unterbreitung eines Angebotes für alle kotierten Beteiligungspapiere der Gesellschaft.

Gemäß Art. 32 Abs. 4 BEHG a.F. musste der Preis des Angebots mindestens dem Börsenkurs entsprechen und durfte höchstens 25 % unter dem höchsten Preis liegen, den der Anbieter in den zwölf letzten Monaten für Beteiligungspapiere der Zielgesellschaft bezahlt hat. Art. 32 Abs. 4 BEHG erlaubte somit ausdrücklich die Zahlung von Kontrollprämien. Auch diese Regelung, die in Europa aufgrund der Übernahmerichtlinie ein „Unikum“[320] darstellte, war Ausfluss des politischen Kompromisses bei Einführung der Angebotspflicht mit Inkrafttreten des Börsengesetzes. Die Regelung war in der Schweiz teilweise heftiger Kritik ausgesetzt. So hat etwa die Übernahmekommission angeregt, die Regelung in Art. 32 Abs. 4 BEHG abzuschaffen, um die schweizerische Preisregelung europäischem Recht anzugleichen und die absolute Gleichbehandlung der Aktionäre sicherzustellen. Diskutiert wurde sowohl die völlige Abschaffung der Kontrollprämie als auch eine Begrenzung der Prämie auf Kontrollbeteiligungen[321]. Mit Wirkung zum 01.05.2013 wurde die Kontrollprämie abgeschafft[322].

Nacherwerbe waren hingegen stets preisrelevant: Erwirbt der Bieter nach der Veröffentlichung des Angebots bis sechs Monate nach Ablauf der Nachfrist gemäß Art. 14 Abs. 5 UEV Beteiligungspapiere der Zielgesellschaft zu einem über dem Angebotspreis liegenden Preis, ist er nach der best-price-rule des Art. 10 UEV verpflichtet, diesen höheren Preis auch den Empfängern des Angebots zu bieten.

Gemäß Art. 43 BEHV-FINMA muss der Angebotspreis durch Barzahlung erbracht werden, ein Tauschangebot kann nur alternativ angeboten werden[323]. Das Pflichtangebot kann von Bedingungen abhängig gemacht werden, wenn diese wichtige Gründe darstellen, wenn also ihre Nichterfüllung im Vollzug der Übernahme unzumutbar machen würde[324].

320 Vgl. Bericht der Übernahmekomission vom 21.01.2011.

321 Vgl. hierzu Stellungnahme der Übernahmekommission vom 21.01.2011.

322 BG 28.09.2012 (I) – AS 2013 1103.

323 bis 31.12.2008 war es noch möglich, ein Pflichtangebot allein durch den Tausch von Effekten zu erfüllen.

324 Vgl. Artikel 36 BEHV-FINMA, dazu Empfehlung der UEK vom 31.10.2006 in Sachen Saurer (E.7.3).

3. Ausnahmen von der Angebotspflicht und Befreiungsmöglichkeiten

Neben der Opting-out-Möglichkeit wird eine weitere Flexibilisierung des Pflichtangebotsrechts dadurch erreicht, dass BEHG, BEHV-FINMA und UEV diverse Ausnahmen von der Angebotspflicht zulassen. Die Ausnahmen sind relativ weit ausgedehnt[325], sodass sich die Angebotspflicht faktisch auf seltene Fälle von Schwellenüberschreitungen reduziert[326]. Systematisch und rechtstechnisch lassen sich Tatbestände unterscheiden, bei deren Vorliegen die Angebotspflicht ohne weiteres Zutun der Übernahmekommission ex lege entfällt und Tatbestände, die eine Befreiungsentscheidung durch die Übernahmekommission erforderlich machen.

a) Gesetzliche Ausnahmen von der Angebotspflicht

Die Fälle, in denen trotz Überschreitens der Kontrollschwelle die Angebotspflicht ex lege entfällt, sind in Art. 32 Abs. 3 BEHG sowie in Art. 38 der BEHV-FINMA geregelt.

So entfällt die Angebotspflicht gemäß Art. 32 BEHG ex lege bei einem Erwerb der Wertpapiere durch Schenkung, Erbgang, Erbteilung oder eheliches Güterrecht, wenn aufgrund dieser Übertragung der maßgebliche Schwellenwert überschritten wurde. Auch hierbei handelt es sich um eine Ausprägung des Schutzes von Familiengesellschaften. Übertragungsvorgänge wie Schenkung und Erbgang werden als typische Erscheinungsformen der Fortsetzung eines Familienbesitzes angesehen[327].

Gemäß Art. 32 Abs. 3 BEHG entfällt die Angebotspflicht ferner bei einem Erwerb der Wertpapiere durch Zwangsvollstreckung. Mit dieser gläubigerschützenden Regelung soll die Verwertung einer Kontrollbeteiligung dadurch erleichtert werden, dass der Erwerber einer Kontrollbeteiligung nicht noch Kapital für die Unterbreitung eines Pflichtangebots aufbringen muss. Der Bieter muss die Beanspruchung einer Ausnahme in den Fällen des Art. 32 Abs. 3 BEHG auch nicht der Übernahmekommission melden[328].

Gemäß Art. 38 Abs. 1 BEHV-FINMA entfällt die Angebotspflicht auch, wenn der Grenzwert nur deshalb unterschritten wird, weil im Rahmen einer Sanierung eine Kapitalherabsetzung mit anschließender Kapitalerhöhung durchgeführt wird[329].

---

325 *Böckli*, Schweizer Aktienrecht, § 7, Rn. 247.

326 *Böckli*, Schweizer Aktienrecht, § 7, Rn. 247.

327 *Schenker*, Schweizerisches Übernahmerecht, S. 495.

328 Die ist in Art. 38 Abs. 3 BEHV-FINMA ausdrücklich geregelt.

329 *Schenker*, Schweizerisches Übernahmerecht, S. 496. Die Angebotspflicht entfällt aber nicht, wenn im Rahmen einer Sanierungsmaßnahme ein Dritter Aktien

Schließlich enthält Art. 38 Abs. 1 BEHV-FINMA die Regelung, wonach die Angebotspflicht auch entfällt, wenn Banken oder Effektenhändler Aktien mit einer Platzierungsverpflichtung übernehmen. Die maßgebliche Frist, innerhalb der die Papiere veräußert werden müssen, beträgt drei Monate. In begründeten Fällen kann die Übernahmekommission diese Frist verlängern, etwa wenn ungünstige Kapitalmarktverhältnisse die Emission behindern[330].

Gemäß Art. 38 Abs. 2 BEHV-FINMA ist die Beanspruchung einer Ausnahme gemäß Art. 38 Abs. 1 BEHV-FINMA der Übernahmekommission zu melden, die innerhalb von fünf Börsentagen ein Verwaltungsverfahren eröffnet, wenn sie Grund zu der Annahme hat, dass die Voraussetzungen von Art. 38 Abs. 1 BEHV-FINMA nicht erfüllt sind. Die Meldung muss eine detaillierte Darstellung des Erwerbsgrundes enthalten. Unterbleibt die Eröffnung des Verwaltungsverfahrens, gilt dies als Bestätigung dafür, dass die Voraussetzungen des Artikels 38 Abs. 1 BEHV-FINMA erfüllt sind[331].

b) *Befreiung von der Angebotspflicht in berechtigten Fällen gemäß Art. 32 Abs. 2 BEHG, Art. 39 Abs. 1 und 2 BEHV-FINMA*

Gemäß Art. 32 Abs. 2 BEHG kann die Übernahmekommission in berechtigten Fällen Ausnahmen von der Angebotspflicht gewähren.

Art. 32 Abs. 2 BEHG führt beispielhaft und nicht abschließend[332] („namentlich") fünf Ausnahmetatbestände an, bei denen eine Befreiung von der Angebotspflicht in Betracht kommt. Es handelt sich um die Übertragung von Stimmrechten innerhalb einer Gruppe[333], bei Überschreiten der

---

zeichnet oder ein Altaktionär Aktien über seine Bezugsrechte hinaus zeichnet. In diesem Fall bliebt nur die Beantragung einer Ausnahme gemäß Art. 32 Abs. 2 lit.e BEHG. Art. 38 Abs. 1 erfasst direkt nur den Fall, dass ein Aktionär die Kontrollschwelle dadurch überschreitet, dass andere Aktionäre auf die Teilnahme an der Kapitalerhöhung verzichten.

330 Vgl. etwa die Verfügung der Übernahmekammer der EBK vom 30.09.2002 (Kapitalerhöhung der Zürich Financial Services), abgedruckt in EBK-Bulletin 43/2002, S. 68: die Frist kann um drei Monate verlängert werden, weitere Fristverlängerungen sind im Rahmen eines schrittweisen, kontrollierten Vorgehens möglich.

331 *Schenker*, Schweizerisches Übernahmerecht, S. 497.

332 *Schenker*, Schweizerisches Übernahmerecht, S. 498, Fn. 2203: Die genannten Sachverhalte zeigen, welche Intensität die Gründe für eine Ausnahme haben müssen.

333 Gemäß Art. 32 Abs. 2 lit. a) S. 2 BEHG untersteht die Gruppe in diesem Fall der Angebotspflicht nur als Gruppe. Die Frage, wann Veränderungen innerhalb einer Gruppe die Angebotspflicht auslösen, wurde in der Schweiz lebhaft diskutiert. Zur Klärung etlicher Zweifelsfragen hat eine Entscheidung des Bundesgerichts

Kontrollschwelle als Folge einer Verringerung der Stimmrechte der Gesellschaft (Art. 32 Abs. 2 lit. b), bei nur vorübergehender Überschreitung des Grenzwertes (Art. 32 Abs. 2 lit c), im Falle des unentgeltlichen Bezugs von Aktien oder der vorzugsweisen Zeichnung im Rahmen einer Kapitalerhöhung (Art. 32 Abs. 2 lit. d) oder im Falle des Erwerbs von Aktien zu Sanierungszwekken (Art 32. Abs. 2 lit. e)[334].

Art. 39 Abs. 2 BEHV-FINMA benennt weitere - zum Teil den Befreiungsgründen in § 9 WpÜG-AngebotsVO ähnelnde - Sachverhalte, in denen eine Befreiung möglich ist. So kann eine Befreiung erteilt werden, wenn der Kontrollerwerber trotz Überschreitung der Kontrollschwelle keine beherrschende Stellung innehat, weil eine andere Person oder eine Gruppe über einen höheren Stimmenanteil verfügt (Art. 39 Abs. 2 lit. a), wenn ein Mitglied einer Gruppe im Sinne von Art. 32 Abs. 2 lit. a BEHG auch einzeln den Grenzwert überschreitet oder im Falle eines indirekten[335] Erwerbs der Kontrollerwerb nicht zu den Hauptzielen der Transaktion zählt und die Interessen der Aktionäre der Zielgesellschaft gewahrt bleiben.

Gemäß Artikel 39 Abs. 3 BEHV-FINMA kann die Gewährung einer Ausnahme von der Angebotspflicht ausdrücklich mit einer Auflage verbunden werden, sollte dies erforderlich sein, um die Interessen der Minderheitsaktionäre zu schützen.

(„Quadrant", BGE 130 II, 565) beigetragen. Die Praxis scheint dahin zu gehen, zwar einen Kontrollerwerb anzunehmen, dann aber eine Ausnahme zu gewähren. Vgl. dazu *Böckli*, Schweizer Aktienrecht, § 7, Rn. 244b sowie die Empfehlung der Übernahmekommission vom 11.11.2005 (Rätia Energie).

334 Typischer Anwendungsfall ist die Zeichnung neuer Aktien im Zuge einer Kapitalerhöhung, die zur Beseitigung einer Unterbilanz oder zu dem Zweck, die Liquidität der Gesellschaft wiederherzustellen, durchgeführt wird. Für eine Befreiung erforderlich aber auch ausreichend ist, dass die Zielgesellschaft eine finanzielle Schwäche aufweist, die ihre Existenz kurz- oder mittelfristig gefährdet, wenn und soweit die zum Kontrollerwerb führende Maßnahme notwendig und geeignet ist, diese Existenzgefährdung zu beseitigen. Vgl. dazu *Schenker*, Schweizerisches Übernahmerecht sowie die Empfehlung der Übernahmekommission vom 20.07.2004 (HPI Holding SA, 0204/01).

335 Gemäß Art. 30 BEHV-FINMA gilt die Begriffsbestimmung des indirekten Erwerbs in Art. 9 Abs. 3 BEHV-FINMA entsprechend.

4. Befreiungsverfahren, insb. Beteiligung der Aktionäre der Zielgesellschaft

a) *Feststellungsverfahren*

Gemäß Art. 61 UEV kann die Übernahmekommission bei Zweifeln über das Bestehen der Angebotspflicht verbindlich über das Bestehen oder Nichtbestehen der Angebotspflicht entscheiden[336].

b) *Befreiungsverfahren*

Beantragt ein Aktionär Befreiung von der Angebotspflicht oder die Feststellung des Nichtbestehens der Angebotspflicht, holt die Übernahmekommission zunächst eine Stellungnahme des Verwaltungsrats der Zielgesellschaft ein, der zumindest nach Vorstellung des Gesetz- und Verordnungsgebers[337] insbesondere die Interessen der Minderheitsaktionäre zu berücksichtigen hat. Im Anschluss hieran erlässt die Übernahmekommission eine Verfügung. Wird die Befreiung abgelehnt oder stellt die Übernahmekommission fest, dass eine Angebotspflicht besteht, können der Antragsteller, aber auch die Zielgesellschaft Beschwerde gegen die Verfügung bei der FINMA einlegen. Wird die Befreiung erteilt oder wird festgestellt, dass keine Angebotspflicht besteht, schließt sich das sog. Einspracheverfahren an.

c) *Einspracheverfahren; Beteiligung qualifizierter Aktionäre im Verfahren vor der Übernahmekommission*

In Bezug auf die Beteiligung der Aktionäre der Zielgesellschaft am Befreiungsverfahren geht das Schweizer Recht einen anderen Weg als das WpÜG. Wird nämlich eine Befreiung erteilt oder das Nichtbestehen der Angebotspflicht festgestellt, wird die Entscheidung auf der Homepage der Übernahmekommission veröffentlicht und qualifizierte Aktionäre – das sind Aktionäre, die mindestens 3 % der Stimmrechte der Zielgesellschaft halten – können innerhalb von fünf Börsentagen Einsprache erheben[338]. In diesem Fall entscheidet die Übernahmekommission neu über den Antrag. Die darauf folgende Entscheidung kann dann von den qualifizierten Minderheitsaktionären angefochten werden[339].

---

336 *Schenker*, Schweizerisches Übernahmerecht, S. 493.

337 Faktisch setzt sich der Verwaltungsrat jedenfalls dann nicht für die Minderheitsaktionäre ein, wenn er dem Antragsteller nahesteht. Die Übernahmekommission verlangt daher die Offenlegung von Interessenkonflikten der Verwaltungsratsmitglieder. Vgl. zu allem: *Schenker*, Schweizerisches Übernahmerecht, S. 511.

338 Art. 23 Abs. 1 und 5, 28 lit. g BEHG i.V.m. Art. 58 Abs. 2, 61 UEV.

339 *Schenker*, Schweizerisches Übernahmerecht, S. 513.

Gemäß Art. 33 b Abs. 3 BEHG, Art. 57 UEV können qualifizierte Aktionäre, die im Zeitpunkt der Publikation des Übernahmeangebotes bzw. im Zeitpunkt der ersten Verfügung der Übernahmekommission mit mehr als 3 % der Stimmrechte an der Zielgesellschaft beteiligt sind, beanspruchen, in dem Verfahren vor der Übernahmekommission Parteistellung zu erlangen. Diese Aktionäre können dann weitgehende Verfahrensrechte geltend machen, namentlich haben sie Anspruch auf rechtliches Gehör, Akteneinsicht und die Einlegung von Rechtsmitteln[340].

5. Durchsetzung der Angebotspflicht

a) Durchsetzung der Angebotspflicht durch die Übernahmekommission

Die Übernahmekommission überprüft gemäß Art. 3 Abs. 1 UEV auch die Einhaltung der Vorschriften über die Angebotspflicht, bei Zweifeln kann sie ein Verfahren gemäß Art. 61 UEV einleiten und gegebenenfalls das Bestehen der Angebotspflicht verbindlich feststellen. Ob die Übernahmekommission berechtigt ist, die Angebotspflicht auch mit den Mitteln des Verwaltungszwangs durchzusetzen, ist umstritten[341]; jedenfalls ist die Übernahmekommission ebenso wie die Zielgesellschaft und die Aktionäre der Zielgesellschaft berechtigt, gemäß Art. 32 Abs. 7 BEHG die gerichtliche Suspendierung des Stimmrechts derjenigen Person, die die Angebotspflicht missachtet, zu beantragen[342]. In der Sache ermöglicht diese Klage es dem Minderheitsaktionär, den Grund für das Entstehen der Angebotspflicht - nämlich den materiellen Wechsel der Kontrolle - zu beseitigen, in dem sich die Machtverhältnisse in der Gesellschaft nicht wie beabsichtigt verändern, da der Kontrollerwerber an der Ausübung seiner Stimmrechtsmacht gehindert ist[343].

---

340 *Binder*, GEsKR Online-Beitrag 3/2010, S. 8, abrufbar unter: http://www.geskr.ch/Files/Online-Artikel/Binder_Onlinebeitrag.pdf; Binder kritisiert die bis 2013 gültige Schwelle von 2% als zu niedrig, sieht aber den weltweiten Trend zur Stärkung der Aktionärsstellung bestätigt.

341 Dafür etwa: *Köpfli*, Die Angebotspflicht im schweizerischen Kapitalmarktrecht S. 68; a.A. *Schenker*, Schweizerisches Übernahmerecht, S. 540 (Art. 32 Abs. 7 BEHG ist abschließend).

342 Bemerkenswert ist, dass die Verletzung der Angebotspflicht - anders als die Verletzung der allgemeinen Meldepflicht gemäß Art. 20 BEHG, die in Art. 41 BEHG drastisch sanktioniert werden kann - keine Geldbuße nach sich zieht. *Schenker*, Schweizerisches Übernahmerecht, S. 541 sieht hierin zwar eine gewisse Wertungsdifferenz, die aber vertretbar sei, da die Aktionäre der Zielgesellschaft die Angebotspflicht immerhin zivilrechtlich durchsetzen können.

343 *Köpfli*, Die Angebotspflicht im schweizerischen Kapitalmarktrecht, S. 66 mit Rechenbeispielen, die illustrieren, dass durch die reine Stimmrechtssuspendierung

b) Zivilrechtliche Ansprüche der Aktionäre der Zielgesellschaft

Die Aktionäre der Zielgesellschaft können die Angebotspflicht zivilrechtlich durchsetzen und Klage gegen den Kontrollerwerber erheben, die nach überwiegender Auffassung gerichtet ist auf Abnahme seiner Aktien zu einem Preis, der dem in einem hypothetischen Pflichtangebotsverfahren nach Art. 40 ff. BEHV-FINMA zu zahlenden Mindestpreis entspricht[344].

6. Ergebnis

Das Übernahmerecht des Nicht-EU-Mitgliedlands Schweiz ist dem deutschen und europäischen Recht in vielen Punkten ähnlich[345]. Die in der Schweiz geführte Diskussion über die Abschaffung der Paketabschläge bei Kontrollprämien zeigt zudem, dass Bestrebungen bestehen, das Schweizer Recht europäischen Standards anzupassen. Ob einzelne Regelungen des Schweizer Übernahmerechts – etwa über die Beteiligung der außenstehenden Aktionäre – gar als Vorbild für eine Reform des deutschen Übernahmerechts dienen können, wird im jeweiligen Zusammenhang der Analyse des deutschen Rechts noch zu ermitteln sein.

IV. USA

In der rechtspolitischen Diskussion um das Pflichtangebot in Deutschland wurden die USA mit ihrem großen und äußerst liquiden Kapitalmarkt häufig als Bespiel dafür genannt, dass ein funktionierender Kapitalmarkt auch ohne Pflichtangebot auszukommen scheint. In der Tat gibt es in den USA auf bundesgesetzlicher Ebene keine dem Pflichtangebot europäischer Prägung entsprechenden Regelungen.

1. Rechtstatsächliches Umfeld

Die Beteiligungsstruktur US-amerikanischer Unternehmen unterscheidet sich ebenso wie die rechtlichen Rahmenbedingungen noch immer maßgeblich von dem rechtstatsächlichen Umfeld in Deutschland und Kontinentaleuropa.

---

die vor dem Kontrollerwerb bestehenden Zustände zwar nicht wiederhergestellt werden können, dem Minderheitsaktionär aber zumindest ermöglicht wird, die Etablierung der Beherrschungsverhältnisse weitgehend zu verhindern.

344 *Schenker*, Schweizerisches Übernahmerecht, S. 542.

345 *Nobel/Drenckhan*, WM 2006, 1129, 1134: Wesentliche Prinzipien der Übernahmerichtlinie wurden auch in der Schweiz umgesetzt. Ähnlich geregelt sind auch die Meldepflichten, das Acting in Concert und das Squeeze-out-Verfahren.

Diese Unterschiede korrespondieren mit unterschiedlichen Grundprämissen der Kapitalmarktregulierung und einer unterschiedlichen Ausgestaltung der Aktionärsrechte. Bis heute haben in den USA nur wenige große Gesellschaften einen Kontrollaktionär[346], die Aktien sind vielmehr breit gestreut, was auch zur Entwicklung des US-amerikanischen, überwiegend auf externe Mechanismen setzenden System der Corporate Governance geführt hat[347]. Aus dem äußerst ausgeprägten und liquiden Kapitalmarkt mit starkem Streubesitz entwickelte sich die kapitalmarktorientierende Unternehmensüberwachung, in deren Mittelpunkt – in der Tradition der *disclosure philosophy* – die Externalisierung von Informationen steht. Der Aktionär wird vor allem als Kapitalanleger, weniger als Verbandsmitglied gesehen[348]. Die breite Streuung der Aktien führt auch dazu, dass der einzelne Aktionär keine Möglichkeit hat, Einfluss auf die Geschäftsleitung der Gesellschaft zu nehmen und diese effektiv zu kontrollieren. Aufgrund der geringen Beteiligungsquote besteht auch kein tatsächlicher Anreiz des einzelnen Aktionärs, sich an der Überwachung zu beteiligen[349]. Da eine effektive Unternehmenskontrolle für einen Kleinstaktionär zum Verhältnis zum Ertrag viel zu aufwendig wäre, findet eine Kontrolle des Managements – dem im Verhältnis zu den Aktionären zudem in der Regel weiter Spielraum gelassen wird[350] – durch die Gesellschafter in den USA kaum statt[351]. Das Bundesrecht gibt die kapitalmarktrechtlichen Mindestanforderungen vor und schützt – nach dem kapitalmarktrechtlichen Ansatz konsequent – einseitig die Aktionäre in ihre Vermögensinteressen. Die Orientierung der Schutzrichtung ist eindimensional. Die kapitalmarktrechtlichen Normen sind von dem Gedanken geprägt, dass es zum Anlegerschutz genügt, dass alle entscheidungswesentlichen Informationen

346 *Hellgardt/Hoger*, ZGR 2011, 38, 50 weisen allerdings darauf hin, dass neuere Studien nahelegen, dass es auch in USA mehr Blockholder gibt als bislang angenommen.

347 *Teichmann*, ZGR 2001, 645–679.

348 *Hellgardt/Hoger*, ZGR 2011, 38, 79.

349 Sogenannte rationale Apathie der Kleinanleger; vgl. hierzu *Baums*, ZIP 1995, 11 ff.

350 *Hellgardt/Hoger*, ZGR 2011, 38, 50.

351 Hieraus folgt eine weitere Variante der Free-Rider-Problematik, da jeder Kleinstaktionär darauf vertraut, dass die Kontrolle der Geschäftsleitung schon von einem anderen übernommen werde, der Streubesitz führt daher dazu, dass das Management von den Gesellschaftern überhaupt nicht kontrolliert wird. Von dieser Prämisse ausgehend kann umgekehrt gerade das Vorhandensein eines Großaktionärs zu einer effektiveren Kontrolle der Geschäftsleitung führen, was wiederum zu einer Verschärfung des Problems Minderheitenschutzes führt. Es ist jedenfalls zwingend erforderlich, die Regelungen des Minderheitenschutzes mit der Anteilseignerstruktur des jeweiligen Kapitalmarkts im Zusammenhang zu bringen.

dem Publikum und den Marktteilnehmern offengelegt werden[352]. Das europäische Corporate Governance System verfolgt einen interessenpluralen Ansatz[353] und zählt zu den geschützten Stakeholder-Interessen auch die Gläubiger und Arbeitnehmer sowie industrie-, arbeitsmarkt- und wettbewerbspolitische Interessen. Die unterschiedlichen Systeme haben sich in den vergangenen Jahren jedoch stark angeglichen und gleichen sich weiter an: Vor allem machen die modernen Kapitalmarktgesetze in Deutschland deutlich, dass in Deutschland ein „Import kapitalmarktorientierter Corporate Governance" stattfindet[354], zugleich sind auch in den USA Tendenzen zu beobachten, die interne Kontrolle zu stärken[355] und die Aktionärsrechte zu reformieren[356]. Zugleich wird in Deutschland durch strengere Kapitalmarktvorschriften die externe Corporate Governance gestärkt und der Kapitalmarkt in Deutschland nimmt zunehmend auch Kontrollfunktionen wahr.

2. Bundesgesetzliche Rechtsgrundlagen und wesentliche Regelungen

Das Rechtssystem ist in den USA insoweit als gespalten anzusehen, als die Gliedstaaten die Kompetenz für die Regelung des Gesellschaftsrechts innehaben, der Bund hingegen die Kompetenz für das Kapitalmarktrecht[357].

a) Securities Act und Securities Exchange Act, Williams Act

Die wichtigsten bundesgesetzlichen Kapitalmarktregelungen sind der *Securities Act* von 1933[358], und der *Securities Exchange Act* von 1934 (SEA). Der *Securities Act* regelt den Primärmarkt. Das Tätigwerden des Bundesgesetzgeber stellte auch eine Reaktion auf die Weltwirtschaftskrise und den Zusammenbruch des Aktienmarktes 1929 dar, Motiv einer bundesgesetzlichen Reglung war der Schutz der Anleger vor falschen Angaben und betrügerischen Manipulationen[359].

---

352 Zu dieser Durchdringung im Bilanzrecht vgl. *Merkt*, AG 2003, 130.

353 *Merkt*, AG 2003, 130.

354 *Hellgardt/Hoger*, ZGR 2011, 38, 67.

355 Der Sarbanes-Oxley Act vom 30.07.2002 stärkt etwa die Stellung der Outside directors und damit die interne Kontrolle. Vgl. auch die Rolle des *audit committee* als "Aufsichtsorgan", dem allein die Verantwortung obliegt, den Beschluss über die Vorlagefähigkeit des Jahresabschlusses zu fassen.

356 Ausführlich zur Reform der Aktionärsrechte in USA nach den Unternehmensskandalen um Enron und WorldCom: *Hellgardt/Hoger*, ZGR 2011, 38, 59f.

357 Vgl. *Merkt*, AG 2003, 126.

358 Securities Act von 1933, 15 U.S.C. § 77a et seq.

359 *Albrecht*, Das Übernahmerecht des US-amerikanischen Williams Act, S. 31.

Der *Securities Exchange Act*[360] von 1934 regelt den Sekundärmarktbereich, d.h. den Handel mit den *securities* und enthält mit den §§ 13 (d) und 14 (d)-(e) wichtige bundesrechtliche Regelungen zu *tender offers*.

Der *Williams Act* wurde 1968 als Änderungsgesetz zum *Securities Exchange Act* erlassen. Durch den *Williams Act* wurden *tender offers* in den Anwendungsbereich[361] des *Securities Exchange Act* einbezogen. Inhaltlich wurden Offenlegungspflichten statuiert und Betrugsbekämpfungsvorschriften erlassen. Ziele waren die Verhinderung des Zeitdrucks, dem die Aktionäre der Zielgesellschaft ausgesetzt waren, zugleich soll eine möglichst gleiche Behandlung der Aktionäre gewährleistet werden. Hintergrund war, dass bei Inkrafttreten des *Williams Act* allgemein ein Mangel an Transparenz bei Unternehmensübernahmen beklagt wurde[362], was zu einer Verrohung des Übernahmegeschäfts führte.

Die auf Bundesebene für das Wertpapiergeschäft zuständige Aufsichtsbehörde ist die *Securities and Exchange Commission* (SEC), deren Aufgaben es ist, Verletzungen des Kapitalmarktrechts zu ermitteln und gegebenenfalls zu ahnden, aber auch die Marktteilnehmer bei der Interpretation der SEC-Regelungen zu unterstützen. Die SEC kann etwa auf Antrag eines Anzeigepflichtigen einen bestimmten Sachverhalt und einen beabsichtigtes Verhalten begutachten und bestätigen, dass das antizipierte Verhalten rechtmäßig ist, sogenannte *no-action-letters*[363].

Die Regelungen des *Securities Act* und des *Securities Exchange Act* werden flankiert von Ausführungsbestimmungen und Verfahrensvorschriften der *Securities and Exchange Commission*, den *SEC-Rules*. Zur praktischen Umsetzung der Pflichten werden von der SEC zugleich sog. *Schedules* entwickelt.

aa) Offenlegungspflichten nach § 13 d SEA

§ 13 d SEA enthält allgemeine Bestimmungen über den Beteiligungserwerb. Ihre Anwendung setzt nicht voraus, dass ein *tender offer* vorliegt. Erfasst sind alle Formen des Beteiligungserwerbs, sei es der Erwerb von Aktien an der Börse (*Open Market Purchaser*) oder der private Aktienerwerb (*Private Acquisitions*). Nach § 13 d SEA muss derjenige, der mehr als 5 % der Anteile einer Gattung an einer Aktiengesellschaft erwirbt, diesen Erwerb der SEC anzeigen. Der Kapitalmarkt

---

360 Securities Exchange Act von 1934, 15 U.S.C. § 78a et seq.

361 Bis zu diesem Zeitpunkt unterlagen tender offer keiner Regulierung und der Rechtszustand wurde allgemein als unbefriedigend empfunden. Vgl. dazu *Möllers/Holzner*, NZG 2008, 166, 168.

362 *Hazen*, Principles of Securities Regulation, S. 220.

363 *Albrecht*, Das Übernahmerecht des US-Amerikanischen Williams Act, S. 35.

soll durch dieses *Early Warning System*[364] über wesentliche Aktienakquisitionen informiert werden. Diese Pflicht besteht nur dann nicht, wenn der Erwerber innerhalb der letzten zwölf Monate höchstens 2 % der Anteile dieser Gattung erworben hat[365].

Die Offenlegungspflichten werden in Schedule 13 D, sog. *beneficial ownership report*, konkretisiert[366]. Anzugeben sind neben der Zahl der Anteile[367] auch die Herkunft und Höhe des dafür verwendeten Kapitals. Der Erwerber ist ferner verpflichtet, detailliert über die mit seinem Investment verbundenen Absichten Auskunft zu geben[368]: Mitzuteilen ist etwa die Absicht, die mit dem Erwerb der Beteiligung verfolgt wird, insbesondere ob eine Kontrollmehrheit oder der Erwerb weiterer Aktien angestrebt wird. Der Erwerber muss Absichten hinsichtlich einer Änderung der Geschäfts- oder Dividendenpolitik des Emittenten ebenso mitteilen wie eine beabsichtigte Veränderung der Zusammensetzung der Leitungsorgane oder beabsichtigte Unternehmenstransaktionen, ferner ist die Absicht eines Delisting einer Gattung von Aktien des Emittenten anzugeben.

Geringere Offenlegungspflichten bestehen für passive Investoren (*Passive ownership investors*), d. h. für Investoren, die entweder zur Gruppe der Banken oder Versicherungen gehören[369], oder direkt oder indirekt nicht mehr als 20 % des Emittenten halten[370]. Diese müssen neben ihrer Identität und der Anzahl der erworbenen Aktien lediglich erklären, dass der Aktienerwerb nicht zum Zwecke des Kontrollerwerbs erfolgte[371].

Anzeigepflichtig ist stets der wirtschaftliche, nicht der rechtliche Eigentümer der *securities*, ein Erwerber soll sich nicht hinter Dritten, namentlich

---

364 *Hazen*, Principles of Securities Regulation, S. 222.

365 Vgl. § 13 d 6. ii) SEA.

366 Ausführlich zur Offenlegungspflicht gemäß § 13 d SEA: *Möllers/Holzner*, NZG 2008, 166, 168.

367 Schedule 13D Item 5: der Meldepflichtige muss - vergleichbar der Regelung des § 21 WpHG - seine Anteile an Aktiengattungen der Zielgesellschaft offenlegen.

368 *Möller/Holzner*, NZG 2008, 166, 168: „einschneidenste Offenlegungspflicht".

369 *Möllers/Holzner*, NZG 2008, 166, 169.

370 *Hazen*, Principles of Securities Regulation, S. 224; *Möllers/Holzner*, NZG 2008, 166, 169: Die Aktien dürfen auch nicht zum Zwecke des Kontrollerwerbs erworben worden sein.

371 vgl. hierzu die von der SEC 1998 im Verordnungsweg eingeführte *passive ownership investor rule* und das vereinfachte Schedule 13G, abrufbar unter www.sec.gov. Der passive Investor muss insbesondere die mit dem Erwerb der Aktien verfolgten Ziele nicht angeben.

Börsenmaklern verstecken können[372]. Die Anzeige muss innerhalb von zehn Tagen nach Erwerb der Anteile erfolgen, sogenanntes *ten-day window*[373]. Innerhalb dieser Frist dürfen unbegrenzt und unerkannt Anteile erworben werden.

bb) Rechtsfolgen einer Verletzung der Offenlegungspflichten

Die SEC kann auf verschiedenem Weg gegen eine Verletzung der Offenlegungspflichten vorgehen: Sie kann gerichtlich die Einhaltung von § 13 d SEA erzwingen, eine Korrektur der Mitteilungen erzwingen und auch vorbeugend gegen zukünftige Verletzungen der Meldepflichten vorgehen[374]. Auch der Emittent kann auf Unterlassung des Verstoßes gegen die Meldepflichten (*injunctive relief*) aus § 13 d SEA vorgehen[375]. Sehr streitig wird jedoch die Frage diskutiert, ob auch einzelne Aktionäre der Zielgesellschaft Unterlassungsansprüche gegen den Bieter geltend machen können. Lange herrschte die Auffassung vor, dass private Kläger Verstöße gegen § 13 d SEA nicht ahnden können. Neuere Gerichtsentscheidungen ziehen dieses Ergebnis jedoch in Zweifel[376]. Aktionäre können allerdings gegen den Bieter vorgehen, wenn sie im Vertrauen auf Richtigkeit und Vollständigkeit der Anzeige an den Bieter veräußert oder von ihm erworben haben[377].

cc) Besondere Regelungen für *Tender Offers* gemäß §§ 14 d, 14 e SEA

Tender offers unterliegen Sonderbestimmungen gemäß §§ 14 d und e SEA. Mit den Sonderregelungen wird bezweckt, Bieter- und Zielgesellschaft neutral zu behandeln, dem Markt wie dem einzelnen Anleger ausreichende Informationen zur Verfügung zu stellen und den Aktionären eine freie Entscheidung über die Annahme des *tender offer* zu ermöglichen[378]. §§ 14 d und e SEA enthalten strenge Offenlegungspflichten, Verkehrsbestimmungen bei der Durchführung des

---

372 *Merkt*, US-amerikanisches Gesellschaftsrecht, S. 746, Rn. 1445.

373 In diesem Zeitraum kann der Meldepflichtige unerkannt weitere Aktien erwerben, was die Transparenz im Vorfeld einer Übernahme einschränkt, weshalb die Regelung in den USA nicht unumstritten ist. Vgl. dazu und zu Versuchen, das *ten-day-window* zu schließen: *Möllers/Holzner*, NZG 2008, 166, 169; *Merkt*, US-amerikanisches Gesellschaftsrecht, S. 747, Rn. 1445.

374 *Möllers/Holzner* NZG 2008, 166; *Merkt*, US-amerikanisches Gesellschaftsrecht, S. 748, Rn. 1448.

375 *Möllers/Holzner* NZG 2008, 166, 170.

376 *Bender v. Jordan* 439 F. Supp. 2d 139.

377 Vgl. zum Streit über die richtige Anspruchsgrundlage *Möllers/Holzner*, NZG 2008, 1666 die auch auf die mit einer Klage verbundene Beweisschwierigkeiten hinweisen sowie *Merkt*, US-amerikanisches Gesellschaftsrecht, S. 749, Rn. 1449.

378 *Albrecht*, Das Übernahmerecht des U.S.-amerikanischen Williams Act, S. 86 m.w.N.

Tender Offer (*Traffic rules*) und Betrugsbekämpfungsvorschriften in § 14 e SEA (*Anti-Fraud-Provisions*).

Der Begriff des *tender offer* ist im SEA nicht legal definiert. In negativer Hinsicht hat eine Abgrenzung von individuell ausgehandelten Paketkäufen (*Privately Negotiated Purchases*) und dem Beteiligungserwerb über die Börse (*Open Market Purchases*) zu erfolgen. Im Übrigen spielen für die Begriffsbestimmung, die flexibel zu erfolgen hat, sich ändernde Transaktionsformen eine Rolle. Abgrenzungskriterien liefern die Regeln der SEC sowie die Rechtsprechung[379]:

Der Begriff des *tender offer* wird von der SEC weit ausgelegt, insgesamt bestehen acht Faktoren[380], bei deren Vorliegen ein *tender offer* angenommen wird; die acht Faktoren wurden in einer Leitentscheidung zur Begriffsdefinition entwickelt[381]. Sie müssen jedoch nicht in jedem Fall kumulativ vorliegen, sondern dienen auch der Negativabgrenzung. Liegt ein Faktor im Einzelfall nicht vor, kann er auch für verzichtbar erklärt werden. Abzustellen ist darauf, ob die Anwendung der strengen tender-offer-Regelungen unter dem Gesichtspunkt gerechtfertigt erscheint, dass der Bieter Druck auf die Aktionäre ausgeübt hat. Hiernach liegt ein *Tender Offer* vor, wenn durch ein unter der aufschiebenden Bedingung des Kontrollerwerb stehendes, an eine Vielzahl von Aktionären gerichtetes, vorher öffentlich angekündigtes Kaufangebot, das sich auf einen wesentlichen Prozentsatz der Aktien bezieht, dessen Konditionen nicht verhandelbar sind und dessen Preis über dem Börsenkurs liegt, Druck auf die Aktionäre ausgeübt wird, das Angebot, das eine feste Laufzeit hat, anzunehmen[382].

Nicht anwendbar sind die Regeln in § 14 d (1) auf *self-tenders*[383] und *mini-tenders*[384].

---

379 *Albrecht*, Das Übernahmerecht des U.S.-amerikanischen Williams Act, S. 91.

380 Vgl. zum sog. *eight – factor test Hazen*, Principals of Securities Regulation, S. 225.

381 *Wellman vs. Dickinson* 475 F.Supp. 783 (S.D.N.Y. 1979) und *Wellman v. Dickinson* 682 F.2d. 355 (2d cir 1982), vgl. Dazu *Hazen*, Principles of Securities Regulation, S. 227.

382 Vgl. zur Begriffsbestimmung unter Einbeziehung der wichtigsten Entscheidungen ausführlich *Albrecht*, Das Übernahmerecht des U.S.-amerikanischen Williams Act, S. 89ff.

383 *Merkt*, US-amerikanisches Gesellschaftsrecht, S: 750, Rn. 1452: es handelt sich um eine Sondervorschriften unterliegende Verteidigungsmaßnahme gegen *hostile Takeovers.*

384 *Tender offers*, bei denen der Käufer unterhalb der 5 % – Schwelle bleibt.

i) Offenlegungspflicht nach § 14 d SEA

Die Offenlegungspflichten nach § 14 d SEA sind wesentlich strenger als die nach § 13 d. Der Bieter[385] muss das Übernahmeangebot anzeigen, sobald es auf einen Erwerb von mehr als 5 % der Anteile der Zielgesellschaft gerichtet ist. Inhaltlich muss mitgeteilt werden, ob wesentliche Bestandteile des Gesellschaftsvermögens veräußert, die amtierenden Mitglieder des *boards* entlassen oder die Dividendenpolitik geändert werden sollen. Er muss ferner mitteilen, wie der Kaufpreis finanziert wird und welchen Inhalt Darlehensvereinbarungen haben. Die Anzeige ist nicht nur der SEC, sondern auch der Zielgesellschaft, den konkurrierenden Bietern und allen Börsen zuzuschicken, an denen die Zielgesellschaft notiert ist. Da außerdem die Aktionäre in Kenntnis gesetzt werden, werden die wesentlichen Änderungen in der Regel in Zeitungen inseriert.

ii) Verkehrsbestimmungen gemäß § 14 d SEA, sogenannte Traffic Rules

§ 14 d SEA wurde als Reaktion auf in den 80er Jahren zunehmend zu beobachtende diskriminierende Übernahmeangebote durch den Bundesgesetzgeber eingeführt und enthält materielle Regelungen zur Frage der Gleichbehandlung der Aktionäre und zur Bekämpfung des zeitlichen Drucks, dem Aktionäre zunehmend ausgesetzt waren[386], konkretisiert wird die Regelung durch von der SEC erlassenen Rules.

SEC-Rule 14 e 1 a schreibt für alle Übernahmeangebote eine Mindestlaufzeit von 20 Werktagen vor, die sich um 10 weitere Werktage verlängert, wenn der Bieter während der Laufzeit des *tender offer* den Preis oder die Anzahl der

385 Anders als einige SEC-Rules (etwa SEC-Rule 14d-2 und SEC-Rule 14d-3) benutzt der Williams Act den Begriff des *bidder* nicht. Die Vorschriften des Williams Act über Tender Offer beziehen sich auf den *beneficial owner* von mindestens 5 % der Anteile der Zielgesellschaft, § 14 d SEA setzt hingegen – insoweit enger – voraus, dass die Anteile an der Zielgesellschaft gerade durch ein *Tender Offer* erworben wurden. Gemäß der Definition in SEC-Rule 14d-1g (2) ist Bieter *„any person who makes a tender offer or on whose behalf a tender offer is made (...)"*. Die Rechtsprechung legt den Begriff des *Bidder* eng aus und fasst hierunter Personen, die als Hauptakteure das *tender offer* tatsächlich initiieren, tatsächlich finanzieren, die Aktienpakete erwerben und die im Falle eines erfolgreichen Übernahmeversuchs die Kontrolle übernehmen, vgl. ausführlich *Albrecht*, Das Übernahmerecht des U.S. -amerikanischen Williams Act, S. 131 ff.

386 Unterbunden werden sollten vor allem sog. *Saturday-Night-Specials*, nämlich Übernahmeangebote mit extrem knapp bemessener Annahmefrist, die sich nur auf einen Teil der Aktien bezogen und bei denen die Aktionäre nach dem Prinzip *first come first serve* bedient wurden. Vgl. dazu *Traugott/Schäfer*, NZG 2004, 158, 160.

zu erwerbenden Aktien ändert[387]. Aktionäre, die das Angebot annehmen, können zudem innerhalb einer Rücktrittsfrist von 20 Werktagen[388] vom Angebot zurücktreten[389].

Ausformung einer zumindest partiellen Gleichbehandlungspflicht der Aktionäre[390] ist schließlich die sog. *Best-Price-Rule*[391]. Hiernach muss ein Bieter allen Aktionären, die das Angebot während der Laufzeit annehmen, den höchsten Preis zahlen, den er während der Laufzeit angeboten hat. Relevant wird dies etwa, wenn der Bieter während des *tender offer* den angebotenen Preis erhöht. Die SEC kann Ausnahmen von der *Best-Price-Rule* gewähren. Die *Best-Price-Rule* wurde von der SEC 2006 dahingehend präzisiert, dass bei der Ermittlung des höchsten Preises nur solche Zahlungen berücksichtigt werden, die als Gegenleistung für Aktien während der Laufzeit des *tender offer* gezahlt wurden, unberücksichtigt bleiben jedoch Zahlungen an *directors*, Gesellschafter oder Angestellte der Zielgesellschaft, die als Sonderzahlungen zwar in Zusammenhang mit dem Erwerb der Zielgesellschaft stehen, aber auf Grundlage von Abfindungsvereinbarungen oder sonstigen Verträgen – nicht jedoch auf Grundlage der im *tender offer* gebotenen Aktien[392] – berechnet wurden[393].

Im thematischen Zusammenhang mit der *Best-Price-Rule* ist auch die *All-Holders-Rule*[394] zu sehen, wonach sich ein *tender offer* an alle Aktionäre der betreffenden Aktiengattung richten muss[395].

Der Minderung des Entscheidungsdrucks der Aktionäre[396] wie deren Gleichbehandlung dient auch die sog. *Pro-Rata-Rule*: Erstreckt sich das Übernahmeangebot nicht auf alle Anteile, sondern nur auf einen bestimmten

---

387 *Albrecht*, Das Übernahmerecht des U.S.-amerikanischen Williams Act, S. 168; SEC-Rule 14 e – 1 b.

388 *Hazen*, Principles of Securities Regulation, S. 231.

389 § 14 d 5 SEA iV. SEC-Rule 14d-7, sog. *Withdrawal Rights*.

390 *Traugott/Schäfer*, NZG 2004, 158, 160.

391 § 14 d 7 SEA i.V.m. SEC-Rule 14 d (10) a 2. Dazu: *Loss/Seligman*, Fundamentals of Securities Regulation, (2004), S. 642f.

392 SEC-Rule 14d (10) (d) enthält einen Safe Harbor im Bereich für Transaktionen, die Arbeitnehmervergünstigungen betreffen, SEC-Rule 14d (10) (d) (2) ergänzt diesen *Safe Harbor* um eine Beweislastregel.

393 *Göthel*, RIW 2007, 570, 580; SEC Rule 14 d-10 (a) (2); SEC Release No. 34-54684, 17 CFR Parts 200, 240.

394 SEC-Rule 14d-10(a) (1)

395 *Albrecht*, Das Übernahmerecht des U.S.-amerikanischen Williams Act, S. 193, dort auch zu (auch einzelstaatlichen) Ausnahmen von der *All-Holders-Rule*.

396 *Albrecht*, Das Übernahmerecht des U.S.-amerikanischen Williams Act, S. 175.

Prozentsatz und werden dem Bieter mehr als die angestrebten Anteile angeboten, so darf er die letzten Aktionäre nicht nach dem Prinzip *first-come-first-serve* zurückweisen, sondern muss von allen Aktionären einen entsprechenden Anteil von Anteilen erwerben, die Aktionäre sind pro rata zu bedienen[397].

iii) Betrugsbekämpfungsvorschriften (Anti-Fraud-Provisions)

Als dritte Gruppe der Sonderbestimmungen für *tender offer*[398] sind schließlich die Betrugsbekämpfungsvorschriften in § 14 e SEA zu nennen, die durch zahlreiche Ausführungsvorschriften der SEC ergänzt werden. Gemäß § 14 e SEA ist es verboten, unrichtige Behauptungen über wesentliche Tatsachen[399] aufzustellen oder wesentliche Tatsachen zu unterdrücken, soweit diese Tatsachen unverzichtbar sind, um eine Irreführung zu vermeiden. Verboten ist jede Form arglistigen, irreführenden oder betrügerischen Verhaltens im Zusammenhang mit einem Übernahmeangebot. Hinzuweisen ist darauf, dass § 14 e SEA jedoch keine Grundlage für eine inhaltliche Fairness- oder Billigkeitskontrolle des *tender offer* bietet, sondern nur verfahrensrechtliche Mindestanforderungen aufstellt[400].

Der einzelne Aktionär, der seine Aktien im *tender offer* anbietet (sog. *Tendering Shareholder*)[401] hat allerdings einen einklagbaren Anspruch wegen arglistiger Täuschung oder Tatsachenunterdrückung, wobei sowohl Unterlassungsansprüche als auch Schadenersatzansprüche denkbar sind. Verstöße gegen § 14 e SEA können ferner durch die SEC geltend gemacht werden.

---

397 Pro-Rata-Rule in § 14 (d) (6) SEA, konkretisiert und in Bezug auf die Dauer der *Proration Period* ausgeweitet durch SEC-Rule 14 d-8.

398 Der Anwendungsbereich erfasst nicht nur *Equity Securities*, die gemäß § 12 SEA registriert wurden, sondern auch *tender offers*, die sich auf Schuldverschreibungen beziehen sowie auf Aktien von *Closely Held Corporations.*

399 Zur Frage, der Wesentlichkeit (*Materiality*) einer unterdrückten Tatsache und der Abgrenzung von sog. *Soft Information* vgl. *Albrecht*, Das Übernahmerecht des U.S.-amerikanischen Williams Act, S. 200f. *Merkt*, US-amerikanisches Gesellschaftsrecht, S. 755, Rn. 1465: Entscheidend ist, ob die Tatsache die Meinungsbildung einer *reasonable person* beeinflusst hätte.

400 *Merkt*, US-amerikanisches Gesellschaftsrecht, S. 755, Rn. 1464.

401 Vgl. zur Klagebefugnis der *Non-tendering Shareholders* die Entscheidung des Supreme Court *Piper v. Chris Craft*, 430 U.S. 1, 97 S. Ct. 926 sowie die Entscheidung *Plaine v. McCabe*, 797, F.2d.713 (9th Cir. 1986).

b) Sonstige bundesrechtliche Rechtsquellen

aa) Hart-Scott-Rodino-Act

Bei dem Hart-Scott-Rodino-Act[402] handelt sich um ein Gesetz zur wettbewerbsrechtlichen Kontrolle von Zusammenschlüssen mit Pflichten zur Anzeige geplanter Zusammenschlüsse und Wartefristen, um den Behörden Gelegenheit zur Prüfung und gegebenenfalls zum Einschreiten zu geben. Im Anwendungsbereich des Hart-Scott-Rodino-Act muss das Übernahmeangebot bei der *Federal Trade Commission* und bei der *Antitrust Division* des US-Department of Justice angezeigt werden. Der Bieter muss nach der Anzeige 15 Tage verstreichen lassen, bevor er Anteile in bar erwirbt und 30 Tage verstreichen lassen, bevor er Anteile im Austausch gegen Aktien oder Bonds erwirbt. Der Unternehmenskauf kann unter bestimmten Umständen als wettbewerbswidrig abgelehnt werden.

bb) Clayton-Act

Der Clayton-Act[403] regelt kartellrechtliche Aspekte von Unternehmensübernahmen. § 7 des Clayton-Act verbietet den Zusammenschluss von Unternehmen sowie die vollständige oder teilweise Übernahme des Vermögens oder des Aktienbestands eines Unternehmens durch ein anderes, wenn dies zu einer wesentlichen Beeinträchtigung des Wettbewerbs oder zur Errichtung eines Monopols führen könnte. Diese Vorschriften schützen nach der Rechtsprechung jedoch nicht die Interessen der Zielgesellschaft. Diese kann sich gegen eine Übernahme also nicht mit der Begründung wehren, der Zusammenschluss verletze ihre wettbewerbsrechtlich geschützten Rechte.

cc) Sarbanes-Oxley Act

Der Sarbanes-Oxley Act[404] aus dem Jahr 2002 stellte eine Reaktion auf die Bilanzierungsskandale um Enron dar[405] und stellt ein Beispiel für die Tendenz des Bundesgesetzgebers dar, in Bereichen Regelungen zu schaffen, für die traditionell die Einzelstaaten zuständig sind[406]. Mit dem Gesetz werden Publikumsgesellschaften

---

402 *Hart-Scott-Rodino Antitrust Improvement Act* von 1976, 15 U.S.C. 18a.

403 Clayton-Act 15 U.S.C.

404 Public Company Accounting Reform and Investor Protection Act of 2002.

405 Vgl. zur US-amerikanischen corporate governance nach Enron: *Donald*, WM 2003, 705–714.

406 *Merkt*, U.S.-amerikanisches Gesellschaftsrecht, S. 20, Rn. 31ff. konstatieren eine Tendenz des Bundesgesetzgebers, gesellschafts- und kapital-marktrechtliche Fragen nicht den Einzelstaaten zu überlassen, um dem Deregulierungswettbewerb der Inkorporationsstaaten entgegenzuwirken.

strengeren Berichts- und Offenlegungspflichten unterworfen, durch die Trennung und Überwachung wesentlicher Funktionen soll die Integrität der Unternehmensleitung verbessert werden[407].

3. Einzelstaatliches Recht

Das Übernahmerecht fällt ebenso wie das Gesellschaftsrecht und das Privatrecht insgesamt in die Gesetzgebungskompetenz der Einzelstaaten. Zwischenzeitlich hat jeder Gliedstaat einen *securities act* mit kapitalmarkt- und anlegerschutzrechtliche Bestimmungen erlassen[408], sog. *blue-sky-laws*[409] der Einzelstaaten.

Die bundesrechtlichen Regelungen, die materiell Kapitalmarktrecht darstellen, sind um eine Waffengleichheit zwischen Bieter und Zielgesellschaft bemüht[410]. Das Recht der Einzelstaaten verfolgt andere Ziele und versucht insbesondere nicht einen Ausgleich zwischen den Interessen des Bieters und der Zielgesellschaft herzustellen. Auch spielt der Anlegerschutz keine zentrale Rolle. Traditionell stehen die einzelstaatlichen Gesetzgeber auf der Seite des amtierenden Managements, weshalb die große Mehrzahl aller Bundesstaaten Gesetze mit dem Ziel erlassen hat, Übernahmen schwieriger und kostspieliger zu gestalten[411]. Gleichzeitig lässt sich bei allen Gesetzgebern ein wachsendes Wohlwollen gegenüber Maßnahmen beobachten, die der Abwehr von Übernahmen dienen[412].

Tendenziell erschweren die einzelstaatlichen Regelungen daher das Übernahmeverfahren und sind von dem Bestreben geprägt, dem Kontrollerwerber einen Teil der Vorzüge wieder zu nehmen, der mit dem Kontrollerwerb verbunden wäre[413].

Nicht richtig ist die – häufig als rechtspolitisches Argument gegen die Angebotspflicht getätigte – Aussage, das US-amerikanische Rechtssystem komme als größter Finanzmarkt der Welt gänzlich ohne Pflichtangebotsregelung aus. Zum einen kennen vereinzelte Staaten durchaus Pflichtangebotsregelungen, zum anderen wird der Kontrollerwerber durch das einzelstaatliche Recht vieler Gliedstaaten in seiner Handlungsfreiheit auf vielfältige Weise eingeschränkt.

---

407 *Hütten/Stromann*, BB 2003, 2223.

408 *Döge/Jobst*, BKR 2010, 136, 139.

409 Vgl. zur Herkunft des Namens, der der ersten Regulierung in Kansas 1911 zugeschrieben wird, und zur historischen Entwicklung: *Loss/Seligman*, Fundamentals of securities Regulation (2004), S. 9f.

410 *Albrecht*, Das Übernahmerecht des US-Amerikanischen Williams Act, 2008, S. 34.

411 *Merkt*, US-amerikanisches Gesellschaftsrecht, S. 764, Rn. 1479.

412 *Merkt*, US-amerikanisches Gesellschaftsrecht, S. 764, Rn. 1479.

413 *Merkt*, US-amerikanisches Gesellschaftsrecht, S. 766, Rn. 1481.

a) *Control share cash-out statutes*

Einzelne Staaten[414] kennen sogenannte *control share cash-out statutes*, die den Anteilseignern im Falle eines *takeover* Cash-out-Rechte einräumen. Wann diese Ansprüche entstehen ist unterschiedlich geregelt, die relevanten Schwellen liegen zum Teil bereits 20 %, teilweise auch bei 30% oder 50%. Der Bieter muss die außenstehenden *shareholders* zu dem höchsten Preis auskaufen, die er für seine Anteile gezahlt hat[415].

b) *Control share acquisition statutes*

Einzelne Gliedstaaten[416] räumen der Hauptversammlung zudem die Befugnis ein, Stimmrechte des Erwerbers einer einfachen oder qualifizierten Mehrheit zu beschränken oder zu verbieten. Überschreitet der Erwerber bestimmte Kontrollschwellen, verliert er seine sämtlichen Stimmrechte und muss zunächst eine Aktionärsversammlung einberufen, die darüber zu beschließen hat, ob seine Beteiligung mit Stimmrechten ausgestattet ist. Werden auf diese Art und Weise Stimmrechte verliehen, sehen einige Gliedstaaten vor, dass die außenstehenden *shareholders* ein Recht zum Ausscheiden gegen Abfindung erhalten; andere Gliedstaaten gewähren dem Erwerber in dem Falle, dass die Aktionärsversammlung nicht das volle Stimmrecht verleiht, immerhin einen Anspruch auf Rückkauf der *shares* durch die *corporation*.

Hinzu kommt, dass der Bieter sämtliche Kosten der Aktionärsversammlung zu tragen hat. Ziel dieser Regelungen ist es, feindliche Übernahmen für den Bieter teuer und riskant zu machen[417].

c) *Sonstige den Erwerber belastende Regelungen einzelner Gliedstaaten*

In etlichen Einzelstaaten wird der Erwerber einer Kontrollmehrheit mit einschneidenden Verpflichtungen belastet[418]. So existieren etwa in ca. 20 Staaten – unter anderem in Delaware – Moratorium – Bestimmungen (sog. *freeze-out statutes*), die es einem Erwerber, der einen bestimmten Anteil einer *corporation* erworben hat, für einen bestimmten Zeitraum, der sich über mehrere Jahre erstrecken kann – sog. *freezeout period* – nach Erwerb der Beteiligung, vorbehaltlich der Zustimmung

---

414 Beispiel ist etwa die Regelung in Pennsylvania, vgl. §§ 2542–2547 Pa.Cons.Stat.

415 *Merkt*, US-amerikanisches Gesellschaftsrecht, S. 768, Rn. 1485.

416 Es handelt sich um Ohio, Indiana und Wisconsin, vgl. Hierzu *Merkt*, NZG 2011, 561.

417 *Merkt*, NZG 2011, 561, 565.

418 *Baums/Hecker* in Baums/Thoma, WpÜG, vor § 35, Rn. 99.

des *board,* verbieten, die Gesellschaft zu übernehmen. Nach Ablauf der *freezeout period* bedarf die Übernahme der Zustimmung der Aktionäre, es sei denn, denn Erwerber zahlt einen bestimmten Mindestpreis[419]. Nach dem Recht von Delaware etwa darf ein *interested stockholder*[420] drei Jahre nach Erwerb seiner Beteiligung keine *business combination* mit der Gesellschaft eingehen[421], es sei denn, bei Überschreiten der 15%-Schwelle hat der *interested stockholder* eine Beteiligung von mindestens 85 % erworben[422] oder das *board* stimmt der Übernahme zu, was in der Regel nicht zu erwarten sein wird. Diese Regelungen führen insbesondere in Delaware dazu, dass ein *interested stockholder* in der Regel eine Beteiligung von über 85 % anstreben wird[423], die zudem unter Beachtung der *freezeout statutes*, in der Regel also eigenfinanziert[424], erlangt worden sein muss.

Zu erwähnen sind schließlich die in ca. 30 Gliedstaaten geltenden *Fair Price Statutes*, die im Falle eines *two-tier tender offer* einen gewissen Mindestpreis für die Anteile garantieren, die in der zweiten Phase des *two-tier tender offer* veräußert werden. Erhalten die Aktionäre nur einen niedrigeren Preis als den *fair price*, bedarf die Übernahme der Zustimmung einer qualifizierten Mehrheit.

d) Übernahmeerschwerende Abwehrmechanismen auf Gesellschaftsebene

In den USA weit verbreitet sind auch Abwehrinstrumente gegen Übernahmeversuche, die auf Ebene der Gesellschaft eingesetzt werden. So verfügen noch immer die meisten großen amerikanischen Gesellschaften über sog. *poison pill plans*[425] auch *shareholder rights plan* genannt[426]. Je nach Ausgestaltung des *poison*

---

419 *Merkt*, US-amerikanisches Gesellschaftsrecht, S. 768, Rn. 1484.

420 Gemäß sec 203 c (5) Delaware General Corporation Law handelt es sich um einen shareholder mit einer mindestens 15%-igen Beteiligung; auch die von einem *interested stockholder* abhängigen oder verbundenen corporations gelten als *interested stockholder.*

421 Zum Begriff der *business combination* vgl. sec. 203 c (3) Delaware General Corporation Law: erfasst sind u.a. Zusammenschlüsse (*mergers*) und asset deals.

422 Sec 203.

423 *Merkt*, US-amerikanisches Gesellschaftsrecht, S. 768, Rn. 1484; *Baums/Hecker* in Baums/Thoma, WpÜG, vor § 35, Rn. 100, ziehen hieraus den zutreffenden Schluss, dass der Unterschied dieser Regelungen zur Angebotspflicht nach deutschem Recht so groß nicht sei, weshalb der Verweis auf das US-amerikanische Recht zur Ablehnung der Pflichtangebotsregelung allgemein fehl gehe.

424 *Merkt*, US-amerikanisches Gesellschaftsrecht, S. 768, Rn. 1484.

425 *Merkt*, US-amerikanisches Gesellschaftsrecht, S. 773, Rn. 1493.

426 Einen rechtsvergleichenden Überblick zu den Abwehrmaßnahmen des Vorstands börsennotierter Aktiengesellschaften geben *Schaefer/Eichner*, NZG 2003, 150.

pill plans[427] ist das Management der Zielgesellschaft so in der Lage, die Übernahme für den Bieter wesentlich zu verteuern und durch Ausgabe neuer Aktien, die die Aktionäre zu günstigen Konditionen beziehen können[428], oder durch Aktientauschrechte den Bieteranteil stark zu verwässern[429].

V. Ergebnis der rechtsvergleichenden Umschau

Der Blick über die Grenze belegt den Vorbildcharakter des britischen Takeover Code. Dieser stand Pate für die Regulierungsversuche sämtlicher europäischer Staaten und inspirierte auch die verschiedenen europäischen Richtlinienentwürfe. In Bezug auf die Befreiungsmöglichkeiten vom Pflichtangebot zeigt sich, dass auch die Befreiungsgründe, die auch nach Verabschiedung der Übernahmerichtlinie zur Disposition der Mitgliedstaaten stehen, in weiten Teilen gleich oder zumindest ähnlich sind. Dies bewirkt eine gewisse Rechtssicherheit für grenzüberschreitend tätig werdende Finanzmarktakteure, die mit den einzelnen Regelungen zumindest im Grunde vertraut sind. Bei den Befreiungsgründen handelt es sich ganz offensichtlich um besonders bedeutende Fallgruppen, die sich in jahrelanger Erfahrung mit der Übernahmeregulierung in Großbritannien gebildet haben. Die rechtsvergleichende Umschau hat auch gezeigt, dass sich der in Deutschland ermittelte empirische Befund in den europäischen Nachbarstaaten bestätigt, dass das Recht des Pflichtangebots zu weiten Teilen das Recht seiner Ausnahmen ist. Ob einzelne Regelungen verschiedener Auslandsrechte darüber hinaus Vorbildcharakter für eine Reform des WpÜG haben können, ist im Rahmen der Diskussion der jeweiligen WpÜG-Regelung zu untersuchen.

Das Beispiel der Übernahmeregulierung in der Schweiz zeigt außerdem, dass sich die sich ähnelnden Regelungsregime der Mitgliedsstaaten als Marktstandard etabliert haben. Besonders deutlich wird dies an Bestrebungen in der aktuellen Reformdiskussion der Schweiz, Besonderheiten, die der Nichtanwendbarkeit der Übernahmerichtlinie geschuldet sind, abzuschaffen und das Regulierungssystem dem europäischen Standard anpassen. Der Blick auf den Regelungsansatz in den Vereinigten Staaten hat zudem gezeigt, dass in einem anderen rechtstatsächlichen Umfeld auch andere Regulierungsansätze denkbar sind. Insbesondere aufgrund der Unterschiede in der Corporate Governance ist das US-amerikanische Modell in Europa vorbildlos. Diese Unterschiede sind bei allen Versuchen, den

---

427 Näher zu poison pill: *Choper/Coffee/Gilson*, Cases and Materials on Corporations, S. 951.

428 *Merkt*, US-amerikanisches Gesellschaftsrecht, S. 779, Rn. 1503.

429 *Hellgardt/Hoger*, ZGR 2011, 38, 42.

deutschen Kapitalmarkt an angelsächsische Vorbilder anzunähern und (Teil-) Regelungen des amerikanischen Rechts zu „importieren", zu berücksichtigen. Das Beispiel der Vereinigten Staaten zeigt aber auch, dass ein Verzicht auf ein (bundesstaatliches) Pflichtangebot nicht zwingend bedeuten muss, dass Übernahmen schneller oder für den Bieter kostengünstiger durchzuführen sind. Der Hinweis der Kritiker des Pflichtangebotsrechts, der größte Kapitalmarkt der Welt komme ohne Pflichtangebot aus, geht daher jedenfalls insoweit fehl, als suggeriert wird, Unternehmensübernahmen seien ohne Pflichtangebot stets bieterfreundlicher, kostengünstiger und unkomplizierter durchzuführen.

D. Die einzelnen Ausnahme- und Befreiungsgründe

I. Gesetzliche Ausnahme von der Angebotspflicht gemäß § 35 Abs. 3 WpÜG

§ 35 Abs. 3 WpÜG enthält eine gesetzliche Ausnahme von der Verpflichtung zur Veröffentlichung und zur Abgabe eines Angebots bei Überschreiten der Kontrollschwelle. Demnach bestehen die Verpflichtungen des § 35 Abs. 1 und 2 WpÜG nicht, wenn die Kontrolle über die Zielgesellschaft „auf Grund" eines Übernahmeangebots erworben wird.

Die Privilegierung in § 35 Abs. 3 WpÜG ist Ausdruck des gesetzgeberischen Konzepts, dass freiwillige Übernahmeangebote und Pflichtangebote wegen § 39 WpÜG weitgehend den gleichen Vorschriften unterliegen[430], weshalb derjenige, der eine Kontrollbeteiligung auf Grund eines freiwilligen Übernahmeangebots erlangt, nicht verpflichtet sein soll, im Anschluss daran ein Pflichtangebot abzugeben, da dies nach Auffassung des WpÜG-Gesetzgebers zu unnötigem Zeit- und Kostenaufwand führen würde[431]. Dies gilt jedenfalls dann, wenn das freiwillige Übernahmeangebot insbesondere im Hinblick auf die Mindestpreisvorschriften den Anforderungen genügt, die auch für Pflichtangebote gelten[432]. Unabhängig von dem Zeit- und Kostenaufwand eines nochmaligen Angebotsverfahren nach Durchführung eines Übernahmeangebots liegt der Regelung des § 35 Abs. 3 WpÜG auch die Überlegung zugrunde, dass Aktionären, an die ein Übernahmeangebot gerichtet wurde, das im Wesentlichen den Bedingungen eines Pflichtangebots entsprach, die Möglichkeit zum Ausstieg aus der Gesellschaft bereits eingeräumt wurde und es eines nochmaligen Konzerneingangsschutzes daher nicht mehr bedarf[433]. Aus Sinn und Zweck der Privilegierung ergeben sich auch die Anforderungen, die an das Übernahmeangebot zu stellen sind, um ihm privilegierende Wirkung zukommen zu lassen: Dieses muss zwar „ordnungsgemäß"[434]

---

430 *Mülbert* ZIP 2001, 1221, 1223: „Parallelisierung von Pflichtangebot und freiwilligem Vollangebot".

431 Begr. RegE, BT-Drucks. 14/7034, S. 60, linke Spalte.

432 Begr. RegE, BT-Drucks. 14/7034, S. 60, linke Spalte.

433 *Baums/Hecker* in Baums/Thoma, WpÜG, § 35, Rn. 283.

434 *Schlitt/Ries* in Münchener Kommentar, AktG, § 35 WpÜG, Rn. 253.

durchgeführt werden. Auch um für den Bieter insoweit Rechtssicherheit zu schaffen[435], wird man allerdings nicht fordern müssen, dass das Übernahmeangebot in allen Punkten den Anforderungen des vierten Abschnitts des WpÜG entspricht[436]. Unrichtigkeiten und Mängel, die von der BaFin nicht angegriffen wurden, stehen der Befreiungswirkung eines Übernahmeangebots daher nicht entgegen, dieses ist vielmehr als ordnungsgemäß anzusehen, wenn die BaFin weder das Angebot untersagt, noch das Angebotsverfahren abgebrochen hat[437].

Art. 5 Abs. 2 der Übernahmerichtlinie enthält eine ganz vergleichbare Regelung. Nach Art. 5 Abs. 2 besteht die Verpflichtung zur Abgabe eines Angebots nicht mehr, wenn die Kontrolle „auf Grund" eines freiwilligen Angebots erlangt worden ist, das in Einklang mit der Richtlinie allen Wertpapierinhabern für alle ihre Wertpapiere unterbreitet worden ist[438].

Ähnliche Regelungen existieren in allen Mitgliedsstaaten und auch schon unter Geltung des Übernahmekodex wurde ein Kontrollerwerber von der Angebotspflicht befreit, wenn den außenstehenden Aktionären ein freiwilliges Übernahmeangebot als Vollangebot unterbreitet wurde. Die Regelung über den für das Pflichtangebot geltenden Mindestpreis musste jedoch eingehalten werden, im Übrigen genügte es, dass der Kontrollerwerb im Zusammenhang mit dem Übernahmeangebot stand, nicht erforderlich war, dass die Kontrollschwelle durch den Erwerb von Aktien auf Grund des Übernahmeangebots überschritten wurde[439].

§ 35 Abs. 3 WpÜG hat in der Transaktionspraxis ganz erhebliche Bedeutung[440]. In aller Regel versucht ein Bieter, einen beabsichtigten Kontrollerwerb mit einem Übernahmeangebot zu verbinden, sodass die Vorschrift des § 35 Abs. 3 WpÜG in Anspruch genommen werden kann[441].

Ein Vergleich der Mindestpreisregeln von Übernahmeangebot einerseits und Pflichtangebot andererseits zeigt nämlich, dass der Kontrollerwerb auf Grund eines freiwilligen Übernahmeangebots für den Bieter den Vorteil bietet, dass er den Mindestübernahmepreis genau einschätzen und auf dem ihm bekannten Niveau

---

435 *Hasselbach* in Kölner Kommentar, WpÜG, § 35, Rn. 245.

436 *Hasselbach* in Kölner Kommentar, WpÜG, § 35, Rn. 245.

437 *Baums/Hecker* in Baums/Thoma, WpÜG, § 35, Rn. 287.

438 Vgl. zum Wortlaut der englischen („*following*") und französischen Fassung der Übernahmerichtlinie als Auslegungsansatz des Begriffes „aufgrund": *Kossmann/Horz*, NZG 2006, 481.

439 Übernahmekommission, 3 Jahre Übernahmekodex, S. 27.

440 *Baums/Hecker* in Baums/Thoma, WpÜG, § 35, Rn. 285; *Hasselbach* in Kölner Kommentar, WpÜG, § 35, Rn. 256; *Kossmann/Horz*, NZG 2006, 481.

441 *Hasselbach* in Kölner Kommentar, WpÜG, § 35, Rn. 256.

„einfrieren" kann[442]. Denn der den Aktionären zu bietende Mindestpreis gemäß § 31 WpÜG in Verbindung mit der WpÜG-AngebVO richtet sich bei Pflichtangeboten nach dem gewichteten durchschnittlichen Börsenkurs während der letzten drei Monate vor dem Tag der Veröffentlichung der Kontrollerlangung gemäß § 35 Abs. 1 S. 1 WpÜG. Im Falle eines freiwilligen Übernahmeangebots leitet sich der Mindestpreis hingegen aus dem gewichteten durchschnittlichen Börsenkurs in den letzten drei Monaten vor der Veröffentlichung der Entscheidung zur Abgabe eines Angebots gemäß § 10 WpÜG ab. Der Kontrollerwerber, der ein Pflichtangebot abgeben muss, kann daher bei Veröffentlichung der Transaktion - sollte diese wie in aller Regel nicht sofort vollzogen werden - nicht absehen, wie sich der Börsenkurs der Zielgesellschaft und damit die den Aktionären anzubietende Gegenleistung entwickeln wird[443]. Der Bieter, der ein freiwilliges Übernahmeangebot abgibt, ist hingegen in der Lage, die anzubietende Gegenleistung auf den Zeitpunkt des § 10 Abs. 1 WpÜG, d. h. den Zeitpunkt der Veröffentlichung der Absicht, ein Übernahmeangebot abzugeben, einfrieren. Er trägt daher nicht das Risiko des Kursanstiegs der Aktie der Zielgesellschaft in dem Zeitraum zwischen Veröffentlichung der Übernahmeabsicht und dem Vollzug der Transaktion.

Die Vorschrift des § 35 Abs. 3 WpÜG ermöglicht Bietern auch die Taktik des sogenannten „low balling"[444], indem ein günstiger Zeitpunkt eines niedrigen Börsenkurses der Zielgesellschaft abgewartet wird, um durch ein freiwilliges Übernahmeangebot die Kontrollschwelle zu überschreiten und in einem zweiten Schritt diese Beteiligung auszubauen, ohne erneut ein teureres Pflichtangebot abzugeben. Dies führte in der jüngeren Vergangenheit zu einer rechtspolitischen Diskussion darüber, ob die Angebotspflicht bei Erreichen/Überschreiten der Kontrollschwelle ausreichend ist oder ob aus Gründen des Umgehungsschutzes und der Gleichbehandlung der Aktionäre die Angebotspflicht nicht auch bei der Konsolidierung einer Kontrollbeteiligung ausgelöst werden soll[445].

Angesichts dieser Vorteile verwundert es nicht, dass freiwillige Übernahmeangebote auch zahlenmäßig in der Übernahmepraxis eine größere Rolle spielen als Pflichtangebote[446].

---

442 *Kossmann/Horz*, NZG 2006, 481.

443 *Kossmann/Horz*, NZG 2006, 481.

444 Dazu ausführlich *Baums*, ZIP 2010, 2373 ff.

445 Zur Diskussion um die Einführung einer creeping-in-Vorschrift, unten Teil D.I.2.

446 Vgl. zur Statistik etwa die Angaben im Jahresbericht der BaFin 2009; Nach *Hasselbach* in Kölner Kommentar, WpÜG, § 35, Rn. 256 beschränken sich Pflichtangebote meist auf besonders gelagerte Fälle.

1. Voraussetzungen des Eintritts der Befreiungswirkung

a) Persönlicher Anwendungsbereich und Gegenstand der Befreiungswirkung

Das Übernahmeangebot muss, um befreiende Wirkung nach § 35 Abs. 3 WpÜG zu entfalten, nicht zwingend vom Kontrollerwerber selbst abgegeben worden sein, vielmehr gelten die Kriterien, die zu der Parallelproblematik der befreienden Wirkung von Pflichtangeboten bei mehreren Verpflichteten entwickelt wurden[447]. Das Übernahmeangebot eines Dritten befreit einen Kontrollerwerber daher dann von der Angebotspflicht, wenn das Angebot des Dritten mindestens zu gleichen Konditionen – etwa in Bezug auf die Gegenleistung erhöhende Vor- oder Parallelerwerbe – erfolgt[448]. Da der Kontrollerwerber zudem nicht davon profitieren darf, dass ein Dritter zufällig parallel zum Kontrollerwerb des Bieters ein Übernahmeangebot abgibt, wird man zudem verlangen müssen, dass der Dritte das Übernahmeangebot auch bewusst mit Wirkung für den und zugunsten des Bieters abgibt[449].

Gegenständlich gilt die Befreiungswirkung des § 35 Abs. 3 WpÜG nur in Bezug auf unmittelbare Kontrollerwerbe, d.h. nur in Bezug auf die Aktien der Zielgesellschaft, über die auf Grund des Übernahmeangebots unmittelbar die Kontrolle erlangt wurde[450]. Erlangt der Bieter mit der Kontrolle über die Zielgesellschaft mittelbar die Kontrolle über eine weitere Zielgesellschaft, hatten die Aktionäre dieser Zielgesellschaft noch keine Möglichkeit zum Ausstieg aus der Gesellschaft, ihr Schutzbedürfnis entfällt daher nicht. Der Schutzzweck des § 35 Abs. 3 WpÜG verlangt daher, dass Aktien der Zielgesellschaft auch Gegenstand des Übernahmeangebots waren, was bei einem Angebot an die Aktionäre der Muttergesellschaft in Bezug auf eine mittelbare Kontrollerlangung gerade nicht der Fall ist[451].

---

447 *Hasselbach* in Kölner Kommentar, WpÜG, § 35, Rn. 243; *Schlitt/Ries* in Münchener Kommentar, AktG, § 35 WpÜG, Rn. 251.

448 *Schlitt/Ries* in Münchener Kommentar, AktG, § 35 WpÜG, Rn. 251.

449 *Hasselbach* in Kölner Kommentar, WpÜG, § 35, Rn. 243.

450 *Hasselbach* in Kölner Kommentar, WpÜG, § 35, Rn. 244.

451 *Baums/Hecker* in Baums/Thoma, WpÜG, § 35, Rn. 288.

b) Notwendiger Zusammenhang zwischen Übernahmeangebot und Kontrollerlangung

Voraussetzung für das Eintreten der befreienden Wirkung nach § 35 Abs. 3 WpÜG ist, dass die Kontrolle „auf Grund" eines Übernahmeangebots erlangt wurde[452]. Der Wortlaut der Vorschrift scheint somit auf eine kausale Verknüpfung zwischen Übernahmeangebot und dem Erreichen der Kontrollschwelle hinzudeuten. Mittlerweile ist aber anerkannt und entspricht auch der Verwaltungspraxis der BaFin, dass das Tatbestandsmerkmal „auf Grund" weit auszulegen ist[453]. Nicht erforderlich ist daher eine unmittelbare kausale Verknüpfung in dem Sinne, dass gerade der Vollzug des Übernahmeangebots zum Überschreiten der Kontrollschwelle führt[454]. Ausreichend – aber auch erforderlich – ist vielmehr, dass zwischen dem Übernahmeangebot und der Kontrollerlangung ein „zeitlicher und sachlicher Zusammenhang"[455] besteht. Die BaFin hat mit einem Merkblatt zur Auslegung des § 35 Abs. 3 WpÜG in den praktisch bedeutsamsten Fallgruppen der Praxis zudem eine wichtige Auslegungshilfe an die Hand gegeben[456].

Der geforderte zeitliche und sachliche Zusammenhang kann grundsätzlich auch dann gegeben sein, wenn die Kontrolle durch einen Erwerb außerhalb des Übernahmeverfahrens – sei es durch den Vollzug von Paketkaufverträgen oder durch börsliche oder außerbörsliche Parallelkäufe[457] – erlangt wird.

aa) Frühestmöglicher Zeitpunkt

In zeitlicher Hinsicht tritt die befreiende Wirkung von § 35 Abs. 3 WpÜG etwa dann noch ein, wenn die Kontrollerlangung nach § 29 Abs. 2 WpÜG durch den

---

452 Vgl. Art. 5 Abs. 2 der deutschen Fassung der Übernahmerichtlinie: „auf Grund eines freiwilligen Übernahmeangebots". *Kossmann/Horz*, NZG 2006, 481, 483 ziehen zur Auslegung des Merkmals „auf Grund" auch den französischen („*à la suite*") und den englischen („*following a voluntary bid*") Richtlinientext heran.

453 Merkblatt der BaFin zur Auslegung des § 35 Abs. 3 WpÜG, abrufbar unter www.bafin.de; *Hasselbach* in Kölner Kommentar,WpÜg, § 35, Rn. 247; *Baums/Hecker* in Baums/Thoma, WpÜG, § 35, Rn. 286. A.A. *Harbarth*, ZIP 2002, 321, 327 (Erwerb im Rahmen des Übernahmeangebots muss unmittelbar zum Erreichen der Kontrollschwelle führen).

454 *Hasselbach* in Kölner Kommentar, WpÜG, § 35, Rn. 247; a.A. *Harbarth*, ZIP 2002, 321, 327.

455 Merkblatt der BaFin zur Auslegung des § 35 Abs. 3 WpÜG vom 12.07.2007, abrufbar unter www.bafin.de.

456 Merkblatt der BaFin zur Auslegung des § 35 Abs. 3 WpÜG vom 12.07.2007, abrufbar unter www.bafin.de.

457 *Hasselbach* in Kölner Kommentar, WpÜG, § 35, Rn. 248.

dinglichen Vollzug von Vorerwerben zwischen den Veröffentlichungen nach § 10 Abs. 1 S. 1 und § 14 Abs. 2 S. 1 erfolgt[458]. Eine Privilegierung kommt erst dann nicht mehr in Betracht, wenn die Kontrollerlangung so frühzeitig eintrat, dass sie vor Abgabe des Übernahmeangebots bereits abgeschlossen war[459].

bb) Spätester Zeitpunkt des Kontrollerwerbs

Die Privilegierungswirkung kann selbst dann noch eingreifen, wenn der zum Erreichen der Kontrollschwelle führende Anteilserwerb erst nach Ablauf der (erweiterten) Annahmefrist bzw. nach der Veröffentlichung nach § 23 Abs. 1 Nr. 2 WpÜG erfolgt. Wird das schuldrechtliche Geschäft, dessen Vollzug zum Kontrollerwerb des Bieters führt, vor Ablauf der (erweiterten) Annahmefrist im Sinne von § 16 Abs. 1 und 2 WpÜG abgeschlossen, greift § 35 Abs. 3 WpÜG auch dann noch ein, wenn der dingliche Vollzug erst nach Ablauf der Frist erfolgt[460], soweit ein hinreichender, „marktüblicher" zeitlicher Zusammenhang besteht. Die Verwaltungspraxis der BaFin hält bei einem Erwerb über die Börse zwei Börsentage für marktüblich und erwartet im Übrigen den dinglichen Vollzug der Verträge innerhalb von zehn Werktagen nach Ablauf der Annahmefrist[461].

cc) Fusionskontrollrechtliche Freigabe nach Ablauf der Annahmefrist

Zu einer Kontrollerlangung erst nach der (erweiterten) Annahmefrist des § 16 WpÜG kann es auch dadurch kommen, dass der Vollzug eines Paketerwerbs einer fusionskontrollrechtlichen Entscheidung des Bundeskartellamts bedarf. Denkbar ist etwa, dass der Paketerwerb unter einem fusionskontrollrechtlichen Vollzugsverbot stand und Freigabeentscheidung und damit dinglicher Vollzug des Paketerwerbs erst nach Ablauf der Annahmefrist erfolgen. Gleiches gilt, wenn ein Übernahmeangebot erst durch eine fusionskontrollrechtliche Freigabe nach Ablauf der Annahmefrist wirksam wird. Nach h. M. und Verwaltungspraxis der BaFin sind in diesen Fällen die Voraussetzungen des § 35 Abs. 3 WpÜG erfüllt, wenn in der Angebotsunterlage auf diesen Umstand hingewiesen wird. Darüber hinaus wird man ein Rücktrittsrecht für diejenigen Aktionäre zu fordern haben, die das Angebot angenommen haben, da zwischen dem eigentlichen

---

458 Merkblatt der BaFin zur Auslegung des § 35 Abs. 3 WpÜG vom 12.07.2007, abrufbar unter www.bafin.de.

459 *Meyer* in Geibel/Süßmann, WpÜG, § 35, Rn. 72.

460 *Hasselbach* in Kölner Kommentar, WpÜG, § 35, Rn. 250; Merkblatt der BaFin zur Auslegung des § 35 Abs. 3 WpÜG vom 12.07.2007.

461 Merkblatt der BaFin zur Auslegung des § 35 Abs. 3 WpÜG vom 12.07.2007.

Angebotsverfahren und der Übertragung der Wertpapiere mehrere Monate liegen können[462].

dd) Änderungen in der Beteiligungsstruktur des Bieters während des Übernahmeverfahrens

Die Privilegierung des § 35 Abs. 3 WpÜG greift auch, wenn ein Rechtssubjekt, das von derselben Konzernspitze wie der Bieter beherrscht wird, zwischen der Veröffentlichung der Angebotsunterlage und dem Ablauf der Annahmefrist Mutterunternehmen iSd. § 2 Abs. 6 WpÜG des Bieters wird und mit Vollzug des Übernahmeangebots die Kontrolle über die Zielgesellschaft erlangt. Voraussetzung ist aber, dass Vor- bzw. Parallelerwerbe dieses Rechtssubjekts gemäß § 23 WpÜG veröffentlich werden[463]. So wird sichergestellt, dass die Vor- und Parallelerwerbe gegebenenfalls zu einer Erhöhung der Mindestgegenleistung führen. Das neu hinzugetretene Rechtssubjekt muss allerdings kein Pflichtangebot abgeben, da ihm die Privilegierungswirkung des § 35 Abs. 3 WpÜG ebenfalls zugutekommt[464].

Wechselt hingegen das herrschende Konzernunternehmen, kann der neuen Konzernspitze ein freiwilliges Übernahmeangebot nicht mehr zugerechnet werden, weshalb § 35 Abs. 3 WpÜG insoweit nicht anwendbar ist[465].

Schließlich erfasst die Privilegierungswirkung eines freiwilligen Übernahmeangebots auch diejenigen nicht in der Angebotsunterlage aufgeführten Rechtssubjekte innerhalb eines Konzerns, die aufgrund einer Zurechnung nach § 30 Abs. 1 S. 1 Nr. 1 WpÜG die Kontrolle über die Zielgesellschaft erlangen, wenn und soweit das Rechtssubjekt Tochterunternehmen innerhalb des Konzerns ist, dem auch der Bieter des Übernahmeangebots als Tochterunternehmen angehört. Voraussetzung ist jedoch, dass die Rechtssubjekte, denen die Privilegierung des § 35 Abs. 3 WpÜG zugutekommen soll, keine Vor- oder Parallelerwerbe getätigt haben, die die Mindestgegenleistung des Bieters bei hypothetischer Einbeziehung nach § 31 WpÜG, 4 ff. WpÜG-AngebotsVO erhöht hätten[466].

---

462 So auch die BaFin, vgl. Jahresbericht der BaFin 2003, S. 205: Die Aktionäre, die das Angebot angenommen haben, sollen nicht über Gebühr durch diese Verzögerung belastet werden.

463 Merkblatt der BaFin zur Auslegung des § 35 Abs. 3 WpÜG vom 12.07.2007.

464 Merkblatt der BaFin zur Auslegung des § 35 Abs. 3 WpÜG vom 12.07.2007; *Hasselbach* in Kölner Kommentar, WpÜG, § 35, Rn. 253.

465 Merkblatt der BaFin zur Auslegung des § 35 Abs. 3 WpÜG vom 12.07.2007.

466 Merkblatt der BaFin zur Auslegung des § 35 Abs. 3 WpÜG vom 12.07.2007.

ee) Registerrechtlicher Vollzug einer Verschmelzung

Schließlich ist § 35 Abs. 3 WpÜG nach h. M. und Verwaltungspraxis auch erfüllt, wenn die Kontrollerlangung erst nach Ablauf der Annahmefrist erfolgt, weil erst zu diesem Zeitpunkt eine Verschmelzung registerrechtlich eingetragen wird, die schon vor Ablauf der Annahmefrist in die Wege geleitet wurde. Voraussetzung in diesem Fall ist, dass die Angebotsunterlage einen Hinweis auf diesen Umstand enthält. Da der Bieter das registerrechtliche Verfahren nicht beeinflussen kann, kann ein sachlicher und zeitlicher Zusammenhang auch dann noch bejaht werden, wenn zwischen dem Ablauf der Annahmefrist und der Kontrollerlangung als Folge der Verschmelzung ein größerer Zeitraum als zehn Werktage liegt.

c) Rechtsfolge

Wird die Kontrolle auf Grund eines Übernahmeangebotes erworben, entfallen die Pflichten des § 35 Abs. 1 und 2 WpÜG ex lege, einer Behördenentscheidung der BaFin bedarf es in diesem Fall nicht.

2. Reformüberlegungen

a) Konkretisierung

Der Gesetzgeber sollte erwägen, die Voraussetzungen einer Befreiung gemäß § 35 Abs. 3 WpÜG – insbesondere im Hinblick auf den erforderlichen Zusammenhang zwischen Kontrollerlangung und Übernahmeangebot – zu konkretisieren. Obwohl die BaFin mit dem Merkblatt der Praxis für die häufigsten Fallgruppen eine taugliche Auslegungshilfe an die Hand gegeben hat, wäre es wünschenswert, § 35 Abs. 3 WpüG im Wortlaut zumindest dahingehend zu ändern, dass nicht weiter ein unmittelbar kausaler Zusammenhang zwischen der Kontrollerlangung und der Durchführung des Übernahmeangebots erforderlich zu sein scheint.

b) Einführung einer Creeping-in-Regelung?

In jüngster Vergangenheit führten mehrere Unternehmensübernahmen zu großem Medienecho und zu teilweise hitzigen rechtspolitischen Diskussionen über die Privilegierungswirkung des § 35 Abs. 3 WpÜG im Falle freiwilliger Übernahmeangebote. Aufsehen erregte vor allem das von dem Vorstand der

HOCHTIEF AG als feindlich eingestufte freiwillige Übernahmeangebot[467] der spanischen ACS-Gruppe[468] an die Aktionäre der HOCHTIEF AG[469]. ACS war bereits seit 2007 Ankeraktionär der HOCHTIEF AG und verfügte zum Zeitpunkt der Veröffentlichung der Angebotsunterlage über eine Beteiligung knapp unter 30 % der Stimmrechte an der HOCHTIEF AG. Aufgrund des freiwilligen Übernahmeangebots gelang es ACS, die Beteiligung an HOCHTIEF um 3,64 % auf insgesamt 33,49 % der Aktien an HOCHTIEF AG nach Abschluss des Angebots zu erhöhen[470]. Das Übernahmeangebot wurde allgemein als wenig attraktiv eingeschätzt[471], es entsprach aber den gesetzlichen Vorschriften, insbesondere genügte die angebotene Gegenleistung letztlich der Vorschrift des § 31 WpÜG[472]. In der Angebotsunterlage teilte die ACS-Gruppe die Absicht mit, nach Abschluss des Angebotsverfahrens die Beteiligung an HOCHTIEF AG auf über 50% zu erhöhen, um die HOCHTIEF AG voll im Konzernabschluss zu konsolidieren[473].

Wohl auch weil es sich bei ACS um einen ausländischen Bieter handelte und der Übernahmeversuch als feindlich eingestuft wurde, entbrannte in der Folge eine teilweise hitzige Diskussion über die angebliche Gefahren, die von der Übernahme deutscher Unternehmen durch ausländische Bieter ausgehen[474], die an dieser Stelle nicht weiter vertieft werden kann[475]. Gleichzeitig wurden

---

467 Die Angebotsunterlage ist abrufbar unter www.acs-offer.com.

468 Grupo ACS (= Actividades de Construcción y Servicios, S.A.)

469 Vgl. *Hitzer/Düchting*, ZIP 2011, 1084, 1091 („Lehrstück für eine neue Strategie bei öffentlichen Unternehmensübernahmen").

470 Vgl. Pressemitteilung von ACS vom 03.02.2011, abrufbar unter www.acs-offer.com.

471 ACS bot den Aktionären den Umtausch ihrer Aktien im Verhältnis 5:8 an, der gewichtete Durchschnittskurs der Hochtief-Aktie lag unter dem Schlusskurs der Aktie an dem Tag vor der Ankündigung des Übernahmeangebotes.

472 Die BaFin hat die Angebotsunterlagen nach verschiedenen Nachbesserungen gestattet, vgl. Pressemitteilung der BaFin vom 29.11.2010, abrufbar unter www.bafin.de.

473 Vgl. die Angaben in der Angebotsunterlage S. 23, 24; abrufbar unter: www.acs-offer.com.

474 So ergibt sich etwa aus einem Beschluss des SPD Parteivorstands vom 25.10.2010: „Lücken im Übernahmerecht schließen – Stärkung einer nachhaltigen Unternehmensführung", dass Unternehmen und Arbeitsplätze vor feindlicher Übernahme geschützt werden müssten und insbesondere feindliche Übernahmeangebote aus dem Ausland verhindert werden sollten.

475 Unabhängig davon, dass Ziel des WpÜG ausdrücklich ist, Übernahmen weder zu fördern, noch zu verhindern und dies auch ökonomisch nicht wünschenswert wäre, gilt, dass übernahmehindernde Regelungen grundsätzlich auch deutsche Bieter treffen, eine Differenzierung nach dem Herkunftsstaat des Bieters ist abwegig.

aber auch Forderungen laut, den sukzessiven Beteiligungsaufbau jenseits der 30 %-Schwelle zu erschweren, um Umgehungen der Angebotspflicht zu verhindern. Konkret wurde – auch unter Hinweis auf bereits existierende Regelungen in europäischen Staaten – vorgeschlagen, eine Angebotspflicht auch für den Fall einzuführen, dass eine Beteiligung an einer börsennotierten Aktiengesellschaft zwischen 30 % und 50 % weiter ausgebaut wird[476]. Der Bieter sei ansonsten in der Lage, zunächst eine Beteiligung von knapp unter 30% an der Zielgesellschaft aufzubauen und die Kontrollschwelle durch ein Übernahmeangebot zu überschreiten, indem lediglich der Mindestpreis ohne Paketprämie geboten wird, der dem gewichteten durchschnittlichen Börsenkurs der letzten drei Monate vor Veröffentlichung der Übernahmeabsicht entspricht, d.h. einem auf *stand alone* – Basis berechneten Börsenkurs. Der Bieter wird für die Abgabe des Angebots einen Zeitpunkt wählen, in dem der Börsenkurs der Zielgesellschaft niedrig, – bzw. bei Abgabe eines Angebotes zum Umtausch liquider Aktien – die Börsenkursrelation der jeweiligen Aktien günstig erscheint. Das Ziel des Übernahmeangebots ist dann, die Kontrollschwelle knapp zu überschreiten, um in den Genuss der Privilegierungswirkung des § 35 Abs. 3 WpÜG zu kommen. Das Ausnutzen eines günstigen Börsenkurses zur Unterbreitung eines unattraktiven freiwilligen Übernahmeangebots mit dem Ziel, nach Abschluss des Angebotsverfahrens die

---

Zudem deuten neue empirische Untersuchungen darauf hin, dass die Auswirkungen auf die Beschäftigten und die Produktivität nach einer Übernahme durch einen ausländischen Bieter eher gering sind. *Mattes* zeigt nach Durchführung einer ökonometrischen matching-Analyse, dass statistisch signifikante Auswirkungen auf die Beschäftigung und die Produktivität nicht beobachtet werden konnten, vgl. GIW Berlin, Nr. 42, 2010, 20.10.2010. Dieser Befund wird auch von *Görg/Bandick*, 43, Can. J. Econ. 547–573 bestätigt, die nachweisen, dass Nettoverluste ebenso wenig wie ein Verlust vor qualifizierter Arbeitsplätze beobachtet werden konnten.

476 Gesetzentwurf der Fraktion der SPD, BT-Drucks. 17/3481 vom 27.10.2010. Der Vorschlag der SPD sah vor, in § 35 WpÜG einen Abs. 4 aufzunehmen, wonach die Angebotspflicht erneut ausgelöst wird, wenn ein Bieter, der mittelbar oder unmittelbar 30 %, nicht aber die Mehrheit der Stimmrechte an der Zielgesellschaft hält, innerhalb eines Zeitraumes von 12 Monaten mindestens 2 % der Stimmrechte an der Zielgesellschaft direkt oder indirekt hinzuerwirbt. Einen ähnlichen Vorschlag brachte am 27.10.2010 auch das Land Nordrhein-Westfalen im Bundesrat ein, vgl.BR-Dr 548/2/10. Kritisch zu der vorgeschlagenen De-minimis-Regelung: *von Bülow*, in: Mülbert/Kiem/Wittig, 10 Jahre WpÜG, S. 39; für ein weiteres Pflichtangebot im Falle des Hinzuerwerbs von Stimmrechten zwischen 30% und 50% auch *Brellochs*, NZG 2012, 1010, 1018.

Kontrollposition weiter auszubauen, wird als *low balling* bezeichnet[477], der so gestaltete sukzessive Aufbau einer Stimmrechtsmehrheit als creeping-in[478].

aa) Rechtsvergleichende Umschau

In den 25 EU-Mitgliedsstaaten existieren in 9 Staaten Regelungen, die sich als Maßnahmen gegen ein Anschleichen im oben beschriebenen Sinn interpretieren lassen[479]. Die Regelungen in den Mitgliedsstaaten sind unterschiedlich streng ausgestaltet und verfolgen zum Teil auch unterschiedliche gesetzgeberische Motive[480].

i) Vereinigtes Königreich

Gemäß rule 9.1 (b) des Takeover Code ist ein Pflichtangebot nicht nur dann abzugeben, wenn ein Rechtssubjekt mindestens 30 % der Stimmrechte an einer Zielgesellschaft erwirbt, sondern auch dann, wenn ein Bieter, der mindestens 30 % aber weniger als 50 % der stimmberechtigten Aktien hält, auch nur eine einzige weitere Aktie hinzuerwirbt[481]. Die entsprechende Regelung im Takeover Code wurde seit 1993 immer wieder verschärft. Bis zu diesem Zeitpunkt musste bei einer Beteiligung zwischen 30 % und 50 % ein Pflichtangebot nur dann abgegeben werden, wenn der Bieter innerhalb von 12 Monaten nach dem Überschreiten der Kontrollschwelle mindestens 2 % weitere Stimmrechte hinzu

---

477 *Baums*, ZIP 2010, 2374, 2377.

478 Wörtlich: Hineinkriechen. Der Begriff des creeping-in wird teilweise auch in einem anderen Zusammenhang benutzt, so wird als Anschleichen auch der unbemerkte Beteiligungsaufbau durch Swaps oder andere Aktienderivate im Vorfeld einer Unternehmensübernahme unter Umgehung der kapitalmarktrechtlichen Beteiligungstransparenz bezeichnet; vgl etwa *Emmenegger*, creeping-takeovers in Deutschland und in der Schweiz, in: Festschrift für Klaus J. Hopt, Band 2, 2010, S. 1763 ff. Zum unbemerkten Beteiligungsaufbau in diesem Sinne s.a. *Merkner/Sustmann*, NZG 2010, 681ff.; *Weber/Meckbach*, BB 2008, 2022ff.; *Eichner*, ZRP 2010, 5ff.; *Baums/Sauter*, ZHR 173, 454; Fleischer/Schmolke, NZG 2009, 401ff.

479 So eine Übersicht der EU-Kommission aus dem Jahr 2007, vgl. Commission Staff Working Document, Report on the implementation of the Directive on Takeover Bids vom 21.02.2007, SEC (2007) 268, Annex; Es handelt sich um das Vereinigte Königreich, Frankreich, Österreich, Portugal, Italien, Griechenland, Finnland, Irland und Polen. Einen ausführlichen rechtsvergleichenden Überblick auch über Nicht-EU-Staaten gibt *Merkt*, NZG 2011, 561.

480 *Merkt*, NZG 2011, 561f.

481 Vgl. zur Creeping-in-Regelung im Takeover Code *Zinser*, RIW 2001, 481, 484; Rabinowitz, Weinberg & Blank, Rn. 4-8008; *Crawshay* in Veil (Hrsg.), Übernahmerecht in Praxis und Wissenschaft, S. 83, 85.

erwarb. Hintergrund der Regelung war, dass man im Falle des Ausbaus einer Kontrollposition die möglicherweise gezahlten Kontrollprämien den verbliebenen Aktionären zugutekommen lassen wollte, die Prämie sollte durch die Abgabe eines Pflichtangebots „sozialisiert" werden[482]. Da Umgehungen befürchtet wurden, wurde 1993 diese Schwelle auf 1 % abgesenkt. 1998 schließlich wurde die zwölfmonatige Frist ebenso abgeschafft wie die 1 %-Schwelle. Nunmehr löst der Hinzuerwerb einer einzigen Aktie die erneute Angebotspflicht aus[483].

Das englische Recht kennt keine dem § 31 Abs. 5 WpÜG vergleichbare Regelung; außerbörsliche Nacherwerbe des Bieters zu einem höheren Preis führen daher nicht automatisch dazu, dass die den Aktionären im Angebotsverfahren gebotene Gegenleistung nachzubessern ist. Im deutschen Schrifttum wird daher die innere Rechtfertigung der Creeping-in-Regelung im Takeover Code teilweise darin gesehen, dass sie als Werkzeug zur Bekämpfung des Nacherwerbs zu einem höheren als dem Angebotspreis dient[484]. Aus der Existenz der Nachbesserungspflicht gemäß § 31 Abs. 5 WpÜG im deutschen Recht wird daher der Schluss gezogen, einer Creeping-in-Regelung im WpÜG bedürfe es nicht[485]. Die Creeping-in-Regel im Vereinigten Königreich erfüllt aber gerade nicht die Funktion einer versteckten Nachbesserungspflicht[486], da ein erneutes Pflichtangebot im Falle des Ausbaus einer Kontrollbeteiligung den bereits ausgeschiedenen Aktionären gerade nicht zugute kommt, sondern ausschließlich denjenigen Aktionären, die das vorhergehende Angebot abgelehnt haben[487]. Auch der britischen Regelung des Creeping-in liegt daher ersichtlich der Gedanke zugrunde, dass bei Ausbau einer Beteiligung zwischen 30 % und 50 % den Minderheitsaktionären eine Exit-Möglichkeit eingeräumt wird und ihnen zudem das Recht gewährt wird, an einer möglicherweise gezahlten Kontrollprämie zu partizipieren[488].

Aufgrund der rechtlichen und tatsächlichen Rahmenbedingungen im Vereinigten Königreich hat die Creeping-in-Regelung ebenso wie die Pflichtangebotsregelung in Großbritannien vergleichsweise geringe Bedeutung[489]. Insbesondere auf Grund der nach wie vor anderen Beteiligungsstruktur und dem

482 *Merkt*, NZG 2011, 561, 563.

483 Die Regelung ist in der Literatur umstritten: *Crawshay* in Veil (Hrsg.), Übernahmerecht in Praxis und Wissenschaft, S. 83, 85 („*draconian thing*").

484 *Von Falkenhausen*, ZHR 174, 293, 301; a.A. *Merkt*, NZG 2011, 561, 567.

485 *Von Falkenhausen*, ZHR 174, 293, 301.

486 *Merkt*, NZG 2011, 561, 567.

487 *Merkt*, NZG 2011, 561, 563.

488 *Baums*, ZIP 2010, 2374, 2381.

489 *Merkt*, NZG 2011, 561, 567.

weiter verbreiteten Streubesitz ist die im Takeover Code vorgesehene Kontrollschwelle von 30% der Stimmrechte relativ hoch angesiedelt, in der Regel wird bereits eine wesentlich niedrigere Beteiligung dem Bieter tatsächlich kontrollierenden Einfluss verschaffen[490]. Hierin – und nicht allein in dem Umstand, dass die Marktteilnehmer die Angebotspflicht meiden[491] – dürfte auch der Grund zu sehen sein, dass Beteiligungen häufig unter der Kontrollschwelle gehalten werden[492]. Die niedrige Zahl durchgeführter Pflichtangebote beruht auch auf der Möglichkeit, nach dem Whitewash-Verfahren Übernahmen unter Beteiligung der Zielgesellschaft abzuwickeln[493]. Schwierigkeiten in der praktischen Anwendung der Creeping-in-Regelung werden aus England jedenfalls nicht berichtet[494].

ii) Österreich

Gemäß § 22 Abs. 4 ÜbG ist derjenige, der zu einer kontrollierenden Beteiligung, ohne dass ihm die Mehrheit der auf die Aktien entfallenden Stimmrechte zusteht, innerhalb eines Zeitraums von zwölf Monaten mindestens 2 % der Stimmrechte hinzuerwirbt, verpflichtet, dies der Übernahmekommission unverzüglich mitzuteilen und innerhalb von 20 Börsentagen ein Pflichtangebot an die außenstehenden Aktionäre abzugeben. Das österreichische Recht kombiniert die creeping-in-Regel in § 16 Abs. 7 UbG mit einer dem § 31 Abs. 5 WpÜG vergleichbaren Nachbesserungspflicht bei außerbörslichen Erwerben nach Angebotsende. Der österreichische Gesetzgeber verfolgte mit dieser Regelung verschiedene Motive: Zum einen spielte die Erfassung von Altfällen eine Rolle: die bei Inkrafttreten des Übernahmegesetzes bestehenden Beteiligungen zwischen 30 % und 50 % sollten ebenfalls einer Angebotspflicht unterworfen werden; den Altaktionären sollte auf diese Weise die Möglichkeit verwehrt bleiben, die bestehende Beteiligung ohne entsprechende Ausstiegsmöglichkeit der Minderheitsaktionäre zu konsolidieren[495]. Im Jahr 2006 wurde die bislang in einer Rechtsverordnung enthaltene Creeping-in-Regelung in das österreichische Übernahmegesetz integriert, zu diesem Zeitpunkt – immerhin sieben Jahre nach Inkrafttreten des Übernahmegesetzes – dürfte die Bewältigung von Altfällen bereits an Bedeutung verloren haben.

Die Einführung der Creeping-in-Regelung war im Gesetzgebungsverfahren nicht unumstritten, hingewiesen wurde insbesondere darauf, dass durch eine

---

490 *Merkt*, NZG 2011, 561, 566.
491 *Baums/Hecker* in Baums/Thoma, WpÜG, vor § 35, Rn. 142.
492 *Merkt*, Festschrift für Schwark, S. 529, 533.
493 *Merkt*, NZG 2011, 561, 567.
494 *Merkt*, Festschrift für Schwark, S. 544.
495 *Huber*, ÜbG, § 22, Rn. 69.

gesetzliche Regelung des Creeping-in kontrollierende Aktionäre zu wiederholten Pflichtangeboten gezwungen würden, was die Geschäftstätigkeit der Zielgesellschaft durch alljährliche Übernahmeangebote empfindlich stören würde. Der österreichische Gesetzgeber wies diese Bedenken jedoch unter Hinweis darauf zurück, dass es eine irrtümliche Annahme sei, dass der sukzessive Zukauf von Aktien einen normalen wirtschaftlichen Vorgang darstelle[496]. Zweck der Regelung sei gerade, solche Verhaltensweisen zu unterbinden, die wiederholte Angebote notwendig machen würden, sodass die Regelung neben Altfällen auch Umgehungstatbestände erfassen soll[497].

iii) Frankreich

Unter Geltung des französischen Rechts muss bei Erreichen oder Überschreiten einer Kontrollschwelle, die seit 2010 bei 30 % der Stimmrechte liegt, ein Pflichtangebot an die außenstehenden Aktionäre abgegeben werden[498]. Ferner ist der Bieter, der zwischen 30 % und 50 % der Stimmrechte der Zielgesellschaft hält, zur Abgabe eines erneuten Pflichtangebotes verpflichtet, wenn er zu seiner Beteiligung innerhalb von zwölf Monaten weitere 2 % der Stimmrechte hinzuerwirbt[499]. Bis 1998 existierte in Frankreich außerdem eine echte zweite Kontrollschwelle, die bei 50 % der Stimmrechte angesiedelt war. Bei Erreichen/Überschreiten dieser Schwelle musste der Bieter ein weiteres Pflichtangebot abgeben. Diese Regelung wurde gestrichen, da der Gesetzgeber den Schutz der Minderheitsaktionäre bereits auf andere Weise gewährleistet sah[500].

iv) Rechtspolitische Diskussion in Deutschland

In der Beratung des WpÜG wurde vorgeschlagen, eine Creeping-in-Regelung in das Gesetz aufzunehmen[501]. Der Vorschlag wurde mit dem Hinweis verworfen, eine solche Regelung führe zu einer erheblichen Verkomplizierung, zudem habe sich der Gesetzgeber bewusst für eine generalisierende Kontrollschwelle in § 29

---

496 Erl. RV 1276 BlgNr. XX GP, S. 42.

497 *Diregger/Kalss/Winner* in Münchener Kommentar, AktG, Österreichisches Übernahmerecht, Rn. 218.

498 Bis Ende 2010 betrug die formale Kontrollschwelle noch 33 %, vgl. *Merkt* NZG 2011, 561, 654; *Baums*, ZIP 2010, 2374, 2379 Fn. 39 m.w.N.

499 AMF, Reglement generale, Art. 234–5.

500 *Merkt* NZG 2011, 561, 654.

501 Die CDU/CSU-Fraktion hielt eine entsprechende Ergänzung für „unabdingbar“, vgl. Bericht des Finanzausschusses, BT-Drucks. 14/7477, S. 51.

WpÜG entschieden, die durch eine Creeping-in-Regelung nicht in Frage gestellt werden soll[502].

bb) Verfassungsrechtliche Erwägungen, Grundsatz der Gleichbehandlung der Aktionäre beim Anteilskauf?

Zu untersuchen ist, ob die Einführung einer Creeping-in-Regelung in Deutschland aufgrund zwingender Rechtsgrundsätze geboten ist.

i) Verfassungsrechtlich keine Pflicht

Eine Pflicht zum Tätigwerden des Gesetzgebers zum Schutze verfassungsrechtlich geschützter Rechtsgüter ist selbst dann zu verneinen, wenn man die Diskussion, ob die Einführung einer Creeping-in-Regelung geboten ist, auf die Frage verkürzt, ob ein aus Art. 14 GG resultierender Anspruch der außenstehenden Aktionäre auf Partizipation an einer vom Kontrollerwerber nach Angebotsende bezahlten Kontrollprämie besteht. Nur in diesem Fall wäre es eventuell verfassungsrechtlich geboten, bei Konsolidierung der Kontrolle bzw. Ausbau der Stimmrechte zu einer Stimmrechtsmehrheit ein Pflichtangebot mit gleicher Beteiligung aller Aktionäre an der Kontrollprämie vorzusehen.

Es ist anerkannt, dass das Anteilseigentum des Aktionärs „gesellschaftsrechtlich vermitteltes Eigentum" am Vermögen der Aktiengesellschaft darstellt, das grundsätzlich dem Schutzbereich des Art. 14 GG unterfällt[503]. Ebenso anerkannt ist aber, dass schon die Einführung des Pflichtangebots bei Überschreiten einer – wie auch immer definierten – Kontrollschwelle jedenfalls verfassungsrechtlich nicht geboten war[504] und dass sich jedenfalls aus Art. 14 GG kein Anspruch der Minderheitsaktionäre auf Partizipation an einer etwaigen Kontrollprämie ergibt[505].

---

502 Vgl. Empfehlung und Bericht des Finanzausschusses, BT-Drucks. 14/7477, S. 51.

503 StRspr. des BVerfG, vgl. das „Feldmühle-Urteil" vom 07.08.1962, Az. 1 BvL 16/60; vgl. zu den verfassungsrechtlichen Vorgaben an die Gesellschafterstellung etwa: *Mülbert/Leuschner*, ZHR 170, 615–672.

504 Ähnlich: *Baums*, ZIP 2010, 2374, 2382; *Cahn*, ZHR 167, 262, 286; *Baums/Hecker* in Baums/Thoma, WpÜG, vor § 35, Rn. 127; OLG Frankfurt/Main ZIP 2003, 2206, 2208; *Mülbert/Schneider*, WM 2003, 2301, 2315.

505 *Baums*, ZIP 2010, 2374, 2384 (Fn. 64) weist zu Recht darauf hin, dass nach der DAT/Altana-Rechtsprechung des Bundesverfassungsgerichts der Aktionär, der aus einer Gesellschaft ausscheidet, eine Abfindung verlangen kann, die sich am durchschnittlichen Börsenkurs einer bestimmten Referenzperiode vor Bekanntmachung der Strukturmaßnahme, also ebenfalls auf Stand-alone-Basis bemisst und zu erwartende Verbundvorteile unberücksichtigt lässt, vgl. BVerfG, Beschl. v. 27.04.1999, Az. 1 BvR 1613/94 = BVerfGE 100, 289 ff.

Sein Anteilseigentum bleibt dem Aktionär auch erhalten, wenn er einem beherrschenden Einfluss ausgesetzt wird.

Umgekehrt sprechen verfassungsrechtliche Erwägungen aber auch nicht gegen die Einführung einer Creeping-in-Regelung. Die Creeping-in-Regelung stellt im Ergebnis nur eine tatbestandliche Verlängerung der Angebotspflicht[506] und damit eine zulässige Inhalts- und Schrankenbestimmung des Eigentums des Bieters dar. Insoweit treffen dieselben verfassungsrechtlichen Erwägungen zu wie zur Pflichtangebotsregelung selbst[507].

ii) Gleichbehandlungsgrundsatz und europarechtliche Gleichbehandlungsgebote

Ein taktisches Vorgehen des Bieters im oben beschriebenen Sinne des Creeping-in stellt eine Ungleichbehandlung der Aktionäre dar, da auf der ersten Stufe Aktien zur Kontrollerlangung ohne Zahlung einer Kontrollprämie gekauft werden und erst auf der zweiten Stufe Aktienpakete unter Zahlung eines Paketzuschlags von Dritten erworben werden, ohne dass die Aktionäre der Zielgesellschaft hieran beteiligt werden. Wäre die Gleichbehandlung der Aktionäre ein allgemeines, durchgängiges Prinzip des Kapitalmarktrechts und auch beim Anteilshandel zu berücksichtigen, wäre de lege ferenda eine entsprechende Änderung des WpÜG notwendig[508].

Ob tatsächlich ein allgemeiner Rechtsgrundsatz dieses Inhalts besteht, darf aber bezweifelt werden. Der Gesetzgeber hat in verschiedenen aktien- und kapitalmarktrechtlichen Gesetzen allgemeine Gleichbehandlungsgebote angeordnet, was darauf hindeutet, dass da, wo keine Gleichbehandlung angeordnet ist, auch kein allgemeiner Gleichheitsgrundsatz existiert, der zu beachten ist. Mit der Existenz eines allgemeinen Grundsatzes der Gleichbehandlung der Aktionäre beim Anteilshandel hat sich der EuGH in der „Audiolux“-Entscheidung befasst und entschieden, dass sich aus der Kapitalrichtlinie, der Transparenzrichtlinie und der Übernahmerichtlinie kein allgemeiner Rechtsgrundsatz der

---

506 *Merkt*, Festschrift für Schwark. S. 544.

507 Vgl. etwa *Hasselbach* in Kölner Kommentar, WpÜG, § 35, Rn. 44; *Baums/Hecker* in Baums/Thoma, WpÜG, vor § 35, Rn. 119; *Meyer* in Geibel/Süßmann, WpÜG, § 35, Rn. 17; *Ekkenga/Schulz* in Ehricke/Ekkenga/Oechsler, WpÜG, § 35, Rn. 17; *Schlitt/Ries* in Münchener Kommentar, AktG, § 35 WpÜG, Rn. 32; *Krause/Pötzsch* in Assmann/Pötzsch/Schneider, WpÜG, § 35, Rn. 36: Zweifel an der Verfassungsmäßigkeit der Angebotspflicht wurden vor allem in der älteren Literatur geäußert, vgl. *Loritz/Wagner*, WM 1991, 709 sowie *Thoma*, ZIP 1996, 1725, 1732.

508 *Baums,* ZIP 2010, 2374, 2385.

Gleichbehandlung von Aktionären beim Anteilshandel herleiten lässt[509]. Art. 42 der Kapitalrichtlinie[510] verpflichtet die Mitgliedsstaaten, die Gleichbehandlung der Aktionäre sicherzustellen, die sich in denselben Verhältnissen befinden. Aus dem Wortlaut von Art. 42 („Für die Anwendung dieser Richtlinie…“) ergibt sich jedoch bereits, dass sich die Gleichbehandlung nur auf den Anwendungsbereich der Kapitalrichtlinie bezieht und kein Indiz einer allgemeinen Pflicht zur Gleichbehandlung aller Aktionäre darstellt[511]. Gem. Art. 17 der Transparenzrichtlinie[512] muss ein Emittent von Aktien, die zum Handel an einem geregelten Markt zugelassen sind, die gleiche Behandlung aller Aktionäre, die sich in der gleichen Lage befinden, sicherstellen. Es handelt sich um ein sektoral begrenztes Gleichbehandlungsgebot, das lediglich die informationelle Gleichbehandlung der Aktionäre gewährleisten soll, ein allgemeiner Rechtsgrundsatz lässt sich hieraus nicht ableiten.

Die Gleichbehandlung der Aktionäre wird allerdings auch in § 3 WpÜG angeordnet. § 3 Abs. 1 WpÜG stellt einen Programmsatz[513] dar, der auslegungsleitend wirkt und der durch verschiedene Regelungen des WpÜG konkretisiert wird[514]. Der Gleichbehandlungsgrundsatz verpflichtet den Bieter, von Beginn des Angebotsverfahrens bis zu dessen endgültigen Abschluss[515], alle Wertpapierinhaber derselben Gattung absolut gleich zu behandeln, um ein faires

---

509 EuGH (4. Kammer), Urteil vom 15.10.2009 - C - 101/08 (Audiolux S.A.). Dort heißt es: „Das Gemeinschaftsrecht enthält keinen allgemeinen Rechtsgrundsatz, vermöge dessen die Minderheitsaktionäre dadurch geschützt sind, dass der Hauptaktionär, der die Kontrolle über eine Gesellschaft erwirbt oder ausübt, verpflichtet ist, ihre Aktien zu den gleichen Bedingungen aufzukaufen wie zu denen, die beim Erwerb seiner Beteiligung vereinbart wurden, mit der der Hauptaktionär die Kontrolle erschafft oder seine Kontrolle verstärkt wird“; vgl. zu dieser Entscheidung NZG 2009, 1350; *Habersack/Tröger*, NZG 2010, S. 1.

510 Richtlinie 1977/91/EWG, ABL. L 26 vom 31.03.1977, S. 1–13

511 Zudem lässt Art. 29 Abs. 4 der Kapitalrichtlinie den Bezugsrechtsausschluss ausdrücklich zu, hierbei handelt es sich aber gerade um eine Ungleichbehandlung von Aktionären, vgl. dazu *Habersack/Tröger*, NZG 2010, 1, 3.

512 Richtlinie 2004/109/EWG, ABL. L 390 vom 31.12.2004, S. 38–57.

513 *Versteegen* in Kölner Kommentar, WpÜG, § 3, Rn. 12.

514 Ausdruck des Gleichbehandlungsgebotes sind die Regelung in § 31 Abs. 1 WpÜG und die Nachbesserungspflicht in § 31 Abs. 4 und Abs. 5 WpÜG; die Pflicht des Bieters, öffentliche Angebote auf alle Aktien zu erstrecken (§§ 32, 39 WpÜG), sowie die Pflicht, bei Teilangeboten die Annahmeerklärungen verhältnismäßig zu berücksichtigen (§ 19 WpÜG).

515 *Baums/Hecker* in Baums/Thoma, WpÜG, § 3, Rn. 12.

Übernahmeverfahren zu gewährleisten. Das Gleichbehandlungsgebot bezieht sich auf Durchführung und Abwicklung eines Angebotsverfahrens und setzt daher die Abgabe eines Übernahme- oder Erwerbsangebots oder das Erreichen einer Kontrollbeteiligung voraus. Ein allgemeiner übergeordneter Rechtsgrundsatz, der bestimmte Pflichten eines kontrollierenden Aktionärs zugunsten anderer Aktionäre – hier: Pflicht, ein Angebotsverfahren einzuleiten –, erst entstehen lassen könnte, lässt sich hieraus jedoch nicht ableiten[516].

Die Einführung einer Creeping-in-Regelung ist daher nicht schon aufgrund eines übergreifenden und allgemeinen Rechtsgrundsatzes der Gleichbehandlung der Aktionäre zwingend geboten, vielmehr ist im Einzelfall festzustellen, ob und wann eine Gleichbehandlungspflicht sachgerecht ist[517].

iii) Vorgaben der Übernahmerichtlinie

Art. 3 I lit a) der Übernahmerichtlinie ordnet ebenfalls die Gleichbehandlung der Aktionäre an. Insoweit gelten die gleichen Erwägungen wie zu § 3 Abs. 1 WpÜG, insbesondere impliziert selbst die Verwendung des Begriffes „Allgemeine Grundsätze“ in Art. 3 der Übernahmerichtlinie nicht, dass es sich um einen allgemeinen Rechtsgrundsatz handelt[518]. Aus der Übernahmerichtlinie lassen sich auch im Übrigen keine Vorgaben ableiten. Durch Art. 5 ist lediglich die Pflicht der Mitgliedsstaaten vorgegeben, diejenigen Rechtssubjekte zur Abgabe eines Angebots an die außen stehenden Aktionäre zu verpflichten, die unmittelbar oder mittelbar die Kontrolle an einer Zielgesellschaft erlangen, wobei die genaue Definition des Kontrollbegriffs nach Art. 5 Abs. 2 den Mitgliedsstaaten vorbehalten bleibt. Hieraus lässt sich keine Pflicht der Mitgliedsstaaten ableiten, auch den Ausbau einer bestehenden Kontrollbeteiligung mit der Rechtsfolge Pflichtangebot zu verknüpfen, allerdings lässt sich aus den Regelungen der Übernahmerichtlinie auch nicht schlussfolgern, dass diese einer Creeping-in-Regelung entgegenstünden. Im Gegenteil lässt sich die Creeping-in-Regelung zwanglos als verlängerte Angebotspflicht im Sinne einer „strengen“[519] Pflichtangebotsregelung auffassen, die von den Mitgliedsstaaten getroffen werden kann.

---

516 *Baums*, ZIP 2010, 2374, 2385. S.a. EuGH, Urteil vom 15.10.2009 – C – 101/08, Ziff. 57.

517 *Bachmann*, ZHR 170 144, 173.

518 EuGH, Urteil vom 15.10.2009 – C – 101/08.

519 *Merkt*, NZG 2011, 561, 562 weist auch darauf hin, dass der 9. Erwägungsgrund der Richtlinie verlangt, Wertpapierinhaber mit Minderheitsbeteiligungen nach einem Kontrollwechsel in ihren Gesellschaften zu schützen. Diesem Ziel werde durch eine Creeping-in-Regel sogar in besonderer Weise Rechnung getragen.

cc) Ermittlung des Regulierungsbedarfs

Zu überlegen ist daher, welche Gesichtspunkte für die Aufnahme einer Creeping-in-Regelung sprechen. Hierbei sind die Konstellationen, die für die Notwendigkeit einer Creeping-in-Regel angeführt werden, darauf hin zu untersuchen, ob diese de lege lata zufriedenstellend gelöst werden können.

i) Kontrollerwerb unter Befreiung von der Angebotspflicht

Zu untersuchen sind zunächst die Fälle, in denen ein Bieter die formale Kontrollschwelle des § 29 Abs. 2 WpÜG überschreitet und gleichwohl kein Pflichtangebot abzugeben hat, weil entweder Stimmrechte gemäß § 36 WpÜG unberücksichtigt bleiben oder eine Befreiung von der Angebotspflicht nach § 37 WpÜG erteilt wird. In beiden Fällen kann der Bieter theoretisch seine Beteiligung bis zur Stimmrechtsmehrheit ausbauen, ohne jemals ein Pflichtangebot zu unterbreiten.

Teilweise wird vertreten, in den Fällen einer Befreiung von der Angebotspflicht bei Erreichen der Kontrollschwelle sei stets eine Entscheidung der BaFin erforderlich, die mit einem Widerrufsvorbehalt verknüpft oder unter einer auflösenden Bedingung ergehen könnte, weshalb Schutzlücken – anders als im österreichischen Recht, in dem die Befreiung von der Angebotspflicht ex lege eintreten kann – ausgeschlossen seien[520] und sich die relevanten Fälle mit dem bestehenden Instrumentarium zufriedenstellend lösen ließen[521].

Diese Argumentation überzeugt jedoch nicht: Richtig ist, dass die BaFin im Rahmen ihrer Befreiungsentscheidung nach § 37 Abs. 1 WpÜG die Befreiung im Einzelfall an Auflagen binden oder mit einer auflösenden Bedingung verknüpfen kann. In diesem Fall lebt die Angebotspflicht möglicherweise dann wieder auf, wenn die Umstände, die zur Befreiung geführt haben, im Nachhinein wegfallen. Als Beispiel hierfür mag die Befreiung aufgrund des Umstandes dienen, dass ein weiterer Großaktionär der Zielgesellschaft über einen höheren Stimmrechtsanteil verfügt, weshalb der Erwerber der formalen Kontrolle diese faktisch in der Zielgesellschaft gar nicht ausüben kann. In diesem Fall wird die BaFin durch geeignete Nebenbestimmungen dafür Sorge tragen, dass die Angebotspflicht dann wieder auflebt, wenn sich die Beteiligungsverhältnisse an der Zielgesellschaft dergestalt ändern, dass der Kontrollerwerber nunmehr doch die Hauptversammlung der Zielgesellschaft majorisiert und die

520 *Von Falkenhausen*, ZHR 174, 293, 299.

521 *Von Falkenhausen*, ZHR 174, 293, 299; *Baums/Hecker* in Baums/Thoma, WpÜG, § 35, Rn. 34.

Unternehmenspolitik der Zielgesellschaft nun doch alleine beeinflussen kann[522]. Allerdings ergeht gerade nicht jede Befreiungsentscheidung unter der Nebenbestimmung, dass die Angebotspflicht bei einem Hinzuerwerb von Stimmrechten wieder auflebt, denn grundsätzlich ist der Bieter von der Angebotspflicht endgültig befreit[523] und ein Widerrufsvorbehalt für den Fall der Beteiligungsaufstokkung ist nicht veranlasst[524]. Etwas anderes gilt nur bei den Befreiungsgründen, die daran anknüpfen, dass der Kontrollerwerber materiell die Zielgesellschaft nicht beherrschen kann[525] oder wenn die Aufstockung der Beteiligung belegt, dass der Kontrollerwerb zu anderen Zwecken erfolgte als bei Erteilung der Befreiung angenommen[526]. Auch spricht die bloße Möglichkeit, einer Schutzlücke durch administrative Einzelfallentscheidungen beizukommen, nicht gegen eine gesetzliche Regelung zur Bewältigung solcher Fälle[527]. Schon aus Gründen des Umgehungsschutzes ist eine gesetzliche Regelung wünschenswert, da normative Regelungen stärker zu beachten sind als administrative Einzelfallentscheidungen, die entweder keine oder nur geringe Publizitätswirkung erzielen[528] und eine entsprechend geringere Appellfunktion ausüben.

iii) Low Balling

Rechtspolitischer Anlass der Diskussion über die Notwendigkeit einer Creeping-in-Regelung war vor allem die zu beobachtende Praxis des *low balling*, in denen der Bieter im Vorfeld eines Übernahmeangebots zunächst eine Beteiligung aufbaut, die knapp unter der Kontrollschwelle von § 29 Abs. 2 WpÜG liegt. Zum Kontrollerwerb wird der Bieter dann ein freiwilliges Übernahmeangebot

---

522 Begr. RegE, BT-Drucks. 14/7034, S. 82; *Heuber*, Befreiung vom Pflichtangebot, S. 209; vgl. zu möglichen Nebenbestimmungen auch *Hecker* in Baums/Thoma, WpÜG, § 37, Rn. 56.

523 *Von Bülow* in Kölner Kommentar, WpÜG, § 36, Rn. 109; *Hecker* in Baums/Thoma, WpÜG, § 37, Rn. 129; Der Bieter wird durch die Befreiungsentscheidung von den Pflichten des § 35 Abs. 1 und 2 WpÜG freigestellt. Eine Angebotspflicht entsteht nur dann erneut, wenn der Bieter in der Folge seine Beteiligung unter die Kontrollschwelle absenkt und diese erneut überschreitet.

524 *Versteegen* in Kölner Kommentar, WpÜG, § 37, Rn. 90.

525 Nebenbestimmungen werden vor allem in Betracht kommen in den Fällen des § 9 S. 2 Nr. 1 und § 9 S. 2 Nr. 2 AngebotsVO.

526 *Versteegen* in Kölner Kommentar, WpÜG, § 37, Rn. 90 nennt als Beispiel etwa den Kontrollerwerb zum Zwecke der Forderungssicherung. Ähnlich: *Meyer* in Geibel/Süßmann, WpÜG, § 37, Rn. 64.

527 *Merkt* in Festschrift für Schwark, S. 545.

528 *Merkt* in Festschrift für Schwark, S. 557; ders. NZG 2011, 561, 568.

abgeben und den Zeitpunkt hierfür so wählen, dass die hierfür zu bietende Gegenleistung möglichst gering ist. Der Bieter wird dann lediglich den Mindestpreis bieten, der dem durchschnittlichen gewichteten Börsenkurs vor der Ankündigung der Übernahme entspricht[529], um in den Genuss der Privilegierung des § 35 Abs. 3 WpÜG zu kommen. In der Folge kann der Bieter seine Beteiligung dann ungehindert weiter ausbauen.

Nun könnte man argumentieren, die Minderheitsaktionäre bedürften in dieser Situation keines Schutzes durch ein Pflichtangebot mehr, da ihnen die Möglichkeit, die Gesellschaft aufgrund des Kontrollwechsels zu verlassen bereits eingeräumt wurde; haben sich die Gesellschafter einmal dafür entschieden, in der Gesellschaft zu verbleiben, wäre die nochmalige Angebotspflicht aus Sicht des Minderheitenschutzes entbehrlich und aus Sicht des Bieters überschießend[530]. Diese Überlegung greift aber zu kurz. Zum einen befinden sich die Minderheitsaktionäre, denen ein unattraktives Übernahmeangebot unterbreitet wird, in einer Zwangslage: Im Bereich der hier interessierenden Beteiligungen zwischen 30% und 50% greifen auch die Vorschriften der kapitalmarktrechtlichen Beteiligungstransparenz und die Offenlegungspflichten in §§ 22 WpHG[531] nicht, es handelt sich um „Niemandsland“[532], die Aktionäre sind insoweit vom Markt abgeschnitten[533]. Die Aktionäre werden daher nicht darüber informiert, ob und inwieweit der Kontrollerwerber seine Beteiligung weiter ausbaut, weshalb nicht ausgeschlossen ist, dass Informationsasymmetrien entstehen, die der

529 Ein derartiges Vorgehen des Bieters wird auch als „lustloses Angebot“ bezeichnet, vgl. *Merkt*, NZG 2011, 561, 567..

530 *Baums* ZIP 2010, 2374, 2386 (zur britischen Creeping-in-Regelung).

531 Auch das Anlegerschutz- und Funktionsverbesserungsgesetz (AnsFuG) vom 05.04.2011 (BGBl. I 2011, 538ff.) sieht in diesem Bereich keine Änderungen vor, nach dem Erreichen der Schwelle von 30 % löst erst das Erreichen von 50 % der Stimmrechte eine weitere Meldepflicht aus.

532 *Fleischer/Schmolke*, NZG 2009, 401, 404 plädieren daher für eine Erweiterung der kapitalmarktrechtlichen Offenlegungspflichten; ähnlich: *Tyrolt/Cascante*, in: Mülbert/Kiem/Wittig, 10 Jahre WpÜG, S. 142 sowie *Hitzer/Düchting*, ZIP 2011, 1084.

533 *Hirte*, Stellungnahme zum Regierungsentwurf eines Gesetzes zur Stärkung des Anlegerschutzes und Verbesserung der Funktionsfähigkeit des Kapitalmarkts (Anlegerschutz- und Funktionsverbesserungsgesetz, BT-Drucks. 17/3628) sowie zu dem Entwurf eines Gesetzes zur Änderung des Wettbewerbserwerbs und Übernahmegesetzes (BT-Drucks. 17/3481) und den Anträgen der SPD-Fraktion (BT-Drucks. 17/213), der Fraktion Bündnis90/Die Grünen (BT-Drucks. 17/3210) und der Fraktion Die Linke (BT-Drucks. 17/3540) für den Deutschen Bundestag – Sitzung des Finanzausschusses am 01.12.2010.

Kontrollerwerber zum Nachteil der in der Gesellschaft verbleibenden Minderheitsaktionäre ausnutzen kann. Dies könnte die Anleger dazu veranlassen, auch ein unattraktives Übernahmeangebot anzunehmen.[534] Die Praxis des *low balling* stellt insofern eine Ausnutzung des bekannten, aus der Zersplitterung der Verkäuferseite resultierende Kollektivhandlungsproblem der Streubesitzaktionäre dar, die – anders als ein Paketverkäufer, der über weitere Informationen über den Bewertung der Zielgesellschaft verfügen kann – nicht in der Lage sind, den Verkaufspreis ihrer Aktien individuell zu verhandeln. Erwirbt der Bieter nach Abschluss eines Übernahmeangebotes nun Aktien unter Zahlung eines Paketzuschlags, indiziert das zumindest, dass die am durchschnittlichen Börsenkurs orientierte und im Übernahmeangebot angebotene Gegenleistung nicht angemessen war. Mit der Angebotspflicht soll – ebenso wie mit den Vorschriften über die kapitalmarktrechtliche Beteiligungstransparenz[535] – gerade vermieden werden, dass der Bieter aus der Zersplitterung der Verkäuferseite den Vorteil ziehen kann, den Streubesitzaktionären einen schlechteren Preis zu bieten als bei einem Erwerb der Beteiligung von einem einzelnen Verkäufer. Eine erneute Angebotspflicht bei Ausbau der Kontrollbeteiligung zu der einem Paketverkäufer gewährten Gegenleistung verhindert ein Ausnutzen der Zersplitterung der Verkäuferseite und gewährleistet die Gleichbehandlung der Aktionäre.

iii) Argumente gegen die Creeping-in-Regelung

Teilweise wird vertreten, ein Bedürfnis für eine erneute Angebotspflicht bei dem Ausbau einer Kontrollbeteiligung bestehe schon aufgrund der Nachbesserungspflicht in § 31 Abs. 5 WpÜG nicht, die den Bieter zur Nachbesserung der Gegenleistung verpflichtet, wenn er innerhalb von zwölf Monaten nach Abschluss des freiwilligen Übernahmeangebots außerbörsliche[536] Nacherwerbe tätigt und hierfür eine höhere Gegenleistung gewährt oder vereinbart als im Angebot angeboten wurde[537]. Die Nachbesserungspflicht in § 31 Abs. 5 WpÜG führt aber nur dazu, dass der Bieter innerhalb eines bestimmten Zeitraumes diejenigen Aktionäre der Zielgesellschaft in preislicher Hinsicht gleich behandeln muss, die das

---

534 *Baums*, ZIP 2010, 2374, 2386.

535 *Baums*, ZIP 2010, 2374, 2386. Vgl. zum Verhältnis der §§ 21 ff. WpHG und dem Recht der öffentlichen Übernahmen etwa *Schneider* in Assmann/Schneider, WpHG, vor § 21, Rn. 82 ff.

536 Die Beschränkung in § 31 Abs. 5 WpÜG auf außerbörsliche Nacherwerbe ist sachgerecht, da bei einem börslichen Nacherwerb jeder Aktionär in der Lage ist, zum aktuellen Kurs zu verkaufen, vgl. *von Falkenhausen*, ZHR 174, 293, 300.

537 *von Falkenhausen*, ZHR 174, 293, 300.

Angebot angenommen haben und von etwaigen Paketzuschlägen profitieren. Genau hierin liegt auch die Schwachstelle im Schutzsystem für die Minderheitsaktionäre: Zum einen ist es dem Bieter durchaus möglich, über einen längeren Zeitraum - gegebenenfalls mehrere Jahre - sukzessive seine Beteiligung an der Zielgesellschaft zu einer Mehrheitsbeteiligung auszubauen, zum anderen kommt die Nachbesserungspflicht in § 31 Abs. 5 WpÜG schon begrifflich nur denjenigen Aktionären zugute, die das Angebot des Bieters angenommen haben. Diese Nachbesserungspflicht führt allein daher nicht dazu, dass ein Schutzbedürfnis für alle Aktionäre - also auch für diejenigen, die das Pflicht- oder Übernahmeangebot nicht angenommen haben - bei einem Ausbau der Kontrollbeteiligung zu verneinen ist[538].

Gegen die Einführung einer Creeping-in-Regelung werden dieselben Argumente vorgetragen, die auch gegen das Pflichtangebot an sich sprechen, insbesondere wird auf die mit der Angebotspflicht verbundenen finanziellen Belastungen des Bieters hingewiesen[539]. Diese Argumente überzeugen jedoch hier wie da nicht.

Auch wird darauf hingewiesen, dass die Geschäftstätigkeit der Zielgesellschaft möglicherweise erheblich dadurch beeinträchtigt wird, dass ein Kontrollaktionär bis zum Erreichen einer Beteiligung von 50 % der Stimmrechte eine Vielzahl von Übernahmeangeboten abzugeben hätte[540]. Diese Bedenken sind allerdings nur dann berechtigt, wenn man den sukzessiven Zukauf von Aktien über einen Zeitraum mehrerer Jahre als „wirtschaftlich legitimen Vorgang" betrachtet[541], der nicht durch Transaktionskosten belastet werden soll. Der österreichische Gesetzgeber ist den Weg gegangen, durch Einführung einer Creeping-in-Regelung gerade diese Verhaltensweisen, die wiederholte Angebote notwendig machen würden, zu verhindern[542].

iv) Funktion der Angebotspflicht

Für die Aufnahme einer Creeping-in-Regelung in das WpÜG sprechen Funktion und Normzweck der Pflichtangebotsregelung. Unabhängig davon, ob man den

538 So aber *von Falkenhausen*, ZHR 174, 293, 300. Wie hier: *Merkt*, NZG 2011, 561, 567.

539 *von Falkenhausen*, ZHR 174 293, 300.

540 Stellungnahme der BRAK zum SPD-Gesetzentwurf (BT-Drucks. 17/3481) abrufbar unter www.brak.de.

541 Zweifel hat insoweit der österreichische Gesetzgeber, vgl. Erl. RV 1276, BlgNr. XX GP, 25

542 Vgl. Erl. RV 1276 BlgNr. XX GP, 43.

durch das Pflichtangebot vermittelten Schutz der Aktionäre als gesellschaftsrechtlichen Konzerneingangsschutz[543] oder als kapitalmarktrechtlichen Funktionenschutz[544] verstehen will, soll durch die Angebotspflicht den Aktionären die Möglichkeit zum Ausstieg aus der Gesellschaft gegeben werden, wenn sich die Grundlagen ihrer Investitionsentscheidung grundlegend verändern[545]. Der Gesetzgeber geht bisher in einer typisierenden Betrachtungsweise davon aus, dass sich die Bedingungen, unter denen die Aktien erworben wurden, jedenfalls bei Überschreiten der Schwelle des § 29 Abs. 2 WpÜG so schwerwiegend ändern, dass dem Aktionär die Möglichkeit gegeben werden muss, die Gesellschaft gegen Zahlung einer angemessenen Gegenleistung zu verlassen[546]. Eine solche Änderung der Bedingungen, die „Geschäftsgrundlage"[547] der Anlageentscheidung des Aktionärs waren, kann sich aber auch beim Ausbau einer formalen Kontrollposition ergeben. Der Kontrollinhaber wird sich zum Ausbau der Beteiligung entweder dann entscheiden, wenn ihm zuvor die Ausübung der Kontrolle tatsächlich nicht oder nicht in dem von ihm gewünschten Umfang – etwa zur Erzielung qualifizierter Mehrheiten – möglich war oder wenn er sich von einem Ausbau der Beteiligung weitere Verbundvorteile verspricht oder er die Gesellschaft vollständig konsolidieren will. Aus diesem Grund stellt sich die Situation für den Minderheitsaktionär in dieser Situation ähnlich dar wie bei Überschreiten oder Erreichen der Kontrollschwelle[548]. Selbst wenn man der Ansicht sein sollte, dass ein weiterer Ausbau einer Kontrollposition jedenfalls bei typisierender Betrachtung eine erneute Angebotspflicht nicht rechtfertigt, sprechen weitere Argumente für die Einführung einer Angebotspflicht: Wie bereits erwähnt, stellt die Praxis des *low balling* eine Ungleichbehandlung der Aktionäre dar. Die Anordnung einer Angebotspflicht im Falle des Ausbaus einer Kontrollbeteiligung würde die in der Gesellschaft verbliebenen Aktionären

543 So etwa *Mülbert*, ZIP 2001, 1221, 1226; *Mülbert/Schneider*, WM 2003, 2301, 2304; *Hopt*, ZHR 166, 383, 386; *Baums/Hecker* in Baums/Thoma, WpÜG, vor § 35, Rn. 89 ff.

544 *Steinmeyer* in Steinmeyer/Häger, WpÜG, § 35, Rn. 8; *Ekkenga/Schulz* in Ehricke/Ekkenga/Oechsler, WpÜG, § 35, Rn. 5; *Kleindiek*, ZGR 2002, 546, 558; *Heidel*, Aktien- und Kapitalmarktrecht, § 35 WpÜG, Rn. 2, *Meyer* in Geibel/Süßmann, WpÜG, § 35, Rn. 5; *Grabbe/Fett*, NZG 2003, 755, 759; *Houben*, WM 2000, 1873, 1877; *Schlitt/Ries*, Münchener Kommentar, AktG, § 35 WpÜG, Rn. 8.

545 *Kleindiek*, ZGR 2002, 546, 558.

546 *Baums/Hecker* in Baums/Thoma, WpÜG, vor § 35, Rn. 90; *Baums*, ZIP 2010, 2374, 2382; Begr RegE BT-Drucks. 14/7034; S. 2.

547 *Baums/Hecker* in Baums/Thoma, WpÜG, vor § 35, Rn. 90.

548 A.A. *Baums*, ZIP 2010, 2374, 2385 (keine grundlegende Veränderung der Verhältnisse der Gesellschaft).

mit den Paketaktionären gleichstellen, die nach Erreichen der Kontrollschwelle ihre Aktien dem Kontrollerwerber verkaufen. Eine solche Gleichbehandlung ist zur Verhinderung der oben skizzierten Zwangslage, ein „lustloses Angebot“ annehmen zu müssen, sachgerecht. Einer Creeping-in-Regelung kann auch nicht vorgeworfen werden, sie schütze nur das Spekulationsinteresse der Aktionäre[549].

iv) Konzernrecht rechtfertigt keine niedrigeren Schutzstandards

Zu berücksichtigen ist zwar, dass Minderheitsaktionäre bei Erreichen der Stimmrechtsmehrheit auch durch das deutsche Konzernrecht geschützt werden. Bei Abschluss eines Beherrschungs- und Gewinnabführungsvertrages ist den außenstehenden Aktionären gemäß § 305 AktG der Erwerb ihrer Aktien gegen eine angemessene Abfindung anzubieten. Ein Abfindungsanspruch nach § 305 AktG kommt den außenstehenden Aktionären daher nicht zwangsläufig in jedem Fall des Erreichens der Stimmenmehrheit zugute, sondern nur bei Abschluss eines Beherrschungs- bzw. Gewinnabführungsvertrages, wobei unklar bleibt, wann die Unternehmensführung tatsächlich den Abschluss eines Unternehmensvertrages erforderlich macht[550]. Unabhängig davon, ob die konzernrechtlichen Schutzmechanismen eine gleichwertige Alternative zum Pflichtangebot bieten[551], kann daher nicht davon ausgegangen, dass der Schutz der beherrschten Aktionäre über das Konzernrecht geringere kapitalmarktrechtliche Schutzstandards rechtfertigt. Auch bestehen grundsätzliche Einwände dagegen, den Schutz der Minderheitsaktionäre durch das Konzernrecht zu verwirklichen[552]: In Europa verfügt nur noch Portugal

549 So aber BRAK in der Stellungnahme des SPD-Gesetzentwurf BT-Drucks. 17/3481, abrufbar unter www.brak.de.

550 *Merkt*, NZG 2011, 561, 568. Hinzu kommt, dass die ertragsteuerliche Organschaft den Abschluss eines Beherrschungsvertrages nicht mehr erfordert, sondern einen isolierten Gewinnabführungsvertrag ausreichen lässt und die umsatzsteuerliche Organschaft sogar ganz ohne Unternehmensvertrag auskommt. Die Bedeutung des Beherrschungsvertrages hat daher kontinuierlich abgenommen. In Zusammenhang mit der Diskussion über die Zulassung der Verlustverrechnung mit ausländischen Tochtergesellschaften wird zudem vielfach gefordert, auch den Abschluss eines Gewinnabführungsvertrages als Voraussetzung der steuerlichen Organschaft abzuschaffen. Vgl. hierzu *Emmerich/Habersack*, Aktien- und GmbH-Konzernrecht, § 291 AktG, Rn. 5; zu den Zweifeln an der Europarechtskonformität des Gewinnabführungsvertrages und den Folgen für das deutsche Konzernsteuerrecht vgl. *Mühl/Wagenseil*, NZG 2009, 1253; *Veil* in Spindler/Stilz, AktG, vor § 291, Rn. 23.

551 Dafür: *Kallmeyer*, ZHR 161, 435, 444; dagegen: *Habersack/Mayer*, ZIP 1997, 2141, 2143; *Houben*, WM 2000, 1873.

552 *Merkt*, NZG 2011, 561, 568.

über ein kodifiziertes Konzernrecht[553], eine Lösung über das Konzernrecht stellt daher einen Sonderweg dar, der international und auch im Hinblick auf ausländische Investoren nicht so einfach zu vermitteln ist wie der international geläufigerer kapitalmarktrechtlicher Ansatz, wie ihn die Angebotspflicht und möglicherweise auch ausgeweitete Meldepflichten darstellen[554].

v) Ökonomische Überlegungen

Aus wirtschaftlicher Sicht werden gegen die Einführung einer Creeping-in-Regelung dieselben Argumente wie gegen die Angebotspflicht selbst vorgebracht, insbesondere wird verschiedentlich auf die finanzielle Belastung des Bieters hingewiesen[555]. Diese Argumente überzeugen hier wie da nicht. Der Bieter, der sich zum Ausbau einer bestehenden Kontrollposition entschließt, wird hierbei wirtschaftliche Vorteile, sei es durch Synergieeffekte oder sonstige Strukturmaßnahmen im Auge haben. Auch gesamtökonomisch sprechen keine überzeugenden und empirisch belegbaren Argumente gegen eine Angebotspflicht in Fällen des Creeping-in. Zwar kann eine Verteuerung der Unternehmensübernahmen[556] im Einzelfall auch effiziente Übernahmen verhindern[557], zugleich wird aber auch sichergestellt, dass ineffiziente Angebote, die in erster Linie drauf abzielen, zu Lasten der Minderheitsaktionäre eine Umverteilung zu bewirken, verhindert werden. Die europäischen Länder mit Creeping-in-Vorschriften berichten jedenfalls nicht davon, dass Unternehmensübernahmen durch die erneute Angebotspflicht wesentlich erschwert würden.

dd) Alternativvorschlag: Mindestannahmeschwelle

Der Problematik des „lustlosen Angebots“ unter Anwendung der Taktik des *low balling* könnte auch durch eine Regelung begegnet werden, wonach ein

553 *Veil* in Spindler/Stilz, AktG, vor § 291, Rn. 53 (auch zu den gescheiterten Versuchen, eine Konzernrechtsrichtlinie zu verabschieden). *Merkt*, NZG 2011, 561, 568 weist darauf hin, dass sich die Kerngedanken des deutschen Konzernrechts nicht einmal in Europa durchsetzten.

554 *Merkt*, NZG 2011, 561, 568. Für eine Ausweitung der Vorschriften über die kapitalmarktrechtliche Beteiligungstransparenz auch *Baums*, ZIP 2010, 2374, 2390 sowie *Hitzer/Düchting*, ZIP 2011, 1084, 1091 und Cascante/Tyrolt, AG 2012, 97, 195.

555 Vgl. auch *von Bülow*, in Mülbert/Kiem/Wittig, 10 Jahre WpÜG, S. 40, der von einer Fehlallokation der finanziellen Ressourcen spricht.

556 In der Sache ist die Verteuerung einer Übernahme wohl in erster Linie ein Finanzierungsproblem. *Houben,* WM 2000, 1873, 1878 weist daher zutreffend darauf hin, dass eine auf dem Kapitalmarkt nicht zu finanzierende Übernahme in der Regel auch gesamtwirtschaftlich nicht wünschenwert sein wird.

557 *Hitzer/Düchting*, ZIP 2011, 1084, 1091.

öffentliches Übernahmeangebot per Gesetz unter der Bedingung steht, dass eine Mindestannahmeschwelle von 50 % erreicht wird. Eine ähnliche Regelung existiert in Rule 10.3 Takeover Code, gemäß Rule 9.3a gilt diese *acceptance condition* auch für Pflichtangebote[558]. Das österreichische Recht kennt eine ähnliche Regelung in § 25a Abs. 2 ÜbG, wonach freiwillige Angebote zur Kontrollerlangung kraft Gesetzes dadurch bedingt sind, dass dem Bieter im Rahmen des Angebots Annahmeerklärungen zugehen, die mehr als 50 % der ständig stimmberechtigten Aktien umfassen, die Gegenstand des Angebots sind[559]. Eine entsprechende Regelung für Pflichtangebote existiert in Österreich nicht. Die Mindestannahmeschwelle von 50 % der auf die ständig stimmberechtigten Aktionäre entfallenden Stimmrechte soll einen Marktmechanismus schaffen[560], der einen zu niedrigen Veräußerungspreis verhindern soll, der Preis des öffentlichen Angebots soll so attraktiv sein, dass der Bieter mindestens die einfache Mehrheit der Stimmrechte erreicht. Nach den Erwägungen des Gesetzgebers soll „eine allzu billige Eroberung der faktischen Kontrollbeteiligung" verhindert werden[561]. Der Preis, den der Bieter den Aktionären anbietet, muss so hoch sein, dass er der einfachen Mehrheit der stimmberechtigten Aktionäre als ausreichend erscheint. Anderenfalls würde die Mehrheit der Aktionäre vor dem Dilemma stehen, entweder erstmals unter die Beherrschung eines kontrollierenden Aktionärs zu gelangen oder ihre Aktien, billiger als gewollt, zu verkaufen[562]. Die Regelung in § 25 a ÜbG wird daher vor allem als Preisbildungsregel verstanden[563]. Durch

558 Vgl. zur Mindestannahmeschwelle gemäß Rule 10 auch *von Bülow*, in: Mülbert/Kiem/Wittig, 10 Jahre WpÜG, S. 38f.

559 Anders als nach der Vorgängerregelung in § 22 Abs. 11 ÜbG a.F. steht das freiwillige Übernahmeangebot nun unter der Bedingung, dass mehr als die Hälfte der Angebotsadressaten das Angebot annehmen. Bislang war hingegen darauf abzustellen, dass der Bieter nach Angebotsende über mehr als 50 % der stimmberechtigten Aktien verfügen konnte, die Höhe der Annahmequote war dabei irrelevant. Der Erfolg des Angebots hing nach alter Rechtslage daher maßgeblich von der Beteiligung des Bieters vor Abgabe des Angebots ab. Vgl. dazu *Zollner* in Huber (Hrsg.), ÜbG, § 25 a, Rn. 2, 11, 13.

560 Stellungnahme der Übernahmekommission GZ 2004/3/13-178 (Zielgesellschaft: VA Technologie AG), S. 10.

561 Vgl. Erl. RV 1276 BlgNr. XX GP, 39.

562 Stellungnahme der Übernahmekommission GZ 2004/3/13-178 (Zielgesellschaft: VA Technologie AG), S. 12: Verschärft wird die Problematik dadurch, dass die Mehrheit der Aktionäre, die das Angebot als nicht angemessen empfindet, dem Bieter mangels ausreichenden Konzernrechts auch strukturell ausgeliefert wären.

563 Stellungnahme der Übernahmekommission GZ 2004/3/13-178 (Zielgesellschaft: VA Technologie AG), S. 13.

die Mindestannahmeschwelle von 50 % haben die Aktionäre die Möglichkeit, zumindest indirekt über den Kontrollerwerb abzustimmen, es kommt zu einem Votum aller Aktionäre mit einfacher Mehrheit. Stimmen 50 % der Aktionäre zu, soll das Angebot erfolgreich sein, anderenfalls muss der Bieter das Angebot nachbessern oder er scheitert[564]. Die Aktionäre stimmen daher gewissermaßen „mit den Füßen" über die Angemessenheit des Angebotes ab[565]. Die Mindestannahmequote hilft daher dabei, das Kollektivhandlungsproblem der Aktionäre zu mindern, die zu einer kollektiven Willensbildung nicht in der Lage sind. Dass diese Mindestannahmequote beim Pflichtangebot nicht gilt, hat ihre Ursache auch in der österreichischen Aktionärsstruktur, in der viele Aktiengesellschaften über Kontrollaktionäre verfügen, weshalb börsennotierte Gesellschaften in der Regel in zwei Schritten übernommen werden und zunächst vom alten Kontrollaktionär ein Beteiligungspaket übernommen wird, dessen Preis autonom ausgehandelt ist und für den daher eine Richtigkeitsgewähr spricht[566]. Da der Paketpreis auf die Mindestgegenleistung beim Pflichtangebot ausschlägt, hat es der Gesetzgeber als ausreichend angesehen, den Aktionären den Verkauf zu diesem angemessenen Preis zu ermöglichen[567].

Gegen diesen Vorschlag ist jedoch einzuwenden, dass eine gesetzliche Mindestannahmeschwelle von 50 % dazu führen würde, dass Beteiligungen zwischen 30 % und 50 % nicht mehr begründet werden könnten, obwohl dies sinnvoll[568] und gewünscht sein kann.

3. Ergebnis

Die Abgabe eines „lustlosen Übernahmeangebots" mit dem Ziel, nur knapp die Kontrollschwelle zu überschreiten, um in den Genuss der Privilegierungswirkung

---

564 Scheitert das Übernahmeangebot, unterliegt der Bieter der Sperrfrist des § 21 ÜbG, wonach Bieter und mit ihm gemeinsam vorgehende Rechtsträger in einem Zeitraum von 12 Monaten nach Veröffentlichung des Ergebnisses des Angebots kein weiteres Angebot für Beteiligungspapiere der Zielgesellschaft abgeben dürfen und auch keine kontrollierende Beteiligung an der Zielgesellschaft erwerben dürfen.

565 Stellungnahme der Übernahmekommission, Az. GZ 2004/3/13-178 (Zielgesellschaft: VA Technologie VA), S. 12.

566 Stellungnahme der Übernahmekommission, Az. GZ 2004/3/13-178 (Zielgesellschaft: VA Technologie AG), S. 13.

567 Der Unterschied zur *Acceptance Condition* in Rule 9.3 Takeover Code wird darin gesehen, dass im englischen Rechtsraum der Kauf von Aktienpaketen und die damit verbundene Referenzpreisbildung seltener ist.

568 *Baums*, ZIP 2010, 2374, 2390.

des § 35 Abs. 3 WpÜG zu kommen, stellt eine Umgehung der Angebotspflicht dar und widerspricht dem Zweck der Regelung des § 35 Abs. 3 WpÜG. Es spricht daher vieles dafür, eine erneute Angebotspflicht für den Fall des Ausbaus einer Kontrollbeteiligung einzuführen[569]. Dies würde die Gleichbehandlung der Aktionäre sicherstellen und zudem dazu beitragen, die Zwangslage abzumildern, in der sich die Aktionäre befinden, denen ein eigentlich unattraktives Übernahmeangebot unterbreitet wird.

II. Nichtberücksichtung von Stimmrechten gemäß § 20 WpÜG

Gemäß § 20 WpÜG lässt die BaFin auf schriftlichen Antrag des Bieters zu, dass Wertpapiere bei bestimmten sich aus dem WpÜG ergebenden Pflichten unberücksichtigt bleiben, wenn sie zum „Handelsbestand" gehören. Die Geltung der Vorschriften des WpÜG über die Zurechnung von Stimmrechten und das Halten von Stimmrechten erschien dem Gesetzgeber nicht sachgerecht, wenn der Bieter im Rahmen der Verwaltung seines Vermögens in Wertpapiere investiert und keine unternehmerische Beteiligung beabsichtigt[570]. Die Bieter sollen in diesem Fall die Geschäfte des Wertpapierhandels auch fortführen können, wenn sie selbst als Bieter Beteiligter eines öffentlichen Angebots sind[571]. Die im Regierungsentwurf noch vorgesehene Beschränkung des Anwendungsbereichs der Norm auf Wertpapierdienstleistungsunternehmen[572] wurde auf Empfehlung des Finanzausschusses aufgegeben, da auch andere Unternehmen im Rahmen der Verwaltung ihres Vermögens in Wertpapiere investieren[573], in Betracht kommen hierbei vor allem Versicherungen und Vermögensverwalter[574].

Die praktische Relevanz der Norm scheint gering zu sein[575].

---

569 A.A. *Hitzer/Düchting*, ZIP 2011, 1084 (für Ausbau der kapitalmarktrechtlichen Beteiligungstransparenz).

570 Beschlussempfehlung des Finanzausschusses zum Entwurf eines Gesetzes zur Regelung von öffentlichen Angeboten zum Erwerb von Wertpapieren und von Unternehmensübernahmen, BT-Drucks. 14/7477, S. 52.

571 Begr. RegE, BT-Drucks. 14/7034.

572 Vgl. Begr. RegE, BT-Drucks. 14/7034, S. 48.

573 Schlussempfehlung des Finanzausschusses, BT-Drucks. 14/7477, S. 52.

574 *Hirte* in Kölner Kommentar, WpÜG, § 20, Rn. 16.

575 Der Jahresbericht der BaFin 2004 (S. 208) berichtet von einem Antrag pro Jahr; vgl. jedoch auch die Anwendung des § 20 WpÜG im Rahmen des Übernahmeangebots der Unicredit an die Aktionäre der HVB, hierzu: Jahresbericht der BaFin 2005, S. 173.

1. Voraussetzungen einer Befreiung nach § 20 Abs. 2 WpÜG

Eine Befreiung ist nach dem Wortlaut nach § 20 Abs. 2 WpÜG zu erteilen, wenn der Bieter, mit ihm gemeinsam handelnde Personen oder deren Tochterunternehmen die Wertpapiere halten oder zu halten beabsichtigen, um bestehende oder erwartete Unterschiede zwischen dem Erwerbspreis und dem Veräußerungspreis kurzfristig zu nutzen und sie darlegen, dass mit dem Erwerb der Wertpapiere, soweit es sich um stimmberechtigte Aktien handelt, nicht beabsichtigt ist, auf die Geschäftsführung der Gesellschaft Einfluss zu nehmen.

Die Formulierung des § 20 Abs. 2 Nr. 1 WpÜG ist im Gesetzgebungsverfahren an die Stelle der ursprünglich vorgesehenen Formulierung des „Haltens im Handelsbestand" getreten[576]. Grund hierfür war die Erweiterung des Anwendungsbereichs von Wertpapierdienstleistungsunternehmen auf weitere Unternehmen. Diese anderen Unternehmen können aber keine Wertpapierdienstleistungen i.S.v. § 2 Abs. 3 WpHG erbringen, weshalb sie auch keinen Handelsbestand halten können.

§ 23 WpHG a.F. unterschied in Abs. 2 Nr. 1 und Nr. 2 zwischen dem Spekulationsbestand einerseits und dem Handelsbestand andererseits. Da die Formulierung in § 20 Abs. 2 Nr. 1 WpÜG exakt der Definition des Spekulationsbestandes i.S.v. § 23 Abs. 2 Nr. 1 WpHG a.F. entsprach, entstand Unklarheit darüber, ob von § 20 WpÜG nur noch der Spekulationsbestand i.S.d. § 23 WpHG a.F. oder auch der Handelsbestand erfasst ist[577]. Die herrschende Meinung geht aber zu Recht davon aus, dass weiterhin sowohl Spekulationsbestand als auch Handelsbestand eine Befreiung nach § 20 WpÜG rechtfertigen. Dies ist auch sachgerecht, da der Gesetzgeber in der Schlussphase des Gesetzgebungsverfahrens den Anwendungsbereich der Norm auf Wertpapierdienstleistungsunternehmen erweitern wollte, der Spekulationsbestand i.S.v. § 23 WpHG a.F. jedoch enger zu interpretieren ist als der für Wertpapierdienstleistungsunternehmen besonders wichtige Handelsbestand. § 20 WpÜG ist insoweit erweiternd auszulegen[578]. Im Zuge der Umsetzung der Übernahmerichtlinie schlug der Bundesrat vor, § 20 WpÜG dahingehend zu klarstellend

---

576 *Seiler* in Assmann/Pötzsch/Schneider, WpÜG, § 20, Rn. 13.

577 Vgl. hierzu etwa *Vogel*, NZG 2005, 537, 538 m.w.N.; *Braun*, Befreiung vom Pflichtangebot, S. 135 ff.

578 Ebenso *Braun*, Befreiung vom Pflichtangebot, S. 136; *Hirte* in Kölner Kommentar, WpÜG, § 20, Rn. 62 spricht von einer «erweiterten Interpretation»; für eine erweiternde Auslegung auch *Süßmann* in Geibel/Süßmann, WpÜG, § 20, Rn. 5.

zu ändern, dass Wertpapierdienstleistungsunternehmen eine Freistellung auch in Bezug auf ihren Handelsbestand analog § 23 Abs. 1 Nr. 2 WpHG beantragen können. Dieser Änderungsvorschlag wurde von der Bundesregierung mit der Begründung verworfen, eine derartige Änderung hätte nur klarstellenden Charakter, was die gebotene erweiternde Auslegung der Norm in Übereinstimmung mit der herrschenden Meinung bestätigt[579]. Eine Klarstellung durch den Gesetzgeber bleibt jedoch wünschenswert[580]. Spätestens mit dieser Bestätigung des Gesetzgebers lässt sich jedoch eine enge am Wortlaut orientierte Auslegung der Norm nicht mehr rechtfertigen[581].

a) Handelsbestand

Nicht berücksichtigungsfähig ist daher für Wertpapierdienstleistungsunternehmen deren Handelsbestand analog der Begriffsbildung in § 23 Abs. 1 Nr. 2 WpHG. Erforderlich ist, dass das Wertpapierdienstleistungsunternehmen über die Wertpapiere frei disponieren kann und es sich um Wertpapiere handelt, die im Zusammenhang mit der Tätigkeit als Wertpapierdienstleistungsunternehmen erworben oder veräußert werden[582], wobei es keine Rolle spielt, ob die Aktien für den Eigenhandel, für Spekulationen oder für die Erfüllung von Kundenaufträgen genutzt werden[583].

Der Handelsbestand eines Wertpapierdienstleistungsunternehmen ist vor allem von anderen Wertpapierbeständen abzugrenzen, insb. von dessen Anlagebestand[584], ebenso von einer möglichen Liquiditätsreserve[585]. Auslegungshilfe in Bezug auf den Begriff des Handelsbestands liefern – bei allen vorhandenen Unterschieden in Bezug auf den jeweiligen Normzweck – parallele Begriffsbildungen im Bankbilanzrecht (§ 340e Abs. 1 S. 2 HGB)[586] und bei den Vorschriften zum Erwerb eigener Aktien (§ 71 Abs. 1 Nr. 7 Aktiengesetz), sowie in § 12 Abs. 2

---

579 Stellungnahme des Bundesrates und Gegenäußerung der Bundesregierung zum Übernahmerichtlinieumsetzungsgesetz, BT-Drucks. 16/1342, S. 1, 5; *Hirte* in Kölner Kommentar, WpÜG § 20, Rn. 14, 61, 62.

580 *Hirte* in Kölner Kommentar, WpÜG, § 20, Rn. 62.

581 *Süßmann* in Geibel/Süßmann, WpÜG, § 20, Rn. 5.

582 *Hirte* in Kölner Kommentar, WpÜG, § 20, Rn. 67.

583 *Schwark* in Schwark/Zimmer, Kapitalmarktsrechtskommentar, § 23 WpHG, Rn. 4.

584 *Hirte* in Kölner Kommentar, WpÜG, § 20, Rn. 65.

585 *Hirte* in Kölner Kommentar, WpÜG, § 20, Rn. 65.

586 Vgl. hierzu *Merkt* in Baumbach/Hopt, HGB, § 340 e, Rn. 2 ff.

Satz 3 KWG)[587]. Wertpapiere, die schon handelsrechtlich zum Anlagevermögen i.S.v. § 247 Abs. 2 HGB und damit zum Anlagebestand gehören, gehören nicht zum Handelsbestand und können daher nicht nach § 20 Abs. 2 WpÜG unberücksichtigt bleiben[588]. Die Kurzfristigkeit des Haltens der Wertpapiere ist keine zwingende Voraussetzung einer Zuordnung der Wertpapiere zum Handelsbestand[589], die Länge des Haltens kann jedoch Indiz gegen eine entsprechende Absicht des Bieters sein, die Papiere nur im Handelsbestand zu halten[590]. Subjektiv verlangt die Zuordnung zum Handelsbestand eine positive und entsprechend dokumentierte Entscheidung der Geschäftsführung, erforderlich ist die Einrichtung gesonderter Konten[591].

b) Spekulationsbestand

Für Nichtberücksichtigungsanträge von Nichtwertpapierdienstleistungsunternehmen, bleibt es bei einer wortlautgetreuen Auslegung der Norm. Erforderlich ist, dass der Antragsteller die Wertpapiere hält (oder zu halten beabsichtigt), um bestehende oder erwartete Unterschiede zwischen dem Erwerbspreis und dem Veräußerungspreis kurzfristig zu nutzen, insoweit wohnt der Vorschrift eine subjektive Spekulationskomponente inne[592]. Erforderlich ist ferner, dass das Halten nur kurzfristig erfolgt. Die Kurzfristigkeit bezieht sich hierbei auf das Halten der Aktien, gemeint ist der Zeitraum zwischen Erwerb und Veräußerung. Welcher Zeitraum im Einzelnen als kurzfristig anzusehen ist, ist umstritten. Vieles spricht dafür, jedenfalls bei einer Zeitspanne zwischen Erwerb und Veräußerung von mehr als einem Geschäftsjahr eine Begründung für das längere als geplante halten zu fordern[593]. Die in § 23 Abs. 4 WpHG

587 § 71 Abs. 1 Nr. 7 AktG verfolgt ebenfalls die Zielsetzung, die Tätigkeit eines Wertpapierdienstleistungsunternehmens zu erleichtern.

588 *Hirte* in Kölner Kommentar, WpÜG, § 20, Rn. 69; *Schwark* in Schwark/Zimmer, Kapitalmarktrechtskommentar, § 23 WpHG, Rn. 4.

589 *Hirte* in Kölner Kommentar, WpÜG, § 20, Rn. 68; a.A. *Schneider* in Assmann/Schneider, WpHG, § 23, Rn. 11: Zeitraum von längstens einem Jahr; ebenso: *Diekmann* in Baums/Thoma, WpÜG, § 20, Rn. 27 (12 Monate als Orientierungsgröße); strenger: *Oechsler* in Ehricke/Ekkenga/Oechsler, WpÜG, § 20, Rn. 2: 3 Monate.

590 *Hirte* in Kölner Kommentar, WpÜG, § 20, Rn. 68.

591 *Hirte* in Kölner Kommentar, WpÜG, § 20, Rn. 70.

592 *Vogel*, NZG 2005, 537, 538.

593 *Hirte* in Kölner Kommentar, WpÜG, § 20, Rn. 75; strenger: drei Monate: *Holzborn/Friedhoff*, WM 2002, 948, 950; *Oechsler* in Ehricke/Ekkenga/Oechsler, WpÜG, § 20, Rn. 2 mit dem Hinweis auf die bis 2006 geltende zur Berücksichtigung von

n. F. von den Meldepflichten freigestellte Tätigkeit des Market Maker ist jedenfalls Spekulation auch im Sinne des § 20 WpÜG[594]. Der Antragsteller muss die Absicht, Wertpapiere im Spekulationsbestand zu halten, dokumentieren, auch hierbei ist eine subjektive Komponente erforderlich, nämlich eine Erklärung des Kontrollinhabers[595]. Zu fordern ist insbesondere, dass eine gesonderte Kontenführung die Spekulationsabsicht dokumentiert, wenn sich der Antrag auf bereits gehaltene Wertpapiere bezieht[596].

c) Fehlende Absicht der Einflussnahme auf die Zielgesellschaft, Zölibatserklärung

Der Antragsteller muss schließlich darlegen, dass mit dem Erwerb der (stimmberechtigten) Papiere nicht beabsichtigt ist, auf die Geschäftsführung der Gesellschaft Einfluss zu nehmen, sogenannte Zölibatserklärung. In der Sache handelt es sich bei diesem Erfordernis lediglich um eine Konkretisierung der subjektiven Anforderungen, die nach allgemeinem Sprachgebrauch bereits die Zugehörigkeit der Wertpapiere zum Handels- oder Spekulationsbestand begründen und die bereits voraussetzen, dass keine Einflussnahme auf die Gesellschaft beabsichtigt wird[597]. Dem Antragsteller ist jede faktische Einflussnahme auf die Verwaltung der Gesellschaft verboten[598]. Unabhängig davon, dass im Normalfall eine Nichtberücksichtigung der Stimmrechte gemäß § 20 WpÜG das Stimmrecht aus diesen Aktien unberührt lässt[599], dürfte es dem zu fordernden unternehmerischen

---

Vorerwerben von drei Monaten in § 4 WpÜG-AngebotsVO; *Hirte* in Kölner Kommentar, WpÜG, § 20, Rn. 75 weist zutreffend darauf hin, dass die Haltefrist für die Besteuerung von Spekulationsgewinnen aus Wertpapierhandel inzwischen aufgehoben wurde und deshalb die §§ 23 Abs. 1 Nr. 2 EStG und § 8 Abs. 1 KStG keine Auslegungshilfe bieten. Auf die 3-Tages-Frist in § 23 Abs. 2 Nr. 1 WpHG kann es jedoch auch nicht ankommen.

594 *Hirte* in Kölner Kommentar, WpÜG, § 20, Rn. 75.

595 *Braun*, Befreiung vom Pflichtangebot, S. 137; *Vogel*, NZG 2005, 537, 538; *Hirte* in Kölner Kommentar, WpÜG, § 20, Rn. 76

596 *Hirte* in Kölner Kommentar, WpÜG, § 20, Rn. 76; *Diekmann* in Baums/Thoma, WpÜG, § 20, Rn. 43.

597 *Hirte* in Kölner Kommentar, WpÜG, § 20, Rn. 78 führt diese Doppelung der Nachweisanforderungen auf Art. 9 Abs. 1 der Transparenzrichtlinie 1988 und ihren Einfluss auf die ursprünglichen Mitteilungspflichten nach WpHG zurück. Insoweit habe § 20 Abs. 2 Nr. 2 WpÜG nur begrenzte Funktion.

598 *Diekmann* in Baums/Thoma, WpÜG, § 20, Rn. 36.

599 Vgl. § 20 Abs. 3 WpÜG; hierzu *Braun*, Befreiung vom Pflichtangebot, S. 139; *Hirte* in Kölner Kommentar, WpÜG, § 20, Rn. 41 ff.; *Seiler* in Assmann/Pötzsch/Schneider, WpÜG, § 20, Rn. 47.

Desinteresse[600] entgegenstehen, wenn der Bieter sein Stimmrecht in der Hauptversammlung bei Wahlen ausübt, die die Besetzung des Aufsichtsrats betreffen, da in diesem Fall wegen § 84 Abs. 1 AktG auf die Zusammensetzung der Geschäftsführung der Gesellschaft Einfluss ausgeübt werden kann.

2. Verfahren

Die Nichtberücksichtigung der Wertpapiere im Handels- und/oder Spekulationsbestand tritt erst ein, wenn die BaFin einen entsprechenden begünstigenden Verwaltungsakt erlassen hat. Erforderlich ist die Antragstellung durch einen Bieter im Sinne von § 2 Abs. 4 WpÜG,[601] entgegen der ursprünglichen Intention des Gesetzgebers muss es sich hierbei nicht um ein Wertpapierdienstleistungsunternehmen handeln. Antragsberechtigt ist nur der Bieter selbst. Auch wenn ihm Stimmrechte, die Dritte halten, nur zugerechnet werden, muss der Bieter den Antrag stellen, nicht etwa der möglicherweise vom Bieter verschiedene Inhaber der Wertpapiere[602].

Werden sämtliche Voraussetzungen einer Nichtberücksichtigung vom Bieter dargelegt, hat die BaFin die Nichtberücksichtigung zuzulassen. Es handelt es sich insoweit um einen gebundenen Verwaltungsakt[603]. Zweifel am Vorliegen der Voraussetzungen für die Nichtberücksichtigung gemäß § 20 Abs. 1 WpÜG gehen zu Lasten des Bieters. Ebenso wie im Rahmen der Nichtberücksichtigung von Stimmrechten nach § 36 WpÜG hat ein Antrag auf Nichtberücksichtigung nach § 20 WpÜG keine aufschiebende Wirkung. Die BaFin könnte zwar für die Zeit zwischen Antragstellung und endgültiger Bescheidung eine vorläufige Befreiung erteilen, sieht hiervon in der Regel aber ab[604].

---

600 *Hirte* in Kölner Kommentar, WpÜG, § 20, Rn. 79.

601 *Seiler* in Assmann/Pötzsch/Schneider, WpÜG, § 20, Rn. 38.

602 *Hirte* in Kölner Kommentar, WpÜG, § 20, Rn. 21; *Diekmann* in Baums/Thoma, WpÜG, § 20, Rn. 19; *Klepsch* in Steinmeyer/Häger, WpÜG, § 20, Rn. 5.

603 *Hirte* in Kölner Kommentar, WpÜG, § 20, Rn. 26.

604 *Noack/Holzborn* in Schwark/Zimmer, Kapitalmarktrechtskommentar, § 20 WpÜG, Rn. 2 mit dem Hinweis, dass eine vorläufige Gestattung den erfolglosen Antragsteller begünstigen würde, der allein durch die Antragstellung eine Vergünstigung erhalten würde, so auch *Klepsch* in Steinmeyer/Häger, WpÜG, § 20 WpÜG, Rn. 22.

3. Rechtsfolgen

Unmittelbare Rechtsfolge einer zugelassenen Nichtberücksichtigung ist gemäß § 20 Abs. 1 WpÜG, dass Wertpapiere der Zielgesellschaft bei den in Abs. 1 genannten Pflichten unberücksichtigt bleiben. Die Wertpapiere müssen daher in der Angebotsunterlage und bei Erfüllung der Veröffentlichungspflichten nach § 23 WpÜG nicht genannt werden, sie bleiben auch bei der Ermittlung des Stimmrechtsanteils nach § 29 Abs. 2 WpÜG außer Betracht, ebenso bei Bestimmungen der Gegenleistung nach § 31 Abs. 1, 3 und 4 WpÜG und der Geldleistung nach § 31 Abs. 5 WpÜG[605]. Zum Schutze einer umfassenden Transparenz und zur Verhinderung von Irritationen auf dem Kapitalmarkt[606] bleiben die Stimmrechte bei allen in § 20 Abs. 1 WpÜG aufgeführten Pflichten unberücksichtigt, dem Bieter steht insoweit kein Wahlrecht zu[607]. Beabsichtigt der Bieter, die von der Nichtberücksichtigung betroffenen Wertpapiere zukünftig nicht mehr im Handels- und/oder Spekulationsbestand zu halten, so hat er dies der BaFin mitzuteilen[608]. Diese Mitteilung wird dann als Verzicht auf den begünstigenden Verwaltungsakt bzw. auf die Rechte aus dem begünstigenden Verwaltungsakt anzusehen sein, was nach allgemeinen verwaltungsrechtlichen Grundsätzen zur Folge hat, dass sich der Verwaltungsakt erledigt und seine Wirksamkeit endet[609].

Grundsätzlich bleibt es auch bei einer Gestattung nach § 20 Abs. 1 WpÜG dabei, dass die Stimmrechte aus den betroffenen Wertpapieren ausgeübt werden dürfen[610]. Eine wichtige Ausnahme hiervon enthält § 20 Abs. 3 WpÜG, wonach Stimmrechte aus unberücksichtigt bleibenden Aktien nicht ausgeübt werden

605 *Diekmann* in Baums/Thoma, WpÜG, § 20, Rn. 51 mit dem zutreffenden Hinweis, dass § 4 WpÜG-AngebotsVO lediglich eine Ausprägung des in § 31 Abs. 1 S. 2 bestimmten Grundsatzes darstellt, weshalb es unschädlich ist, dass § 20 Abs. 1 WpÜG nicht auch auf die WpÜG-AngebotsVO verweist. Es bleibt daher dabei, dass die betreffenden Wertpapiere auch bei der Bestimmung der Gegenleistung des Pflichtangebots außer Betracht zu bleiben haben und sich nicht auf den Mindestpreis auswirken.

606 So *Diekmann* in Baums/Thoma, WpÜG, § 20, Rn. 52. *Hirte* in Kölner Kommentar, WpÜG, § 20, Rn. 36.

607 Ebenso *Hirte* in Kölner Kommentar, WpÜG, § 20, Rn. 36, 37; *Diekmann* in Baums/Thoma, WpÜG, § 20 Rn. 52; *Seiler* in Assmann/Pötzsch/Schneider, WpÜG, § 20, Rn. 45.

608 *Hirte* in Kölner Kommentar, WpÜG, § 20, Rn. 37.

609 *Seiler* in Assmann/Pötzsch/Schneider, WpÜG, § 20, Rn. 45; zum Verzicht auf die Rechte aus einem Verwaltungsakt vgl. auch *Kopp/Ramsauer*, VwVfG, § 43, Rn. 41a.

610 *Hirte* in Kölner Kommentar, WpÜG, § 20, Rn. 41.

können, wenn im Falle Ihrer Berücksichtigung ein Angebot als Übernahmeangebot abzugeben wäre oder eine Verpflichtung nach § 35 Abs. 1 und Abs. 2 WpÜG bestünde. Dies ist in der Sache konsequent, denn der Bieter bindet sich durch den Antrag auf Nichtberücksichtigung selbst[611] und Nichtberücksichtigungsentscheidung gestattet nur das Überschreiten der jeweiligen Kontrollschwelle, belässt es im Ergebnis unter Befreiung der Pflichten von § 35 Abs. 1 und 2 WpÜG aber bei der in § 59 WpÜG angeordneten Rechtsfolge des Stimmrechtsverlustes, wenn die Pflichten aus § 35 Abs. 1 und 2 WpÜG nicht erfüllt werden.

In Bezug auf den Umfang des Stimmrechtsausübungsverbots stehen sich zwei Meinungen gegenüber, die als „große Lösung" und „kleine Lösung" in der rechtswissenschaftlichen Literatur diskutiert werden. Es geht um die Frage, ob sämtliche Aktien von dem Stimmverbot erfasst werden (große Lösung) oder ob sich das Stimmausübungsverbot auf diejenigen Stimmrechte beschränkt, die zum Erreichen oder Überschreiten der Kontrollschwelle geführt haben (kleine Lösung).

Für die kleine Lösung werden zum einen die Entstehungsgeschichte der Norm, zum anderen auch teleologische Erwägungen vorgebracht. Nach der Begründung des Regierungsentwurfs von § 20 WpÜG sollen Stimmrechte aus Aktien, für die eine Nichtberücksichtigung nach § 20 Abs. 1 WpÜG gestattet wurde, „insoweit" einem Stimmausübungsverbot unterliegen, als im Falle eines Angebotes die Vorschriften über Übernahmeangebote anzuwenden oder ein Pflichtangebot abzugeben wären[612].

Legt man dieses Verständnis zugrunde, könnte das Wort „wenn" in § 20 Abs. 3 WpÜG als „soweit" zu lesen sein[613]. Zwingend ist das jedoch nicht[614]. Hingewiesen wird auch darauf, dass der Gesetzeszweck von § 20 Abs. 3 WpÜG darin besteht, eine Umgehung dadurch zu verhindern, dass ein Bieter entgegen der Zölibatserklärung Einfluss auf die Geschäftsleitung der Zielgesellschaft ausübt[615] und dass dieser Zweck auch schon dadurch erreicht wird, dass nur diejenigen Stimmrechte ausgeübt werden dürfen, die zu einer Überschreitung der Kontrollschwelle führen[616]. Auch wird betont, dass im Rahmen einer

611 *Braun*, Befreiung vom Pflichtangebot, S. 139.

612 Begr. RegE, BT-Drucks. 14/7034, linke Spalte; *Seiler* in Assmann/Pötsch/Schneider, WpÜG, § 20, Rn. 51.

613 *Vogel*, NZG 2005, 537, 540.

614 *Klepsch* in Steinmeyer/Häger, WpÜG, § 20, Rn. 24.

615 *Diekmann* in Baums/Thoma, WpÜG, § 20, Rn. 55.

616 *Seiler* in Assmann/Pötzsch/Schneider, WpÜG, § 20, Rn. 51; *Diekmann* in Baums/Thoma, WpÜG, § 20, Rn. 55; Vogel, NZG 2005, 537, 540.

Nichtberücksichtigung nach § 20 WpÜG grundsätzlich keine Auswirkungen auf das Stimmrecht eintreten, § 20 Abs. 3 WpÜG sei insoweit eine Ausnahme von diesem Grundsatz. Schon aus diesem Grund besteht Skepsis, das Stimmverbot auf den gesamten Handelsbestand auszudehnen, teilweise wird diese Lösung als überschießend bezeichnet[617]. Auch habe die große Lösung nachteilige Auswirkung auf die ohnehin schon niedrigen Hauptversammlungspräsenzen[618].

Die genannten Argumente vermögen jedoch nicht zu überzeugen. Insbesondere lässt die Gesetzesbegründung – die im Übrigen keine Gesetzeskraft hat[619] – keinen eindeutigen Schluss zu, welcher Auslegung zu folgen ist. Die Formulierung kann auch unpräzise gewählt sein, da nicht ersichtlich ist, weshalb aus dem „wenn" im Gesetzeswortlaut ein „soweit" werden sollte[620]. Zudem kann die Formulierung nach allgemeinem Sprachgebrauch auch so gelesen werden, dass nicht jede Befreiung zwingend ein Stimmverbot nach sich zieht, sondern lediglich in den Fällen, in denen die Schwellen in § 20 Abs. 3 WpÜG erreicht bzw. überschritten werden[621]. Würde man der kleinen Lösung folgen, wäre auch nicht mehr erkennbar, auf welche Papiere sich das Stimmverbot bezieht und auf welche nicht[622]. Auch der Schutzzweck des § 20 Abs. 3 WpÜG spricht nicht gegen die große Lösung. Es stellt gerade keine überschießende Lösung dar, wenn das Stimmverbot den gesamten Handels- und/oder Spekulationsbestand erfasst. § 20 Abs. 3 WpÜG soll verhindern, dass der Bieter sich über den Umweg des Handelsbestands eine Einflussnahmemöglichkeit auf die Zielgesellschaft verschafft[623]. Es ist auch nicht richtig, dass § 20 Abs. 3 WpÜG als Ausnahme zum grundsätzlichen Erhalt des Stimmrechts eng auszulegen ist. Es ist schon zweifelhaft, ob ein Grundsatz des Inhalts, dass Ausnahmen stets eng auszulegen sind, überhaupt existiert[624]. Die große Lösung führt zwar dazu, dass im Ergebnis die Stimmrechte aus einem Handels- und/oder Spekulationsbestand nur ausnahmsweise auszuüben sind[625]. Dieses Ergebnis ist jedoch sachgerecht. Will der Bieter Stimmrechte bis zu einer Beteiligung von 30 % an der Zielgesellschaft ausüben, spricht vieles dafür, dass er doch auf die Zielgesellschaft Einfluss nehmen will, was der Zölibatserklärung entgegensteht und Zweifel am Vorliegen eines

---

617 *Vogel*, NZG 2005, 537, 540.
618 *Vogel*, NZG 2005, 537, 540.
619 *Wackerbarth* in Münchener Kommentar, AktG, § 20 WpÜG, Rn. 39.
620 *Klepsch* in Steinmeyer/Häger, WpÜG, § 20, Rn. 24.
621 *Wackerbarth* in Münchener Kommentar, AktG, § 20, Rn. 39.
622 *Oechsler* in Ehricke/Ekkenga, Oechsler, WpÜG, § 20, Rn. 12.
623 *Wackerbarth* in Münchener Kommentar, AktG, § 20, WpÜG, Rn. 40.
624 Zweifelnd auch *Braun*, Befreiung vom Pflichtangebot, S. 141 und Fn. 682, 683.
625 *Hirte* in Kölner Kommentar, WpÜG, § 20, Rn. 48.

Handels- und/oder Spekulationsbestands nährt[626]. Schließlich muss der Streit über die Reichweite des Stimmverbots im Rahmen von § 20 Abs. 3 WpÜG auch im Zusammenhang mit § 23 WpHG gesehen werden[627]. Auch im Rahmen von § 23 Abs. 5 WpHG, der § 23 Abs. 4 WpHG a. F. entspricht, spricht vieles für die große Lösung, insbesondere seit durch die Neufassung des § 23 WpHG der in § 23 Abs. 4 WpHG a. F. enthaltene „wenn-Satz" weggefallen ist[628].

Rechtsfolgen eines Verstoßes gegen das Stimmverbot richten sich nach § 59 WpÜG[629].

III. Nichtberücksichtigung von Stimmrechten gemäß § 36 WpÜG

Die praktische Bedeutung der Norm ist groß, bis Mitte 2008 wurden insgesamt 720 Anträge auf Nichtberücksichtigung von Stimmrechten nach § 36 WpÜG gestellt, hiervon spielte zahlenmäßig die Nichtberücksichtigung von Stimmrechten im Zusammenhang mit konzerninternen Umstrukturierungen nach Nr. 3 die größte Rolle[630]. Auch im Berichtsjahr 2009 lag den meisten der insgesamt 61 Anträge auf Nichtberücksichtigung von Stimmrechten nach § 36 ein Kontrollerwerb infolge konzerninterner Umstrukturierung zugrunde[631], etliche Anträge betrafen auch die unentgeltliche Zuwendung von Aktien im Rahmen des Beitritts zu einem Familienpool[632]. Im Jahr 2008 entfielen von 37 Anträgen auf Nichtberücksichtigung von Stimmrechten nach § 36 WpÜG 34 auf den Tatbestand der konzerninternen Umstrukturierung[633]. Der Nichtberücksichtigung von Stimmrechten, denen ein Erwerb kraft Erb- oder Familienrechts (§ 36 Ziffer 1 WpÜG) zu Grunde liegt, kommt zahlenmäßig eine untergeordnete Bedeutung

---

626 *Hirte* in Kölner Kommentar, WpÜG, § 20, Rn. 48.

627 *Hirte* in Kölner Kommentar, WpÜG, § 20, Rn. 48.

628 *Schwark* in Schwark/Zimmer, Kapitalmarktrechtskommentar, § 23 WpHG, Rn. 24; auch unter Geltung der neuen Fassung des § 23 WpHG weiterhin für „kleine Lösung": *Schneider* in Assmann/Schneider, WpHG, § 23, Rn. 75, der auch aus der Formulierung, dass Stimmrechte nicht ausgeübt werden können, die «unberücksichtigt bleiben», den Schluss zieht, dass nur Stimmrechte unberücksichtigt bleiben, die über der Schwelle liegen.

629 *Hirte* in Kölner Kommentar, WpÜG, § 20, Rn. 49.

630 *Strunk/Salomon/Holst* in Veil (Hrsg.), Übernahmerecht in Praxis und Wissenschaft, S. 1, 23.

631 BaFin Jahresbericht 2009, S. 205.

632 BaFin Jahresbericht 2009, S. 205.

633 BaFin Jahresbericht 2008, S. 183.

zu[634]. Der Anwendungsbereich der Nr. 2, die vom Gesetzgeber als Auffangregel konzipiert ist, ist hingegen verhältnismäßig klein[635] und hat in der Praxis allenfalls untergeordnete Bedeutung.

Wie bei den auf § 37 WpÜG gestützten Befreiungsanträgen sind die Anträge im Anwendungsbereich des § 36 WpÜG fast immer erfolgreich.

1. Gesetzesgeschichte, Rechtsvergleich

a) Übernahmekodex

Der Übernahmekodex der Börsensachverständigenkommission enthielt nur teilweise Regelungen, die mit dem jetzigen § 36 WpÜG vergleichbar sind. So entfiel nach Art. 16 S. 3 Alt. 3 die Angebotspflicht, wenn die Zielgesellschaft innerhalb von 18 Monaten nach Erreichen der Kontrolle nach §§ 190 ff UmwG formwechselnd umgewandelt wurde, bis zum Ablauf jener 18 Monate war die Angebotspflicht suspendiert. Privilegierungen wegen erb- oder familienrechtlicher Konstellationen oder aufgrund konzerninterner Umstrukturierungen waren im Übernahmekodex nicht vorgesehen. Möglich war aber, dass die Übernahmekommission nach ihrem Ermessen gemäß Art. 23 Befreiung von der Angebotspflicht erteilte.

b) Rechtsvergleichende Umschau

aa) Vereinigtes Königreich

Der britische Takeover Code enthält in den *notes on dispensation from rule 9* keine Sachverhalte, die den in § 36 WpÜG geregelten Tatbeständen vergleichbar sind.

bb) Österreich

Im österreichischen Recht sind in §§ 24, 25 ÜbG gesetzliche Ausnahmen von der Angebotspflicht vorgesehen, die den Tatbeständen in § 36 WpÜG ähneln. Gemäß § 25 Abs. 1 Nr. 4 ÜbG besteht keine Angebotspflicht des Kontrollerwerbers, wenn Aktien durch Schenkung zwischen Angehörigen, Erbgang oder Teilung von Vermögen aus Anlass einer Scheidung, Aufhebung oder Nichtigerklärung einer Ehe erworben werden. In diesem Fall ist der Kontrollerwerber lediglich zur Anzeige des Sachverhalts an die Übernahmekommission verpflichtet (§ 25 Abs. 1), die gemäß § 27 Abs. 3 ÜbG Auflagen aussprechen kann, sollte dies erforderlich sein, um nach den tatsächlichen Verhältnissen des Einzelfalles eine Gefährdung der

---

634 BaFin Jahresbericht 2005, S. 176 (12 Anträge), vgl. auch *Lenz*, NJW 2003, 2073.

635 2008: ein Antrag (Jahresbericht der BaFin 2008, S. 183); 2006: ein Antrag (Jahresbericht der BaFin 2006, S. 185; 2005: kein Antrag.

Vermögensinteressen der Inhaber von Beteiligungspapieren der Zielgesellschaft zu vermeiden[636]. Der österreichische Gesetzgeber ging bei Schaffung der Norm davon aus, dass ein familien- oder erbrechtlich bedingter Erwerb die Interessen der außenstehenden Beteiligungspapierinhaber typischerweise nicht relevant beeinträchtigt, in der Regel werde keine Kontrollprämie gezahlt, weshalb es zu keiner finanziellen Ungleichbehandlung kommen kann. Zudem war der Gesetzgeber der Ansicht, dass der Erwerber der Kontrollmehrheit typischerweise keine andere Geschäftspolitik verfolge[637]. Eine Auflage nach § 25 Abs. 3 ÜbG soll daher insbesondere dann in Betracht kommen, wenn das betreffende Familienmitglied eine andere wirtschaftliche Aktivität verfolgt[638]. Gemäß § 24 Abs. 3 ÜbG bestehen weitere Privilegierungstatbestände für verbundene Unternehmen, die ebenfalls in der Sache auf eine Kontinuität der unmittelbaren oder mittelbaren Kontrolle abstellen[639].

cc) Schweiz

Auch das Schweizer Recht kennt Ausnahmen von der Angebotspflicht, die denen in § 36 WpÜG vergleichbar sind. So entfällt nach Art. 32 Abs. 3 BEHG die Angebotspflicht ex lege, wenn die Wertpapiere durch Schenkung, Erbgang, Erbteilung oder eheliches Güterrecht erworben wurden und hierdurch der marktübliche Schwellenwert überschritten wurde.

2. Voraussetzungen einer Nichtberücksichtigung von Stimmrechten gemäß § 36 WpÜG

Gemäß § 36 WpÜG muss die BaFin auf schriftlichen Antrag zulassen, dass Stimmrechte unter bestimmten Umständen bei der Berechnung des Stimmrechtsanteils zur Vermeidung des Kontrollerwerbs unberücksichtigt bleiben.

a) Kontrollerwerb infolge Stimmrechtszurechnung

Der Wortlaut der Norm („Aktien erlangt wurden") scheint hierbei zunächst nur Fälle des unmittelbaren Erwerbs von Aktien zu erfassen. Dies hätte allerdings zur

636 Von der Angebotspflicht ausgenommen sind die Schenkungen unter nahen Angehörigen im Sinne von § 22 Abs. 1 KO, erfasst sind Eheleute und Personen die in gerader Linie oder bis zum 4. Grad der Seitenlinie miteinander verwandt oder verschwägert sind, Wahl- und Pflegekinder im Verhältnis zu deren Wahl- bzw. Pflegeeltern und Personen, die in außerehelicher Gemeinschaft leben, vgl. *Huber*, ÜbG, § 25, Rn. 59.

637 Erl. RV 1276 BlgNr. XX. GP, 2.

638 Erl. RV 1334 BlgNr. XXII. GP, 16.

639 *Huber*, ÜbG, § 25, Rn. 60.

Folge, dass Fälle, in denen der Antragsteller die Kontrolle über eine Zielgesellschaft infolge einer Zurechnung von Stimmrechten erwirbt, nicht erfasst würden. Denkbar ist, dass ein Dritter aufgrund eines in § 36 WpÜG angeführten Sachverhalts Stimmrechte erwirbt, die dem Antragsteller erstmals zugerechnet werden oder dass dem Antragsteller Stimmrechte, die einem Dritten bereits gehörten, infolge eines der in § 36 WpÜG genannten Erwerbsvorgänge zugerechnet werden[640]. Es ist anerkannt, dass bei einem Ausschluss des mittelbaren Kontrollerwerbs aus dem Anwendungsbereich des § 36 WpÜG das gesetzgeberische Ziel der Privilegierung von Kontrollerwerben infolge konkret benannter Sachverhalte, die sich zwar strukturell stark unterscheiden[641], denen aber gemein ist, dass die Angebotspflicht nicht sachgerecht erscheint[642], verfehlt würde[643]. Die Begründungen unterscheiden sich jedoch: Teilweise wird argumentiert, das WpÜG behandele grundsätzlich den mittelbaren und unmittelbaren Kontrollerwerb gleich[644], weshalb zur Vermeidung planwidriger Regelungslücken eine erweiternde, teleologische Auslegung der Norm geboten sei[645]. Andere sehen den mittelbaren Erwerb schon aufgrund des Gleichlaufs mit dem mittelbaren Kontrollerwerb unproblematisch als von § 36 WpÜG mit erfasst oder verlangen lediglich eine weite Auslegung des Tatbestandsmerkmals „Aktien erlangt“[646]. Richtig ist, dass das WpÜG in der Tat den mittelbaren und den unmittelbaren Kontrollerwerb gleich behandelt, dies aber auch stets ausdrücklich anordnet. Aus teleologischen Überlegungen ist kein Grund ersichtlich, den mittelbaren Kontrollerwerb von Anwendungsbereich des § 36 WpÜG ausnehmen zu wollen, sollen sachwidrige Ergebnisse vermieden werden. Dieses Ergebnis lässt sich angesichts des Wortlauts der Vorschrift aber nur durch eine teleologische Erweiterung begründen[647].

De lege ferenda bietet sich eine Klarstellung des Wortlauts der Norm daher an[648].

---

640 *Hecker* in Baums/Thoma, WpÜG, § 36, Rn. 13.

641 *Von Bülow* in Kölner Kommentar, WpÜG, § 36, Rn. 4.

642 Begr. RegE BT-Drucks. 14/7034, S. 60; *von Bülow* in Kölner Kommentar, WpÜG, § 36, Rn. 4; *Schlitt/Ries* in Münchener Kommentar, AktG, § 36 WpÜG, Rn. 4.

643 *Heuber*, Befreiung vom Pflichtangebot, § 137; *von Bülow* in Kölner Kommentar, WpÜG, § 36, Rn. 18; *Hecker* in Baums/Thoma, WpÜG, § 36, Rn. 13.

644 *Heuber*, Befreiung vom Pflichtangebot, S. 137.

645 *Von Bülow* in Kölner Kommentar, WpÜG, § 36, Rn. 19.

646 *Hecker* in Baums/Thoma, WpÜG, § 36, Rn. 14; *Heuber*, Befreiung vom Pflichtangebot, S. 137.

647 *Von Bülow* in Kölner Kommentar, WpÜG, § 36, Rn. 19.

648 *Von Bülow* in Kölner Kommentar, WpÜG, § 36, Rn. 11.

b) Kausalität

Da § 36 WpÜG die Kontrollerlangung nur in den ausdrücklich benannten Sachverhalten, in denen die Angebotspflicht nicht sachgerecht erscheint, privilegieren will, ist weitere Voraussetzung der Nichtberücksichtigung der Stimmrechte, dass der Kontrollerwerb unmittelbare Folge eines der genannten Erwerbsvorgänge ist. Erforderlich ist eine kausale Verknüpfung in dem Sinne, dass die Stimmrechte, die unberücksichtigt bleiben sollen, im Falle ihrer Berücksichtigung zum Kontrollerwerb des Bieters führen würden[649].

c) Erb- und familienrechtliche Sachverhalte

Gemäß § 36 Nr. 1 WpÜG bleiben Stimmrechte aus Aktien der Zielgesellschaft unberücksichtigt, wenn die Aktien erlangt wurden durch Erbgang, Erbauseinandersetzung oder unentgeltliche Zuwendung unter Ehegatten, Lebenspartnern oder Verwandten in gerade Linie und bis zum dritten Grade oder durch Vermögensauseinandersetzung aus Anlass der Auflösung einer Ehe oder Lebenspartnerschaft. Erklärtes Ziel des Gesetzgebers ist es, die Nachfolge in börsennotierte Familienunternehmen zu privilegieren, die Pflicht zur Abgabe eines Angebots erschien dem Gesetzgeber in diesen Fällen nicht sachgerecht[650]. Der Gesetzgeber ging davon aus, dass ein Pflichtangebot eine so große finanzielle Belastung darstellen würde, dass möglicherweise die Fortführung eines Familienunternehmens unmöglich gemacht würde[651].

aa) Familiäres Näheverhältnis

Gemeinsame Voraussetzung der in § 36 Nr. 1 WpÜG privilegierten Erwerbsvorgänge ist, dass zwischen denjenigen, der die Aktien oder Stimmrechte bislang hielt und demjenigen, der sie aufgrund des Erwerbsvorgangs erhält, ein familiäres Näheverhältnis besteht. Privilegiert sind nur Erwerbsvorgänge zwischen Ehegatten, Lebenspartnern oder Verwandten gerader Linie[652] i.S.v. § 1589 BGB, und diese nur bis zum dritten Grade. Fehlt ein Näheverhältnis in diesem Sinne, bleibt dem Kontrollerwerber nur noch der Antrag nach § 37 Abs. 1 WpÜG i.V.m. § 9 WpÜG-AngebotsVO[653].

---

649 *Von Bülow* in Kölner Kommentar, WpÜG, § 36, Rn. 20.

650 Begr. RegE WpÜG, BT-Drucks. 14/7034, S. 60.

651 Begr. RegE WpÜG, BT-Drucks. 14/7034, S. 60.

652 Ein Erwerb zwischen Geschwistern kann daher nicht nach § 36 Nr. 1 WpÜG privilegiert werden, da diese nicht in gerader, sondern in Seitenlinie verwandt sind.

653 *Ivens*, ZEV 2011, 177, 178; Raddatz in ZEV 2013, 361, 366.

bb) Erwerb durch Erbgang

Die erste Tatbestandsalternative erfasst den Erwerb der Aktien bzw. der Rechte, die Stimmrechte an Aktien vermitteln, durch Erbgang. Erfasst sind alle denkbaren Fälle des Vermögensübergangs im Zusammenhang mit dem Tode eines Menschen[654].

i) Beginn der Fristen gemäß § 35 Abs. 1 und 2

Bei dem Erwerb einer kontrollierenden Beteiligung von Todes wegen beginnt die Frist des § 35 Abs. 1 Satz 1 WpÜG erst nach Ablauf der 6-wöchigen Überle¬gungs- und Prüfungsfrist des Erben gemäß § 1944 BGB, d.h. mit Annahme der Erbschaft bzw. mit der bei Verstreichen der Ausschlagungsfrist unterstellten Annahme gemäß § 1943 BGB [655]. Bis zum Ablauf der sechswöchigen Frist ruht die Veröffentlichungspflicht. [656] Dass der Kapitalmarkt in dieser Zeit nicht über einen möglichen Kontrollwechsel infor¬miert wird, ist hinzunehmen, diese Beeinträchtigung ist zudem nicht signifikant [657]. Der Erwerb ist nämlich bis zur ausdrücklichen Annahme der Erbschaft bzw. der fingierten Annahme durch Verstreichenlassen der Ausschlagungsfrist nicht voll¬ständig, es besteht bis zu diesem Zeitpunkt keine Klarheit darüber, ob ein Kontrollwechsel eintritt oder nicht. Aus diesem Grund wird das Interesse des Kapitalmarkts an zeitnaher Information nicht signifikant beeinträchtigt.

ii) Problem: Erwerb durch Erbengemeinschaft

Umstritten ist die Behandlung der Fälle, in denen eine kontrollierende Beteiligung oder eine Beteiligung, die bei den Erwerbern zum Überschreiten der Kontrollschwelle führt[658], auf eine Erbengemeinschaft übergeht[659].

---

654 *Hecker* in Baums/Thoma, WpÜG, § 36, Rn. 24. Hierunter fallen insbesondere die Fälle der Gesamtrechtsnachfolge aufgrund gewillkürter (§§ 1937, 1941 BGB, Testament, Erbvertrag) oder gesetzlicher Erbfolge (§§ 1924 ff. BGB). Erfasst ist auch der Erwerb durch Erbersatz oder Nacherbschaft (§§ 2096 ff. bzw. 2100 BGB). Ferner erfasst sind die Übertragung von Aktien in Erfüllung eines Vermächtnisses (§§ 1939, 2174 BGB) sowie der Erwerb infolge der Erfüllung eines Schenkungsversprechens von Todes wegen i.S.v. §§ 2301 Abs. 1 BGB.

655 *Wiesbrock/Zens*, ZEV 2006, 137, 138.

656 *Ekkenga/Schulz* in Ehricke/Ekkenga/Oechsler, WpÜG, § 35, Rn. 17.

657 *Hasselbach* in Kölner Kommentar, WpÜG, § 35, Rn. 83.

658 Eine teleologische Reduktion dahingehend, dass § 36 WpÜG nur die Fälle erfasst, in denen eine bereits bestehende Kontrollposition übergeht, ist angesichts des Gesetzeszwecks, die Nachfolge bei Familienunternehmen zu privilegieren, nicht geboten, vgl. *von Bülow* in Kölner Kommentar, WpÜG, § 36, Rn. 23.

659 Ein Parallelproblem stellt sich wenn eine Kapitalbeteiligung in Vollzug einer Schenkung an mehrere Personen gemeinschaftlich i.S.d. §§ 1008 ff. BGB übereignet wird.

Teilweise wird vertreten, die Miterben seien in diesem Fall verpflichtet, als Bietergemeinschaft die Pflichten des § 35 Abs. 1 und 2 WpÜG gemeinschaftlich zu erfüllen. In diesem Fall sollen die Miterben nur dann gemeinschaftlich in den Genuss der Privilegierung kommen, wenn sie alle zu den von § 36 Abs. 1 WpÜG begünstigten Personen gehören, ansonsten bliebe nur der Weg einer Befreiung nach § 37 WpÜG[660]. Antrags- und freistellungsberechtigt ist aber nicht die Erbengemeinschaft als solche, sondern ihre einzelnen Mitglieder als Individualrechtsträger[661]. Aus diesem Grund ist es sachgerecht, dem einzelnen Miterben Stimmrechte aus dem Nachlass nur quotal entsprechend seiner Beteiligung an der Erbengemeinschaft zuzurechnen[662]. Etwas anderes gilt, wenn die Mitglieder der Erbengemeinschaft untereinander weitere Vereinbarungen im Hinblick auf die gesamthänderisch gehaltene Beteiligung getroffen haben oder ein sonstiges abgestimmtes Handeln vorliegt und eine Zurechnung gemäß § 30 WpÜG erfolgen kann[663]. Würde man die gesamthänderisch gehaltenen Stimmrechte jedem einzelnen Mitglied vollständig und ohne Berücksichtigung seiner quotalen Beteiligung zurechnen, würde dies zu wenig sachgerechten Ergebnissen führen, da der tatsächliche Stimmrechtseinfluss des jeweiligen Mitglieds unberücksichtigt bliebe[664]. Daher ist es für die Privilegierungsmöglichkeit des einzelnen Mitglieds auch nicht relevant, ob eine Erbengemeinschaft nur aus Personen besteht, die im Näheverhältnis i.S.v. § 36 Nr. 1 WpÜG zum Erblasser stehen[665].

iii) Grenze des Anwendungsbereichs

Nicht anwendbar ist § 36 WpÜG wenn ein Pflichtteilsberechtigter zum Zwekke der Erfüllung seines Pflichtteilsanspruchs, der regelmäßig auf Geld gerichtet ist, Aktien der Zielgesellschaft an Erfüllung statt annimmt[666]. Im Verhältnis zwischen den Erben, die Schuldner des Pflichtteilsanspruchs sind und den Pflichtteilsberechtigten erfolgt gerade kein Erbgang[667], und der Erblasser setzte auch

---

660 *Hecker* in Baums/Thoma, WpÜG, § 36, Rn. 22.

661 *Ekkenga* in Ehricke/Ekkenga/Oechsler, WpÜG, § 36, Rn. 19.

662 *Schlitt/Ries*, Münchener Kommentar, AktG, § 35 WpÜG, Rn. 49; *von Bülow* in Kölner Kommentar, WpÜG, § 35, Rn. 39; *Krause/Pötzsch* in Assmann/Pötzsch/Schneider, WpÜG, § 35, Rn. 53.

663 *Von Bülow* in Kölner Kommentar, WpÜG, § 36, Rn. 30, § 29, Rn. 98.

664 *Von Bülow* in Kölner Kommentar, WpÜG, § 29, Rn. 27; *Ekkenga/Schulz* in Ehricke/Ekkenga/Oechsler, WpÜG, § 35, Rn. 47.

665 *Ekkenga* in Ehricke/Ekkenga/Oechsler, WpÜG, § 36, Rn. 19; *Von Bülow* in Kölner Kommentar, WpÜG, § 36, Rn. 30.

666 *Wiesbrock/Zens*, ZEV 2006, 137; a.A. *Hecker* in Baums/Thoma, WpÜG, § 36, Rn. 25.

667 *Wiesbrock/Zens*, ZEV 2006, 137.

nicht den Rechtsgrund für den Erwerb der Aktien durch den Pflichtteilsberechtigten. Im Gegenteil sollte nach dem Willen des Erblassers, der Pflichtberechtigte gerade nichts erhalten[668]. Aus diesem Grund erscheint es auch im Hinblick auf den Gesetzeszweck, der die Nachfolge in Familienunternehmen erleichtern will, vertretbar, dem Pflichtteilsberechtigten die Erleichterung der Nachfolge durch Nichtberücksichtigung der Stimmrechte zu verweigern[669].

Ebenso wenig von §§ 36 WpÜG erfasst ist der Erbschaftskaufvertrag mit dem Nacherben über die beim Vorerben angefallene Erbschaft, § 2371 BGB. Veräußert der Nacherbe seine Anwartschaft auf die Erbschaft an einen Dritten wird mit dem Tode des Vorerben (vgl. § 2106 BGB) der Dritte zwar Gesamtrechtsnachfolger des Erblassers, eine Nichtberücksichtigung der so erworbenen Stimmrechte kommt aber selbst dann nicht in Betracht, wenn der Dritte in einem von § 36 WpÜG geforderten Näheverhältnis zum Erblasser steht. Denn der Erwerb ist in diesem Fall nicht mehr unmittelbare Folge des Erbgangs[670].

cc) Kontrollerwerb durch Erbauseinandersetzung

Privilegiert ist ferner der Erwerb durch Erbauseinandersetzung. Der Begriff entspricht inhaltlich der erbrechtlichen Auseinandersetzung i.S.v. § 2242 BGB[671]. Für die Anwendung dieser Tatbestandsalternative ist wiederum Voraussetzung, dass zwischen demjenigen, der die Nichtberücksichtigung der Stimmrechte gemäß § 36 WpÜG beantragt, und dem Erblasser ein Näheverhältnis i.S.v. § 36 Nr. 1 WpÜG besteht. Privilegiert werden daher die Fälle, in denen im Rahmen der Verteilung des Nachlassvermögens Aktien oder Rechte, die Stimmrechte an Aktien vermitteln, von einer Erbgemeinschaft aus dem gesamthänderisch gebundenen Sondervermögen auf einen Miterben übertragen werden. Erforderlich ist, dass es sich um Aktien handelt, die in den Nachlass fielen. Nicht privilegiert ist der Erwerb von Aktien aus dem Privatvermögen eines Miterben, selbst wenn dies aus Anlass der Erbauseinandersetzung geschieht[672]. Ebenfalls nicht gemeint ist die Übertragung von Aktien an Dritte zur Erfüllung einer Nachlassverbindlichkeit, selbst wenn die Nachlassgläubiger zugleich Miterben sind und zu den in § 36 WpÜG Nr. 1 begünstigten Personen gehören[673].

---

668 *Wiesbrock/Zens*, ZEV 2006, 137.

669 Im Ergebnis ebenso *Wiesbrock/Zens*, ZEV 2006, 137.

670 *Hecker* in Baums/Thoma, WpÜG, § 36, Rn. 26.

671 *Wiesbrock/Zens*, ZEV 2006, 137, 141.

672 *Von Bülow* in Kölner Kommentar, WpÜG, § 36, Rn. 31.

673 *Hecker* in Baums/Thoma, WpÜG, § 36, Rn. 29, 30 weist darauf hin, dass die Berichtigung einer Nachlassverbindlichkeit möglicherweise unter einen der anderen in

Im Übrigen spielt es für die Anwendung von § 36 WpÜG keine Rolle, auf welche Weise die Auseinandersetzung erfolgt. So ist § 36 WpÜG anwendbar im Falle einer Erbteilungsklage, bei einer Teilungsauseinandersetzung, bei Erbauseinandersetzung durch Auseinandersetzungsvertrag, Testamentsvollstreckung und Vermittlung staatlicher Stellen[674].

dd) Vermögensauseinandersetzung aus Anlass der Auflösung einer Ehe oder Lebenspartnerschaft

Für eine Privilegierung nach dieser Tatbestandsalternative ist erforderlich, dass ein Übertragungsvorgang zwischen den beteiligten Ehe- oder Lebenspartnern erfolgt. Voraussetzung ist die Aufhebung oder Scheidung einer Ehe bzw. Lebenspartnerschaft. Die Vermögensauseinandersetzung kann dann im Wege des Zugewinnausgleichs gemäß § 1372 BGB erfolgen, durch Auseinandersetzung der Gütergemeinschaft (§§ 1471, 1478 BGB) oder durch Aufhebung der Ausgleichsgemeinschaft zwischen Lebenspartnern. Denkbar ist auch die Übertragung von Vermögensbestandteilen, die im Ehevertrag für den Fall einer Scheidung versprochen wurden. Nicht erfasst ist allerdings der vorzeitige Zugewinnausgleich gemäß §§ 1385 ff. BGB und dies selbst dann nicht, wenn die Beteiligten Parteien die Scheidung der Ehe beabsichtigen[675].

ee) Unentgeltlicher Erwerb

i) Begriff der Unentgeltlichkeit

Nach § 36 Nr. 1 WpÜG privilegiert sind schließlich unentgeltliche Zuwendungen, erfasst sind neben vollzogenen Schenkungen i.S.v. § 516 BGB und zu Lebzeiten vollzogene Schenkungen auf den Todesfall i.S.v. § 2301 BGB[676] auch so genannte ehebedingte Zuwendungen[677] und nach herrschender Meinung auch die vorweggenommene Erbfolge[678]. Eine Zuwendung – die Hingabe eines

§ 36 Nr. 1 WpÜG genannten Erwerbsvorgänge fällt, so ist es etwa denkbar, dass eine zu Lebzeiten des Erblassers vereinbarte Schenkung erst nach seinem Tod vollzogen wird. In diesem Fall ist der Anspruch aus der Schenkung Nachlassverbindlichkeit, der Vollzug wäre dann eine unentgeltliche Zuwendung.

674 *Hecker* in Baums/Thoma, WpÜG, § 36, Rn. 28.

675 *Hecker* in Baums/Thoma, WpÜG, § 36, Rn. 39.

676 *Schlitt/Ries* in Münchener Kommentar, AktG, § 36 WpÜG, Rn. 17; *Heuber*, Befreiung vom Pflichtangebot, S. 129.

677 *Schlitt/Ries* in Münchener Kommentar, AktG, § 36 WpÜG, Rn. 17; *Hommelhoff/Witt* in Frankfurter Kommentar, WpÜG, § 36, Rn. 14; Zum Begriff der ehebedingten Zuwendung vgl. *Kleinle*, FamRZ 1997, 1383.

678 *Heuber*, Befreiung vom Pflichtangebot, S. 128; *Schlitt/Ries* in Münchener Kommentar, AktG, § 36, Rn. 17; *Ekkenga* in Ehricke/Ekkenga/Oechsler, WpÜG, § 36, Rn. 19;

Vermögensbestandteils aus dem Vermögen von einer Person zugunsten einer anderen – ist unentgeltlich, wenn sie nach dem Inhalt des Rechtsgeschäfts unabhängig von einer Gegenleistung erfolgt[679]. Die Gegenleistung kann hierbei auch immaterieller Art sein[680]. Verpflichtet sich etwa der Zuwendungsempfänger, die Alters- oder Krankenpflege des Zuwendenden zu übernehmen, kann hierin schon eine Gegenleistung liegen, die der Annahme der Unentgeltlichkeit entgegenstehen kann[681]. Die Vereinbarung eines Nießbrauchsrechts an der geschenkten Beteiligung stellt hingegen keine Gegenleistung in diesem Sinne dar, da durch einen Nießbrauchsvorbehalt lediglich der Wert des Geschenks selbst gemindert wird[682].

ii) Gemischte Schenkungen

Umstritten ist die rechtliche Behandlung der Fälle, in denen für die Übertragung der die Stimmrechte vermittelnden Aktien zwar eine Gegenleistung vereinbart wird, diese aber in keinem angemessenen Verhältnis zum Wert der Beteiligung steht. Nach überwiegender Auffassung ist die Anwendung von § 36 Nr. 1 WpÜG bei jeder geleisteten Gegenleistung ausgeschlossen, auch wenn die Gegenleistung in keinem angemessenen Verhältnis zum Wert der Aktien steht[683], es sich also um eine gemischte oder verschleierte Schenkung handelt[684]. In diesem Fall soll der unentgeltliche Teil der Zuwendung als durch den entgeltlichen Teil „infiziert“ anzusehen sein[685]. Teilweise wird auch vertreten, bei einer Gegenleistung, die in

---

zum Begriff der vorweggenommenen Erbfolge vgl. *Koch* in Münchener Kommentar, BGB, § 516, Rn. 84.

679 Vgl. zum Begriff der Unentgeltlichkeit im Schenkungsrecht BGH, Urt.v. 11.11.1981, Az. IVa ZR, 182/80 = BGH NJW 1982, 436.

680 *Wiesbrock/Zens*, ZEV 2006, 137, 141.

681 Anders jedoch, wenn die Versorgung des Schenkers eine Auflage im Schenkungsvertrag darstellt, vgl. *Wiesbrock/Zens*, ZEV 2006, 137, 142.

682 *Wiesbrock/Zens*, ZEV 2006, 137, 141; für Unbeachtlichkeit des Nießbrauchs auch: *von Bülow* in Kölner Kommentar, WpÜG, § 36, Rn. 34; a.A. *Kocher*, BB 2012, 721, 723.

683 *Hecker* in Baums/Thoma, WpÜG, § 36, Rn. 33; *von Bülow*, in Kölner Kommentar, WpÜG, § 36, Rn. 33; *Heuber*, Befreiung vom Pflichtangebot, S. 131, *Noack/Zetsche* in Schwark/Zimmer, Kapitalmarktrechtskommentar, § 36 WpÜG, Rn. 7 (Befreiung nach § 37 soll möglich sein), *Meyer* in Geibel/Süßmann, WpÜG, § 36, Rn. 17; a.A. *Harbarth*, ZIP 2002, 321, 329; *Ekkenga* in Ehricke/Ekkenga/Oechsler, WpÜG, § 36, Rn. 20.

684 Zum Begriff der gemischten Schenkung: BGH, Urt. v. 21.06.1972, Az. IV ZR 221/69; BGH Urt. v. 17.02.1993, Az. XII ZR 232/91; BGH Urt. v. 23.09.1981, Az. IVa ZR 185/80.

685 *von Bülow* in Kölner Kommentar, WpÜG, § 36, Rn. 33.

keinem angemessenen Verhältnis zum Wert der Aktien steht, die Zuwendung in einen privilegierten unentgeltlichen und einen nicht privilegierten entgeltlichen Teil aufzuspalten und nur im Hinblick auf die Stimmrechte aus den Aktien, die nicht den durch die Gegenleistung abgedeckten Mehrwert repräsentieren, von einer unentgeltlichen Zuwendung ausgehen[686].

Zu berücksichtigen ist, dass der Gesetzgeber mit der Regelung in § 36 Nr. 1 WpÜG Familienunternehmen privilegieren und deren Fortführung ohne Pflichtangebot ermöglichen wollte. Eine Verengung des Anwendungsbereichs auf Zuwendungen, die ohne jegliche Gegenleistung erfolgen, ist daher möglicherweise im Hinblick auf den Gesetzeszweck nicht sachgerecht. In der Literatur wird zu Recht darauf hingewiesen, dass ein Unternehmensnachfolger vor den Kosten eines Pflichtangebots auch dann geschützt werden muss, wenn ihn der Erwerb etwas gekostet hat[687]. Insbesondere im Hinblick auf übliche Vereinbarungen der vorweggenommenen Erbfolge geht die Norm wohl auch an der Praxis der familieninternen Unternehmensnachfolge vorbei[688]. Allerdings ist der Wortlaut, der „Unentgeltlichkeit" verlangt, insoweit eindeutig. Auch weil klare Kriterien dafür fehlen, bei welchem Missverhältnis zwischen Leistung und Gegenleistung die Zuwendung noch als unentgeltlich einzuordnen ist, lassen sich sachgerechte Ergebnisse nur erzielen, wenn im Anwendungsbereich des § 36 WpÜG überhaupt keine Gegenleistung gewährt wird und befreiungswürdige Sachverhalte über eine Befreiung nach § 37 WpÜG gelöst werden[689].

ff) Reformüberlegungen

De lege lata ist allerdings hinzunehmen, dass der Gesetzgeber mit der Regelung in § 36 Nr. 1 WpÜG nur den unentgeltlichen Erwerb privilegieren wollte und sich nicht dazu entschieden hat, sämtliche Erwerbsvorgänge unter nahen Angehörigen von der Angebotspflicht zu befreien. De lege ferenda sollte jedoch überlegt werden, ob diese Begrenzung sinnvoll ist. Insbesondere entspricht es in der Tat nicht der Praxis der Unternehmensnachfolge, von einem ausschließlich

---

686 *Schlitt/Ries* in Münchener Kommentar, AktG, § 36 WpÜG, Rn. 18; *Braun*, Befreiung vom Pflichtangebot, S. 150.

687 *Ekkenga* in Ehricke/Ekkenga/Oechsler, WpÜG, § 36, Rn. 20.

688 *Ekkenga* in Ehricke/Ekkenga/Oechsler, WpÜG, § 36, Rn. 20; *Mutter*, DStR 2007, 2013, 2017: Übertragung von Anteilen auf Nachfahren stellt für die außenstehenden Aktionäre keine entscheidende Änderung der Investitionsgrundlage dar, sondern ist für diese absehbar.

689 *Noack/Zetzsche* in Schwark/Zimmer, Kapitalmarktrechtskommentar, § 36 WpÜG, Rn. 7.

unentgeltlichen Erwerb unter Lebenden auszugehen. Insbesondere bei der lebzeitigen Unternehmensnachfolge werden Erwerbern immer wieder Verpflichtungen auferlegt[690].

d) Rechtsformwechsel gem. § 36 Nr. 2 WpÜG

Bei der Berechnung des Stimmrechtsanteils bleiben außerdem Stimmrechte aus Aktien unberücksichtigt, die durch „Rechtsformwechsel" außerhalb des Umwandlungsgesetzes erlangt wurden. Die praktische Bedeutung der Norm ist gering[691]. Die innere Rechtfertigung der Nichtberücksichtigung ist darin zu sehen, dass ein bloßer Rechtsformwechsel die materiellen Herrschaftsverhältnisse an der Zielgesellschaft unverändert lässt, weshalb als ungeschriebene Voraussetzung die Kontrollsituation in der Zielgesellschaft unverändert bleiben muss[692].

aa) Formwechsel iSd. UmwG kein Anwendungsfall

Der Formwechsel iSd. §§ 190 ff. UmwG ist schon mangels Kontrollerwerbs kein Anwendungsfall des § 36 Nr. 2 WpÜG. Der Anwendungsbereich der Norm beschränkt sich vielmehr auch nach dem Willen des Gesetzgebers[693]

---

690 Zu den verbleibenden Möglichkeiten, die Übertragung von Aktien oder Rechten, die Stimmrechte an Aktien vermitteln, pflichtangebotsfrei zu übertragen vgl. *Hecker* in Baums/Thoma, WpÜG, § 36, Rn. 35: Möglich sei allein die Schenkung der Aktien bzw. Rechte unter einer Auflage i.S.v. § 525, wobei als Auflage etwa ein Nießbrauch in Betracht kommt, aber auch die Auflage, etwa Geschwister abzufinden. *Hecker* betrachtet auch die Verpflichtung, dem Zuwendenden einen Teil der Erträge aus den Aktien zu überlassen als mögliche Auflage i.S.v. § 525 BGB. Die Schenkung unter Auflage sei dann zugleich Schenkung als auch unentgeltliche Zuwendung i.S.v. § 36 Nr. 1. Hingegen soll es unzulässig sein, einen Teil des vom Zuwendenden gehaltenen Aktienpakets entgeltlich zu übertragen bis knapp unter die Kontrollschwelle und dann einen kleinen Teil zur Überschreitung der Kontrollschwelle unentgeltlich zu übertragen, um in den Genuss der Privilegierung des § 36 Nr. 1 WpÜG zu kommen. Hierin liege eine unzulässige Gesetzesumgehung. Vgl. zu der Frage, wem im Falle einer Nießbrauchbestellung das Stimmrecht zusteht, *Soergel/Stürmer*, § 1068 BGB, Rn. 9 a, *Schmid*, ZGR 1999, S. 601–612; BGH, Urt. v. 09.11.1998, Az. II ZR 213/97 = NJW 1999, 571.

691 *Sohbi* in Heidel, Aktienrecht und Kapitalmarktrecht, § 36 WpÜG, Rn. 4; vgl. die statistischen Angaben in den Jahresberichten der BaFin (ca. ein Antrag pro Jahr).

692 *Hecker* in Baums/Thoma, WpÜG, § 36, Rn. 49; *Klepsch* in Steinmeyer/Häger, WpÜG, § 36, Rn. 21, *Meyer* in Geibel/Süßmann, WpÜG, § 36, Rn. 19; *Schlitt/Ries*, Münchener Kommentar, AktG, § 36 WpÜG, Rn. 31. A.A. *von Bülow* in Kölner Kommentar, WpÜG, § 36, Rn. 42.

693 Vgl. Begr. RegE, BT-Drucks. 14/7034, S. 60.

auf „Rechtsformwechsel“ außerhalb der Vorschriften des Umwandlungsgesetzes[694]. Das Umwandlungsgesetz erfasst Fälle der Änderung der Rechtsform eines Rechtsträgers unter Beibehaltung seiner rechtlichen und wirtschaftlichen Identität[695]. In diesen Fällen findet keine Übertragung von Vermögen und kein Rechtsträgerwechsel statt[696], weshalb schon formal kein Kontrollerwerb vorliegt und für eine Befreiung bzw. die Nichtberücksichtigung von Stimmrechten kein Bedarf besteht[697]. § 36 Nr. 2 WpÜG ist auch dann nicht anwendbar, wenn ein Formwechsel nach Umwandlungsgesetz ausnahmsweise nicht verhältniswahrend ist[698]. In diesem Fall kann es zwar ausnahmsweise dazu kommen, dass die betreffenden Anteilsinhaber die Kontrolle über die Zielgesellschaft erlangen, nämlich dann, wenn Aktionäre, die bislang keine Kontrolle über die Zielgesellschaft hatte, nunmehr Kontrolle über den Rechtsträger der neuen Form erlangen und infolge der Zurechnung von Stimmrechten nach § 30 Abs. 2 Satz 1 Nr. 1 i.V.m. § 2 Abs. 6 WpÜG zugleich die mittelbare Kontrolle über die Zielgesellschaft erlangen[699]. In diesem Fall ändert sich die materielle Kontrollsituation der Zielgesellschaft[700]. Da der Gesetzgeber nur die Fälle erfassen wollte, in denen zwar die Identität eines Rechtsträgers nicht fortbesteht, sich die Herrschaftsverhältnisse an der Zielgesellschaft aber gleichwohl nicht ändern[701], kommt in diesem Fall allenfalls eine Befreiung von den Pflichten des § 35 WpÜG nach § 37 WpÜG in Betracht[702].

bb) Rechtsformwechsel außerhalb des Umwandlungsgesetzes

Als Anwendungsbereich des § 36 Nr. 2 WpÜG verbleiben daher nur Fälle des „Rechtsformwechsels“ außerhalb des Umwandlungsgesetzes. Die Regelung des § 36 Nr. 2 WpÜG ist insgesamt nicht anwendbar auf Dritte, die am Rechtsformwechsel nicht beteiligt sind und durch diesen erstmals mittelbar die Kontrolle

---

694 *Von Bülow* in Kölner Kommentar, WpÜG, § 36, Rn. 38.

695 *Stengel/Schwanna* in Semler/Stengel, UmwG, § 190, Rn. 3.

696 *Berenbrok* in Sudhoff, Unternehmensnachfolge, 5. Aufl., § 57, Rn. 14.

697 *Heuber*, Befreiung vom Pflichtangebot, S. 134.

698 Der quotenverschiebende, nichtverhältniswahrende Formwechsel ist nicht ausdrücklich geregelt, als Anhaltspunkt gilt aber § 194 Abs. 1 Nr. 4 UmwG, vgl. *Heckschen*, Becksches Notarhandbuch, Rn. 102; vgl. auch *Meister/Klöcker* in Kallmeyer, UmwG, § 194, Rn. 34.

699 *Hecker* in Baums/Thoma, WpÜG, § 36, Rn. 46.

700 *Hecker* in Baums/Thoma, WpÜG, § 36, Rn. 46.

701 *Hommelhoff/Witt* in Frankfurter Kommentar, WpÜG, § 36, Rn. 20.

702 Strittig: vgl. *Hecker* in Baums/Thoma, WpÜG, § 36, Rn. 46 einerseits und *von Bülow* in Kölner Kommentar, WpÜG, § 36, Rn. 38; § 37, Rn. 55.

über die Zielgesellschaft erwerben[703]. Die Norm erfasst in erster Linie Fälle des Rechtsformwechsels eines Aktionärs. In jedem Fall ist außerdem zu prüfen, ob sich die materiellrechtliche Kontrollsituation für die Zielgesellschaft verändert hat. Ist dies der Fall, ist der Anwendungsbereich teleologisch zu reduzieren[704].

i) Übergang von einer Form der Personengesellschaft in eine andere Form der Personengesellschaft

Zu einem Rechtsformwechsel in diesem Sinne kommt es beim Eintritt eines Kommanditisten in eine oHG, die daraufhin zur KG wird[705]. Wird hingegen eine GbR in eine oHG oder KG „umgewandelt", sei es durch Änderung des Gesellschaftsvertrages oder durch die Aufnahme eines Handelsgewerbes oder Eintragung der Firma in das Handelsregister, liegt ein Kontrollerwerb gar nicht vor. Vielmehr handelt es sich um einen identitätswahrenden Wechsel der Rechtsform des Kontrollinhabers, § 36 WpÜG ist unanwendbar[706].

ii) Anwachsungsmodelle

Größere Bedeutung haben „Rechtsformwechsel" in Gestalt sogenannter Anwachsungsmodelle, insbesondere die Umwandlung einer Kapitalgesellschaft & Co. in eine Kapitalgesellschaft durch Ausscheiden aller Kommanditisten mit Anwachsung des Vermögens bei der Kapitalgesellschaft, die die Komplementärstellung inne hat oder durch Kapitalerhöhung gegen Einbringung der Kommanditeinlagen in die Komplementärkapitalgesellschaft[707]. Anwachsungsmodelle ermöglichen eine einfache Umwandlung von Personengesellschaften[708], da nach § 738 BGB der einem ausscheidenden Gesellschafter zustehende Anteil an Gesellschaftsvermögen den übrigen Gesellschaftern zuwächst[709]. Gehört zum Vermögen einer Kapitalgesellschaft & Co KG die Beteiligung an einer Zielgesellschaft, wächst dieses im Falle des Ausscheidens der Kommanditisten der Komplementär-Kapitalgesellschaft an, die die Kontrolle über die Zielgesellschaft

---

703 *Braun*, Befreiung vom Pflichtangebot, S. 151.

704 *Hecker* in Baums/Thoma, WpÜG, § 36, Rn. 49; *Klepsch* in Steinmeyer/Häger, WpÜG, § 36, Rn. 21, *Meyer* in Geibel/Süßmann, WpÜG, § 36, Rn. 19; *Schlitt/Ries* in Münchener Kommentar, AktG, § 36 WpÜG, Rn. 31. A.A. *von Bülow* in Kölner Kommentar, WpÜG, § 36, Rn. 42.

705 *Hommelhoff/Witt* in Frankfurter Kommentar, WpÜG, § 36, Rn. 21; *Holzborn/Blank*, NZG 2002, 948, 949.

706 *Hommelhoff/Witt* in Frankfurter Kommentar, WpÜG, § 36, Rn. 52

707 Vgl. zu allem: *Meister/Klöcker* in Kallmeyer, UmwG, § 190, Rn. 14.

708 *Berenbrok* in Sudhoff, Unternehmensnachfolge, § 65, Rn. 5.

709 *Berenbrok* in Sudhoff, Unternehmensnachfolge, § 65, Rn. 4.

erlangt. In diesem Fall ist der Komplementär-Kapitalgesellschaft auf Antrag die Nichtberücksichtigung der Stimmrechte nach § 36 Nr. 2 WpÜG zu gestatten[710].

Eine Einschränkung ist in der Konstellation zu machen, in der es durch Anwachsung, insbesondere bei Durchführung einer sogenannten erweiterten Anwachsung[711], bei der die Kommanditisten ihre Kommanditbeteiligung bei der Komplementär-Kapitalgesellschaft als Sacheinlage einbringen, zu einer Veränderung der Kontrollsituation der Zielgesellschaft kommt. Denkbar ist nämlich, dass die Komplementär-Kapitalgesellschaft bei Durchführung der Anwachsung zum Tochterunternehmen i.S.v. § 2 Abs. 6 WpÜG eines Dritten wird, der zuvor noch nicht die Kontrolle hielt, mit der Folge, dass dem Dritten erstmals die Stimmrechte nach § 30 Abs. 1 Nr. 1 WpÜG zugerechnet werden und er hierdurch die Kontrolle über die Zielgesellschaft erlangt. Der Dritte kann in diesem Fall keine Nichtberücksichtigung seiner Stimmrechte nach § 36 Nr. 2 WpÜG erlangen, da es zu einer Änderung der materiellen Kontrollsituation kommt[712].

e) Umstrukturierungen innerhalb eines Konzerns, § 36 Nr. 3 WpÜG

§ 36 Nr. 3 WpÜG privilegiert schließlich den Kontrollerwerb, der Folge einer konzerninternen Umstrukturierung ist. Dieser Nichtberücksichtigungsgrund hat herausragende praktische Bedeutung, die meisten der auf § 36 Nr. 3 WpÜG gestützten Anträge betreffen Fälle von Konzernumstrukturierungen[713]. Der Gesetzgeber ging davon aus, dass im Konzern die Konzernspitze auf Grund ihrer Konzernleitungsmacht faktisch die Stimmrechtsausübung bestimmen kann, weshalb es durch eine konzerninterne Umstrukturierung nicht zu einer Veränderung der materiellen Kontrollsituation kommt[714]. Im Rahmen von § 36 Nr. 3

---

710 *von Bülow* in Kölner Kommentar, WpÜG, § 36, Rn. 41.

711 Bei diesem Modell werden die Mitunternehmeranteile an der Personengesellschaft auf die Komplementär-GmbH gegen Ausgabe neuer Anteile an der Komplementär-GmbH übertragen, was die Anwendung von § 20 UmwStG ermöglicht. Dementsprechend kann die Übertragung ohne Realisierung der stillen Reserven vorgenommen werden. § 20 UmwStG ist hingegen bei einer Einbringung durch Anwachsung nicht anwendbar, es liegt auch keine Einbringung durch Einzelrechtsnachfolge i.S.v. § 1 Abs. 4 UmwStG vor. Vgl. zu allem: *Orth*, DStR 1999, 1053; *Schmitt* in Schmitt/Hörtnagl/Stratz, UmwG - UmwStG, § 20 UmwStG, Rn. 194ff.

712 *Braun*, Befreiung vom Pflichtangebot, S. 251.

713 Vgl dazu die Jahresberichte der BaFin 2009 (S. 205); 2008 (S. 183); 2007 (S. 195) sowie 2006 (S. 185).

714 *Strunk/Salomon/Holst* in Veil (Hrsg.), Übernahmerecht in Praxis und Wissenschaft, S. 1, 23; *von Bülow* in Kölner Kommentar, WpÜG, § 36, Rn. 44.

WpÜG prüft die BaFin, ob die Kontrollbeteiligung an der Zielgesellschaft vor und nach der Umstrukturierung innerhalb des Konzerns der Konzernspitze verbleibt und ob der Antragsteller Teil dieses Konzerns ist[715].

aa) Aktienrechtlicher Konzernbegriff

Ausweislich der Gesetzesbegründung soll für die Anwendung des § 36 Nr. 3 WpÜG der aktienrechtliche Konzernbegriff iSd. § 18 AktG maßgeblich sein[716]. § 18 AktG unterscheidet zwischen Unterordnungs- und Gleichordnungskonzern. Ein Unterordnungskonzern liegt vor, wenn ein herrschendes und ein oder mehrere abhängige Unternehmen unter der einheitlichen Leitung des herrschenden Unternehmens zusammengefasst sind. Zentrales Merkmal des Unterordnungskonzerns ist daher die einheitliche Leitung der verbundenen Unternehmen[717]. Bei Vorliegen eines Beherrschungsvertrages iSd. § 291 AktG und im Falle der Eingliederung des einen Unternehmens in das andere wird die einheitliche Leitung unwiderleglich[718] vermutet. Im Falle der Abhängigkeit kann die Vermutung der einheitlichen Leitung hingegen widerlegt werden, indem nachgewiesen wird, dass die Beherrschungsmöglichkeit im Sinne von § 17 AktG tatsächlich nicht ausgeübt wird[719]. Im Übrigen ist der Begriff der einheitlichen Leitung umstritten[720]. Nach dem engen Konzernbegriff liegt eine einheitliche Leitung im Sinne des § 18 AktG nur vor, wenn die Konzernspitze für die zentralen unternehmerischen Bereiche in ihrer Gesamtheit eine einheitliche Planung aufstellt und diese bei den Konzerngliedern durchsetzt, wobei hierzu in erster Linie das Finanzwesen zählt. Der weite Konzernbegriff hingegen lässt

---

715 *Strunk/Salomon/Holst* in Veil (Hrsg.), Übernahmerecht in Praxis und Wissenschaft, S. 1, 23.

716 Begr. RegE zu § 36, BT-Drucks. 14/7034, S. 60; *Lenz/Behnke* BKR 2003, 43, 50; *Schneider* in Assmann/Pötzsch/Schneider, WpÜG, § 36, Rn. 9; *Klepsch* in Steinmeyer/Häger, WpÜG, § 36, Rn. 22; *Holzborn/Blank*, NZG 2002, 948, 950; *Meyer* in Geibel/Süßmann, WpÜG, § 36, Rn. 20.

717 *Emmerich/Habersack*, Konzernrecht, S. 57, Rn. 12; vgl. zu den verschiedenen Unterformen des Unterordnungskonzerns, nämlich Vertragskonzern, Eingliederungskonzern und faktischen Konzern, *Heidel* in Aktienrecht und Kapitalmarktrecht, § 18, Rn. 3.

718 Unstr. Vgl. nur *Koppensteiner* in Kölner Kommentar, AktG, § 18, Rn. 39.

719 *Heidel* in Aktienrecht und Kapitalmarktrecht, § 18 Rn. 3. In diesem Fall ist es auf Grund des Zusammenspiels der Vermutungen des § 17 Abs. 2 AktG und § 18 Abs. 1 S. 3 AktG an der Geschäftsleitung darzutun, dass die Unternehmen nicht einheitlich geleitet werden.

720 Vgl. die Nachweise bei *Koppensteiner*, in Kölner Kommentar, AktG, § 18, Rn. 39.

es auch genügen, dass eine einheitliche Planung in einem anderen zentralen Unternehmensbereich vorliegt[721]. Die Rechtsprechung hat sich gelegentlich auch dem weiten Konzernbegriff angeschlossen, bei einheitlicher Finanzplanung soll ein Konzern vorliegen[722]. Die Mittel der einheitlichen Leitung spielen hingegen keine Rolle[723], erforderlich ist aber, dass unternehmerische Führung nicht nur möglich ist, sondern auch tatsächlich erfolgt[724].

Ein Gleichordnungskonzern nach § 18 Abs. 2 AktG liegt vor, wenn Unternehmen unter einheitlicher Leitung zusammengefasst sind, ohne dass zugleich Beherrschung oder Abhängigkeit vorliegt[725]. Das Merkmal der einheitlichen Leitung der verbundenen Unternehmen muss daher auch im Gleichordnungskonzern erfüllt sein[726]. Als Konzernspitze kommt nur in Betracht, wer neben der Beteiligung an dem betreffenden Unternehmen noch anderweitige wirtschaftliche Interessenbindungen hat. Denn nur dann ist ein Konzernkonflikt zu besorgen[727].

bb) Übernahmerechtlicher Konzernbegriff iSd. § 36 WpÜG?

Der aktienrechtliche Konzernbegriff wird im übernahmerechtlichen Kontext teilweise als zu eng und als nicht sachgerecht[728] empfunden[729].

i) Unterschiedliche Regelungszwecke von Aktienkonzern- und Übernahmerecht

Sachlich gerechtfertigt wird die Nichtberücksichtigung der Stimmrechte gemäß § 36 WpÜG durch den Umstand, dass es zu keiner materiellen Veränderung der Kontrollsituation kommt. Das Aktienkonzernrecht verfolgt hingegen andere Zwecke und hat den Schutz von Gläubigern und Minderheitsgesellschaftern

---

721 *Bayer* in Münchener Kommentar, AktG, § 18, Rn. 33.

722 BGH, Urt. v. 20.02.1989, Az. II ZR 167/88 = BGHZ 107, 7ff. = NJW 1989, 1800.

723 *Emmerich/Habersack*, Konzernrecht, S. 61, Rn. 20.

724 *Bayer* in Münchener Kommentar, AktG, § 18, Rn. 36.

725 *Hüffer*, AktG, § 18, Rn. 20.

726 Der Begriff der einheitlichen Leitung bei Gleichordnungskonzernen entspricht dem der einheitlichen Leitung im Unterordnungskonzern, *Koppensteiner* in Kölner Kommentar, AktG, § 18, Rn. 18.

727 *Schall* in Spindler/Stilz, AktG, § 15, Rn. 18ff. m.w.N. Antragstellern ohne Unternehmenseigenschaft bleibt nur die Möglichkeit, einen Befreiungsantrag auf § 37 WpÜG zu stützen.

728 *von Bülow* in Kölner Kommentar, WpÜG, § 36, Rn. 51.

729 *Schlitt/Ries* in Münchener Kommentar, AktG, § 36 WpÜG, Rn. 36; *von Bülow* in Kölner Kommentar, WpÜG, § 36, Rn. 49; *Ekkenga* in Ehricke/Ekkenga/Oechsler, WpÜG, § 36, Rn. 25, *Hecker* in Baums/Thoma, WpÜG, § 36, Rn. 56.

im Auge[730], die vor gesellschaftsfremden Partikularinteressen geschützt werden müssen[731]. Die Nichtberücksichtigung von Stimmrechten im Falle des Kontrollerwerbs infolge konzerninterner Umstrukturierung will hingegen zum Schutze des Kontrollerwerbers lediglich sicherstellen, dass ein Kontrollerwerb durch einen Rechtsträger, der mit dem bisherigen Kontrollinhaber gesellschaftsrechtlich bereits verbunden ist und in dessen Lager steht, übernahmerechtlich „neutralisiert" wird[732].

ii) Einheitliche Leitung kein tauglicher übernahmerechtlicher Anknüpfungspunkt

Gegen die Anknüpfung an den aktienrechtlichen Konzernbegriff auch im Rahmen des § 36 WpÜG spricht, dass dem WpÜG im Rahmen der Stimmrechtszurechnung ein anderes Begriffsverständnis zugrunde liegt und auch schwächere Formen der Unternehmensverbindung ausreichen, um eine Zurechnung von Stimmrechten zu bewirken und damit einen Kontrollerwerb mit der Folge der Angebotspflicht auslösen[733]. Die Kontrolle eines Mutterunternehmens über die von einem Tochterunternehmen unmittelbar kontrollierte Zielgesellschaft lässt sich auch begründen, ohne dass es einer einheitlichen Leitung im Sinne des Aktienrechts bedarf. Übernahmerechtlich kommt es gerade nicht darauf an, ob das Mutterunternehmen einem sogenannten Konzernkonflikt unterliegt, entscheidend ist allein das Bestehen einer Einflussmöglichkeit an sich. Die Stimmrechtszurechnung ist schon dann zwingend, wenn der Stimmrechtsinhaber Tochterunternehmen eines Dritten im Sinne von § 2 Abs. 6 WpÜG ist, ohne dass das Bestehen eines Konzernverbundes vorausgesetzt wird. Ein Tochterunternehmen im Sinne von § 2 Abs. 6 WpÜG ist durch den Verweis auf § 290 HGB jedoch weiter definiert[734] als der Konzern im aktienrechtlichen Verständnis, was dazu führt, dass bei Zugrundelegung des aktienrechtlichen Konzernbegriffes der pflichtbegründende Zurechungstatbestand weiter gefasst wäre als der pflichtbefreiende Tatbestand[735]. Teilweise wird daher vertreten, dass Sinn und Zweck der Norm des § 36 WpÜG für eine Rezeption bei der Begriffsbildung in § 2 Abs. 6 WpÜG sprechen[736]. Zwar wird diese Diskrepanz zwischen der Anknüpfung an

730 *von Bülow* in Kölner Kommentar, WpÜG, § 36, Rn. 51.
731 *Bayer* in Münchener Kommentar, AktG, § 15, Rn. 13.
732 *von Bülow* in Kölner Kommentar, WpÜG, § 36, Rn. 51.
733 *Hecker* in Baums/Thoma, WpüG, § 36, Rn. 57.
734 *Schlitt/Ries* in Münchener Kommentar, AktG, § 36 WpüG, Rn. 36.
735 *von Bülow* in Kölner Kommentar, WpÜG, § 36, Rn. 53.
736 *Ekkenga* in Ehricke/Ekkenga/Oechsler, WpÜG, § 36, Rn. 25.

Tochterunternehmen im Sinne des § 2 Abs. 6 WpÜG auf der Ebene der Stimmrechtszurechnung gemäß § 30 Abs. 1 Nr. 1 WpÜG und der Anknüpfung an den aktienrechtlichen Konzernbegriff im Rahmen von § 36 Abs. 1 Nr. 3 WpÜG nur in Ausnahmefällen zu unterschiedlichen Ergebnissen führen[737], gleichwohl ist diese unterschiedliche Anknüpfung jedenfalls dann systemwidrig und widersprüchlich[738], wenn man § 36 Nr. 3 WpÜG als Gegenstück zur Zurechnungsnorm des § 30 Abs. 1 S1 Nr. 1 WpÜG versteht[739]. Für ein vom aktienrechtlichen Konzernbegriff abweichendes Begriffsverständnis spricht auch der Gesetzeszweck, der eine Nichtberücksichtigung der Stimmrechte ermöglichen will, wenn der Kontrollerwerber seinerseits im Sinne eines Abhängigkeitsverhältnisses dem Einfluss eines Dritten unterliegt. Auf eine einheitliche Leitung kommt es dabei ebenso wenig an, wie darauf, dass das Mutterunternehmen einem Konzernkonflikt unterliegt[740]. Erforderlich ist nicht, dass die beteiligten Unternehmen unter einer einheitlichen Leitung stehen, sondern dass die kontrollierende Beteiligung nach dem Erwerbsvorgang innerhalb der Unternehmensgruppe bleibt, wovon auszugehen ist, wenn ein Unternehmen der Gruppe die Stimmrechte vor und nach ihrer Veräußerung gemäß §§ 29 Abs. 2, 30 WpÜG hält.

Legt man den aktienrechtlichen Konzernbegriff auch im Rahmen von § 36 WpÜG zu Grunde, ist die Nichtberücksichtigung von Stimmrechten zudem schon dann ausgeschlossen, wenn dem Antragsteller keine Unternehmenseigenschaft im Sinne der §§ 15 ff. AktG zukommt[741]. Dem Kontrollerwerber bleibt dann nur die Möglichkeit, einen Antrag nach § 37 WpÜG stellen[742]. Tochterunternehmen im Sinne von § 2 Abs. 6 WpÜG sind Unternehmen, die als Tochterunternehmen im Sinne von § 290 HGB gelten oder auf die ein beherrschender Einfluss im Sinne von § 17 AktG ausgeübt werden kann. Mutterunternehmen können auch Rechtsträger sein, die nicht anderweitig unternehmerisch tätig

---

737 *Von Bülow/Bücker*, Der Konzern 2003, 185, 193 sowie *Hommelhoff/Witt* in Frankfurter Kommentar, WpÜG, § 36, Rn. 28: Ein Tochterunternehmen i.S.d. § 2 Abs. 6 WpÜG wird in der Regel auch Konzernunternehmen iSv. § 18 AktG sein.

738 *von Bülow* in Kölner Kommentar, WpÜG, § 36, Rn. 53.

739 *Hommelhoff/Witt* in Frankfurter Kommentar, WpÜG, § 36, Rn. 28.

740 *Von Bülow* in Kölner Kommentar, WpÜG, § 36, Rn. 53.

741 In diesem Sinne auch *Strunk/Salomon/Holst* in Veil (Hrsg.), Übernahmerecht in Praxis und Wissenschaft, S. 1, 31.

742 *Strunk/Salomon/Holst* in Veil (Hrsg.), Übernahmerecht in Praxis und Wissenschaft, S. 1, 31; vgl. auch die Befreiungsentscheidung der BaFin vom 28.06.2010 (Schaeffler Verwaltungs GmbH), abrufbar unter www.bafin.de.

sind[743], denn die Verweisungen auf § 290 HGB und § 17 AktG erstrecken sich nicht auf die Qualifikation der kontrollierenden Person als Unternehmen[744].

Der Hinweis der Gegenmeinung darauf, dass eine erweiternde Auslegung nicht angezeigt sei, weil sämtliche Fälle, die zwar nicht die Voraussetzung des § 36 WpÜG erfüllen, bei denen aber gleichwohl die materielle Kontrollsituation unverändert bleibt, unter § 37 WpÜG zu fassen sind[745], überzeugt nicht. Eine Nichtberücksichtigung von Stimmrechten gemäß § 36 WpÜG ist für den Bieter in vielerlei Hinsicht günstiger ist als eine Befreiung nach § 37 WpÜG die im Ermessen der BaFin steht[746]. Auch europarechtlich ist es nicht geboten, am strengen aktienrechtlichen Konzernbegriff festzuhalten[747].

§ 36 Nr 3 WpÜG ist daher erweiternd dahingehend auszulegen, dass zu einem Konzern im übernahmerechtlichen Sinne die Konzernobergesellschaft sowie alle Tochterunternehmen im Sinne von § 2 Abs. 6 WpÜG zählen[748].

cc) Umstrukturierung

Der gesetzlich nicht definierte Begriff der Umstrukturierung wird von der BaFin weit ausgelegt[749]. Erfasst werden alle konzerninternen Übertragungsvorgänge[750], die nicht zu einer veränderten Einflussmöglichkeit in der Zielgesellschaft führen.

---

743 *Versteegen* in Kölner Kommentar, WpÜG, § 2, Rn. 199.

744 *Versteegen* in Kölner Kommentar, WpÜG, § 2, Rn. 199.

745 *Heuber*, Befreiung vom Pflichtangebot, S. 141.

746 So findet im Rahmen des § 36 WpÜG eine Interessenabwägung nicht statt. Da es sich zudem um eine gebundene Entscheidung handelt, kann eine auf § 36 WpÜG gestützte Verfügung dann mit Nebenbestimmungen verbunden werden, wenn dies zur Einhaltung der gesetzlichen Voraussetzungen erforderlich ist, ein Antrag nach § 37 WpÜG ist zudem fristgebunden und hat einen höheren Gebührenrahmen (§ 4 WpÜG-GebührenVO).

747 A.A. *Heuber*, Befreiung vom Pflichtangebot, S. 141, der meint, es sei eine europarechtliche Auslegung geboten, die sicherstellt, dass tatsächlich kein Kontrollerwerb vorliegt, was nur bei Zugrundelegung der konzernrechtlichen Definition gewährleistet sei. Dieser Auffassung liegt das Verständnis zugrunde, dass § 36 WpÜG systematisch ein Bestandteil der Definition der Kontrollerwerbsschwelle ist.

748 *von Bülow* in Kölner Kommentar, WpÜG, § 36, Rn. 54; *Hommelhoff/Witt* in Frankfurter Kommentar, WpÜG, § 36, Rn. 28; *Schlitt/Ries* in Münchener Kommentar, AktG, § 36 WpÜG, Rn. 36. Ähnlich *Hecker* in Baums/Thoma, WpÜG, § 36, Rn. 56ff.; a.A. *Heuber*, Befreiung vom Pflichtangebot, S. 141.

749 *Strunk/Salomon/Holst* in Veil (Hrsg.), Übernahmerecht in Praxis und Wissenschaft, S. 1, 23.

750 Instruktiv zu konzerninternen Vorgängen: *Seibt/Heiser*, ZHR 165, 466, 492.

Neben aktienrechtlichen Strukturmaßnahmen[751] sind auch Maßnahmen nach dem Umwandlungsgesetz erfasst, sofern diese jeweils dazu führen, dass ein Kontrollerwerb erfolgt[752]. Ebenso erfasst sind Konstellationen, in denen der Kontrollerwerb Folge eines rechtsgeschäftlichen Übertragungsvorgangs ist, der nicht auf gesellschaftsrechtlich typisierten Maßnahmen beruht[753]. Erfasst sind schließlich Rechtsgeschäfte zwischen Unternehmen eines Konzerns, durch die ein Zurechnungstatbestand nach § 30 Abs. 1 S. 1 Nr. 2 bis 6 WpÜG geschaffen wird[754].

Das Umhängen von Beteiligungen innerhalb eines Konzerns ist für die kontrollierende Muttergesellschaft aufgrund der ohnehin gegebenen Zurechnung nach § 30 Abs. 1 Nr. 1 WpÜG hingegen bedeutungslos[755]. Gleiches gilt, wenn die Muttergesellschaft Aktien der Zielgesellschaft, die einem Tochterunternehmen gehören, von diesem erwirbt und in Folge dessen Eigentümer der Aktien wird.

Nach der aufsichtsrechtlichen Praxis soll jedoch anders zu entscheiden sein, wenn Pakete von Aktien der einzelnen Tochter- oder Enkelunternehmen zu einer kontrollierenden Beteiligung bei einem der Unternehmen übertragen werden. In diesem Fall soll die Tochter, die erstmalig die Kontrolle erlangt, grundsätzlich angebotspflichtig sein und muss daher Nichtberücksichtigung der Stimmrechte nach § 36 Nr. 3 WpÜG beantragen[756].

dd) „innerhalb"

Umstritten ist weiter, ob eine Umstrukturierung nur dann „innerhalb" eines Konzerns erfolgt, wenn die Spitze des Konzerns vor und nach der Umstrukturierung identisch ist[757].

Teilweise wird vertreten, dass das Merkmal „innerhalb" weit auszulegen sei, solange nur die materielle Kontrollsituation der Zielgesellschaft aufgrund der

---

751 Hierzu zählen etwa Kapitalerhöhungen, Vermögensübertragung nach § 179 a AktG, aber auch alle Maßnahmen, die aufgrund der Holzmüller- bzw. Gelatinerechtsprechung [BGH Urt.v. 25.02.1982 = NJW 1982, 1703 ff.] der Zustimmung der Hauptversammlung bedürfen.

752 *von Bülow* in Kölner Kommentar, WpÜG, § 36, Rn. 56; vgl. zur Kontrollerlangung durch umwandlungsrechtliche Vorgänge: *Seibt/Heiser*, ZHR 165, 446; *Schwarte*, Pflichtangebot im Anschluss an Verschmelzung und Spaltung, S. 81ff.

753 *von Bülow* in Kölner Kommentar, WpÜG, § 36, Rn. 57; a.A. *Strunk/Salomon/Holst* in Veil (Hrsg.), Übernahmerecht in Praxis und Wissenschaft, S. 1, 23.

754 *Hecker* in Baums/Thoma, WpÜG, § 36, Rn. 60.

755 *Noack/Zetzsche* in Schwark/Zimmer, Kapitalmarktsrechtkommentar, § 36, Rn. 12.

756 *Hecker* in Baums/Thoma, WpÜG, § 36, Rn. 64; *Fuhrmann/Oltmanns*, NZG 2003, 17, 18.

757 *Strunk/Salomon/Holst* in Veil /Hrsg.) Übernahmerecht in Praxis und Wissenschaft, S. 1.

Umstrukturierung nicht verändert wird. So soll § 36 Nr. 3 WpÜG auch Fälle erfassen, in denen einem Konzern eine neue Obergesellschaft übergeordnet wird, wenn und soweit diese gesellschaftsrechtlich den gleichen Einflussmöglichkeiten ausgesetzt ist wie die frühere Obergesellschaft[758]. Die BaFin verlangt jedoch zu Recht, dass die Konzernspitze vor und nach der Umstrukturierung identisch bleibt, denn der Gesetzgeber wollte in § 36 Nr. 3 WpÜG Fälle privilegieren, in denen sich durch die „Umstrukturierung" nichts daran ändert, dass die Stimmrechtsausübung faktisch von einer Konzernspitze auf Grund ihrer Konzernleitungsmacht bestimmt wird[759].

Nicht freistellungsfähig sind außerdem Umstrukturierungen, die einen Konzern erst begründen oder einen Konzern beenden, was jedoch nicht ausschließt, dass an der Umstrukturierung Dritte beteiligt sind[760].

3. Verfahren

a) Antragserfordernis

Die Gestattung gemäß § 36 WpÜG erfolgt nur auf schriftlichen Antrag. Antragsbefugt ist, wer geltend macht, die Kontrolle erlangt zu haben; die Antragsbefugnis beschränkt sich daher nicht auf Bieter im Sinne von § 2 Abs. 4 WpÜG[761]. Mitzuteilen ist insbesondere, welche Stimmrechte Gegenstand der angestrebten Gestattungsverfügung sind. Es wird erforderlich sein die konkrete Zahl und soweit vorhanden weitere Individualisierungsmerkmale anzugeben[762].

---

758 *von Bülow* in Kölner Kommentar, WpÜG, § 36, Rn. 60 mit dem Beispiel der Einbringung aller Anteile an der bisherigen Obergesellschaft in eine neue Obergesellschaft.

759 *Strunk/Salomon/Holst* in Veil (Hrsg.), Übernahmerecht in Praxis und Wissenschaft, S. 1, 23.

760 In diesen Fällen ist lediglich zu prüfen, ob der Dritte gegebenenfalls selbst ein Pflichtangebot abgeben muss da sich der Dritte selbst nicht auf die Nichtberücksichtigung nach § 36 Nr. 3 WpÜG berufen kann.

761 *von Bülow* in Kölner Kommentar, WpÜG, § 36, Rn. 67; ders. weist auch darauf hin, dass Antragsteller, die eine Gestattung wegen konzerninterner Umstrukturierung gemäß § 36 Nr. 3 WpÜG beantragen, nicht selbst „Unternehmen" im Sinne von § 15 AktG sein müssen, sie müssen sich nicht in einem Konzernkonflikt befinden, diese Frage kann erst relevant werden, wenn nach dem Bestehen eines „Konzern" im Sinne von § 36 Nr. 3 WpÜG gefragt wird. Diese Auffassung widerspricht allerdings der Verwaltungspraxis der BaFin, vgl. hierzu *Strunk/Salomon/Holst* in Veil (Hrsg.), Übernahmerecht in Praxis und Wissenschaft, S. 1, 23.

762 *Hecker* in Baums/Thoma, WpÜG, § 36, Rn. 77.

b) *Verbindung mit Befreiungsantrag gemäß § 37 WpÜG*

Ein Antrag auf Nichtberücksichtigung von Stimmrechten gemäß § 36 WpÜG kann auch hilfsweise oder alternativ zu einem Antrag auf Befreiung von den Pflichten des § 35 WpÜG nach § 37 WpÜG gestellt werden[763]. Umgekehrt kann der Antrag nach § 36 WpÜG auch mit einem Hilfsantrag auf Befreiung gemäß § 37 WpÜG verbunden werden[764]. Nach teilweise vertretener Auffassung ist ein Antrag auf Nichtberücksichtigung von Stimmrechten gemäß § 36 WpÜG jedenfalls dann als Antrag auf Befreiung gemäß § 37 WpÜG auszulegen, wenn die BaFin beabsichtigt, den Antrag zurückweisen[765]. Die Gegenauffassung betont hingegen, dass die Befreiungsentscheidung nach § 37 WpÜG einen anderen Regelungsinhalt hat als die Zulassungsverfügung nach § 36 WpÜG, weswegen selbst bei Beachtung der Formalien des § 37 WpÜG weder eine Auslegung des Antrags als Befreiungsantrag nach § 37 WpÜG, noch eine Umdeutung des Antrags in einen Befreiungsantrag nach § 37 Abs. 1 WpÜG in Frage kommt. Im Ergebnis wird die BaFin jedenfalls gehalten sein, den Antragsteller gemäß § 35 VwVfG darauf hinzuweisen, dass Befreiung nach § 37 WpÜG erlangt werden kann[766].

c) *Kein Suspensiveffekt*

Umstritten ist, ob ein bei der BaFin eingereichter Antrag auf Nichtberücksichtigung der Stimmrechte gem. § 36 WpÜG die Pflichten aus § 35 WpÜG suspendiert und die kurzen Fristen des § 35 Abs. 1 und 2 WpÜG durch die Antragstellung gehemmt werden. In der Literatur wird einem Antrag nach § 36 WpÜG vielfach eine dahingehende aufschiebende Wirkung beigemessen[767], da der Bieter, sollte er im Falle der nicht rechtzeitigen Bescheidung seines Antrags durch die BaFin Pflichten des § 35 WpÜG erfüllen, vor vollendete Tatsachen gestellt würde. Insbesondere von einem einmal abgegebenen Pflichtangebot könnte er nicht mehr zurücktreten[768]. Systematisch und dogmatisch begründet wird dieses

---

763 *von Bülow*, Kölner Kommentar, WpÜG, § 36, Rn. 72.

764 *Hecker* in Baums/Thoma, WpÜG, § 36, Rn. 79.

765 *von Bülow* in Kölner Kommentar, WpÜG § 36, Rn. 89.

766 *Hecker* in Baums/Thoma, WpÜG, § 36, Rn. 100.

767 *von Bülow* in Kölner Kommentar, WpÜG, § 36, Rn. 73; *Meyer/Lipski*, NZG 2009, 1092; *Cahn* ZHR 167, 262, 294; *Pohlmann*, ZGR 2007, 1, 14; *Schnorbus*, WM 2003, 657, 662.

768 *von Bülow* in Kölner Kommentar, WpÜG, § 36, Rn. 73; *Meyer/Lipski*, NZG 2009, 1092, 1095.

Ergebnis zum einen mit einem Hinweis auf die Parallelität der Fristen in § 35 Satz 1 WpÜG und § 8 Satz 2 WpÜG der WpÜG-AngebotsVO[769], die darauf hindeuten, dass es ohne Suspensiveffekt des Antrags häufig zu einer Befreiung von der Veröffentlichungspflicht des § 35 Abs. 1 WpÜG nur dann kommen würde, wenn zwischen Erkennen der Kontrollerlangung, Einreichung des Antrags nach § 36 WpÜG und Bescheidung desselben durch die BaFin nicht mehr als sieben Kalendertage vergehen. Vereinzelt wird zur Begründung eines Suspensiveffekts eines Antrags nach § 36 WpÜG auch eine Analogie zu § 49 WpÜG gezogen oder doch zumindest dessen Ratio bemüht[770]. Dieses Argument vermag jedoch nicht zu überzeugen, die Konstellation, die dem Widerruf einer Befreiung von der Veröffentlichung und Angebotspflicht durch die BaFin zugrunde liegt, ist mit dem Fall erstmaliger der Antragsstellung, in dem noch keinerlei Vertrauenstatbestand geschaffen wurde, nicht zu vergleichen. Außerdem fehlen brauchbare Kriterien um festzustellen, welche Verfahrensvorschriften im WpÜG verallgemeinerungsfähig sind und welche nicht[771]. Zwar ist es richtig, dass in verwaltungsrechtlichen Verfahren eine aufschiebende Wirkung nicht ausschließlich Rechtsmitteln vorbehalten ist[772], jedoch ist in allen Fällen, in denen bestehende Pflichten suspendiert werden, dieser Suspensiveffekt ausdrücklich angeordnet[773].

Es ist daher davon auszugehen, dass die Antragstellung allein keine Suspendierung der Pflichten des § 35 Abs. 1 und 2 WpÜG bewirkt. Um dem Bedürfnis des Bieters nach Rechtssicherheit zu entsprechen, wird vielfach vertreten, die BaFin könne vor endgültiger Bescheidung des Antrags gemäß § 36 WpÜG eine vorläufige Gestattung aussprechen[774], die unter dem Vorbehalt der endgültigen Entscheidung über den Antrag ergeht[775]. Eine derartige vorläufige

769 *Meyer/Lipski*, NZG 2009, 1092.

770 *Schneider* in Assmann/Pötzsch/Schneider, WpüG, § 36, Rn. 15.

771 *Wackerbarth/Kreße*, NZG 2010, 418, die darauf hinweisen, dass auch der Rechtsgedanke des § 80 VwGO keinen verallgemeinerungsfähigen Rechtsgedanken enthielte, mit dem sich eine Suspensivwirkung des Antrags nach § 36 WpÜG begründen ließe.

772 Hierauf weisen *Meyer/Lipski*, NZG 2009, 1092, hin.

773 Vgl. etwa § 115 GWB.

774 *Hecker* in Baums/Thoma, WpÜG, § 36, Rn. 82.

775 *Hecker* in Baums/Thoma, WpÜG, § 36, Rn. 82; *Wackerbarth/Kreße*, NZG 2010, 418. Die Befugnis der BaFin zum Erlass dieses Verwaltungsakts soll sich nach teilweise vertretener Auffassung direkt aus Art. 19 Abs. 4 GG ergeben, andere Befürworter weisen darauf hin, dass sich die Ermächtigungsgrundlage zum Erlass der Verfügung aus der Auslegung der gesetzlichen Grundlagen über den Erlass des endgültigen Verwaltungsakts selbst ergibt. Flankiert werden soll der Anspruch auf Erlass

Zulassungsverfügung soll bewirken, dass die Pflichten des § 35 WpÜG nicht erfüllt werden müssen und es der BaFin dennoch ermöglicht wird, eine effektive Missbrauchskontrolle durchzuführen, damit offensichtlich aussichtslose Anträge nicht dazu genutzt werden, von den Pflichten der §§ 35, 38 und 59 WpÜG suspendiert zu sein. Besser gedient wäre dem Antragsteller allerdings mit einer endgültigen Bescheidung des Antrags vor vollständiger Verwirklichung des Kontrollerwerbs. Im Rahmen der auf § 37 WpÜG gestützten Anträge entspricht dieses Vorgehen längst der Verwaltungspraxis, der Gesetzgeber sollte diese Möglichkeit auch im Gestattungsverfahren nach § 36 WpÜG eröffnen.

d) Zeitpunkt der Antragstellung

Da das WpÜG keine Regelung über Fristen, innerhalb derer ein Antrag nach § 36 WpÜG zu stellen ist, enthält, bestehen Zweifelsfragen sowohl im Hinblick auf den frühestmöglichen Zeitpunkt der Antragstellung als auch hinsichtlich des spätestmöglichen Zeitpunkts. Kontrovers diskutiert wird insbesondere, ob der Bieter schon vor Verwirklichung des relevanten Sachverhalts einen Antrag auf Nichtberücksichtigung der Stimmrechte stellen kann, um insoweit Rechtssicherheit zu erhalten.

Von der BaFin und auch in der Literatur wird vertreten, eine Antragstellung vor Verwirklichung der in § 36 WpÜG genannten Sachverhalte sei unzulässig[776]. Gegen die Zulässigkeit einer Antragstellung zu diesem Zeitpunkt wird regelmäßig die Formulierung in § 36 Abs. 1 WpÜG „die Aktien erlangt“ angeführt. Allein dieser Wortlaut spricht allerdings noch nicht zwingend gegen die Zulässigkeit frühzeitigen Antragstellung, der Wortlaut dürfte eher dem Umstand geschuldet sein, dass Stimmrechtsanteile nur dann unberücksichtigt bleiben können, wenn sie auch erlangt wurden[777]. Ferner wird darauf verwiesen, eine Antragstellung zu diesem Zeitpunkt sei im Umkehrschluss zur Regelung des § 8 WpÜG – AngebotsVO, der im Rahmen der Ermessensbefreiung nach § 37 WpÜG eine vorzeitige Antragstellung ausdrücklich erlaubt, unzulässig.

---

einer vorläufigen Gestattungsverfügung die Möglichkeit, eine auf die einstweilige Nichtberücksichtigung der Stimmrechte gerichtete einstweilige Anordnung in analoger Anwendung von § 123 VwGO vor dem OLG Frankfurt/Main zu beantragen.

776 *Lenz/Behnke* in BKR 2003, 43, 50.

777 *von Bülow* in Kölner Kommentar, WpÜG, § 36, Rn. 79 (Imperfekt bezeichnet nur die logische Verknüpfung zwischen Erwerb und Nichtberücksichtigung der Stimmrechte).

Eine frühzeitige Antragstellung liegt jedoch nicht nur im Interesse des Bieters, der ein Interesse daran hat, sich gegen bestehende Subsumtionsrisiken abzusichern[778], sondern auch im Interesse der sonstigen Marktteilnehmer. Mit Erreichen der Kontrollschwelle ist der Bieter gemäß § 35 Abs. 1 WpÜG verpflichtet, diese Kontrollerlangung innerhalb von sieben Kalendertagen nach Kenntnis zu veröffentlichen. Der Bieter steht in diesem Fall vor der Entscheidung, im Rahmen der Veröffentlichung auch mitzuteilen, dass ein Antrag auf Nichtberücksichtigung von Stimmrechten gestellt wurde bzw. gestellt werden wird[779]. Dies gilt umso mehr, wenn man mit der herrschenden Meinung dem Antrag nach § 36 WpÜG eine Suspensivwirkung in Bezug auf die Pflichten gemäß § 35 Abs. 1 und 2 WpÜG abspricht. Eine Pflicht zur Mitteilung der beabsichtigten Antragstellung wird man freilich nicht annehmen können. Verzichtet der Bieter nun in der Veröffentlichung auf die geplante Antragstellung nach § 36 WpÜG wird der Markt die Abgabe eines Pflichtangebots erwarten und hierauf reagieren. Teilt er die geplante Antragstellung hingegen mit, besteht bei allen Beteiligten, auch bei den Kapitalmarktteilnehmern, Unsicherheit darüber, ob die Gestattung erteilt wird oder nicht, was wiederum Einfluss auf das Verhalten der Marktteilnehmer haben kann[780]. Dies spricht ebenfalls für die Zulassung einer frühzeitigen Antragsstellung. Bei Zulassung einer frühzeitigen Antragstellung ist auch nicht damit zu rechnen, dass eine Flut von Vorratsanträgen gestellt wird. Da der Antragsteller ein Sachentscheidungsinteresse beweisen muss, muss er darlegen, dass von einer Kontrollerlangung in der Zukunft auszugehen ist, weshalb nicht zu befürchten ist, dass die BaFin mit Umstrukturierungsvorhaben belangt wird, die nie umgesetzt werden[781]. Gerade im Vorfeld von Umstrukturierungsmaßnahmen innerhalb eines Konzerns versucht die Praxis, die Ungewissheit, ob die Stimmrechte berücksichtigt werden oder nicht, dadurch abzumildern, dass Umstrukturierungsmaßnahmen unter die aufschiebende Bedingung gestellt werden, dass die Nichtberücksichtigung der Stimmrechte von der BaFin gestattet wird. Alternativ hierzu wird versucht, Verträge im Rahmen von Umstrukturierungsmaßnahmen weitgehend unter die auflösende Bedingung zu stellen, dass die Nichtberücksichtigung nicht oder nicht

778 *von Bülow* in Kölner Kommentar, WpÜG, § 36, Rn. 79.

779 Dies empfiehlt etwa *von Bülow* in Kölner Kommentar, WpÜG, § 36, Rn. 30.

780 So *Hecker* in Baums/Thoma, WpÜG, § 36, Rn. 71.

781 *Fuhrmann/Oltmanns* in NZG 2003, 17, weisen zu Recht darauf hin, dass Unternehmen und ihre Berater in der Regel Behörden, auf deren Kooperation sie angewiesen sind, nicht über die Maßen in Anspruch nehmen und verweisen insbesondere auf die Praxis der Erteilung verbindlicher Auskünfte beim Bundeskartellamt und den Finanzämtern.

innerhalb bestimmter Fristen gestattet wird[782]. Endgültige Rechtssicherheit über die einen Kontrollerwerber treffende Pflichten kann durch diese Gestaltungen aber nicht erzielt werden. Zum einen sind Bedingungen häufig gesellschaftsrechtlich nicht zulässig, zum anderen liegt bei einer Umstrukturierungsmaßnahme, die unter einer aufschiebenden Bedingung steht, gerade kein Kontrollerwerb vor, weshalb es nach Auffassung der BaFin an einem Sachentscheidungsinteresse fehlt. Umgekehrt kann eine auflösende Bedingung im Vertrag über eine Umstrukturierung nicht dazu führen, dass die einmal erworbene Kontrolle mit den sich daran anschließenden Pflichten aus § 35 Abs. 1 und 2 WpÜG wieder entfällt.

Nach der Verwaltungspraxis der BaFin werden auf § 36 WpÜG gestützte Anträge vor Verwirklichung der die Pflichten des § 35 WpÜG auslösenden Sachverhalte jedenfalls nicht beschieden[783]. In der Praxis stimmen sich die Antragsteller im Vorfeld mit der BaFin ab[784]. Auf diesem Weg erteilte Auskünfte sind jedoch nicht verbindlich. Schon die lebhafte Diskussion um den richtigen Zeitpunkt der Antragstellung und die vielfältigen Gestaltungsversuche der rechtsberatenden Praxis belegen das Bedürfnis, eine verbindliche Entscheidung über das Vorliegen von Befreiungsvoraussetzungen zu erlangen, bevor der zugrunde liegende Sachverhalt verwirklicht wird.

4. Wirkungen einer Gestattungsverfügung der BaFin

a) Wirkungszeitpunkt

Einigkeit besteht darin, dass die Entscheidung der BaFin, sofern sie keine eigenständige Regelung über den Wirkungszeitpunkt enthält[785], auf den Zeitpunkt des Erwerbs zurück wirkt[786]. Im Ergebnis wirkt die Gestattung also ex tunc auf den Zeitpunkt, in dem der Antragsteller ohne die Nichtberücksichtigung der Stimmrechte gemäß § 36 WpÜG die Kontrolle über die Zielgesellschaft erlangt hätte[787].

---

782 Vgl. zu den Schwierigkeiten in der Praxis: *Fuhrmann/Oltmanns*, NZG 2003, 17.

783 *Strunk/Salomon/Holst* in Veil (Hrsg.), Übernahmerecht in Praxis und Wissenschaft, S. 1, 10. Teilweise wird daher vorgeschlagen, die BaFin könne eine Zusicherung im Sinne von § 38 VwVfG in Bezug auf die Nichtberücksichtigung der Stimmrechte erteilen oder eine verwaltungsrechtliche Zusage erteilen, s.a. *Hecker* in Baums/Thoma, WpÜG, § 36, Rn. 109.

784 *Strunk/Salomon/Holst* in Veil (Hrsg.), Übernahmerecht in Praxis und Wissenschaft, S. 1, 25.

785 Dieses Vorgehen empfiehlt *von Bülow* in Kölner Kommentar, WpüG, § 36, Rn. 101.

786 Vgl. *Hecker* in Baums/Thoma, WpÜG, Rn. 110.

787 *von Bülow/Bücker*, Der Konzern 2003, 185, 196.

b) *Keine Veränderung der Gesamtzahl der Stimmrechte der Zielgesellschaft*

Vereinzelt wird vertreten, die Gesamtzahl der Stimmrechte der Zielgesellschaft sollte in Folge der Nichtberücksichtigungsentscheidung der BaFin neu bestimmt werden[788]. Nach dieser Auffassung sollen die gemäß § 36 WpÜG nicht zu berücksichtigenden Stimmrechte von der Gesamtzahl der Stimmrechte der Zielgesellschaft abzuziehen sein, die verbleibenden Stimmrechte sollen dann ins Verhältnis zu den Stimmrechten des Antragstellers zu setzen sein, deren Erwerb nicht nach § 36 WpÜG privilegiert wird[789]. Wenn sich die Berechnung der Stimmrechtsanteile nun nach dem Restbestand der von der Nichtberücksichtigungsentscheidung nicht betroffenen Anteile richtet, muss der Antragsteller, wenn er dann noch 30 % oder mehr der Stimmrechte hält, dennoch ein Pflichtangebot abgeben. Hält beispielsweise der Antragsteller 29 % der Anteile und erwirbt er 45 % privilegiert hinzu, so bleibt er trotz Nichtberücksichtigung der 45 % der Stimmrechte zum Pflichtangebot verpflichtet, da das Verhältnis des bereits gehaltenen 29 %-Paket zum restlichen *free float* der Zielgesellschaft bei Herausrechnung der geerbten Anteile über 50 % beträgt[790].

Diese Auffassung ist jedoch mit der herrschenden Meinung in der Literatur abzulehnen[791]. Gegen die Annahme einer Veränderung der Stimmrechtsanzahl der Zielgesellschaft spricht schon der Wortlaut der Vorschrift, der ausdrücklich vom Stimmrechtsanteil spricht und sich ausschließlich auf den Stimmrechtsanteil des Antragstellers beziehen kann. Außerdem ist es ausdrücklicher Zweck der Regelung des § 36 WpÜG, der der BaFin nicht einmal Ermessensspielraum einräumt, in den dort genannten Sachverhalten die Angebotspflicht zu vermeiden. Dieses Ziel würde konterkariert, würde man über die Nichtberücksichtigung der Stimmrechte des Antragstellers zu einer veränderten Gesamtzahl der Stimmrechte der Zielgesellschaft kommen. Denn allein durch die veränderte Bezugsgröße könnte es dazu kommen, dass ein Kontrollerwerb gerade doch vorliegt und die vom Gesetzgeber gewollte Nichtberücksichtigung der Stimmrechte im Ergebnis leerläuft.

---

788 *Harbarth*, ZIP 2002, 321.

789 Vgl. hierzu Rechenbeispiele bei *Harbarth*, ZIP 2002, 321.

790 Beispiel nach *Harbarth*, ZIP 2002, 321 und *Ekkenga* in Ehricke/Ekkenga/Oechsler, WpÜG, § 36, Rn. 13.

791 Ablehnend etwa: *Hecker* in Baums/Thoma, WpÜG, § 36, Rn. 126; *von Bülow* in Kölner Kommentar, WpÜG, § 36, Rn. 101; *Braun*, Die Befreiung vom Pflichtangebot nach dem WpÜG, S. 145; *Schlitt/Ries* in Münchener Kommentar, AktG, § 36 WpÜG, Rn. 72.

c) Keine dauerhafte Nichtberücksichtigung der Stimmrechte

Umstritten ist, ob die Stimmrechte, die gemäß § 36 WpÜG privilegiert erworben wurden, dauerhaft unberücksichtigt bleiben oder ob die Nichtberücksichtigung lediglich punktuelle Wirkung entfaltet. Relevant wird diese Frage insbesondere, wenn der Antragsteller neben den privilegiert erworbenen Stimmrechten weitere Stimmrechte an der Zielgesellschaft hält und nach der Gestattungsverfügung im Rahmen von § 36 WpÜG weitere Stimmrechte an der Zielgesellschaft hinzuerwirbt. Die Befürworter einer dauerhaften Nichtberücksichtigung argumentieren mit dem Wortlaut der Vorschrift, der keine Einschränkung dahin zulasse, dass sich die Nichtberücksichtigung lediglich punktuell auf die Frage des Kontrollerwerbs im Rahmen der Sachverhalte erstreckt, die in § 36 WpÜG genannt sind[792]. Die Entscheidung der BaFin im Rahmen von § 36 WpÜG sei ein rechtsgestaltender Verwaltungsakt, der so lange wirksam bleibe, bis er erledigt sei, etwa durch Verzicht oder Veräußerung der Stimmanteile[793]. Im Ergebnis führt dies dazu, dass bei einem Hinzuerwerb die von der Gestattungsverfügung erfassten Stimmrechte ausgeklammert werden, was eine Angebotspflicht dann auslöst, wenn durch den Hinzuerwerb die 30%-Schwelle überschritten wird[794]. Jedenfalls im Falle einer Nichtberücksichtigung gemäß § 36 Nr. 1 WpÜG sei dem Zweck der Regelung mit der Nichtberücksichtigung beim konkreten Erwerbsvorgang Genüge getan[795]. Da eine gesetzliche Grundlage dafür fehle, Gestattungsverfügungen die auf § 36 Nr. 2 und 3 WpÜG gestützt sind, anders zu behandeln, müsse der Bieter in diesen Fällen eine Befreiung gemäß § 37 WpÜG beantragen, das Ermessen der BaFin sei insoweit auf null reduziert[796].

Diese Argumentation überzeugt nicht. Der Zweck der Regelung des § 36 WpÜG liegt darin, dass bei Vorliegen der dort genannten Sachverhalte die Angebotspflicht entfällt. Offensichtlich ist dies im Falle konzerninterner Umstrukturierungen; die dort formal neu erlangte Kontrolle wird überlagert von einer bereits bestehenden Kontrolle der Konzernspitze[797], weshalb die Stimmrechte unberücksichtigt bleiben sollen. Es ist kein Grund ersichtlich, weshalb bei einem Hinzuerwerb weiterer Anteile durch den Kontrollerwerber die Angebotspflicht dann doch ausgelöst werden soll[798].

---

792 *Hecker* in Baums/Thoma, WpÜG, § 36, Rn. 122.
793 *Hecker* in Baums/Thoma, WpÜG, § 36, Rn. 120.
794 *Harbarth*, ZIP 2002, 321, 324.
795 *Hecker* in Baums/Thoma, WpüG, § 36, Rn. 122.
796 *Hecker* in Baums/Thoma, WpÜG, § 36, Rn. 124.
797 *von Bülow* in Kölner Kommentar, WpÜG, § 36, Rn. 107.
798 *von Bülow* in Kölner Kommentar, WpÜG, § 36, Rn. 107.

Vor allem spricht gegen die dauerhafte Nichtberücksichtigung der Stimmrechte der Vergleich der Rechtsfolgen mit den Befreiungsmöglichkeiten des § 37 WpÜG. Dort wird der Kontrollerwerber von der Angebotspflicht durch eine positive Entscheidung der BaFin endgültig befreit und muss nicht fürchten, der Angebotspflicht beim Hinzuerwerb weiterer Stimmrechte erneut ausgesetzt zu werden. Es wäre systemwidrig, wenn die für den Bieter insgesamt günstigere Vorschrift des § 36 WpÜG[799] hinter dem von § 37 WpÜG vermittelten Schutz zurückbliebe[800].

5. Reformüberlegungen: Kritik an Rechtsfolge

Rechtsfolge einer Gestattung nach § 36 WpÜG ist, dass die Stimmrechte unberücksichtigt bleiben, dass also bereits der Kontrollerwerbstatbestand des § 35 Abs. 1 WpÜG entfällt[801], da der Antragsteller so zu stellen ist, als habe er die Stimmrechte nicht erworben[802]. Im Falle einer Befreiung nach § 37 WpÜG wird der Bieter hingegen lediglich von den Rechtsfolgen eines Kontrollerwerbs befreit[803]. Weil § 37 WpÜG die Nichtberücksichtigungsgründe des § 36 WpÜG teilweise ergänzt[804], wird gefordert, die Rechtsfolge des § 36 WpÜG an die des § 37 anzupassen[805] und auch im Rahmen des § 36 WpÜG eine Befreiung von den Pflichten des § 35 Abs. 1 und 2 WpÜG vorzusehen[806].

Die Nichtberücksichtigung der Stimmrechte tritt nicht kraft Gesetzes ein, sondern erst durch Gestattung der BaFin. Die Rechtsfolge unterscheidet sich daher vom

799 *Strunk/Salomon/Holst* in Veil (Hrsg.), Übernahmerecht in Praxis und Wissenschaft, S. 1, 24; *von Bülow* in Kölner Kommentar, WpÜG, § 37, Rn. 107.

800 *von Bülow* in Kölner Kommentar, WpÜG, § 36, Rn. 101, *Schlitt/Ries* in Münchener Kommentar, AktG, § 36 WpÜG, Rn. 77; *Hommelhoff/Witt* in Frankfurter Kommentar, WpÜG, § 36, Rn. 56. Teilweise wird in der Literatur auch umgekehrt argumentiert und gefordert – da der nach § 36 Abs. 1 befreite Erbe im Falle des Hinzuerwerbs weiterer Aktien erneut einer Angebotspflicht unterliege – dass durch eine auflösende Bedingung sichergestellt werden muss, dass der nach § 37 Abs. 1 i.V.m. § 9 WpÜG-AngebotsVO befreite Erbe im Falle des Hinzuerwerbs nicht bessergestellt wird, vgl. *Krause/Pötzsch/Seiler* in Assmann/Pötzsch/Schneider, WpÜG, § 9 WpÜG-AngVO, Rn. 14.

801 *von Bülow* in Kölner Kommentar, WpÜG, § 36, Rn. 11; *Klepsch* in Steinmeyer/Häger, WpÜG, § 36, Rn. 2 sieht in § 36 WpÜG eine Regelung der Zählweise der Stimmrechte.

802 *Hecker* in Baums/Thoma, WpÜG § 36, Rn. 3.

803 *von Bülow* in Kölner Kommentar, WpÜG, § 36, Rn. 11.

804 *Hecker* in Baums/Thoma, WpÜG, § 37, Rn. 2.

805 *von Bülow* in Kölner Kommentar, WpÜG, § 36, Rn. 11.

806 *von Bülow* in Kölner Kommentar, WpÜG, § 36, Rn. 11.

Wegfall der Angebotspflicht gemäß § 35 Abs. 3 WpÜG, die ex lege eintritt, aber auch von den Befreiungsmöglichkeiten des § 37 WpÜG. Denn anders als bei einer Befreiung nach § 37 WpÜG handelt es sich bei § 36 WpÜG um eine gebundene Entscheidung. Liegen die Voraussetzungen der Norm vor, hat die BaFin die Nichtberücksichtigung der Stimmrechte zu gestatten. Der Zweck der Gestattungsverfügung besteht daher lediglich darin, den Eintritt der Befreiungswirkung unter den Vorbehalt der vorherigen Prüfung und Anerkennung durch eine Behörde zu stellen[807]. Ob die Beibehaltung dieses Verfahrens erforderlich ist, erscheint jedoch zweifelhaft[808].

So wurde von verschiedener Seite vorgeschlagen, das Regelungsmodell des § 36 WpÜG insgesamt zu überdenken. An die Stelle einer Entscheidung der BaFin, die erst die Nichtberücksichtigung der Stimmrechte bewirkt, könnten die in § 36 enthaltenen Fallgruppen als gesetzlicher Ausnahmetatbestand zu § 35 Abs. 1 und 2 geregelt werden[809]. Dies würde den Zweck der Regelung ebenso erfüllen, eine Reihe von streitigen Punkten aber erledigen[810].

Die Vorteile einer gesetzlichen Ausnahme von der Angebotspflicht für den Bieter liegen auf der Hand: Dieser wäre von der Pflicht der rechtlich komplizierten und aufwendigen Antragstellung entbunden[811], ihn träfe zudem nicht die Darlegungs- und Beweislast der Voraussetzungen der Nichtberücksichtigung. Ferner zeigt der empirische Befund, dass die Anträge auf Nichtberücksichtigung der Stimmrechte ebenso wie die Anträge auf Befreiung gemäß § 37 WpÜG weit überwiegend erfolgreich sind und kaum ein Antrag von der BaFin überhaupt abgelehnt wird. Die Gestattung der Nichtberücksichtigung stellt daher die Regel dar, die Ablehnung eines Antrags hingegen die höchst seltene Ausnahme.

Die Legalausnahme könnte flankiert werden mit der Pflicht des Bieters, den Sachverhalt binnen kurzer – etwa einwöchiger – Frist der BaFin anzuzeigen[812],

---

807 *Ekkenga* in Ehricke/Ekkenga/Oechsler, WpÜG, § 36, Rn. 2.

808 *Ekkenga* in Ehricke/Ekkenga/Oechsler, WpÜG, § 36, Rn. 2 mit Fn. 2.

809 *Hecker* in Baums/Thoma, WpÜG, § 36, Rn. 6; *von Falkenhausen,* ZHR 174, 293, 313; *Merkt*, Festschrift für Schwark, S. 541 (zu § 37), *Schlitt/Ries* in Münchener Kommentar, AktG, § 36 WpÜG, Rn. 11.

810 *Hecker* in Baums/Thoma, WpÜG, § 36, Rn. 6, der maßgeblich darauf abstellt, dass im Falle einer Legalausnahme ausgeschlossen wäre, dass eine rechtswidrige Gestattungsverfügung der BaFin in einem zivilrechtlichen Verfahren Tatbestandswirkung entfaltet.

811 *von Falkenhausen*, ZHR 174, 293, 312 beschreibt die praktische Durchführung des Gestattungsverfahrens im Falle konzerninterner Umstrukturierung als äußerst aufwendig, da der Bieter „die Voraussetzungen praktisch sämtlicher Normen des deutschen Rechts darlegen muss, die sich mit Kontrolle und Beherrschung befassen".

812 Ebenso *Wackerbarth/Kreße*, NZG 2010, 418; a.A. *von Falkenhausen*, ZHR 174, 293, 313: Anzeigepflicht ist entbehrlich da der Bieter bei Überschreiten der

die zum Schutze vor Missbrauch mit der Befugnis ausgestattet werden müsste, – wiederum innerhalb einer bestimmten Frist – die Abgabe eines Pflichtangebots oder sonstige Auflagen, die zum Schutze der Minderheitsaktionäre erforderlich sind, anzuordnen. Ähnliche Regelungen existieren bereits auf anderen Gebieten des Verwaltungsrechts[813]. Zudem folgt das österreichische Recht einem ganz ähnlichen Regelungskonzept: In den in § 24 ÜbG geregelten Fällen – nämlich bei fehlender tatsächlicher Möglichkeit der Kontrollausübung und in Fällen, in denen der Rechtsträger, der die Kontrolle ausübt, bei wirtschaftlicher Betrachtung gar nicht wechselt – entfällt die Angebotspflicht ex lege („*Die Angebotspflicht besteht nicht, wenn…*"), der Sachverhalt ist der Übernahmekommission lediglich mitzuteilen. In den in § 25 ÜbG geregelten Fällen besteht ebenfalls keine Angebots-, sondern lediglich eine Anzeigepflicht an die Übernahmekommission, die unter den Voraussetzungen des § 25 Abs. 2 ÜbG die Stellung eines Pflichtangebots anordnen kann und in den sonstigen Fallgruppen gemäß § 25 Abs. 3 ÜbG berechtigt ist, Auflagen auszusprechen, die erforderlich sind, um eine Gefährdung der Vermögensinteressen der Beteiligungsinhaber der Zielgesellschaft zu vermeiden. Als Maßnahmen kommen etwa das Verbot eines Hinzuerwerbs von Anteilen oder das Ruhen von Stimmrechten in Betracht (§ 25 Abs. 3 S. 2 iVm. § 25 Abs. 2). Im Ergebnis liegt die Entscheidung über die Angebotspflicht auch in diesen Fällen bei einer Behörde. Ein wesentlicher Unterschied zur Rechtslage gemäß § 36 WpÜG liegt jedoch darin, dass diese bei nichtaufklärbaren Zweifeln am Vorliegen der Voraussetzungen eines Befreiungstatbestands die Beweislast trägt[814].

Auf diese Weise könnte Rechtssicherheit für alle Betroffenen geschaffen werden, die gebotene kapitalmarktrechtliche Transparenz würde über die Anwendung der §§ 15[815], 21 ff WpHG gewährleistet. Um Missbrauch zu vermeiden, könnten die Wirkungen einer negativen Entscheidung durch die BaFin an den Zeitpunkt der Anzeige geknüpft werden. Auf diese Weise würde verhindert, dass

---

Kontrollschwelle dies schon nach § 21 Abs. 1 S. 1 WpHG mitteilen muss, was der BaFin ermöglicht, die Beteiligungsverhältnisse zu untersuchen.

813 *Wackerbarth/Kreße*, NZG 2010, 418 weisen etwa darauf hin, dass der Gesetzgeber die Befreiungstatbestände in §§ 2 ff. GWB zugunsten eines Systems der Legalausnahme ohne Anzeigepflicht aufgegeben hat und dass § 39 GWB eine Anmeldepflicht für die Fusionskontrolle mit einem Vollzugsverbot in § 41 GWB verknüpft.

814 *Merkt*, Festschrift für Schwark, S. 541.

815 Vgl. zur Ad-hoc Publizität im Falle der Stimmrechtszurechung *Hecker* in Baums/Thoma, WpÜG, § 36, Rn. 116; zum Verhältnis von § 10 Abs. 6 WpÜG zu § 15 WpHG s.a. *Assmann* in Assmann/Uwe H. Schneider, WpHG, § 15, Rn. 73ff.

der Bieter auf die im Falle eines Pflichtangebots zu zahlende Gegenleistung Einfluss nehmen kann[816].

Im Ergebnis spricht alles dafür, die konkret formulierten Tatbestände als gesetzliche Ausnahmen der Angebotspflicht auszugestalten. Das derzeit vorgesehene Antragsverfahren stellt reinen Formalismus dar[817]. Das gesetzliche Entfallen der Angebotspflicht sollte zudem flankiert werden durch die Möglichkeit des Bieters, in einem gesonderten Feststellungsverfahren eine Entscheidung der BaFin über das Bestehen der Angebotspflicht zu erwirken.

6. Feststellungsverfahren über das Bestehen oder Nichtbestehen der Angebotspflicht

In der Praxis sind zahlreiche Zweifelsfälle denkbar, in denen für den Bieter Unklarheit über das Bestehen oder Nichtbestehen der Angebotspflicht herrscht. Auch die rein formale Kontrollschwelle des § 29 Abs. 2 WpÜG bietet nur in Bezug auf Wertpapiere, die dem Bieter selbst gehören, ein ausreichendes Maß an Rechts- und damit Transaktionssicherheit. In tatsächlicher Hinsicht unübersichtlich und zudem rechtlich schwierig zu beurteilen sind hingegen Konstellationen, in denen ein Kontrollerwerb als Folge einer Zurechnung von Stimmrechten gemäß § 30 WpÜG im Raum steht. In der aktuellen Reformdiskussion wurde daher verschiedentlich gefordert, der Gesetzgeber solle die BaFin ermächtigen, auf Antrag eines Beteiligten das Bestehen oder Nichtbestehen mit Wirkung für die an einem Übernahmeverfahren Beteiligten verbindlich festzustellen[818].

Im Folgenden werden Konstellationen untersucht, die in der Praxis Zweifel am Bestehen oder Nichtbestehen einer Angebotspflicht aufkommen lassen. Im Anschluss wird das Interesse der Beteiligten an einer verbindlichen Behördenentscheidung über das Bestehen der Angebotspflicht unter Berücksichtigung der Rechtsfolgen eines pflichtwidrig unterlassenen Pflichtangebots untersucht. Schließlich wird untersucht, ob sich die mit der Rechtsunsicherheit über die Angebotspflicht einhergehenden Folgen de lege lata bewältigen lassen oder ob insoweit gesetzgeberischer Reformbedarf besteht.

---

816 Vgl. dazu parallel die Problematik des nachgeholten Pflichtangebots *von Falkenhausen*, NZG 2010, 1213–1217.

817 *Schlitt/Ries* in Münchener Kommentar, AktG, § 36 WpÜG, Rn. 11.

818 *Hasselbach* in Kölner Kommentar, WpÜG, § 35, Rn. 128.

a) *Rechtliche und tatsächliche Unsicherheit über das Bestehen der Angebotspflicht*

In der Praxis bereitet vor allem die Anwendung der verschiedenen Zurechnungstatbestände des § 30 WpÜG Schwierigkeiten. So kann sich ein Kontrollerwerb innerhalb eines Konzerns bereits beim Erwerb einer geringen Anzahl von Aktien durch ein Tochterunternehmen vollziehen[819]. Kompliziert und mit rechtlicher Unsicherheit verbunden ist die Beurteilung der Stimmrechtszurechnung auch in Fällen komplizierter Holdingstrukturen und weit verzweigtem Beteiligungsbesitz[820] oder im Falle des Kontrollerwerbs durch die Zusammenrechnung mehrerer kleinster Beteiligungen von Tochter- bzw. Enkelgesellschaften[821]. Gerade in Fällen der Konzernumstrukturierung finden zudem häufig gesellschaftsrechtliche Veränderungen im Ausland statt[822]. Ob es einem potentiellen Bieter in komplizierten Konzernstrukturen obliegt, durch ein funktionierendes Melde- und Compliance-System dafür Sorge zu tragen, dass Kontrollerwerbe – etwa aufgrund der Zurechnung von Stimmrechten als Folge von Erwerben einzelner Tochterunternehmen – nicht ohne Wissen des Bieters erfolgen oder zumindest nicht unbemerkt bleiben[823], wird erst auf der Ebene eine möglichen Verschuldens des Bieters bei einzelnen Sanktionen relevant und ändert nichts an der faktischen Unsicherheit über das Vorliegen einer Angebotspflicht.

Auch im Anwendungsbereich von § 35 Abs. 3 WpÜG können Zweifel über das Eingreifen der Privilegierung bestehen. Zwar hat die BaFin die Anwendungsvoraussetzungen in den praktisch bedeutsamsten Fallgruppen in dem Merkblatt über die Voraussetzungen des § 35 Abs. 3 WpÜG konkretisiert und der Praxis dadurch eine wichtige Auslegungshilfe an die Hand gegeben, in allen Einzelheiten ist der erforderliche Zusammenhang zwischen Kontrollerwerb und Übernahmeangebot aber noch nicht geklärt. Verschärft wird die Problematik in diesem Fall noch dadurch, dass die Angebotspflicht in den Fällen des § 35 Abs. 3 WpÜG ex lege entfällt und die BaFin hierzu keine der Bestandskraft fähige Entscheidung trifft.

---

819 *Kremer/Oesterhaus* in Kölner Kommentar, WpÜG, § 38, Rn. 3.

820 *von Falkenhausen*, ZHR 174, 293, 315.

821 Zur Frage, ob in diesen Fällen eine Nachforschungspflicht des potentiell Angebotspflichtigen besteht, vgl. ausführlich *Kremer/Oesterhaus* in Kölner Kommentar, WpÜG, § 59, Rn. 50 ff.

822 *von Falkenhausen*, ZHR 174, 293, 312.

823 Dies deutet *Meyer* in Geibel/Süßmann, WpÜG, § 38, Rn. 1 mit Fn. 3 an.

b) Interessenlage der Beteiligten; Rechtsfolgen eines unterlassenen Pflichtangebots

aa) Interesse des Bieters an verbindlicher Feststellung der Angebotspflicht

Gibt der Bieter kein Pflichtangebot ab, obwohl er hierzu verpflichtet ist, kann dies schwerwiegende Folgen haben.

i) Zinsanspruch gemäß § 38 WpÜG

Der Bieter ist den Aktionären der Zielgesellschaft bei einem Verstoß gegen die Pflichten aus § 35 Abs. 1 Satz 1, Abs. 2 Satz 1 WpÜG und im Falle der Angebotsuntersagung durch die BaFin in den Fällen des § 15 Abs. 1 Nr. 1 und 3 WpÜG zur Zahlung von Zinsen auf die Gegenleistung in Höhe von 5 Prozentpunkten auf das Jahr über dem jeweiligen Basiszinssatz nach § 247 BGB verpflichtet. Die Vorschrift hat Sanktionscharakter[824] und ist daher trotz ihres systematischen Standorts im Fünften Abschnitt des WpÜG im Zusammenhang mit den im Achten Abschnitt genannten Sanktionen zu sehen[825]. Obwohl die praktische Bedeutung des Zinsanspruchs nach § 38 WpÜG bislang offenbar gering ist[826], sind Konstellationen denkbar, in denen die Verzinsungspflicht zur erheblichen Belastung für den Bieter wird. Gerade in komplizierten Holding- oder Konzernstrukturen, bei denen Unsicherheiten im Hinblick auf einzelne Zurechnungstatbestände des § 30 WpÜG bestehen, kann es vorkommen, dass rechtsirrtümlich eine Stimmrechtszurechnung verneint wird. Denkbar ist in diesen Konstellationen, dass dies über Jahre nicht bemerkt wird, was nach § 38 WpÜG hat zur Folge hat, dass für die gesamte Dauer des Verstoßes die Gegenleistung mit fünf Prozentpunkten über dem Basiszinssatz zu verzinsen ist, woraus eine extreme wirtschaftliche Belastung für den Bieter resultieren kann. Unter diesem Gesichtspunkt wird die Vorschrift vereinzelt gar als verfassungsrechtlich bedenklich eingestuft[827].

---

824 *Kremer/Oesterhaus* in Kölner Kommentar, WpÜG, § 38, Rn. 2; *Ekkenga* in: Ehricke/Ekkenga/Oechsler, WpÜG, § 38, Rn. 2 versteht die Vorschrift als Sanktion im Sinne eines Druckmittels, das den Bieter zur Erfüllung seiner Pflichten aus § 35 WpÜG anhalten soll.

825 *Kremer/Oesterhaus* in Kölner Kommentar, WpÜG, § 38, Rn. 2.

826 *von Falkenhausen*, ZHR 174, 293, 314.

827 *Kremer/Oesterhaus* in Kölner Kommentar, WpÜG, § 38, Rn. 3 sehen eine möglicherweise übermäßige und somit erdrosselnde Belastungswirkung, die unter dem Gesichtspunkt des Rechts am eingerichteten ausgeübten Gewerbebetriebs in das Eigentumsrecht nach Art. 14 eingreifen kann. *Meyer* in Geibel/Süssmann, WpÜG, § 38, Rn. 1, Fn. 3 weist in diesem Zusammenhang zu Recht auf das Erfordernis eines funktionierenden Compliance- und Meldesystems hin.

Die Verzinsungspflicht nach § 38 WpÜG entsteht zudem auch im Falle des bloß fahrlässigen Nichterkennens des Kontrollerwerbs. Die Pflicht zur Veröffentlichung des Kontrollerwerbs ist gemäß § 35 Abs. 1 WpÜG „unverzüglich" zu erfüllen, in Anlehnung an die Legaldefinition in § 121 BGB mithin ohne schuldhaftes Zögern. Eine Verletzung der Pflicht des § 35 Abs. 1 WpÜG liegt nicht nur dann vor, wenn die Veröffentlichung des Kontrollerwerbs unterblieb, obwohl der Bieter von der Kontrollerlangung positive Kenntnis hatte, sondern gemäß § 35 Abs. 1 Satz 2 WpÜG auch dann, wenn er nach den Umständen von der Kontrollerlangung hätte Kenntnis haben müssen, aber aus Fahrlässigkeit nicht hatte[828]. Fahrlässige Unkenntnis der Kontrollerlangung wird man dem Bieter allenfalls dann nicht vorwerfen können, wenn er sich mit der BaFin ins Benehmen gesetzt und auf Grundlage eines vollständig und zutreffend dargestellten Sachverhalts sein Verhalten mit der BaFin abgestimmt und entsprechend dieser Abstimmung gehandelt hat. In diesem Fall wird man unvermeidbaren Rechtsirrtum annehmen können, der der Verzinsungspflicht nach § 38 WpÜG entgegensteht[829].

ii) Ordnungswidrigkeit gemäß § 60 Abs. 1 Ziff. 1 lit. a)

Eine Verletzung der Pflichten nach § 35 Abs. 1 Satz 1 und Abs. 2 Satz 1 WpÜG ist zudem in § 60 Abs. 1 Ziffer 1 lit. a) WpÜG bußgeldbewehrt. Die Ordnungswidrigkeit kann mit einer Geldbuße bis zu 1 Mio. € geahndet werden, auch im Zusammenhang mit § 60 Abs. 1 Ziff. 1 lit. a) WpÜG tauchen die oben skizzierten Probleme insbesondere auf Grund der Zurechnungsvorschrift des § 30 WpÜG auf. Selbst wenn man das Kennenmüssen der Kontrollerlangung nicht als vorsätzlichen Verstoß gegen die Pflichten des § 35 Abs. 1 WpÜG wird einstufen können[830], bleibt es insbesondere bei Konzern- oder Holdingstrukturen dabei, dass eine Verletzung der Angebotspflicht zumindest als leichtfertig anzusehen ist und eine Ahndung wegen Leichtfertigung gemäß § 60 WpÜG nach sich ziehen kann.

In der Praxis bleibt dem Bieter auch hier nur die Möglichkeit, sein Verhalten mit der BaFin im Vorhinein abzustimmen und darauf zu vertrauen, dass die BaFin, die gemäß § 61 WpÜG die zuständige Verwaltungsbehörde ist, kein Bußgeldverfahren gegen den Bieter einleitet, wenn dieser sich wie mit der BaFin abgestimmt

828 *Assmann* in Assmann/Pötzsch/Schneider, WpÜG, § 38, Rn. 3.

829 *von Falkenhausen*, ZHR 174, 293, 315 (zu § 59 WpÜG); *Kremer/Oesterhaus* in Kölner Kommentar, WpÜG, § 38, Rn. 24; zu § 28 WpHG: *von Bülow/Petersen*, NZG 2009, 1373, 1378.

830 Dem steht sowohl das Rechtsstaatsprinzip als auch die in Art. 6 Abs. 2 EMRK niedergelegte Unschuldsvermutung entgegen, vgl. *Altenhain* in Kölner Kommentar, WpÜG, § 60, Rn. 55.

verhält und Tatsachengrundlage der Abstimmung mit der BaFin ein vollständiger und richtiger Sachverhalt war[831]. Gleichwohl besteht auch in diesem Fall ein nicht unerhebliches Risiko für den Bieter auf Grund einer falschen Einschätzung der komplexen Rechtslage einem Bußgeld in erheblicher Höhe ausgesetzt zu werden.

iii) Rechtsverlust gemäß § 59 WpÜG

Neben der finanziellen Belastung, die mit der Verzinsungspflicht gemäß § 38 WpÜG und der Bußgeldandrohung nach § 60 WpÜG einhergeht, kann insbesondere der in § 59 WpÜG angeordnete Rechtsverlust den Bieter – aber auch die Zielgesellschaft – schwerwiegend treffen und unberechenbare Spätfolgen[832] zeitigen.

Gemäß § 59 WpÜG bestehen Rechte aus Aktien für die Zeit nicht, für welche die Pflichten nach § 35 Abs. 1 oder 2 WpÜG nicht erfüllt wurden. Betroffen vom Rechtsverlust in § 59 WpÜG sind nicht nur die Rechte aus Aktien, die dem Bieter gehören, sondern auch die Rechte aus Aktien derjenigen Personen, die mit dem Bieter gemeinsam handeln, ferner Rechte aus Aktien von Tochterunternehmen des Bieters und den mit ihm gemeinsam handelnden Personen und schließlich auch Rechte aus Aktien, deren Stimmrechte dem Bieter, mit ihm gemeinsam handelnden Personen oder deren Tochterunternehmen nach § 30 Abs. 1 S. 1 Nr. 2 WpÜG zugerechnet werden[833]. Bestehen Pflichten aus § 35 Abs. 1 und 2 WpÜG auf mehreren Stufen, tritt der Rechtsverlust nur dann nicht ein, wenn sämtliche Pflichten erfüllt sind; die Aktien sind insoweit durch ihre Konzernzugehörigkeit „infiziert“[834].

Obwohl die Mitgliedschaft des Bieters in der Gesellschaft fortbesteht, erfasst der Rechtsverlust nach § 59 WpÜG alle Rechte aus Aktien. Vom Rechtsverlust erfasst sind daher zunächst die Verwaltungsrechte des Bieters, insbesondere sein Recht auf Teilnahme an der Hauptversammlung[835], sein Stimm-, Auskunfts- und Rederecht[836]. Im Falle des Rechtsverlusts gilt der Bieter in der Hauptversammlung als nicht vertreten, seine Stimmen werden bei Berechnung der Stimmen- und der Kapitalmehrheit nicht mitgezählt[837].

831 *von Falkenhausen*, ZHR 174, 293, 314.

832 *von Falkenhausen*, ZHR 174, 293, 314.

833 *Schneider/Rosengarten* in Assmann/Pötzsch/Schneider, WpÜG, § 59, Rn. 22.

834 *Tschauner* in Geibel/Süßmann, WpÜG, § 59, Rn. 49.

835 *Hommelhoff/Witt* in Frankfurter Kommentar, WpÜG, § 59, Rn. 19; *Santelmann* in Steinmeyer/Häger, WpÜG, § 59, Rn. 20, *Schneider/Rosengarten* in Assmann/Pötzsch/Schneider, WpÜG, § 59, Rn. 26.

836 *Kremer/Oesterhaus* in Kölner Kommentar, WpÜG, § 59, Rn. 58; Hommelhoff/Witt in Haarmann/Schüppen, WpÜG, § 59, Rn. 19; *Hecker* in Baums/Thoma, WpüG, § 59, Rn. 81.

837 *Tschauner* in Geibel/Süßmann, WpÜG, § 59, Rn. 58.

Der Rechtsverlust nach § 59 WpÜG erstreckt sich auch auf die Vermögensrechte des Aktionärs[838]. Ob der Bieter Anspruch auf Zahlung von Dividende hat, bestimmt sich nach dem Zeitpunkt des Gewinnverwendungsbeschlusses. Werden die Pflichten aus § 35 Abs. 1 und 2 WpÜG bis zu diesem Zeitpunkt erfüllt, bleibt der Dividendenanspruch, der als Forderungsrecht erst mit dem Wirksamwerden des Gewinnverwendungsbeschlusses durch die Hauptversammlung entsteht[839], unberührt[840].

Bezugsansprüche auf Aktien aus Kapitalerhöhungsbeschlüssen gegen Einlagen sind von dem Rechtsverlust des § 59 WpÜG ebenfalls erfasst, maßgeblich ist insoweit der Zeitpunkt des Beschlusses über die Kapitalerhöhung[841]. Werden die Pflichten aus § 35 Abs. 1 und 2 WpÜG bis zu diesem Zeitpunkt erfüllt, tritt kein Rechtsverlust ein[842].

Streitig ist, ob der Rechtsverlust auch das Recht des Kontrollerwerbers erfasst, nach § 212 AktG Aktien bei einer Kapitalerhöhung aus Gesellschaftsmitteln zu erwerben. Dies wird teilweise in Anlehnung an eine häufig vertretene Auffassung zu § 20 Abs. 7 AktG und § 28 WpHG mit dem Hinweis verneint, der Aktionär erwerbe in diesem Fall die Aktien nicht durch die Ausübung eines Bezugsrechts, sondern aus bereits vorhandenen Gesellschaftsmitteln, ein Rechtsverlust an diesen erworbenen Aktien stelle einen unzulässigen Eingriff in die Substanz der Mitgliedschaft dar[843]. Vieles dürfte allerdings dafür sprechen, aus der Regelung in § 59 S. 2 WpÜG den Schluss zu ziehen, dass vom Rechtsverlust gemäß § 59 WpÜG grundsätzlich sämtliche Rechte, d.h. auch diejenigen Rechte, die in der Sache ein Surrogat für das Aktienstammrecht darstellen, erfasst sind[844].

---

838 *Schneider* in Aßmann/Pötzsch/Schneider, WpÜG, § 59, Rn. 30.

839 Vgl. §§ 58 Abs. 4 i.V.m. 174 AktG, dazu *Hüffer*, AktG, § 58, Rn. 28.

840 *Kremer/Oesterhaus* in Kölner Kommentar, WpÜG, § 59, Rn. 59.

841 *Schneider* in Aßmann/Pötzsch/Schneider, WpÜG, § 59, Rn. 33.

842 *Schlitt/Ries* in Münchener Kommentar, AktG, § 59 WpÜG Rn. 31; *Tschauner* in Geibel/Süßmann, WpÜG, § 59, Rn. 31. Dies war zu § 30 Abs. 7 AktG a.F. str.: Teilweise wurde auch auf die Eintragung ins Handelsregister oder den Ablauf der Bezugsfrist nach § 186 AktG abgestellt.

843 *Schlitt/Ries* in Münchener Kommentar, AktG, § 59 WpÜG, Rn. 33; *Kremer/Oesterhaus* in Kölner Kommentar, WpÜG, § 59, Rn. 73 auch unter Berufung auf die Regierungsbegründung des Dritten Finanzmarktförderungsgesetzes (zu § 28 WpHG) in BT-Drucks. 13/8933.

844 *Tschauner* in Geibel/Süßmann, WpÜG, § 59, Rn. 35; eine analoge Anwendung der Heilungsvorschrift in § 59 S. 2 komme ebenfalls nicht in Betracht.

Erfasst vom Rechtsverlust ist schließlich auch der Anspruch auf den Liquidationserlös, wenn nicht die Voraussetzungen des § 59 S. 2 WpÜG vorliegen[845].

§ 59 S. 2 WpÜG gibt dem Bieter immerhin die Möglichkeit, die Ansprüche auf Zahlung der Dividende gemäß § 58 Abs. 4 AktG iVm. dem Gewinnverwendungsbeschluss gemäß § 174 AktG und den Liquidationserlös gemäß § 271 AktG zu erhalten, wenn die Pflichten aus § 35 Abs. 1 und 2 WpÜG nicht vorsätzlich verletzt wurden und nachgeholt werden. Der Bieter trägt die Beweislast und muss sowohl das nichtvorsätzliche Unterlassen als auch die rechtzeitige Nachholung beweisen[846].

Wirkt der betroffene Aktionär unter Verstoß gegen § 59 WpÜG an Hauptversammlungsbeschlüssen der Zielgesellschaft mit, ist der Hauptversammlungsbeschluss nach § 243 Abs. 1 AktG anfechtbar, wenn der Beschluss auf dem Mangel beruht, was nur dann nicht der Fall ist, wenn die erforderliche Mehrheit auch nach Abzug der von § 59 WpÜG erfassten Stimmen noch vorliegt[847]. Die Anfechtbarkeit entfällt auch nicht etwa, wenn die Pflichten des § 35 Abs. 1 und 2 WpÜG nach Durchführung der Hauptversammlung noch erfüllt werden[848]. Eine Nichtigkeit nach § 241 Nr. 3 Fall 3 AktG liegt hingegen nicht vor[849], auch bleibt die bloße Teilnahme des vom Rechtsverlust betroffenen Aktionärs an der Hauptversammlung folgenlos. Für den Bieter und die Zielgesellschaft führt dies zu der äußerst misslichen Lage, dass bei rechtlicher Ungewissheit über den Kontrollerwerb und damit über das Stimmrechtsausübungsverbot sämtliche Hauptversammlungsbeschlüsse möglicherweise anfechtbar sind, was insbesondere die Durchführung von Strukturmaßnahmen oder ähnlicher Beschlüsse – die vielleicht für den Kontrollerwerb sogar den Anlass boten – verhindern kann. Denkbar ist auch, dass es erst Jahre nach der Beschlussfassung zu einer rechtskräftigen Entscheidung über Anfechtungsklage eines Aktionärs kommen kann. Dass die Hauptversammlung diesen Verfahrensfehler unter Umständen in der nachfolgenden Hauptversammlung durch einen Bestätigungsbeschluss heilen

845 *Tschauner* in Geibel/Süßmann, WpÜG, § 59, Rn. 36; *Schlitt/Ries* in Münchener Kommentar, AktG, § 59 WpÜG, Rn. 34.

846 *Tschauner* in Geibel/Süßmann, WpÜG, § 59, Rn. 77; *Ehricke* in Ehricke/Ekkenga/Oechsler, WpÜG, § 59, Rn. 31.

847 *Schlitt/Ries* in Münchener Kommentar, AktG, § 59 WpÜG, Rn. 49; *Hüffer*, AktG, § 243, Rn. 19.

848 *Schlitt/Ries* in Münchener Kommentar, AktG, § 59 WpüG, Rn. 49.

849 BGH, Urt. v. 12.12.2005, Az II ZR 253/03; OLG München, Beschl. v. 03.09.2008, Az 7 W 1432/08.

kann, hilft dem Bieter ebenfalls nicht weiter[850], wenn Unklarheit gerade darüber herrscht, ob eine Zurechnung von Stimmrechten zu erfolgen hat oder nicht. Der Bieter könnte in diesem Fall bei dem zu fassenden Bestätigungsbeschluss entweder nicht mitwirken mit der Folge, dass er seinen Kontrolleinfluss nicht ausüben kann. Wirkt er mit, besteht die Unsicherheit über das Vorliegen eines Rechtsverlustes weiter, da dann der Bestätigungsbeschluss selbst anfechtbar ist.

Entschließt sich die Zielgesellschaft dazu, die streitigen Stimmrechte des Bieters bei der Feststellung des Beschlussergebnisses nicht zu berücksichtigen, besteht wiederum die Gefahr, dass der Bieter die Hauptversammlungsbeschlüsse anficht. Denn das Recht des betroffenen Aktionärs, Anfechtungsklage nach § 243 AktG oder Nichtigkeitsklage nach §§ 241, 249 AktG zu erheben, erwächst aus der Mitgliedschaft[851] und ist daher von einem Rechtsverlust nach § 59 WpÜG nicht tangiert[852].

Fraglich ist, ob § 59 WpÜG ein eigenes Verschuldenserfordernis beinhaltet. Wird der Kontrollerwerb schuldlos nicht erkannt und daher nicht veröffentlicht, soll ein Rechtsverlust nicht eintreten[853]. Ein Verschulden ist auch dann zu verneinen, wenn der Bieter sein Verhalten mit der BaFin abgestimmt hat, was aber nur gilt, wenn der Sachverhalt der BaFin vollständig und richtig offenbart wurde.

bb) Interesse der Zielgesellschaft

Insbesondere die Unsicherheit in Bezug auf einen möglichen Rechtsverlust nach § 59 WpÜG wirkt sich auch nachteilig auf die Geschäftstätigkeit der Zielgesellschaft aus, da dem Kontrollerwerb nachfolgende Hauptversammlungsbeschlüsse dem ständigen Risiko der Anfechtbarkeit wegen § 59 WpÜG unterliegen. Hierunter kann die Geschäfts- und Unternehmenspolitik der Zielgesellschaft

---

850 Zur Möglichkeit eines Bestätigungsbeschlusses nach § 244 AktG: OLG Stuttgart, Beschluss vom 06.05.2004, Az. 20 U 16/03 (zu § 28 WpHG): Der Rechtsverlust tritt nur für die Zeit ein, in der die Meldepflichten nicht erfüllt werden. Werden die Meldepflichten zum Zeitpunkt des Bestätigungsbeschlusses noch nicht erfüllt, ist auch dieser Bestätigungsbeschluss anfechtbar.

851 *Kremer/Oesterhaus* in Kölner Kommentar, WpÜG, § 59, Rn. 53.

852 *Schlitt/Ries* in Münchener Kommentar, AktG, § 59 WpÜG, Rn. 40; *Tschauner* in Geibel/Süßmann, WpÜG, § 59, Rn. 42; *Kremer/Oesterhaus* in Kölner Kommentar, WpÜG, § 59 WpÜG, Rn. 43; a.A. *Hecker* in Baums/Thoma, WpÜG, § 59, Rn. 84; OLG Frankfurt/Main, Urteil vom 22.05.2007, Az. 5 U 33/06; OLG Frankfurt/Main, Urt. v. 14.11.2006, Az. 5 U 158/05.

853 *Kremer/Oesterhaus* in Kölner Kommentar, WpÜG, § 59, Rn. 75, die ein schuldloses Übersehen des Kontrollerwerbs etwa annehmen, wenn dieser auf einem «komplizierten und schwer durchschaubaren Zurechnungszusammenhang» beruht.

erheblich leiden[854]. Die Durchführung von Struktur- und Kapitalmaßnahmen wird durch die hiermit verbundene Rechtsunsicherheit erschwert. Ein selbständiges Feststellungsverfahren, in dem die BaFin mit Inter-omnes-Wirkung über das Bestehen einer Angebotspflicht entscheidet, würde auf § 59 WpÜG gestützten Anfechtungsklagen den Boden entziehen.

cc) Interesse der Aktionäre der Zielgesellschaft

Schließlich liegt eine verbindliche Entscheidung durch die BaFin über das Bestehen oder Nichtbestehen einer Angebotspflicht auch nicht zuletzt im Interesse der Minderheitsaktionäre. Diese können de lege lata die Abgabe eines Pflichtangebots nicht erzwingen und können, sollten sie der Auffassung sein, dass die Abgabe eines Pflichtangebots zu Unrecht unterlassen wurde, Hauptversammlungsbeschlüsse der Zielgesellschaft lediglich aktienrechtlich durch Erhebung einer Anfechtungsklage nach § 243 AktG angreifen. In diesen Fällen sind die Zivilgerichte an die Rechtsauffassung der BaFin jedoch nicht gebunden, selbst wenn diese bereits einen Bußgeldbescheid nach § 61 WpÜG erlassen haben sollte[855].

Es bleibt daher festzuhalten, dass bei allen Beteiligten, nämlich dem Bieter, der Zielgesellschaft selbst sowie den Aktionären der Zielgesellschaft ein starkes Bedürfnis dafür besteht, das Bestehen oder Nichtbestehen einer Angebotspflicht in einem Feststellungsverfahren verbindlich festzustellen zu lassen.

c) De lege lata keine Möglichkeit, Bestehen der Angebotspflicht feststellen zu lassen

Das geltende Recht räumt den Beteiligten jedoch keine Möglichkeit ein, einen feststellenden Verwaltungsakt über das Bestehen bzw. Nichtbestehen der Angebotspflicht von der BaFin zu verlangen. Es fehlt bereits an einer einschlägigen Ermächtigungsnorm.

aa) § 4 Abs. 2 keine taugliche Ermächtigungsgrundlage für Erlass eines feststellenden Verwaltungsakts durch die BaFin

Insbesondere lässt sich die Ermächtigung zur Erteilung eines so genannten Negativattests nicht auf § 4 Abs. 1 Satz 3 WpÜG stützen[856]. Zum einen ist Unsicherheit

854 *Baums/Hecker* in Baums/Thoma, WpÜG, § 35, Rn. 144.

855 Den Entscheidungen dürfte jedoch ebenso wie den Feststellungen in gerichtlichen Verfahren nach § 62 WpÜG eine starke Präjudizwirkung zukommen, vgl. *Cahn*, ZHR 167, 262, 272; *Baums/Hecker* in Baums/Thoma, WpÜG, § 35, Rn. 143.

856 *Baums/Hecker* in Baums/Thoma; WpÜG, § 35, Rn. 139 ff..

in Bezug auf Pflichten nach dem WpÜG noch kein Missstand im Sinne dieser Vorschrift[857], zum anderen sind die Vorschriften über die Missstandsaufsicht durch die BaFin keine Generalklausel für ein möglicherweise rechtspolitisch wünschenswertes Handeln der BaFin, das vom Gesetzgeber jedoch nicht vorgesehen ist.

bb) § 37 WpÜG keine taugliche Ermächtigungsgrundlage

Auch § 37 WpÜG ist weder in direkter noch analoger Anwendung eine taugliche Ermächtigungsnorm für den Erlass eines Negativattests durch die BaFin.

§ 37 WpÜG setzt gerade die Kontrollerlangung i.S.v. § 29 Abs. 2 WpÜG voraus[858], weshalb bereits der Wortlaut der Norm dem Erlass eines Verwaltungsakts entgegensteht, mit dem das genaue Gegenteil – das Nichtvorliegen der Kontrolle – festgestellt werden soll[859]. Schon aus diesem Grund ist eine prophylaktische Befreiung nicht möglich[860]. In Betracht kommt daher lediglich eine analoge Anwendung, die aber voraussetzen würde, dass eine planwidrige Regelungslücke besteht. Das ist schon allein deshalb zu bezweifeln, weil der Gesetzgeber vor Erlass des WpÜG rechtsvergleichende Untersuchungen durchführte und offenbar bewusst auf die Einführung einer feststellenden Entscheidung der BaFin verzichtete[861].

Gemäß § 8 Satz 2 WpÜG-AngebotsVO kann der Antrag auf Befreiung von der Angebotspflicht zwar schon vor Erlangung der Kontrolle über die Zielgesellschaft gestellt werden, eine Entscheidung über den Antrag kann auch bereits dann erfolgen, wenn die Kontrollerlangung überwiegend wahrscheinlich ist[862]. Die Möglichkeit, einen auf § 37 WpÜG gestützten Befreiungsantrag schon vor der Kontrollerlangung zu stellen, hilft dem Bieter aber nur dann, wenn der Bieter die Voraussetzungen eines Befreiungssachverhalts im Sinne von § 37 WpÜG erfüllt. Ein Bedürfnis nach verbindlicher Feststellung der Angebotspflicht besteht bereits dann, wenn schon das Überschreiten der Kontrollschwelle rechtlich

---

857 *Baums/Hecker* in Baums/Thoma, WpÜG, § 35, Rn. 139.
858 *Schlitt/Ries* in Münchener Kommentar, AktG, § 37 WpÜG, Rn. 82.
859 *Schlitt/Ries* in Münchener Kommentar, AktG, § 37 WpÜG, Rn. 82.
860 *Hecker* in Baums/Thoma, WpÜG, § 37, Rn. 9.
861 *Krause/Pötzsch/Seiler* in Assmann/Pötzsch/Schneider, WpÜG, § 37, Rn. 104.
862 *Versteegen* in Kölner Kommentar, WpÜG, § 8 WpÜG-AngebotsVO, Rn. 6; ist der Kontrollerwerb unwahrscheinlich, fehlt im Übrigen das Sachentscheidungsinteresse des Antragstellers, vgl. zu unterschiedlichen Abstufungen in Bezug auf die Wahrscheinlichkeit des Kontrollerwerbs einerseits *Lenz/Linke*, AG 2002, 361, 366 sowie *Heuber*, Befreiung vom Pflichtangebot, S. 285 andererseits.

zweifelhaft ist, weil unklar ist, ob eine Stimmrechtszurechnung erfolgt oder nicht, außerdem in den Fällen des § 35 Abs. 3 WpÜG, die die Angebotspflicht ex lege entfallen lassen, weshalb überhaupt kein Befreiungsantrag gestellt wird. Eine Bescheidung eines Befreiungsantrags vor Kontrollerlangung wird zudem nach der Verwaltungspraxis der BaFin im Anwendungsbereich des § 36 WpÜG – anders als bei Befreiungsanträgen nach § 37 WpÜG – weiterhin abgelehnt[863]. Hinzu kommt, dass ein Bedürfnis an einer Entscheidung über das Bestehen oder Nichtbestehen der Angebotspflicht auch dann besteht, wenn bereits der Kontrollerwerb zweifelhaft ist und Befreiungsgründe von der Angebotspflicht nicht ersichtlich sind. Dem Bieter, der sich gegen vorhandene Subsumtionsrisiken in Bezug auf den Kontrollerwerb absichern will, ist daher mit einer frühzeitigen Antragstellung nach §§ 36 oder 37 WpÜG nicht geholfen.

De lege lata besteht kein Anspruch auf verbindliche Feststellung des Bestehens oder Nichtbestehens einer Angebotspflicht, es besteht derzeit lediglich die Möglichkeit, unverbindliche Auskünfte bei der BaFin einzuholen.

d) Feststellungsverfahren nach österreichischem Recht

In das österreichische Übernahmegesetz[864] wurde 2006 die Möglichkeit eines allgemeinen Feststellungsverfahrens aufgenommen. Gemäß § 26 b ÜbG kann, wer unmittelbar oder mittelbar Beteiligungspapiere an einer Zielgesellschaft hält, einen Feststellungsbescheid darüber beantragen, ob für ihn die Angebotspflicht besteht. Stellt die Übernahmekommission die Angebotspflicht fest, so hat gemäß § 26 b Abs. 2 ÜbG der Bieter entweder innerhalb von 20 Börsentagen ab Zustellung des Bescheids ein Pflichtangebot abzugeben oder nach Absatz 3 vorzugehen, wonach der Bieter seine Beteiligung innerhalb von 20 Börsentagen auf maximal 30 % der stimmberechtigten Aktien reduzieren oder das Erlangen der kontrollierenden Beteiligung auf sonstige Weise rückgängig machen kann. Nach § 26 b ÜbG treten die Rechtsfolgen einer Verletzung der Angebotspflicht nicht ein, wenn der Bieter den Feststellungsantrag unverzüglich Sachverhaltsverwirklichung stellt und der Bieter und mit ihm gemeinsam handelnde Rechtsträger während des Bestehens der kontrollierenden Beteiligung ihre Stimmrechte nicht ausüben[865]. Das selbständige Feststellungsverfahren wurde eingeführt, um in Zweifelsfällen Rechtssicherheit über das Bestehen der Angebotspflicht zu

863 Vgl. *Strunck/Salomon/Holst* in Veil (Hrsg.), Übernahmerecht in Praxis und Wissenschaft, S. 1, 10.

864 Bundesgesetz betreffend Übernahmeangebote i.d.F. BGBl. I Nr. 75/2006.

865 Vgl. EB AB 1382 BlgNr. XXII GP, 1.

erreichen[866]. Denn die Rechtsfolgen einer Verletzung der Angebotspflicht – § 34 ÜbG ordnet das Ruhen der Stimmrechte an, die Angebotspflicht ist nach § 35 Abs. 1 Ziff. 1, Abs. 2 strafbewehrt – treten ex lege ein. Nach der Praxis der Übernahmekommission ist außerdem erforderlich, dass zum Zeitpunkt der Antragstellung ausreichend begründete Zweifel an der Kontrollerlangung bestehen[867]. Nach dem Wortlaut setzt § 26 b ÜbG nur das Halten einer unmittelbaren oder mittelbaren Beteiligung an der Zielgesellschaft voraus. Es wird allerdings zu fordern sein, dass die Stimmrechte in kontrollrelevantem Ausmaß gehalten werden oder dass es zumindest diesbezügliche Überlegungen gibt[868]. Da das Feststellungsverfahren nach § 26b ÜbG nur bezweckt, eine etwaige Unsicherheit über das Bestehen einer Angebotspflicht zu beseitigen, der Bieter aus der Durchführung des Verfahrens aber keine weiteren Vorteile erlangen soll, ordnet § 26 b Abs. 2 ÜbG an, dass sich die Frist für die Berücksichtigung von Vorerwerben auf den Mindestpreis nach § 26 ÜbG um die Dauer des Feststellungsverfahrens[869] verlängert. So wird sichergestellt, dass Vorerwerbe des Bieters bei der Preisbildung auch dann berücksichtigt werden, wenn durch Einleitung des Feststellungsverfahrens nach § 26b ÜbG die 12-Monatsfrist überschritten würde. Im Ergebnis sind daher Referenzerwerbe für die Preisbildung des Pflichtangebots auch dann zu berücksichtigen, wenn sie länger als 12 Monate zurückliegen[870].

e) Schweizer Recht

Auch nach Schweizer Recht kann die Übernahmekommission im Verfahren gemäß Art. 61 UEV verbindlich über das Bestehen der Angebotspflicht entscheiden. Qualifizierte Aktionäre – das sind Aktionäre, die mindestens 2 % der

866 EB AB 1382 BlgNr. XXII. GP, 1.

867 Vgl. etwa den Feststellungsbescheid der Übernahmekommission vom 07.04.2009, GZ 2009/3/1-118 (Zielgesellschaft S&T System Integration & Technology Distribution AG), abrufbar unter www.takeover.at.

868 Vgl. *Huber*, ÜbG, § 26b, Rn. 3. Da § 26b Abs. 3 ÜbG von einer Reduzierung der Beteiligung auf maximal 30 % spricht, könnte zwar auch gefolgert werden, dass ein Antragsteller die Kontrolle bereits erlangt hat, dies würde dem Zweck des Feststellungsverfahrens aber ersichtlich widersprechen. S.a. *Diregger/Kalss/Winner* in Münchener Kommentar, AktG, Österreichisches Übernahmerecht, Rn. 282: Nicht erforderlich, dass überhaupt eine Aktie gehalten wird.

869 Gemäß § 30 Abs. 1 ÜbG hat die Übernahmekommission Entscheidungen rasch, längstens innerhalb eines Monats zu treffen, länger wird das Feststellungsverfahren daher nicht andauern.

870 *Huber*, ÜbG, § 26b, Rn. 9.

Stimmrechte der Zielgesellschaft halten – können gegen den öffentlich bekanntgegebenen Bescheid innerhalb von fünf Börsentagen Einsprache erheben[871]. In diesem Fall entscheidet die Übernahmekommission erneut und die qualifizierten Aktionäre können Rechtsmittel gegen die Entscheidung einlegen.

f) Beteiligung der Aktionäre am Feststellungsverfahren?

Zu überlegen ist, ob die Aktionäre der Zielgesellschaft an einem allgemeinen Feststellungsverfahren über das Bestehen der Angebotspflicht zu beteiligen sind. Auch in Bezug auf die Beteiligung der Aktionäre im Verwaltungsverfahren lohnt ein Blick über die Grenze: Um auch den Beteiligungspapierinhabern und der Zielgesellschaft Gehör zu verschaffen und vor allem um einem Bescheid nach § 26 b ÜbG Erga-omnes-Wirkung zu verschaffen, wendet die Übernahmekommission bei Durchführung des Feststellungsverfahrens die Bestimmungen über die Einräumung der Parteistellung gemäß § 33 Abs. 2 und 3 ÜbG analog an[872]. Gemäß § 33 Abs. 1 Nr. 2 ÜbG kann die Übernahmekommission von Amts wegen, aber auch auf Antrag einer Partei, mit Wirkung für und gegen den Bieter, die gemeinsam mit ihm handelnden Rechtsträger, die Zielgesellschaft und die Inhaber von Beteiligungspapieren der Zielgesellschaft feststellen, ob ein Pflichtangebot zu Unrecht nicht gestellt oder nicht angeordnet wurde. Um die Streubesitzaktionäre von der Einleitung eines Verfahrens zu informieren, ist gemäß § 33 Abs. 2 ÜbG die Einleitung des Verfahrens von der Übernahmekommission zu veröffentlichen. Gemäß § 33 Abs. 2 ÜbG haben qualifizierte Beteiligungsinhaber, die alleine oder gemeinsam mit anderen Beteiligungsinhabern über mindestens 1 % des Grundkapitals der Zielgesellschaft oder über Beteiligungspapiere im Nennwert von mindestens 70.000 € verfügen, in dem Feststellungsverfahren Parteistellung. Diese sog. Ernstlichkeitsschwelle soll einen Missbrauch des Antragsrechts verhindern[873].

Der WpÜG-Gesetzgeber hat sich jedoch bewusst dagegen entschieden, die Aktionäre am Verwaltungsverfahren zu beteiligen. Ob ein praktisches Bedürfnis hierzu besteht, ist umstritten. Für eine Beteiligung der Minderheitsaktionäre sprechen jedoch mehrere Gründe: Es ist nicht von der Hand zu weisen, dass ein Kontrollwechsel – unabhängig davon, welche rechtlichen Schlüsse man hieraus

871 Art. 23 Abs. 1 und 5, 28 lit. g BEHG i.V.m. Art. 58 Abs. 2, 61 UEV.

872 Vgl. etwa den Feststellungsbescheid der Übernahmekommission vom 07.04.2009, GZ 2009/3/1-118 (Zielgesellschaft S&T System Integration & Technology Distribution AG), abrufbar unter www.takeover.at.

873 *Gall* in Huber, ÜbG, § 33, Rn. 14; Erl. RV 1276, BlgNr. XX. GP, 50.

ziehen will – zumindest die rechtlichen Interessen der Minderheitsaktionäre einer Zielgesellschaft berührt, die den Kontrollwechsel nicht verhindern können, weshalb es geboten erscheint, den Minderheitsaktionären bei der Entscheidung über das Bestehen der Angebotspflicht zumindest rechtliches Gehör zu gewähren. Eine Beteiligung der Minderheitsaktionäre am Verwaltungsverfahren würde darüber hinaus bewirken, dass die im Verwaltungsverfahren getroffenen Entscheidungen die Verfahrensbeteiligten unmittelbar binden und sie der Möglichkeit berauben, aktienrechtliche Anfechtungsklagen wegen angeblich unterlassenem Pflichtangebot auf die Stimmrechtssuspendierung in § 59 WpÜG zu stützen oder sonstige Ansprüche gegen den Bieter zu behaupten, was zu höherer Rechtssicherheit für alle Beteiligten führen würde. Würde das Gesetz sogar eine echte Inter-omnes-Wirkung anordnen, erscheint es zwingend geboten, zumindest den qualifiziert beteiligten Aktionären die Beteiligung am Verfahren zu ermöglichen.

Als Ergebnis bleibt somit festzuhalten, dass der Gesetzgeber ein Feststellungsverfahren über die Frage, ob ein Pflichtangebot abzugeben ist oder nicht in das WpÜG aufnehmen sollte. Der Feststellungsantrag des potentiellen Bieters sollte zudem die Fristen, die § 35 Abs. 1 und 2 WpÜG auslöst, unterbrechen[874]. Sichergestellt werden muss, dass der Bieter aus dem Verfahren keine weiteren Vorteile zieht, weshalb sich der Referenzzeitraum in Bezug auf die Berücksichtigung von Vorerwerben nach dem Zeitpunkt der Antragstellung bestimmen sollte[875]. Ob die Aktionäre der Zielgesellschaft an dem Verfahren zu beteiligen sind, hängt auch davon ab, welche Rechtswirkungen eine Entscheidung über das Nichtbestehen der Angebotspflicht für sie entfaltet. Sollte es der Gesetzgeber dabei belassen, dass den Aktionären eine zivilrechtliche Klagemöglichkeit gegen den Bieter verwehrt ist, erscheint ihre Beteiligung am Verfahren entbehrlich.

7. Ergebnis zur Nichtberücksichtigung der Stimmrechte gemäß § 36 WpÜG

Die bisherige Befreiungspraxis gemäß § 36 WpÜG zeigt, dass ein ganz deutlicher Schwerpunkt auf der Nichtberücksichtigung von Stimmrechten wegen konzerninterner Umstrukturierung liegt. Es handelt sich um die in der Praxis bedeutendste Befreiungsmöglichkeit. Auffallend ist auch der empirische Befund, dass die auf § 36 WpÜG gestützten Befreiungsanträge in der weit überwiegenden Zahl erfolgreich sind und kaum ein Antrag je einmal abgelehnt wird. Die

---

874 *Baums/Hecker* in Baums/Thoma, WpÜG, § 35, Rn. 146.
875 *Baums/Hecker* in Baums/Thoma, WpÜG, § 35, Rn. 146.

Befreiung von der Angebotspflicht stellt daher im Anwendungsbereich des § 36 WpÜG den Regelfall dar, das Pflichtangebot selbst hingegen die Ausnahme. Dies sollte Anlass zu der Überlegung geben, auch das Verfahren der Befreiung zu reformieren und die bislang in § 36 WpÜG geregelten Befreiungstatbestände als gesetzliche Ausnahme von der Angebotspflicht zu regeln. Flankiert man die gesetzliche Ausnahme mit einer Anzeigepflicht des Bieters an die BaFin und stattet man diese mit der Befugnis aus, das Vorliegen der Voraussetzungen des Befreiungstatbestandes zu prüfen und gegebenenfalls Auflagen anzuordnen, bleibt in der Sache die Entscheidung über das Bestehen der Angebotspflicht ebenfalls bei der BaFin, für den Bieter würde jedoch das umständliche Befreiungsverfahren entfallen. Diese Regelungstechnik hätte für den Bieter zudem den Vorteil, dass die Beweislast im Falle nicht aufklärbarer Zweifel am Vorliegen einzelner Befreiungsvoraussetzungen bei der BaFin läge. Als Vorbild könnte insoweit die Regelung zum Entfallen der Angebotspflicht im österreichischen Recht dienen.

Sollte die bisherige Regelungstechnik beibehalten werden, sollte dem Bieter jedoch zumindest ermöglicht werden, einen auf § 36 WpÜG gestützten Antrag schon vor Verwirklichung des Kontrolltatbestandes zu stellen, um insoweit Rechtssicherheit über die Befreiung von der Angebotspflicht zu erhalten.

Gerade die Fälle konzerninterner Umstrukturierungen belegen zudem das dringende Bedürfnis der Praxis, Klarheit über das Bestehen oder Nichtbestehen der Angebotspflicht zu erhalten, weshalb ein selbständiges Feststellungsverfahren in das WpÜG aufgenommen werden sollte, in dem die BaFin mit Wirkung für und gegen alle Beteiligten über das Bestehen der Angebotspflicht bzw. das Vorliegen der Voraussetzung eines Befreiungsgrundes zu entscheiden hat. An diesem Feststellungsverfahren sind die Aktionäre der Zielgesellschaft ggf. zu beteiligen.

IV. Befreiung gemäß § 37 WpÜG

1. Grundlagen, Struktur

Gemäß § 37 Abs. 1 WpÜG kann die BaFin auf schriftlichen Antrag den Bieter von den Verpflichtungen nach § 35 Abs. 1 Satz 1 und Abs. 2 Satz 1 WpÜG befreien, sofern dies im Hinblick auf die Art der Erlangung, die mit der Erlangung der Kontrolle beabsichtigte Zielsetzung, ein nach der Erlangung der Kontrolle erfolgendes Unterschreiten der Kontrollschwelle, die Beteiligungsverhältnisse an der Zielgesellschaft oder die tatsächliche Möglichkeit zur Ausübung der Kontrolle unter Berücksichtigung der Interessen des Antragstellers und der Inhaber der Aktien der Zielgesellschaft gerechtfertigt erscheint. Gemäß § 37 Abs. 2 WpÜG kann das Bundesministerium der Finanzen durch Rechtsverordnung

Bestimmungen über die Befreiung von den Verpflichtungen nach § 35 Abs. 1 Satz 1, Abs. 2 Satz 1 erlassen. Hiervon hat das Bundesministerium der Finanzen durch Erlass der WpÜG-Angebotsverordnung (AngebotsVO)[876] Gebrauch gemacht. Eine Übertragung dieser Ermächtigung auf die BaFin, wie in § 37 Abs. 2 Satz 2 WpÜG vorgesehen, erfolgte nicht.

Eine Befreiung gemäß § 37 WpÜG kommt nur dann in Betracht, wenn der zur Beurteilung stehende Sachverhalt Besonderheiten aufweist, die zu einer Interessenverschiebung zu Gunsten des Bieters führen. Voraussetzung ist ferner, dass die Besonderheiten gerade im Hinblick auf die in § 37 Abs. 1 Var. 1 bis 5 WpÜG genannten Aspekte bestehen[877]. In der Sache formuliert § 37 Abs. 1 WpÜG keine echten Befreiungstatbestände[878], sondern belässt es dabei, lediglich die relevanten Parameter[879] zu benennen, aus denen sich eine Rechtfertigung der Befreiung ergeben kann. Eine Ausnahme mag insoweit lediglich die Variante 3 (das dem Kontrollerwerb nachfolgende Unterschreiben der Kontrollschwelle) darstellen, bei der es sich um einen echten Befreiungstatbestand handelt[880]. Erforderlich ist daher, dass eine Besonderheit im Sachverhalt vorliegt, die gegebenenfalls eine Abweichung des Normalfalls darstellt und zu einer Interessenverschiebung zu Gunsten des Bieters führt.

Die Befreiungsgründe in § 37 Abs. 1 WpÜG sind abschließend. Der zu beurteilende Sachverhalt muss also genau im Hinblick auf die in § 37 Abs. 1 WpÜG genannten Aspekte Besonderheiten aufweisen, die zu einer Interessenverschiebung zu Gunsten des Bieters führen. Bei den genannten Befreiungsgründe lassen sich grob zwei Gruppen unterscheiden: Zum einen hatte der Gesetzgeber Fälle im Auge, in denen der Bieter trotz Erreichens oder Überschreitens der Kontrollschwelle tatsächlich keine Kontrolle über die Zielgesellschaft ausüben kann, dies sind die in Abs. 1 Var. 4 und 5 genannten Aspekte, in denen die Kontrollvermutung des § 29 Abs. 2 WpÜG widerlegt wird[881]. Schließlich wollte der Gesetzgeber

---

876 Verordnung über den Inhalt der Angebotsunterlage, die Gegenleistung bei Übernahmeangeboten und Pflichtangeboten und die Befreiung von der Verpflichtung zur Veröffentlichung und zur Abgabe eines Angebots vom 27.12.2001, BGBl. I, 4263, zuletzt geändert durch Art. 4 G vom 05.04.2011 I 538.

877 *Versteegen* in Kölner Kommentar, WpÜG, § 37, Rn. 25.

878 *Noack/Zetzsche* in Schwark/Zimmer, Kapitalmarktrechtskommentar, § 37 WpÜG, Rn. 2 und 3; *Meyer* in Geibel/Süßmann, WpÜG, § 37, Rn. 24 sprechen insoweit von „Sachverhalten"; anders: *Hecker* in Baums/Thoma, WpÜG § 37, Rn. 1: „Tatbestände".

879 *Versteegen* in Kölner Kommentar, WpÜG, § 37, Rn. 20.

880 *Versteegen* in Kölner Kommentar, WpÜG, § 37, Rn. 20.

881 *Hecker* in Baums/Thoma, WpÜG, § 37, Rn. 11.

Fälle erfassen, die zwar tatsächlich zu einem Kontrollerwerb bzw. einem Kontrollwechsel führten, bei denen sich der Kontrollerwerb aber im Einzelfall vom Regelfall des Kontrollerwerbs unterscheidet (Abs. 1 Var. 1 bis 3). Der Regelfall eines Kontrollerwerbs in diesem Sinne ist der aktiv bewirkte Erwerb einer Kontrollbeteiligung gegen Erbringung einer Gegenleistung in Kenntnis der Tatsache, dass die Kontrollschwelle erreicht wird. Zudem wird der Bieter im Regelfall auch die Absicht haben, die Zielgesellschaft zu kontrollieren[882]. Die Befreiungsmöglichkeiten des § 37 Abs. 1 WpÜG sind so auszulegen, dass sowohl eine Besonderheit im Sachverhalt zu fordern ist, die diesen vom Normalfall unterscheidet und zugleich hieraus resultierend eine Interessenverschiebung zu Gunsten des Bieters eintritt[883]. Zu prüfen hat die BaFin also nur, ob die Besonderheit des Sachverhalts eine Veränderung der Interessenlage zu Gunsten des Bieters bewirkt[884].

Die berücksichtigungsfähigen Interessen des Antragstellers ergeben sich hierbei aus dessen Antrag. In Bezug auf die Interessen der Aktionäre der Zielgesellschaft können diese im konkreten Fall disparat sein und jedenfalls von der BaFin nicht ermittelt werden. Aus der Regelung des § 35 WpÜG ergibt sich allerdings, dass das Gesetz schlicht davon ausgeht, dass die Veröffentlichungspflicht und die Angebotspflicht stets im Interesse der Aktionäre der Zielgesellschaft erfolgen. Ob die Interessen der Aktionäre der Zielgesellschaft dann berücksichtigungsfähig sind, wenn im Einzelfall Grund zu der Annahme besteht, dass die abstrakt unterstellte Schutzbedürftigkeit der Aktionäre im Einzelfall erheblich reduziert ist, ist umstritten[885] und muss anhand zu bildender Fallgruppen untersucht werden.

2. Ausmaß der Interessenverschiebung

Obwohl der Wortlaut des § 37 Abs. 1 WpÜG schon eine geringfügige Interessenverschiebung zugunsten des Bieters ausreichend erscheinen lässt („gerechtfertigt

---

882 *Hecker* in Baums/Thoma, WpÜG, § 37, Rn. 12.

883 *Versteegen* in Kölner Kommentar, WpÜG, § 37, Rn. 27

884 *Klepsch* in Steinmeier/Häger, WpÜG, § 37, Rn. 19; *Hecker* in Baums/Thoma, WpÜG, § 37, Rn. 15 fordern darüber hinaus eine auf Tatbestandsebene vorzunehmende Abwägung der Interessen von Bieter und Aktionären der Zielgesellschaft. Für die Integration der Abwägung der Interessen und die Auslegung der Befreiungsgründe: *Versteegen* in Kölner Kommentar, WpÜG, § 37, Rn. 23; *Heuber*, Befreiung vom Pflichtangebot, S. 152 ff.

885 Bejahend: *Versteegen* in Kölner Kommentar, WpÜG, § 37, Rn. 26; a.A.: *Hecker* in Baums/Thoma, WpÜG, § 37, Rn. 19: Auf ein fehlendes Schutzbedürfnis der Aktionäre kann eine Befreiung nach § 37 nicht gestützt werden.

erscheint"), wird man eine signifikante Verschiebung[886] der Interessen zu Gunsten des Bieters zu fordern haben. Bei der Ermittlung des erforderlichen Ausmaßes der Interessenverschiebung ist zwar zu berücksichtigen, dass die Norm auf Rechtsfolgenseite der BaFin das Ermessen einräumt, die Befreiung im Einzelfall auch zu versagen[887], weshalb schon aus diesem Grund keine überzogenen Anforderungen an die Erfüllung des Tatbestandes gestellt werden dürfen. Es darf auch bezweifelt werden, dass die Befreiungsmöglichkeiten des § 37 Abs. 1 WpÜG schon allein aus dem Grund restriktiv zu handhaben sind, weil es sich um eine Ausnahme vom gesetzlichen Regelfall der Angebotspflicht handelt. Ein nur geringfügiges Überwiegen der Bieterinteressen kann für eine Befreiung allerdings nicht ausreichend sein da bei der Ermittlung des erforderlichen Ausmaßes der Interessenverschiebung auch die Befreiungsgründe der WpÜG – AngebotsVO zu berücksichtigen sind, da es sich insoweit um die Sachverhalte handelt, die der Gesetz- und Verordnungsgeber als befreiungswürdig vor Augen hatte. Die dort genannten Befreiungsgründe unterscheiden sich aber ausnahmslos signifikant vom Normalfall des Kontrollerwerbs.

3. Befreiung wegen der Art der Kontrollerlangung

Die BaFin kann einen Bieter von den Verpflichtungen des § 35 Abs. 1 Satz 1 und Abs. 2 befreien, sofern dies im Hinblick auf die *Art der Erlangung der Kontrolle* unter Berücksichtigung der Interessen des Antragstellers und der Inhaber der Aktien der Zielgesellschaft gerechtfertigt erscheint. Eine Befreiung nach dieser Alternative setzt also voraus, dass sich der Vorgang der Kontrollerlangung als solcher vom Regelfall unterscheidet[888] und dass diese Besonderheiten des Kontrollerwerbs eine Interessenverschiebung zugunsten des Bieters begründen. Die in § 9 der WpÜG – AngebotsVO konkretisierten Fallgruppen, in denen eine Befreiung im Hinblick auf die Art der Kontrollerlangung möglich ist[889], lassen

886 *Versteegen* in Kölner Kommentar, WpÜG, § 37, Rn. 30; *Hecker* in Baums/Thoma, WpÜG, § 37, Rn. 20 (deutliches Überwiegen der Bieterinteressen); a.A. *Klepsch* in Steinmeyer/Häger, WpÜG, § 37, Rn. 59 (einfaches Überwiegen der Bieterinteressen genügt); *Schlitt/Ries* in Münchener Kommentar, AktG, § 37 WpÜG, Rn. 17 (einfaches Überwiegen genügt).

887 *Versteegen* in Kölner Kommentar, WpÜG, § 37, Rn. 29.

888 *Versteegen* in Kölner Kommentar, WpÜG, § 37, Rn. 33.

889 Hierher gehören etwa die Fälle des Erwerbs der Aktien durch Erbschaft (§ 9 Nr. 1 WpÜG-AngebotsVO), der Schenkung (§ 9 Nr. 2 WpÜG-AngebotsVO) ferner Fälle unbeabsichtigter Kontrollerlangung, systematisch gehört auch der Fall der Verringerung der Gesamtzahl der Stimmrechte hierher.

den Schluss zu, dass der Gesetzgeber als „Normalfall" der Kontrollerlangung den gezielten, entgeltlichen Erwerb von Stimmrechten durch rechtsgeschäftliche Übertragung im Auge hatte[890]. Eine Befreiung im Hinblick auf die Art der Kontrollerlangung setzt daher voraus, dass der konkrete Vorgang der Kontrollerlangung von diesem Normalfall abweicht und bereits die Art der Kontrollerlangung nicht auf einen Kontrollwillen des Erwerbers schließen lässt[891].

Ein Abweichen vom Regelfall des Kontrollerwerbs liegt nach diesem Maßstab zum einen vor, wenn der Bieter trotz Passivität – also nicht gezielt – die Kontrolle erlangt, wenn der Bieter die Kontrolle unbeabsichtigt erlangt oder dem Erwerb keine Gegenleistung zugrunde liegt[892]. Neben diesen weitgehend anerkannten Fallgruppen wird in der Literatur eine Vielzahl weiterer Konstellationen, in denen ein – vermeintliches – Bedürfnis für eine Befreiung von der Angebotspflicht besteht, systematisch dem Befreiungsgrund der *Art der Kontrollerlangung* zugeordnet. Ob dies im Einzelnen sachgerecht oder eher dem Umstand geschuldet ist, dass sich praktisch relevante Fälle keinem der in § 37 Abs.1 WpÜG aufgeführten Befreiungsgründe zuordnen lassen, ist durch die Analyse der konkreten Fallgruppen zu ermitteln. Gegebenenfalls besteht hier auch gesetzgeberischer Reformbedarf.

a) § 9 S. 1 Ziff. 1 WpÜG-AngebotsVO: Kontrollerwerb durch Erbschaft und Erbauseinandersetzung

Gemäß § 9 S. 1 Nr. 1 WpÜG – AngebotsVO kann eine Befreiung von den Pflichten des § 35 Abs. 1 und 2 WpÜG erteilt werden, wenn dem Kontrollerwerb erbrechtliche Sachverhalte zugrunde liegen, im Gegensatz zu § 36 Nr. 1 WpÜG jedoch keine engeren oder gar familienrechtlichen Anknüpfungspunkte zwischen dem Erblasser und dem Kontrollerwerber bestehen. Der Gesetzgeber wollte ausweislich der Entwurfsbegründung mit dieser Regelung wiederum die Nachfolge bei kleinen und mittleren Unternehmen ohne Pflichtangebot ermöglichen, bei denen eine familieninterne Nachfolgelösung nicht in Betracht kommt, aber etwa geeignete Mitarbeiter zur Fortführung des Unternehmens zur Verfügung

890 So auch *Versteegen* in Kölner Kommentar, WpÜG, § 37, Rn. 33.

891 *Ekkenga* in Ehricke/Ekkenga/Oechsler, WpÜG, § 37, Rn. 19.

892 Dieser Struktur folgen *Hecker* in Baums/Thoma, WpÜG, § 37, Rn. 25 ff sowie *Ekkenga* in Ehricke/Ekkenga/Oechsler, WpÜG, § 37, Rn. 18 ff.; ähnlich auch *Versteegen* in Kölner Kommentar, WpÜG, § 37, Rn. 33 ff.; *Heuber*, Die Befreiung vom Pflichtangebot, S. 154 ff., der als Unterfall auch die Fälle erfasst in denen der Kontrollerwerb eine untergeordnete Bedeutung für den Bieter hat; ähnlich auch *Krause/Pötzsch/Seiler* in Assmann/Pötzsch/Schneider, WpÜG, § 37, Rn. 25 ff.

stehen[893]. Diese Begründung wird in der Literatur zu Recht kritisiert[894]. Die Nachfolge in ein Familienunternehmen stellt keine besondere *Art der Kontrollerlangung* dar; im Wortlaut der Vorschrift findet eine entsprechende Beschränkung auch keinen Ausdruck. Plausibler ist es, die innere Rechtfertigung der Befreiungsmöglichkeit in diesem Fall darin zu sehen, dass der Kontrollerwerb durch Erbschaft nicht gesteuert werden kann und aus diesem Grund die Belastung des Bieters mit der Angebotspflicht als besondere Härte anzusehen[895] und dem Bieter die Ausschlagung seines Erbes nicht zuzumuten ist[896]. Andere rechtfertigen die Befreiung des Bieters in diesen Fällen mit der Erwägung, dass die Minderheitsaktionäre trotz Kontrollwechsels weniger schutzbedürftig erscheinen, da Erblasser und Erbe sich nahestehen dürften, weshalb mit einer Änderung der Unternehmenspolitik nicht zu rechnen sei[897]. Zwar kann ein Erbe durchaus eine andere Unternehmenspolitik verfolgen als der Erblasser. Den Vertretern dieser Auffassung ist aber zuzugeben, dass der Kontrollerwerb in diesen Fällen nicht selbst gesteuert wurde, was zumindest bei typisierter Betrachtung auf einen reduzierten Kontrollwillen schließen lässt.

Die Verwandtschaft der am Kontrollerwerb Beteiligten ist keine Anwendungsvoraussetzung des § 9 S. 1 Nr. WpÜG – AngebotsVO[898]. Nicht erforderlich ist ferner, dass eine bestehende Kontrollposition vererbt wird, es genügt für eine Befreiung nach § 9 S. 1 Nr. 1 WpÜG – AngebotsVO, dass erst die vererbten Aktien bzw. Stimmrechte zum Erreichen oder Überschreiten der Kontrollschwelle beim Erben führen.

Zwar wollte der Verordnungsgeber die Nachfolge in Familienunternehmen privilegieren, es ist aber nicht Voraussetzung einer Befreiung, dass im konkreten Fall die Beteiligung an einem kleineren Familienunternehmen zum Zwecke der

---

893 Begr. RegE WpÜG, BT-Drucks. 14/7034, S. 81.

894 Vgl. etwa *Versteegen* in Kölner Kommentar, WpÜG, § 37 Anh. AngebotsVO, Rn. 8.

895 *Versteegen* in Kölner Kommentar, WpÜG, § 37 Anh. § 9 AngebotsVO, Rn. 7.

896 *Versteegen* in Kölner Kommentar, WpÜG, § 37 Anh., § 9 AngebotsVO, Rn. 7; a.A. *Heuber*, Befreiung vom Pflichtangebot, S. 158f.

897 *Braun*, Befreiung vom Pflichtangebot S. 166.

898 Begr. RegE WpÜG, BT-Drucks. 14/7034, S. 81; *Schlitt/Ries* in Münchener Kommentar, AktG, Anh. zu § 37 WpÜG, Rn. 10. A.A. wohl *Holzborn/Blank*, NZG 2002, 948, 950, die eine Verbundenheit zwischen Erblasser und Erben fordern, die mit dem in § 36 Nr. 1 WpÜG genannten Verhältnis zu vergleichen ist; in der Tat ist der Wortlaut missverständlich, die Wendung „nicht verwandt im Sinne des § 36 Nr. 1“ kann ebenso gut so verstanden werden, dass ein Verwandtschaftsverhältnis zwar vorliegen muss, dieses aber nicht dem Näheverhältnis wie es in § 36 Nr. 1 beschrieben wird, entsprechen muss.

Unternehmensnachfolge vererbt wird[899]. Dies ergibt sich bereits aus dem Wortlaut der Begründung, wonach „insbesondere" die Nachfolge bei kleinen und mittleren Unternehmen ermöglicht werden soll. Der Anwendungsbereich sollte daher auch nach dem Willen des Verordnungsgebers nicht auf Familienunternehmen beschränkt werden[900]. Bedenklich erscheint daher die Praxis der BaFin, die es offenbar als eine Voraussetzung für eine Befreiung nach § 9 S. 1 Nr. 1 oder 2 WpÜG – AngebotsVO ansieht, dass familiär geprägte Unternehmen nicht nur kurzfristig durch Geschwister, verdiente Mitarbeiter oder der Familie nahestehende Rechtssubjekte fortgeführt werden[901].

b) § 9 S.1 Ziff. 2 WpÜG-AngebotsVO: Erwerb durch Schenkung

Gemäß § 9 Satz 1 Nr. 2 WpÜG-AngebotsVO kann Befreiung erteilt werden bei Erlangung der Kontrolle über die Zielgesellschaft durch Schenkung.

Auch hier gilt, dass – anders als der missverständliche Bezug auf § 36 Nr. 1 WpÜG andeutet – keinerlei Verwandtschafts- oder Näheverhältnis zwischen Schenker und Bieter vorliegen muss[902]. Dem Verordnungsgeber lag wie im Falle der Nr. 1 auch bei der Privilegierung des Erwerbs durch Schenkung die Überlegung zu Grunde, dass die Nachfolge in Familienunternehmen ermöglicht werden sollte[903], weshalb die BaFin auch bei Ziff. 2 die Befreiung davon abhängig macht, dass familiär geprägte Unternehmen fortgeführt werden[904]. Zur Kritik an dieser Einordnung gilt das zu § 9 Satz 1 Nr. 1 WpÜG – AngebotsVO Gesagte entsprechend, insbesondere hat die Nachfolge in Familienunternehmen nichts mit der *Art der Kontrollerlangung* zu tun. Ratio der Befreiung ist vielmehr

---

899 *Versteegen* in Kölner Kommentar, WpÜG, § 9 AngebotsVO, Rn. 8, weist allerdings darauf hin, dass eine Vererbung von Kontrollpositionen tatsächlich wohl überwiegend bei Familienunternehmen vorkommen dürfte.

900 A.A. *Heuber*, Befreiung vom Pflichtangebot, S. 159, der eine Befreiung versagen will, wenn es sich bei der vererbten Kontrollbeteiligung um ein reines Anlageinvestment handelt.

901 So aber die BaFin in der Befreiungsentscheidung auf Antrag der Schenkung der Beteiligung an der Piëch GmbH von Prof. Dr. Dr. Ferdinand Karl Piëch auf die Ferdinand Karl Alpha Privatstiftung, vgl. BaFin Jahresbericht 2008, S. 186; die Entscheidung bezog sich zwar auf § 9 S. 1 Nr. 2 WpÜG-AngebotsVO. Ausweislich der Begründung des Verordnungsgebers gelten für die Nummern 1 und 2 die gleichen Erwägungen.

902 *Schlitt/Ries* in Münchener Kommentar, AktG, Anh. zu § 37 WpÜG, Rn. 13.

903 Vgl. BT-Drucks. 14/7034, S. 81; *Lenz*, NJW 2003, 2073, 2075.

904 Vgl. Befreiungsentscheidung Piech GmbH/Ferdinand Karl Alpha Privatstiftung, Jahresbericht der BaFin 2008, S. 186.

der Umstand, dass der Beschenkte das Angebot des Schenkers zwar annehmen muss, am Zustandekommen des Schenkungsvertrages also mitwirkt, er aber in der Regel keinen oder nur begrenzten Einfluss auf das ihm Zugewandte hat[905] und hierfür zudem keine Gegenleistung erbringt, worin ein weiterer Unterschied zum „Normalfall des Kontrollerwerbs" liegt. Der Verordnungsgeber hätte schließlich ebenso gut einen Befreiungstatbestand für die Nachfolge in Familienunternehmen und einen weiteren Befreiungstatbestand schaffen können, der Fälle des unentgeltlichen Erwerbs unter bestimmten Voraussetzungen privilegiert. Erwägenswert wäre auch, einen Tatbestand zu schaffen, der Personen privilegiert, die zwar in einem gewissen Näheverhältnis zum Zuwendenden stehen, gleichwohl nicht die strengen Voraussetzungen des § 36 Nr. 1 WpÜG erfüllen[906].

Die Praxis der BaFin legt den Begriff der Schenkung weit aus und fasst hierunter nicht nur den Vollzug formwirksamer Schenkungsversprechen gemäß § 516 BGB, sondern insbesondere auch die unentgeltliche Übertragung stimmberechtigter Aktien einer Zielgesellschaft an Stiftungen[907] im Wege des Stiftungsgeschäfts unter Lebenden[908]. Die Gegenauffassung will in diesen Fällen eine Befreiung auf § 37 Abs. 1 WpÜG stützen, Ermessenskriterien der BaFin sollen die bisherige Kontrollsituation der Zielgesellschaft, der Stiftungszweck und die geplante Einflussnahme der Stiftung auf die Unternehmenspolitik der Zielgesellschaft sein[909].

Zum Problem der gemischten Schenkung gilt das zu § 36 1 Nr. 1 WpÜG Gesagte entsprechend.

c) *Kontrollerlangung durch Aufleben des Stimmrechts aus Vorzugsaktien ohne Stimmrecht*

Stimmrechtslose Vorzugsaktien im Sinne des § 139 AktG bleiben bei der Berechnung der Kontrollschwelle des § 29 Abs. 2 WpÜG grundsätzlich unberücksichtigt[910], es sei denn, das Stimmrecht lebt unter den Voraussetzungen von § 140 Abs. 2 AktG wieder auf. Die Vorzugsaktien werden dann solange wie Stammaktien

---

905 *Hecker* in Baums/Thoma, WpÜG, § 37, Rn. 33; ähnlich: *Versteegen* in Kölner Kommentar, WpÜG, § 37 Anh. – § 9 AngebVO, Rn. 15.

906 *Hecker*, in Baums/Thomas, WpÜG, § 37, Rn. 78.

907 BaFin Jahresbericht 2008, S. 186

908 Das Stiftungsgeschäft von Todes wegen kann unter den Tatbestand des Kontrollerwerbs durch Erbgang subsumiert werden.

909 *Hecker* in Baums/Thoma, WpÜG, § 37, Rn. 35.

910 *Süßmann* in Geibel/Süßmann, WpÜG, § 29, Rn. 25, *Von Bülow* in Kölner Kommentar, WpÜG, § 29, Rn. 86.

behandelt, bis die Rückstände nachgezahlt sind, eine Beschränkung bestimmter Beschlussgegenstände findet nicht statt[911]. Erlangt ein Aktionär infolge des Auflebens des Stimmrechts die Kontrolle, kommt eine Befreiung im Hinblick auf die besondere *Art der Kontrollerlangung* in Betracht.

Gem. § 140 Abs. 1 AktG gewähren Vorzugsaktien ohne Stimmrecht die jedem Aktionär zustehenden Rechte mit Ausnahme des Stimmrechts, wobei Kompensation und Rechtfertigung für den Stimmrechtsausschluss die Gewährung eines Gewinnvorzugs ist. § 140 Abs. 2 AktG stellt klar, dass das Stimmrecht aus den Aktien auflebt, wenn der Gewinnvorzug im Folgejahr nicht nachgezahlt wird, da in diesem Fall die Rechtfertigung für den Stimmrechtsausschluss entfallen ist[912]. Erlangt der Bieter nun dadurch die Kontrolle, dass der Vorzugsbetrag in einem Geschäftsjahr nicht gezahlt wurde und der Rückstand im folgenden Geschäftsjahr nicht nachgezahlt worden ist[913] und das Stimmrecht dadurch auflebt, ist es gerechtfertigt, den Bieter im Hinblick auf die von ihm nicht gesteuerte und daher vom Normalfall abweichende *Art der Kontrollerlangung* von der Angebotspflicht zu befreien[914]. Denn das Stimmrecht aus stimmrechtslosen Vorzugsaktien lebt nur dann auf, wenn der Grund der Nichtzahlung des Vorzugs nicht aus der Sphäre des Aktionärs stammt[915]. In diesem Fall erfolgt der Kontrollerwerb unbeabsichtigt und kann vom Vorzugsaktionär auch nicht gesteuert werden[916].

Eine andere Beurteilung ist nur dann geboten, wenn der Vorzugsaktionär zugleich Stammaktionär ist und durch seine Stimmen einen Hauptversammlungsbeschluss herbeiführt, wonach der Gewinnvorzug nicht zu bedienen ist[917].

---

911 Allgemeine Meinung: *Hüffer*, AktG, § 140, Rn. 6; *Bormann* in Spindler/Stilz, AktG, § 140, Rn. 27.

912 Vgl. dazu *Bormann* in Spindler/Stilz, AktG, § 140, Rn. 14.

913 Der Grund für die Nichtzahlung des Vorzugsbetrages ist irrelevant, solange der Aktionär die Nichtzahlung nur nicht selbst zu vertreten hat. Vgl. *Bormann* in Spindler/Stilz, AktG, § 140, Rn. 19. Denkbar ist etwa, dass die Gesellschaft keinen Gewinn erwirtschaftet hat oder kein ausschüttungsfähiger Betrag verbleibt oder der Vorzug aus sonstigen Gründen nicht ausgeschüttet wurde.

914 *Schlitt/Ries* in Münchener Kommentar, AktG, § 37 WpÜG, Rn. 23; *Hecker* in Baums/Thoma, WpÜG, § 37, Rn. 28, *Krause/Pötzsch/Seiler* in Assmann/Pötzsch/Schneider, WpÜG, § 37, Rn. 28. a.A. *Heuber*, Befreiung vom Pflichtangebot, S. 161.

915 *Bormann* in Spindler/Stilz, AktG, § 140, Rn. 19; Das Stimmrecht lebt etwa dann nicht auf, wenn der Aktionär die Annahme der Zahlung verweigert oder er es der Gesellschaft sonst unmöglich macht, den Vorzug zu bezahlen.

916 ebenso *Hecker* in Baums/Thoma, WpÜG, § 37, Rn. 28; *Schlitt/Ries* in Münchener Kommentar, AktG, § 37 WpÜG, Rn. 23.

917 *Hecker* in Baums/Thoma, WpÜG, § 37, Rn. 28.

Es erscheint in diesem Falle auch nicht gerechtfertigt, vom Vorzugsaktionär zu verlangen, dass dieser so viele seiner Vorzugsaktien veräußert, dass beim Aufleben des Stimmrechts aus den Vorzugsaktien eine Überschreitung der Kontrollschwelle ausgeschlossen ist[918].

Das Stimmrecht erlischt jedoch automatisch wieder, sobald die aufgelaufenen Rückstände einschließlich des Vorzugs für das letzte Geschäftsjahr gezahlt wurden[919], weshalb das Stimmrecht in der Regel nur temporärer Natur sein wird. Teilweise wird daher vertreten, dass bei der Entscheidung über eine Befreiung von den Pflichten nach § 35 WpÜG in Ansehung der durch die Stimmrechte vermittelten Einflussmöglichkeit zu entscheiden ist[920]. Nach dieser Auffassung soll eine Befreiung dann ausgeschlossen sein, wenn der Bieter von seiner Kontrollmöglichkeit Gebrauch macht, weil er etwa über unternehmerische Entscheidungen abstimmt oder die Aufsichtsratsbesetzung beeinflusst. Beschlussgegenstände einer ordentlichen Hauptversammlung nach §§ 175, 120 AktG sollen hingegen unproblematisch sein[921]. Vorgeschlagen wird in diesem Fall, die Befreiungsentscheidung mit der Nebenbestimmung zu versehen, die Tagesordnung einer Hauptversammlung vorzulegen und sich über die Stimmrechtsausübung zu erklären[922]. Da sich der Kontrollerwerb aber gerade im Hinblick auf die Art der Kontrollerlangung – die Kontrollschwelle wird unbeabsichtigt und trotz Passivität des Bieters überschritten – von dem Normalfall des Kontrollerwerbs unterscheidet, ist diese Einschränkung nicht geboten.

---

918 So aber *Heuber*, Befreiung vom Pflichtangebot, S. 163. Der Hinweis von *Heuber* auf die Regelung im britischen Takeover Code, die in diesem Fall eine Befreiung des Bieters ausdrücklich vorsieht, verfängt ebenfalls nicht. Der Gesetzgeber hat den britischen City Code nicht eins zu eins in deutsches Recht umgesetzt, weshalb vom Schweigen des Gesetzgebers keine Schlüsse dahingehend gezogen werden können, dass in diesem Fall eine Befreiung ausgeschlossen sein soll.

919 *Bormann* in Spindler/Stilz, AktG, § 140, Rn. 30.

920 *Noack/Zetzsche* in Schwark/Zimmer, Kapitalmarktrechtskommentar, § 37 WpÜG, Rn. 11.

921 *Noack/Zetzsche* in Schwark/Zimmer, Kapitalmarktrechtskommentar, § 37 WpÜG, Rn. 11.

922 *Noack/Zetzsche* in Schwark/Zimmer, Kapitalmarktrechtskommentar, § 37 WpÜG, Rn. 11, die eine Befreiung allerdings auf § 37 Abs. 1 Alt.2 WpÜG (Zielsetzung) stützen wollen. Bei diesem Verständnis ist die Forderung eher haltbar als bei Annahme eine besonderen Art der Kontrollerlangung.

d) § 9 S. 1 Ziff. 5 WpÜG – AngebotsVO: Verringerung der Gesamtzahl der Stimmrechte der Zielgesellschaft

Zum Kontrollerwerb kann es in besonders gelagerten Fällen dadurch kommen, dass sich die Gesamtzahl der Stimmrechte der Zielgesellschaft verringert und sich daher Beteiligungsquoten verschieben. In diesem Fall erscheint es gerechtfertigt, einem Bieter Befreiung von den Pflichten des § 35 WpÜG zu erteilen, wenn er an der Verringerung der Gesamtzahl der Stimmrechte nicht mitgewirkt hat. In diesem Fall erfolgt der Kontrollerwerb passiv und unterscheidet sich insoweit vom „Normalfall" des zielgerichteten Kontrollerwerbs. Ob dem Bieter darüber hinaus Einschränkungen aufzulegen sind, ist im Einzelnen umstritten.

aa) Kapitalherabsetzung

Eine Verringerung der Stimmrechte kann im Zusammenhang mit einer Kapitalherabsetzung nur durch Einziehung von Aktien erfolgen.

i) Keine Quotenverschiebung bei ordentlicher oder vereinfachter Kapitalherabsetzung

Entgegen einer in der Literatur häufig anzutreffenden Bezugnahme auf die ordentliche oder vereinfachte Kapitalherabsetzung tritt in diesen Fällen – von Extremfällen abgesehen – gerade keine Quotenverschiebung ein. Gem. § 222 Abs. 4 AktG erfordert die Herabsetzung des Grundkapitals bei Nennbetragsaktien die Herabsetzung des Nennbetrags der Aktien, diese muss bei allen Aktien gleichmäßig erfolgen, § 53 a AktG, weshalb bei dieser Art der Herabsetzung die Beteiligungsquote der Aktionäre unverändert bleibt[923]. Bei Stückaktien führt die Herabsetzung des Grundkapitals ohne Weiteres dazu, dass die einzelne Aktie nur noch einen kleineren Anteil verbrieft[924]. Nur in dem Falle, in dem eine Herabsetzung des Nennbetrags – etwa wegen § 8 Abs. 2 Satz 1 AktG – nicht möglich ist, und die Herabsetzung daher durch Zusammenlegung von Aktien erfolgen muss, können sich Aktienspitzen ergeben, die im Extremfall zu einer Veränderung der Beteiligungsquoten führen und sich dahingehend auswirken können, dass ein Beteiligter die Kontrolle erwirbt[925]. Die ordentliche und auch

---

923 *Marsch-Barner* in Spindler/Stilz, AktG, § 222, Rn. 40.

924 *Marsch-Barner* in Spindler/Stilz, AktG, § 222, Rn. 39; *Heider* in Münchener Kommentar, AktG, § 6, Rn. 97.

925 Zu den Möglichkeiten der Gesellschaft, das Entstehen von Aktienspitzen zu verhindern vgl. *Marsch-Barner* in Spindler/Stilz, AktG, § 222, Rn. 42; *Lutter* in Kölner

die vereinfachte Kapitalherabsetzung dürften sich daher in der Regel nicht auf die Beteiligungsquoten der Aktionäre und somit auch nicht auf die Kontrollsituation auswirken.

ii) Einziehung von Aktien gemäß §§ 237 ff. AktG

Zum Kontrollerwerb aufgrund der Verringerung der Gesamtzahl der Stimmrechte der Gesellschaft kann es aber im Falle einer Kapitalherabsetzung durch Einziehung von Aktien gemäß §§ 237 ff. AktG kommen, da in diesem Fall die von der Einziehung betroffenen Mitgliedschaftsrechte erlöschen[926] und sich durch das damit einhergehende Erlöschen der Stimmrechte der von der Einziehung betroffenen Aktionäre die Stimmrechtsanteile der verbleibenden Aktionäre entsprechend erhöhen. Überschreitet ein Aktionär nun aufgrund dieser Verringerung der Gesamtzahl der Stimmrechte die Kontrollschwelle des § 29 Abs. 2 WpÜG ist ihm in Hinblick auf die besondere Art der Kontrollerlangung Befreiung von der Angebotspflicht zu erteilen, wenn und soweit er die zum Kontrollerwerb führende Einziehung nicht aktiv und gezielt herbeigeführt hat[927], wenn Grundlage der Einziehung also eine Entscheidung des Vorstands ist oder zumindest gegen den Willen des Kontrollerwerbers beschlossen wurde.

Bei der Einziehung von Stückaktien gem. § 237 Abs. 3 Nr. 3 AktG handelt es sich rechtssystematisch daher nicht um einen Fall der Kapitalherabsetzung[928].

bb) Keine Pflicht des Bieters zum Abbau seiner Beteiligung

In den Fällen des passiven Kontrollerwerbs aufgrund einer Verringerung der Gesamtzahl der Stimmrechte hat der Verordnungsgeber – anders als im Falle des § 9 Abs. 1 Nr. 6 WpÜG-AngebotsVO – keine Pflicht des Bieters angeordnet,

---

Kommentar, AktG, § 222, Rn. 26 ff. Spitzen in diesem Sinne sind Teilrechte, die Aktionäre gegen Zuzahlung zu ergänzen oder unter Verzicht auf Mitgliedschaft zu veräußern haben; betroffen sind vor allem Kleinaktionäre, vgl. *Hüffer*, AktG, § 222, Rn. 23.

926 *Hüffer*, AktG, § 238 Rn. 5.

927 *Versteegen* in Kölner Kommentar, WpÜG, § 37 Anh. § 9 AngebVO, Rn. 29; *Braun* Befreiung vom Pflichtangebot, S. 103; *Heuber*, Befreiung vom Pflichtangebot, S. 162; *Schlitt/Ries* in Münchener Kommentar, AktG, § 37 WpÜG, Rn. 23; *Krause/Pötzsch/Seiler* in Assmann/Pötzsch/Schneider, WpÜG, § 9 WpÜG-AngebotsVO, Rn. 53.

928 *Marsch-Barner* in Spindler/Stilz, AktG, § 237, Rn. 33, auch der Gesetzgeber des UMAG begründet die Neufassung von Abs. 5, in dem Nr. 3 ausgenommen wird damit, dass es sich hierbei nicht um einen Fall der Kapitalherabsetzung handele, BT-Drucks. 15/5092, S. 25; dazu auch *Oechsler* in Münchener Kommentar, AktG, § 237, Rn. 110 a.

seine Kontrollbeteiligung auf eine Beteiligung unterhalb der Kontrollschwelle abzubauen, eine entsprechende Nebenbestimmung wird daher in der Regel nicht in Betracht kommen[929]. Die Gegenauffassung[930] plädiert hingegen für eine Befristung der Befreiung[931] oder eine auflösende Bedingung[932], da eine dauerhafte Privilegierung des Kontrollerwerbs durch ein Absinken der Gesamtzahl der Stimmrechte nicht gewollt sei und hierdurch ein hinreichender Schutz der Minderheitsaktionäre nicht erreicht werde[933]. Auch die Materialien gehen offenbar davon aus, dass durch die Befristung der Befreiungsentscheidung dem Bieter nach Einziehung auch ein kursschonendes Absenken seiner Beteiligung ohne Abgabe eines Pflichtangebots ermöglicht werden soll[934]. Dem ist jedoch nicht zuzustimmen: ein Veräußerungszwang des Bieters, der die Kontrolle ohne sein Zutun erlangt hat, wäre ermessensfehlerhaft. Der Fall des Kontrollerwerbs aufgrund einer Verringerung der Stimmrechte unterscheidet sich vom Normalfall des Kontrollerwerbs gerade in der Art der Kontrollerlangung. Darauf, ob der Bieter sein Einflusspotenzial ausschöpft oder nicht, kann es daher nicht ankommen. Der Verordnungsgeber sah offenbar bereits den passiven Kontrollerwerb an sich für privilegierungswürdig, die Interessenverschiebung zugunsten des Bieters tritt schon aufgrund seiner Passivität ein. Zumindest ohne ausdrückliche Anordnung des Gesetz- oder Verordnungsgebers wird man ein Absenken der Beteiligung des Antragstellers unter die Kontrollschwelle und damit die Pflicht zum Zwangsverkauf seiner Anteile daher nicht fordern können.

cc) Erwerb eigener Aktien

Der Erwerb eigener Aktien durch die Zielgesellschaft kann hingegen einen passiven Kontrollerwerb richtigerweise nicht auslösen[935]. Gemäß § 71 b AktG stehen

---

929 *Versteegen* in Kölner Kommentar, WpÜG, § 37 Anh. § 9 AngebVO, Rn. 30; *Schlitt/Ries* in Münchener Kommentar, AktG, Anh. zu § 37, Rn. 36.

930 *Hecker* in Baums/Thoma, WpÜG, § 37, Rn. 96; *Krause/Pötzsch/Seiler* in Assmann/Pötzsch/Schneider, WpÜG, § 37, Rn. 86; *Heuber*, Befreiung vom Pflichtangebot S. 162; *Braun*, Befreiung vom Pflichtangebot, S. 167.

931 *Heuber*, Befreiung vom Pflichtangebot, S. 162; *Holzborn/Blank*, NZG 2002, 948; 952; *Ekkenga* in Ehricke/Ekkenga/Oechsler, WpÜG, § 37, Rn. 19; vgl. auch Begr. RegE BT-Drucks. 14/7034, S. 81. Kritisch hierzu: *Versteegen* in Kölner Kommentar, WpÜG, § 37 Anh. § 9 AngebotsVO, Rn. 30 und Fn. 111 („völlig verfehlt").

932 *Hecker* in Baums/Thoma, WpÜG, § 37, Rn. 96.

933 *Heuber*, Befreiung vom Pflichtangebot, S. 162.

934 Begr. RegE WpÜG, BT-Drucks. 14/7034, S. 81.

935 *Hasselbach* in Kölner Kommentar, WpÜG, § 35, Rn. 101; zur Frage der Anwendbarkeit des WpÜG auf Angebote zum Erwerb eigener Wertpapiere: *Pluskat*, NZG 2006, 731.

der Gesellschaft aus eigenen Aktien kein Rechte – also auch keine Stimmrechte – zu, woraus teilweise unter Hinweis auf die Regelungen in § 16 Abs. 3 AktG und § 290 Abs. 4 S. 2 HGB der Schluss gezogen wird, die Stimmrechte aus eigenen Aktien seien bei Berechnung der Gesamtzahl der Stimmrechte nicht mitzurechnen[936]. Dieses Verständnis widerspricht jedoch nicht nur dem ausdrücklichen Willen des Gesetzgebers[937], sondern ignoriert auch die unterschiedlichen Regelungsziele des Gesellschafts- und Kapitalmarktrechts[938]. Rückerworbene Aktien können daher eine Quotenverschiebung mit der Folge eines Kontrollerwerbs nicht auslösen.

dd) Ergebnis

Der Anwendungsbereich von § 9 Nr. 5 WpÜG – AngebotsVO ist begrenzt. Eine Verringerung der Gesamtzahl der Stimmen ist lediglich im Falle der Einziehung von Aktien nach § 237 Abs. 1 AktG oder bei Durchführung einer Kapitalherabsetzung durch Zusammenlegen von Aktien nach § 222 Abs. 4 Satz 2 AktG in denkbar[939].

e) Kontrollerlangung aufgrund Zurechnung von Stimmrechten

Eine Befreiung des Bieters von den Verpflichtungen des § 35 Abs. 1 und 2 WpÜG im Hinblick auf die besondere – nämlich passive – Art der Kontrollerlangung wird auch in den Fällen diskutiert, in denen die Kontrollerlangung auf der Zurechnung von Stimmrechten beruht, auf deren Erwerb durch Dritte der Bieter keinen Einfluss hatte. Es lassen sich zwei Grundfälle unterscheiden: Zum einen werden dem Mutterunternehmen Stimmrechte, die ein Tochterunternehmen im Sinne von § 2 Abs. 6 WpÜG erwirbt, auch dann zugerechnet, wenn das Mutterunternehmen auf den Erwerb der Stimmrechte durch das Tochterunternehmen keinen Einfluss hatte und die Stimmrechte ohne Wissen des Mutterunternehmens erworben werden. Denkbar ist zum anderen, dass ein Dritter, mit dem der Bieter sein Verhalten im Sinne von § 30 Abs. 2 WpÜG abstimmt, Stimmrechte ohne Kenntnis des Bieters erlangt oder hinzuerwirbt, was aufgrund der Verhaltensabstimmung dazu führt, dass auch der Bieter die Kontrollschwelle nunmehr

---

936 *Thoma*, NZG 2002, 105, 112; *Harbarth*, ZIP 2002, 321, 327; Stellungnahme des Handelsrechtsausschusses des deutschen Anwaltsvereins e.V. zum RefE, NZG 2001, 420, 429; *Fleischer/Körber*, BB 2001, 2589, 2593.

937 Vgl. Begr. RegE, BT-Drucks. 14/7034, S. 53.

938 *Hasselbach* in Kölner Kommentar, WpÜG, § 35, Rn. 101.

939 *Hecker* in Baums/Thoma, WpÜG, § 37, Rn. 96.

überschreitet[940]. Als Beispiel mag der Fall dienen, dass ein Mitglied eines Stimmrechtspools weitere Aktien der Zielgesellschaft ohne Absprache mit den Poolmitgliedern hinzuerwirbt[941]. Hierher gehört auch die Fallgruppe, dass eine Erwerbsoption aus einem bestimmten Aktienbestand vereinbart wurde, § 30 Abs. 1 Nr. 5 WpÜG, wenn der Dritte weitere Aktien der Zielgesellschaft erwirbt[942].

Fraglich ist, ob in diesen Konstellationen eine besondere Art der Kontrollerlangung vorliegt, die die Interessen des Bieters so weit zu seinen Gunsten verschiebt, dass eine Befreiung von der Angebotspflicht im Sinne von § 37 Abs. 1 WpÜG gerechtfertigt erscheint. Den genannten Konstellationen ist gemein, dass der Bieter die Kontrolle jeweils nicht zielgerichtet aufgrund seiner unternehmerischen Entscheidung, sondern vollständig ohne sein Zutun erwirbt. Aus diesem Grund wird er in den beschriebenen Konstellationen mit der Kontrollerlangung auch nicht rechnen und somit auch auf die Angebotspflicht nicht vorbereitet sein, die Erfüllung der Angebotspflicht stellt sich daher möglicherweise als unbeabsichtigte Härte dar.

Ausgangspunkt der Überlegung, ob eine Befreiung des Bieters gerechtfertigt erscheint, muss zunächst der Normzweck des § 30 WpÜG sein. § 30 WpÜG ergänzt den Kontrollbegriff des § 29 Abs. 2 WpÜG[943], der Gesetzgeber wollte zum einen Umgehungssachverhalte ausschließen, zum anderen aber auch Fälle mittelbarer Stimmrechtsmacht erfassen. Dem Bieter sollen aus diesem Grund auch Stimmrechte zugerechnet werden, auf deren Ausübung er tatsächlich oder wahrscheinlich Einfluss nehmen kann[944]. Die Zurechnung von Stimmrechten nach § 30 Abs. 2 WpÜG ist daher vom Gesetzgeber ebenso gewollt wie der Umstand, dass Stimmrechte in diesem Fall doppelt erfasst werden, da eine Absorption der Stimmrechte gerade nicht stattfindet[945]. Darüber hinaus erscheint es nicht sachgerecht, einen Kontrollerwerber allein deshalb von den Pflichten des § 35 Abs. 1 und 2 WpÜG zu befreien, weil der Dritte mit Wirkung für den späteren Kontrollerwerber

940 Von diesem Fragenkreis zu unterscheiden ist die Problematik, wer die Pflichten des § 35 WpÜG erfüllen muss, wenn mehrere Rechtsobjekte den Pflichten des § 35 WpÜG unterliegen.

941 *Heuber*, Befreiung vom Pflichtangebot, S. 164; *Krause/Pötzsch/Seiler* in Assmann/Pötzsch/Schneider, WpÜG, § 37, Rn. 29.

942 *Krause/Pötzsch/Seiler* in Assmann/Pötzsch/Schneider, WpÜG, § 37, Rn. 29.

943 *Diekmann* in Baums/Thoma, WpÜG, § 30, Rn. 1; *von Bülow* in Kölner Kommentar, WpÜG, § 30 Rn. 5; *Oechsler* in Ehricke/Ekkenga/Oechsler, WpÜG, § 30, Rn. 1.

944 *von Bülow* in Kölner Kommentar, WpÜG, § 30, Rn. 5

945 *Diekmann* in Baums/Thoma, WpÜG, § 30, Rn. 1; *Steinmeyer* in Steinmeyer/Häger, WpÜG, § 30, Rn. 49.

Aktien hinzuerwirbt. Hinzu kommt, dass ein Zurechnungstatbestand im Sinne des § 30 WpÜG auch nicht zufällig ohne Zutun des Bieters entsteht, dem daher grundsätzlich zuzumuten ist, nur solche Vereinbarungen abzuschließen, die es weitgehend ausschließen, dass der Dritte Aktien hinzu erwirbt, die zu einer späteren Kontrollerlangung führen. Es obliegt daher grundsätzlich dem Bieter, dafür Sorge zu tragen, dass innerhalb eines Konzerns bzw. in Verträgen mit Dritten, die zu einer Stimmrechtszurechnung führen, keine Überschreitung der Kontrollschwelle ohne Wollen oder gar Kenntnis des Bieters möglich ist[946].

Angesichts dessen erscheint eine Befreiung des Bieters von der Angebotspflicht in diesen Fällen auch dann nicht gerechtfertigt, wenn der Bieter den Erwerb der Stimmrechte durch den Dritten nicht hätte beeinflussen und verhindern können. Allerdings ist zu berücksichtigen, dass jedenfalls in den Fällen, in denen mehrere Rechtssubjekte den Pflichten aus § 35 Abs. 1 und 2 WpÜG unterliegen, es ohnehin der herrschenden Meinung entspricht, dass ein Dritter das Pflichtangebot mit Wirkung für die anderen Verpflichteten abgeben kann und dass in diesem Falle eine Befreiung gerechtfertigt erscheint.

f) Befreiung nach § 37 Abs. 1 WpÜG bei Nichtausübung einer Greenshoe-Option

aa) Begriff und Zweck

Unmittelbar nach der Erstplatzierung von Aktien sind häufig Kursausschläge zu beobachten, weshalb es zur Kursstabilisierung üblich ist, dass Emissionsbanken eigene Handelsaktivitäten unternehmen. Die Kursstabilisierung erfolgt durch marktausgleichende An- und Verkäufe im Vorfeld oder im Anschluss an eine Emission oder Zweitplatzierung, die eine stetige Kursentwicklung gewährleisten und plötzliche Kursstürze oder -sprünge vermeiden sollen[947]. Die Möglichkeit

---

946 *Heuber*, Befreiung vom Pflichtangebot, S. 164, der meint, dass in dem Falle, in dem ein Vertragspartner die Abreden verletzt, ein außerordentliches Kündigungsrecht der jeweiligen Verträge anzunehmen ist, was dazu führe, dass bei Ausübung dieses Kündigungsrechts ein sofortiges Unterschreiten der Kontrollschwelle im Sinne von § 9 Satz 1 Ziff. 6 WpÜG-AngebotsVO vorliegt, weshalb in diesem Fall nach dieser Vorschrift Befreiung von den Pflichten des § 35 WpÜG erteilt werden könne.

947 *Park*, Kapitalmarktstrafrecht, Rn. 183; *Meyer*, AG 2004, 289. Vgl. zum Begriff der Kursstabilisierung auch Art. 2 Nr. 7 der Verordnung (EG) Nr. 2273/2003 der Kommission vom 22.12.2003 zur Durchführung der Richtlinie 2003/6/EG des Europäischen Parlaments und des Rates – Ausnahmeregelungen für Rückkaufprogramme und Kursstabilisierungsmaßnahmen (EU-DVO 2273/2003), hiernach ist Kursstabilisierung jeder Kauf bzw. jedes Angebot zum Kauf relevanter Wertpapiere und jede

zur Durchführung von Stabilisierungskäufen verschaffen sich die Emissionsbanken im Wege der Mehrzuteilung, die als Puffer für etwaige Stabilisierungskäufe dient[948]. Durch sogenannte Greenshoe-Optionen[949] werden die Kursstabilisierungsmaßnahmen der Emissionsbanken nach der Platzierung von Aktien dadurch abgesichert[950], dass die Bank sich im Umfang der geplanten Mehrzuteilung von einem oder mehreren Altaktionären Aktien im Wege der Aktienleihe vorübergehend zur Verfügung stellen lässt. Seit Etablierung des Book-Building-Verfahrens hat sich hierbei die Greenshoe-Option zum internationalen Marktstandard entwickelt[951]. Bei der Greenshoe-Option handelt es sich um die Option, innerhalb einer bestimmten Stabilisierungsphase, die üblicherweise 30 Tage beträgt, nach der Platzierung weitere Aktien im Umfang von bis zu 50 % des Emissionsvolumens zum vereinbarten Emissionspreis zu erwerben, was es den Banken ermöglicht, über das ursprüngliche Emissionsvolumen hinaus Zuteilungen zum Emissionspreis vorzunehmen[952].

Zivilrechtlich besteht die Greenshoe-Option aus zwei Elementen, nämlich einer sogenannten „Wertpapierleihe“ und einer Call-Option[953]. Bei der Wertpapierleihe handelt es sich rechtlich um ein Sachdarlehen im Sinne von § 607 BGB. Der Darlehensgeber verpflichtet sich, dem Darlehensnehmer eine vertretbare Sache zu überlassen, der Darlehensnehmer schuldet die Zahlung eines Darlehensentgelt und bei Fälligkeit die Rückerstattung von Sachen gleicher Art, Güte und Menge. Bei Durchführung des Sachdarlehens wird die Bank zunächst zivilrechtlicher Eigentümer der Aktien, was sie in die Lage versetzt, diese an die Emissionszeichner auszuliefern. Mit Ablauf der Leihfrist ist die Bank verpflichtet, die Aktien gleicher Art und Güte - Emittent und Art der Aktie müssen identisch sein - zurückzuerstatten. Diese Lieferverpflichtung wird durch das zweite Element der Call-Option abgesichert. Diese Call-Option begründet für den

---

Transaktion mit vergleichbaren verbundenen Instrumenten, wie Wertpapierhäuser oder Kreditinstitute im Rahmen eines signifikanten Zeichnungsangebots für diese Wertpapiere mit dem alleinigen Ziel tätigen, den Marktkurs dieser relevanten Wertpapiere für einen im Voraus bestimmten Zeitraum zu stützen, wenn auf diese Wertpapiere Verkaufsdruck besteht.

948 *Meyer*, Handbuch börsennotierte AG, § 8, Rn. 66.

949 Der Name stammt von der Greenshoe Manufacturing Co. Boston, die diese Technik in den 60er Jahren in Ergänzung zum Bookbuilding-Verfahren erstmals eingesetzt hat, vgl. *Schanz*, BKR 2002, 439 Fn.2.

950 *Park*, Kapitalmarktstrafrecht, Rn. 202.

951 *Willamowski* in Heidel, Aktienrecht und Kapitalmarktrecht, Rn. 65.

952 *Dautel*, DStR 2000, 891.

953 *Dautel*, DStR 2000, 891.

Optionsnehmer das Recht, innerhalb eines festgelegten Ausübungszeitraums eine bestimmte Zahl von Aktien zu einem vorher festgelegten Preis - nämlich dem Bezugspreis der Aktie - zu erwerben. Optionsgeber kann hierbei sowohl das emittierende Unternehmen selbst[954] oder ein Altaktionär sein. Die Rückgabeverpflichtung nach Ablauf des Ausübungszeitraums erfüllt die Bank dann entweder durch Rückkauf der Mehrzuteilung über die Börse, wenn die Aktie unter ihr Ausgabeniveau fällt[955], in diesem Fall verfällt die Greenshoe-Option oder - bei einem Kursanstieg der platzierten Aktie - durch Ausübung der Greenshoe-Option. In diesem Fall findet zwischen den Vertragsparteien im Ergebnis nur noch eine gegenseitige Verrechnung der jeweiligen Lieferansprüche statt, die sachenrechtlich abgewickelt wird[956].

bb) Kontrollerwerb des Altaktionärs bei Nichtausübung der Greenshoe-Option

Wird die Greenshoe-Option nicht gezogen, weil die Bank ihre Rückerstattungspflicht aus dem Sachdarlehen mit Zukäufen über die Börse erfüllt, ist die Option bei Rückgabe der Aktien, die Gegenstand der Wertpapierleihe waren, auch nicht als Abzugsposten zu berücksichtigen, was dazu führen kann, dass sich in der Summe die Beteiligung des Altaktionärs erhöht und dieser gegebenenfalls die Kontrollschwelle überschreitet[957]. Überschreitet nunmehr der Altaktionär, der

---

954 Mit Beschluss vom 21.07.2008, Az. II ZR 1/07, hat der BGH entschieden, dass eine Mehrzuteilungsoption den Konsortialbanken auch von der Gesellschaft durch eine Kapitalerhöhung eingeräumt werden kann. Die Beschaffung der für eine solche marktübliche Mehrzuteilungsoption erforderlichen neuen Aktien kann auch im Wege eines genehmigten Kapitals mit Bezugsrechtsausschluss durch die Hauptversammlung bei gleichzeitiger Ermächtigung des Vorstands zur Entscheidung über die Bedingungen der Aktienausgabe erfolgen. In einem solchen Fall kann eine Anfechtung des Hauptversammlungsbeschlusses nicht auf eine Unangemessenheit der Ausgabemodalitäten (§ 255 Abs. 2 AktG) gestützt werden.

955 *Dautel,* DStR 2000, 891.

956 *Strunk/Salomon/Holst* in Veil (Hrsg.), Übernahmerecht in Praxis und Wissenschaft, S. 1, 28.

957 Vgl. hierzu *Strunk/Salomon/Holst* in Veil (Hrsg.), Übernahmerecht in Praxis und Wissenschaft, S. 5. Vor der Entscheidung über die Zulassung zum Handel an einem regulierten Markt findet das WpÜG keine Anwendung, weshalb die eigentumsrechtlichen Vorgänge vor dieser Entscheidung für die Pflichten aus § 35 WpÜG nicht relevant sind. Die Banken können daher, ohne die Pflichten nach § 35 WpÜG auszulösen, Aktien und Stimmrechte einer Zielgesellschaft von mehr als 30 % erwerben.

die Aktien im Rahmen der Wertpapierleihe zur Verfügung gestellt hat, durch die Nichtausübung der Greenshoe-Option die Kontrollschwelle, unterliegt er den Pflichten des § 35 Abs. 1 und 2 WpÜG.

cc) Befreiung des Altaktionärs von der Angebotspflicht

Nach der Verwaltungspraxis der BaFin kann in diesem Fall eine Befreiung von der Angebotspflicht erteilt werden, wenn der Antragsteller schon vor dem Börsengang der Gesellschaft die Kontrolle inne hatte und diese lediglich durch die Wertpapierleihe im Rahmen der Mehrzuteilung verlor[958]. Insoweit unterscheidet sich die Art der Kontrollerlangung des Altaktionärs von dem Normalfall eines Kontrollerwerbs, und es kommt zu einer die Befreiung rechtfertigenden Interessenverschiebung zugunsten des Altaktionärs. Die BaFin berücksichtigt im Hinblick auf die Art der Kontrollerlangung nicht nur rechtliche Tatbestände, sondern auch tatsächliche Umstände[959]. Dafür, den Vorgang als befreiungswürdig einzustufen spricht zunächst, dass es sich um eine Wiedererlangung der Kontrolle handelt, die allein den Besonderheiten eines Börsenganges und der damit verbundenen Mehrzuteilung geschuldet ist[960]. Der Bieter hat ein Interesse daran, den gerade erfolgten Börsengang nicht wieder durch die Abgabe eines Pflichtangebots faktisch rückgängig zu machen. Hinzu kommt, dass es sich um eine übliche Transaktion bei Börsengängen[961] und um marktkonformes und befugtes Verhalten handelt[962], denn Kursstabilisierungsmaßnahmen bewirken hauptsächlich die vorübergehende Stützung des Emissionskurses unter Verkaufsdruck geratener, relevanter Papiere und mindern so den Verkaufsdruck für die relevanten Wertpapiere und halten geordnete Marktverhältnisse aufrecht. Dies liegt sowohl im Interesse der Anleger, die die relevanten Wertpapiere im Rahmen eines Zeichnungsangebots gezeichnet oder gekauft haben, als auch im Interesse der Emittenten. Auf diese Weise können Kursstabilisierungsmaßnahmen das Vertrauen der Anleger und der Emittenten in die Finanzmärkte stärken.

Die Interessen der Aktionäre der Zielgesellschaft stehen einer Befreiung nicht entgegen: Zum einen ist diesen durch entsprechende Mitteilung im

---

958 *Strunk/Salomon/Holst* in Veil (Hrsg.), Übernahmerecht in Praxis und Wissenschaft, S. 1, 28.

959 Befreiungsentscheidung der BaFin Wolf (Bieter)/RIB Software AG (Zielgesellschaft) vom 25.02.2011, veröffentlicht am 01.03.2011, abrufbar unter www.bafin.de.

960 Befreiungsentscheidung der BaFin Wolf (Bieter)/RIB Software AG (Zielgesellschaft) vom 25.02.2011, veröffentlicht am 01.03.2011, abrufbar unter www.bafin.de.

961 *Strunk/Salomon/Holst* in Veil (Hrsg.), Übernahmerecht in Praxis und Wissenschaft, S. 1, 28.

962 Vgl. Erwägungsgrund 11 der EG-DVO 2273/2003.

Wertpapierprospekt der Sachverhalt und damit auch die materiell bestehenden Kontrollposition des Altaktionärs vor dem Börsengang bekannt. Hinzu kommt die Überlegung, dass Aktionäre, die neu ausgegebenen Aktien zeichnen, einen Zeichnungsvertrag und somit einen Aktienkaufvertrag abgeschlossen haben. Damit haben sich die Zeichner damit einverstanden erklärt, dass der Altaktionär in den im Emissionsprospekt beschriebenen Fällen die Kontrolle über die Zielgesellschaft hat bzw. wieder erlangt[963]. Weiter ist zu berücksichtigen, dass die Kontrollposition nur kurzzeitig – nämlich für die Dauer des Wertpapierdarlehens, in der Regel also für einen Zeitraum von 30 Tagen – unterbrochen wird. In materieller Hinsicht besteht die Kontrollposition des Bieters in aller Regel fort, da in dem kurzen Zeitraum der Wertpapierleihe in der Regel keine Hauptversammlungen stattfinden und aufgrund der nötigen Formalien und Fristen auch nicht stattfinden können[964]. Dem Altaktionär, der daher lediglich aufgrund der Nichtausübung der Greenshoe-Option die Kontrollschwelle überschreitet, ist daher auf Antrag Befreiung von den Pflichten des § 35 Abs. 1 und 2 WpÜG gemäß § 37 Abs. 1 Alt. 1 WpÜG zu gewähren.

4. Befreiung aufgrund der Zielsetzung des Bieters, § 37 Abs. 1 Var. 2

§ 37 Abs. 1 Var. 2 WpÜG ermöglicht schließlich eine Befreiung von der Angebotspflicht, wenn und soweit sich die Kontrollerlangung aufgrund einer besonderen Zielsetzung des Bieters vom Normalfall der Kontrollerlangung unterscheidet. Eine Konkretisierung erfährt diese Variante in § 9 S. 2 Ziff. 3 WpÜG-AngebotsVO.

a) § 9 S. 2 Ziff. 3 WpÜG-AngebotsVO: Buchwertklausel

Der Verordnungsgeber sieht es in Hinblick auf die besondere Zielsetzung des Bieters als privilegierungswürdig an, wenn aufgrund der Erlangung der Kontrolle über eine Gesellschaft mittelbar die Kontrolle an einer Zielgesellschaft erlangt wurde und der Buchwert der Beteiligung der Gesellschaft an der Zielgesellschaft weniger als 20 % des buchmäßigen Aktivvermögens der Gesellschaft beträgt. Diese Buchwertklausel spielt in der Befreiungspraxis eine große Rolle[965].

Der Gesetzgeber begründet die Privilegierungswürdigkeit damit, dass die mittelbare Kontrollerlangung zwar grundsätzlich die Angebotspflicht auslöst,

---

963 Nach *Strunk/Salomon/Holst* in Veil (Hrsg.), Übernahmerecht in Praxis und Wissenschaft, S. 1, 28 handelt es sich insoweit um privatautonome Beziehungen, in die das Pflichtangebot nicht eingreifen will.

964 Befreiungsentscheidung der BaFin Wolf (Bieter)/RIB Software AG (Zielgesellschaft) vom 25.02.2011, veröffentlicht am 01.03.2011, abrufbar unter www.bafin.de.

965 *Strunk/Salomom/Holst* in Veil (Hrsg.), Übernahmerecht in Praxis und Wissenschaft, S. 39.

dass diese jedoch dazu führen kann, dass Übernahmen verteuert oder unmöglich gemacht werden[966]. Zudem wird der in denjenigen Konstellation, die der Gesetzgeber im Auge hatte, die Tochtergesellschaft, über die die mittelbare Kontrolle erlangt wurde, nicht das eigentliche Ziel der Übernahme sein[967]. Der Gesetzgeber sieht § 9 Satz 2 Nr. 3 AngebotsVO demnach als Konkretisierung der zweiten Alternative des § 37 Abs. 1 WpÜG[968].

aa) Tatbestand

i) Mittelbare Kontrollerlangung

Voraussetzung für die Anwendung von § 9 Satz 2 Nr. 3 WpÜG-AngebotsVO ist zunächst, dass der Bieter aufgrund der Kontrollerlangung über eine Gesellschaft mittelbar die Kontrolle an einer Zielgesellschaft im Sinne des § 2 Abs. 3 WpÜG erlangt. Da eine mittelbare Kontrollerlangung nur dann erfolgt, wenn die vom Antragsteller zuerst erworbene Gesellschaft zu seinem Tochterunternehmen im Sinne von § 2 Abs. 6 WpÜG wird, ist die Formulierung „Erlangung der Kontrolle" im ersten Halbsatz der Norm nicht übernahmerechtlich gemeint. Erforderlich ist vielmehr dass der Antragsteller entweder eine Mehrheitsbeteiligung an der ersten Gesellschaft i.S.v. § 290 Abs. 2 Nr. 1 HGB oder beherrschenden Einfluss auf diese Gesellschaft aufgrund eines Beherrschungsvertrags oder einer Satzungsbestimmung der Gesellschaft erwirbt, § 290 Abs. 2 Nr. 3 HGB[969]. Da eine Stimmrechtszurechnung und damit ein Kontrollerwerb auch dann eintritt, wenn die zuerst erworbene Gesellschaft keine Zielgesellschaft im Sinne von § 2 Abs. 3 WpÜG ist, ist auch für die Anwendung von § 9 Satz 2 Nr. 3 WpÜG – AngebotsVO ein weites Begriffsverständnis geboten[970], weshalb es sich bei der zuerst erworbenen Gesellschaft nicht um eine Zielgesellschaft i.S.v. § 2 Abs. 3 WpÜG handeln muss[971]. Erforderlich ist jedoch, dass das Überschreiten

---

966 Begr. RegE, BT-Drucks. 14/7034, S. 82.

967 Begr. RegE, BT-Drucks. 14/7034, S. 82.

968 A:A: *Schlitt/Ries* in Münchener Kommentar, AktG, § 37 WpÜG, Rn. 37 die auf die besondere Art der Erlangung der Kontrolle abstellen; ebenso *Heuber*, Befreiung vom Pflichtangebot, S. 167; *Krause/Pötzsch/Seiler* in Assmann/Pötzsch/Schneider, WpÜG, § 9 WpÜG-AngebotsVO, Rn. 71.

969 *Hecker* in Baums/Thoma, WpÜG, § 37, Rn. 119.

970 *Hecker* in Baums/Thoma, WpÜG, § 37, Rn. 118.

971 *Strunk/Salomon/Holst* in Veil (Hrsg.), Übernahmerecht in Praxis und Wissenschaft, S. 1, 40. *Hecker* in Baums/Thoma, WpÜG, § 37, Rn. 118, der zu Recht darauf hinweist, dass der Wortlaut der Vorschrift zwischen der „Gesellschaft" und „Zielgesellschaft" differenziert. A.A. *Hommelhoff/Witt* in Frankfurter Kommentar, WpÜG, § 37, Rn. 30.

der Stimmrechtsmehrheit mit der Kontrollerlangung einhergeht, nicht ausreichend ist daher, dass zunächst an einer Gesellschaft die Kontrolle erworben und erst in einem zweiten Schritt die Stimmenmehrheit erreicht wird oder ein beherrschender Einfluss auf die erste Gesellschaft hergestellt wird. In diesem Fall fehlt es an einer Kontrollerlangung an der Obergesellschaft[972].

ii) Ansatz der Buchwerte, Vergleichsunternehmen in zweistufigen Konstellationen
Eine Befreiung nach § 9 Satz 2 Nr. 3 WpÜG – AngebotsVO kommt in der zweistufigen Konstellation, in der die Zwischengesellschaft, die eine Kontrollbeteiligung an einer Zielgesellschaft hält, Tochtergesellschaft des Bieters iSd. § 2 Abs. 6 WpÜG wird[973], dann in Betracht, wenn in der Bilanz der unmittelbar erworbenen (Zwischen-) Gesellschaft der Buchwert der Kontrollbeteiligung an der Zielgesellschaft weniger als 20 % ihres buchmäßigen Aktivvermögens beträgt. Aktivvermögen in diesem Sinne ist die Summe des Anlage- und Umlaufvermögens gem. § 266 Abs. 2 A und B HGB[974].

Da der Verordnungsgeber hier bewusst eine Bezugnahme auf den Buchwert gewählt hat und eine typisierende Betrachtungsweise zugrunde legt[975], hat der Verkehrswert der Beteiligung an der Zielgesellschaft zumindest auf Tatbestandsseite außer Betracht zu bleiben, obgleich es auf der Hand liegt, dass der Verkehrswert um ein Wesentliches höher sein kann [976]. Entscheidender Zeitpunkt für die Ermittlung des Buchwerts der Beteiligung ist der Zeitpunkt des Kontrollerwerbs an der ersten Gesellschaft, weshalb der letzte Jahresabschluss der Gesellschaft nicht zwingend maßgeblich ist, gegebenenfalls ist ein Einzelabschluss neu aufzustellen[977].

---

972 *Versteeegen* in Kölner Kommentar, WpÜG, § 37, Rn. 50.

973 Dies hat zur Folge, dass dem Bieter die Stimmrechte an der Zielgesellschaft wegen § 30 Abs. 1 S. 1 Nr. 1, S. 3 zugerechnet werden.

974 Die Beteiligung an der Zielgesellschaft ist im Anlagevermögen als Finanzanlage gem. § 266 Abs. 2 A III. Nr. 3 HGB enthalten. Unberücksichtigt bleiben Rechnungsabgrenzungsposten und aktive latente Steuern, § 266 Abs. 2 C und D HGB, ebenso der aktive Unterschiedsbetrag nach § 266 Abs. 2 E HGB denn bei diesen Bilanzposten handelt es sich nicht um Vermögensgegenstände der Gesellschaft. Vgl. dazu *Lenz/Behnke*, BKR 2003, 43, 50.

975 *Ekkenga* in Ehricke/Ekkenga/Oechsler, WpÜG, § 37, Rn. 31.

976 A.A: *Ekkenga* in Ehricke/Ekkenga/Oechsler, WpÜG, § 37, Rn. 31.

977 *Versteegen* in Kölner Kommentar, WpÜG, § 9 AngebotsVO, Rn. 53.

iii) Ansatz der Buchwerte in mehrstufigen Konstellationen

Umstritten ist, wie der Wertvergleich erfolgt, wenn die Zielgesellschaft nicht von der erworbenen (Ober-) Gesellschaft direkt gehalten wird, sondern über weitere Zwischengesellschaften. Da es in der Bilanz der unmittelbar erworbenen Gesellschaft keinen bilanziellen Ansatz für die Beteiligung an der Zielgesellschaft gibt, ist unklar, auf welcher Beteiligungsebene die 20 %-Schwelle zu unterschreiten ist. Auch in diesem Fall ist § 9 Satz 2 Nr. 3 WpÜG – AngebotsVO aber grundsätzlich anwendbar. Teilweise wird vertreten, die tatbestandlichen Voraussetzungen lägen vor, wenn entweder die Beteiligung der Obergesellschaft an der Zwischengesellschaft weniger als 20 % des Aktivvermögens der Obergesellschaft ausmacht oder die Beteiligung der Zwischengesellschaft an der Zielgesellschaft weniger als 20 % des Aktivvermögens der Zwischengesellschaft oder die Beteiligung der Obergesellschaft an der Zielgesellschaft durchgerechnet weniger als 20 % des Aktivvermögens der Obergesellschaft beträgt, da in allen Konstellationen das an der Zielgesellschaft erworbene Vermögen nur 1/5 des getätigten Erwerbs darstelle, was indiziere, dass der Erwerb nicht zielgerichtet erfolgte[978].

Die BaFin stellt in diesen Fällen einen Vergleich zwischen dem Buchwert der Kontrollbeteiligung der Zielgesellschaft in der Bilanz der Zwischengesellschaft mit dem buchmäßigen Aktivvermögen der unmittelbar erworbenen Obergesellschaft an[979], es sei denn, dass eigentliches Ziel des Erwerbs der Obergesellschaft der Erwerb der von dieser gehaltenen Zwischengesellschaft war. In diesem Fall modifiziert die BaFin ihre Auslegung dahingehend, dass ein Vergleich des Buchwerts der Kontrollbeteiligung an der Zielgesellschaft mit dem buchmäßigen Aktivvermögen der Zwischengesellschaft anzustellen ist[980]. Dieses Ergebnis erscheint bei der gebotenen materiellen und wirtschaftlichen Betrachtungsweise richtig und wird den Wertungen des Verordnungsgebers gerecht.

---

978 *Versteegen* in Kölner Kommentar, WpÜG, § 9 AngebotsVO, Rn. 52.

979 *Strunk/Salomon/Holst* in Veil (Hrsg.), Übernahmerecht in Praxis und Wissenschaft, S.1, 41.

980 Vgl. Veröffentlichung der BaFin vom 19.07.2007 (Zielgesellschaft Berlin-Hannoversche Hypothekenbank AG), abrufbar unter www.dgap.de; dazu: *Strunk/Salomon/Holst* in Veil (Hrsg.), Übernahmerecht in Praxis und Wissenschaft, S. 41.

bb) Interessenabwägung

Im Rahmen der Ermessensausübung sind die Interessen des Bieters sowie seine Absichten und Motive zu berücksichtigen. Die BaFin nimmt insoweit eine wirtschaftliche Betrachtungsweise vor[981]. Insbesondere wenn der Buchwert der Beteiligung nur geringfügig unterhalb der Schwelle von 20 % liegt, werden auch außerhalb der reinen Bilanzverhältnisse liegende Umstände berücksichtigt[982]. Im Hinblick auf den Zweck der Befreiungsmöglichkeit und der Vermutung, dass bei einem geringfügigen Beteiligungswert der Zielgesellschaft die Zielgesellschaft selbst nicht Ziel der Kontrollerlangung an der Obergesellschaft war, wird eine Befreiung regelmäßig versagt, wenn der Erwerb der Zwischengesellschaft auch erfolgte, um die Zielgesellschaft zu erwerben. Dass es dem Bieter auf den Kontrollerwerb einer Zielgesellschaft nicht ankommt, ist zwar kein ungeschriebenes Tatbestandsmerkmal[983]. Die Absichten des Antragstellers sind im Verfahren vor der BaFin aber zu berücksichtigen[984]. Zeigt sich dabei, dass bei wirtschaftlicher Betrachtung die Zielgesellschaft der eigentlich bestimmende Teil der vom Antragsteller erworbenen Beteiligungen ist, ist die Befreiung zu versagen[985].

b) Emissionsbanken

Nach ständiger Verwaltungspraxis der BaFin können auch Kreditinstitute, die Kapitalmaßnahmen von Aktiengesellschaften als Emissionsbank begleiten, nach § 37 Abs. 1 Alt. 2 WpÜG von den Pflichten des § 35 Abs. 1 und 2 WpÜG befreit werden. Es haben sich hierbei verschiedene, praktische besonders bedeutsame Fallgruppen gebildet.

aa) Mittelbare Verwirklichung des Bezugsrechts gemäß § 186 Abs. 5 AktG

In der Praxis der börsennotierten Gesellschaften erfolgt die Platzierung neuer Aktien am Kapitalmarkt mittels Emissionsbanken[986]. Im Kapitalerhöhungsbeschluss

---

981 *Strunk/Salomon/Holst* in Veil (Hrsg.), Übernahmerecht in Praxis und Wissenschaft, S. 42.

982 *Strunk/Salomon/Holst* in Veil (Hrsg.), Übernahmerecht in Praxis und Wissenschaft, S. 42.

983 So aber *Hecker* in Baums/Thoma, WpÜG, § 37, Rn. 121.

984 *Strunk/Salomon/Holst* in Veil (Hrsg.), Übernahmerecht in Praxis und Wissenschaft, S. 42.

985 *Strunk/Salomon/Holst* in Veil (Hrsg.), Übernahmerecht in Praxis und Wissenschaft, S. 42.

986 *Servatius* in Spindler/Stilz, AktG, § 182, Rn. 5.

werden die Aktien einer Emissionsbank zugewiesen, welche sich in einem Vertrag mit der Aktiengesellschaft verpflichtet, die Aktien den Altaktionären zum Bezug anzubieten. Nach § 186 Abs. 5 AktG gilt dies nicht als Bezugsrechtsausschluss. Im Ergebnis wird das Risiko, dass nicht alle Aktien platziert werden, so auf die Finanzinstitute verlagert[987]. Die Emissionsbank übernimmt die Aktien daher nicht mit dem Ziel, Einfluss auf die Gesellschaft auszuüben, sondern allein mit dem Ziel, das Bezugsrecht abzuwickeln[988].

Da die Aktionäre der Gesellschaft einen schuldrechtlichen Anspruch auf Übertragung der Aktien gegen Zahlung des Ausgabebetrags haben und die Emissionsbank weder die Absicht noch die Möglichkeit hat, Einfluss auf die Gesellschaft zu nehmen[989] und die Aktien nur für einen kurzen Zeitraum gehalten werden, erscheint es sachgerecht, die Emissionsunternehmen die Befreiung von den Pflichten des § 35 Abs. 1 und 2 WpÜG im Hinblick auf die mit der Kontrollerlangung beabsichtigte Zielsetzung gemäß § 37 Abs. 1 Alt. 2 zu erteilen[990]. Die Emissionsbank wird lediglich als Dienstleister für die Aktiengesellschaft tätig[991]. Da zudem auch die Aktionäre der Gesellschaft ein Interesse daran haben, dass der Kapitalerhöhungsbeschluss umgesetzt wird, sind diese nicht schutzbedürftig, das Interesse des Kreditinstitut an der Tätigkeit als Emissionsbank überwiegt, zumal es sich um eine in der Praxis übliche Vorgehensweise handelt, die in § 186 Abs. 5 AktG gesetzgeberische Anerkennung gefunden hat.

bb) Privatplatzierung durch Investmentbank

Der Übernahme und Verwirklichung des Bezugsrechts gemäß § 186 Abs. 5 AktG vergleichbar ist der Fall, dass ein Kreditinstitut Aktienpakete mit der Maßgabe übernimmt, die Beteiligung an private Investoren weiter zu platzieren. In Bezug auf die mögliche Kontrollerlangung des Kreditinstituts macht es für die Minderheitsaktionäre keinen Unterschied, ob die Aktien vom Kreditinstitut kurzfristig gehalten werden, um sie an Aktionäre oder an Dritte zu platzieren. Auch in diesem Fall wird das Kreditinstitut nur als Dienstleister für die Gesellschaft tätig. Eine Befreiung des Kreditinstituts von den Pflichten des § 35 Abs. 1 und 2

---

987 *Servatius* in Spindler/Stilz, AktG, § 182, Rn. 5.

988 *Versteegen* in Kölner Kommentar, WpÜG, § 37, Rn. 48.

989 *Krause/Pötzsch/Seiler* in Assmann/Pötzsch/Schneider, WpÜG, § 37, Rn. 48.

990 Dies entspricht mittlerweile der herrschenden Meinung, die BaFin ordnete die Befreiung in diesen Fällen kurzzeitig auch § 37 Abs. 1 Alt. 1 (Art der Kontrollerlangung) zu, vgl. Jahresbericht der BaFin 2007, S. 195.

991 *Strunk/Salomon/Holst* in Veil (Hrsg.), Übernahmerecht in Praxis und Wissenschaft, S. 1, 26.

WpÜG erscheint daher auch in diesem Fall im Hinblick auf die mit der Kontrollerlangung beabsichtigte Zielsetzung geboten.

Um sicherzustellen, dass das Kreditinstitut das Einflusspotenzial aus den Aktienpaketen nicht ausnutzt, kann die Befreiungsverfügung der BaFin mit Nebenbestimmungen abgesichert werden. Es handelt sich jedenfalls auch nach Auffassung der BaFin bei der Umplatzierung von Aktien durch Investmentbanken um eine übliche Handlungsweise eines funktionierenden Kapitalmarkts, die nicht durch die Belastung mit der Angebotspflicht erschwert werden soll[992].

cc) *American-depositary receipt*-Programme im Zuge von Unternehmensübernahmen im Ausland

American depositary receipt sind in US-Dollar notierte Hinterlegungsscheine, d.h. Zertifikate, die Rechte am Aktienbestand eines Nicht-US-amerikanischen Unternehmens verbriefen[993]. Sie lauten auf den Namen, sind übertragbar und dienen vor allem dazu, den Handel mit den repräsentierten ausländischen Unternehmensaktien zu erleichtern[994]. Der eigentliche Hinterlegungsschein wird von einer US-amerikanischen Depotbank an einer US-Wertpapierbörse ausgegeben, er verbrieft das Recht, die wiederum bei einer ausländischen Bank – es handelt sich in der Regel um die Korrespondenzbank im Sitzstaat des Emittenten – hinterlegten Aktien gegen Rückgabe des Zertifikats heraus zu verlangen[995].

---

992 Vgl. zu allem *Strunk/Salomon/Holst* in Veil (Hrsg.), Übernahmerecht in Praxis und Wissenschaft, S. 1, 25f.; im Ergebnis ebenso *Krause/Pötzsch/Seiler* in Assmann/Pötzsch/Schneider, WpÜG, § 37, Rn. 49.

993 *Krause/Pötzsch/Seiler* in Assmann/Pötzsch/Schneider, WpÜG, § 37, Rn. 49; zur Funktionsweise von ADR vgl. etwa die Einführung von *Gätsch* in Marsch-Barner/Schäfer (Hrsg.), Handbuch der börsennotierten AG, § 5, Rn. 28ff. sowie *Strauch* in Marsch-Barner/Schäfer (Hrsg.) Handbuch der börsennotierten AG, § 11, Rn. 33ff.

994 *Kumpan* in Schwark/Zimmer, Kapitalmarktrechtskommentar, § 2 WpHG, Rn. 21; die Zulassung ausländischer Wertpapiere zum Handel an US-amerikanischen Börsen ist mit verschiedenen Schwierigkeiten verbunden. ADR, die grundsätzlich auf den Namen lauten, ermöglichen etwa die Notierung an US-Börsen, selbst wenn die Aktien des Unternehmens auf den Inhaber lauten. Hinzu kommt die Schwierigkeit, dass institutionelle Investoren in den USA gewissen Beschränkungen hinsichtlich einer Investition in ausländische Wertpapiere unterliegen. Ferner werden ADR verstärkt im Rahmen grenzüberschreitender Unternehmensakquisitionen eingesetzt, vgl. etwa die Entscheidung der BaFin vom 28.08.2008 (Evotec), abrufbar unter www.dgrp.de; vgl. hierzu auch Jahresbericht der BaFin 2008, S. 185 ff.

995 *Böckenhoff/Ross*, WM 1993, 1781, 1784 und 1825 ff.

Die Depotbank bleibt im zivilrechtlichen Sinne Eigentümer der Aktien, die ihrerseits bei der Bank hinterlegt sind, die Depotbank hält die *american depositary receipt* aber für Rechnung und Order der *american depositary receipt*-Inhaber. Grundlage der Verwahrung der Aktien bei der Depotbank ist ein Depotvertrag – *depositary agreement* –, dessen wesentlicher Inhalt darin besteht, dass die Depotbank sich schuldrechtlich verpflichtet, Dividenden und Barausschüttungen sowie Bezugsrechte an die Inhaber der *american depositary receipt* weiterzuleiten und insbesondere das Stimmrecht nur nach deren Weisung auszuüben, den *american depositary receipt*-Inhabern soll so weit wie möglich die Stellung eines Aktionärs vermittelt werden[996].

Da die Depotbank zivilrechtlich Eigentümer bleibt, bleibt sie auch Inhaber der Stimmrechte, dies ergibt sich schon zwanglos aus dem aktienrechtlichen Abspaltungsverbot[997], ein Auseinanderfallen von Verwaltungsrechten und der Mitgliedschaft ist daher ausgeschlossen, die Stimmrechte der betreffenden Aktien werden vielmehr dem jeweiligen Inhaber der *american depositary receipt* gemäß § 30 Satz 1 Nr. 3 WpÜG zugerechnet[998]. Da die Einflussnahme trotz zivilrechtlicher Eigentümerstellung der Depotbank immerhin schuldrechtlich ausgeschlossen ist, kommt es zu einem Auseinanderfallen von rechtlichem und wirtschaftlichem Eigentum, was nach allgemeinen Regeln dazu führt, dass die Stimmrechte mehrfach erfasst werden, insbesondere erfolgt auch bei dieser Zurechnung keine Stimmrechtsabsorption[999].

Der Depotbank ist aber Befreiung von den Pflichten des § 35 Abs. 1 und 2 WpÜG im Hinblick auf die mit der Kontrollerlangung beabsichtigte

---

996 *Gätsch* in Marsch-Barner/Schäfer (Hrsg.), Handbuch der börsennotierten AG, § 5, Rn. 31.

997 *Heuber*, Befreiung vom Pflichtangebot, S. 183, vgl. aktienrechtliche Kommentarliteratur zum Trennungsverbot zu § 8 Abs. 5 AktG.

998 *von Bülow* in Kölner Kommentar, WpÜG, § 30, Rn. 146; a.A: *Diekmann* in Baums/Thoma, WpÜG, § 30, Rn. 44, wonach es sich bei ADR um Aktiensurrogate handele, weshalb den ADR-Inhabern die Stimmrechte aus den betreffenden Aktien schon nach § 29 Abs. 2 WpÜG zustünden, eine Zurechnung der Stimmrechte daher nicht erforderlich sei.

999 Gemäß § 21 Abs. 1 Satz 2 WpHG trifft die Mitteilungspflicht bei Zertifikaten, die Aktien vertreten, ausschließlich den Inhaber der Zertifikate, was dazu führt, dass die Transparenzpflichten lediglich der ADR-Inhaber erfüllen muss, nicht jedoch die Depotbank. Da § 29 Abs. 2 WpÜG eine solche Einschränkung nicht enthält, bleibt es dabei, dass – entgegen des vom Gesetzgeber mehrfach geäußerten Wunschs – die Stimmrechtserfassung nach §§ 21 WpHG ff. und §§ 29, 30 WpÜG nicht gleichlaufend erfolgt. Dieses Ergebnis ist hinzunehmen.

Zielsetzung zu erteilen[1000]. Im Rahmen der bei § 37 Abs. 1 WpÜG anzustellenden Interessenabwägung ist zum einen das Interesse der Depotbank zu berücksichtigen, als Verwahrer der Aktien tätig zu werden, und zum anderen ist zu berücksichtigen, dass nach den Beschränkungen in den Verwahrungsbedingungen eine Einflussnahme auf die Zielgesellschaft durch die Depotbank ausgeschlossen ist. Schließlich hat auch die Zielgesellschaft ein Interesse daran, im Rahmen grenzüberschreitender Transaktionen Wertpapiere an US-Börsen handelbar zu machen.

dd) § 37 GWB

Eine Befreiung von den Pflichten des § 35 Abs. 1 und 2 WpÜG im Hinblick auf die mit dem Kontrollerwerb beabsichtigte Zielsetzung kommt schließlich in den Fällen des § 37 Abs. 3 GWB in Betracht[1001].

Nach § 37 Abs. 3 GWB ist ein Anteilserwerb durch Kredit- oder Finanzinstitute unter bestimmten Voraussetzungen fusionskontrollfrei, wenn schon kein Zusammenschluss vorliegt. Dies ist der Fall, wenn der Erwerb von Anteilen „zum Zwecke der Veräußerung" erfolgen muss, wenn also schon beim Erwerb der Anteile die feste Absicht besteht, die Anteile wieder zu veräußern und das Kreditinstitut das Stimmrecht aus den Anteilen nicht ausübt. Die Anteile müssen zudem innerhalb eines Jahres weiter veräußert werden[1002]. Auch hier liegt eine vom Regelfall des Kontrollerwerbs abweichende Zwecksetzung des Kontrollerwerbers vor, der zudem aufgrund des ihn treffenden Stimmverbots nicht in der Lage ist, tatsächlich Einfluss auf die Zielgesellschaft zu nehmen, weshalb eine nachteilige Einwirkung auf die Zielgesellschaft bzw. deren Aktionäre ausgeschlossen ist[1003]. Eine Befreiung des Kreditinstituts ist daher geboten.

1000 *Versteegen* in Kölner Kommentar, WpüG, § 37, Rn. 53; a.A.: *Heuber*, Befreiung vom Pflichtangebot, S. 183, der aufgrund der kontrollneutralen Stellung der Depotbank auf § 20 WpÜG zurückgreifen will; ähnlich wohl *von Bülow* in Kölner Kommentar, WpÜG, § 29, Rn. 126 («Sofern nicht ohnehin ein Anspruch auf Gestattung der Nichtberücksichtigung der Stimmrechte besteht») und *Hirte* in Kölner Kommentar, WpÜG, § 20, Rn. 67, der ebenfalls für eine Nichtberücksichtigung der Stimmrechte aus den von der depositary bank gehaltenen Wertpapiere eintritt.

1001 *Versteegen* in Kölner Kommentar, WpÜG, § 37, Rn. 53; *Klepsch* in Steinmeyer/Häger, WpÜG, § 37, Rn. 50.

1002 Vgl. hierzu *Bechtold*, GWB, § 37, Rn. 51 ff.

1003 *Versteegen* in Kölner Kommentar; WpÜG, § 37, Rn. 53.

c) Abwehr einer feindlichen Übernahme

Diskutiert wird, ob im Zusammenhang mit der Verteidigung gegen eine feindliche Übernahme, einem sogenannten *white squire* im Hinblick auf die besondere Zielsetzung des Kontrollerwerbs Befreiung von den Pflichten des § 35 Abs. 1 und 2 WpÜG erteilt werden kann.

aa) Begriffsabgrenzung

i) White Knight

§ 33 Abs. 1 S. 2 Alt. 2 WpÜG erlaubt als Ausnahme vom Erfolgsverhinderungsverbot dem Vorstand einer Gesellschaft, die Ziel eines öffentlichen Übernahmeangebots ist, die Suche nach einem konkurrierenden Bieter[1004]. Dieser Konkurrenzbieter wird als weißer Ritter (*white knight*) bezeichnet wird[1005]. Gesucht wird in der Regel ein konkurrierender Bieter, der zum einen den Aktionären der Zielgesellschaft eine höhere Gegenleistung bietet und sich insgesamt besser in die bisherige Unternehmensstrategie einfügt[1006]. Da Ziel des weißen Ritters die Übernahme der Zielgesellschaft ist, stellt sich die Frage nach einem Pflichtangebot nicht.

ii) White Squire

Relevant kann die Frage nach der Angebotspflicht und etwaigen Befreiungsmöglichkeiten aber bei einer anderen Verteidigungstaktik gegen feindliche Übernahmen werden, nämlich bei der Veräußerung von Aktien der Zielgesellschaft an einen befreundeten Dritten[1007], der als sog. *white squire* bezeichnet wird. Die Verteidigungsstrategie besteht darin, eine wesentliche Beteiligung an der Zielgesellschaft, die von einer feindlichen Übernahme bedroht ist, an einen befreundeten Dritten oder einen befreundeten Aktionär zu übertragen. Idealerweise handelt es sich um ein Aktienpaket mindestens in Höhe der Sperrminorität[1008]. Das Aktienpaket kann entweder aus einer Ausgabe neuer Aktien aus genehmigtem Kapital oder einer Kapitalerhöhung mit Bezugsrechtsausschluss stammen[1009].

1004 *Grunewald* in Baums/Thoma, WpÜG, § 33 Rn. 62; *Süßmann*, NZG 2011, 1281, 1288.

1005 *Fuchs* in Fleischer, Handbuch des Vorstandsrechts, § 22, Rn. 124.

1006 *Fuchs* in Fleischer, Handbuch des Vorstandsrechts, § 22, Rn. 124.

1007 Hierzu etwa *Schlitt/Ries* in Münchner Kommentar AktG, § 33 WpÜG, Rn. 276.

1008 *Schlitt/Ries* in Münchener Kommentar, AktG, § 33 WpÜG, Rn. 275.

1009 Zu der Frage, ob die beabsichtigte Platzierung der Aktien bei einem freundlichen Dritten im wohlverstandenen Interesse der Zielgesellschaft liegen kann und somit einen Bezugsrechtsausschluss rechtfertigt: *Krause,* BB 2002, 1053, 1054 f.

Theoretisch denkbar ist aber auch ein Erwerb über die Börse oder durch Paketkäufe von mehreren Großaktionären. In der Praxis wird sich diese Strategie als prophylaktische Verteidigungsmaßnahme anbieten[1010]. Eine weitere Gestaltungsmöglichkeit liegt in der Veräußerung eigener Aktien an einen Stillhalter, hierbei ist jedoch die Grenze des § 71 Abs. 1 Nr. 8, Abs. 2 S. 1 AktG zu beachten, die gemäß § 71 d Satz 1, 2 AktG auch beim Erwerb durch einen Dritten, der für Rechnung der Zielgesellschaft handelt, gilt[1011]. Die Aktienpakete sollen in diesem Fall bei dem befreundeten Dritten lediglich „geparkt" werden, weshalb in der Regel ein *standstill agreement* erforderlich ist, wonach der Dritte sich verpflichtet, die Aktien im Falle eines Übernahmeangebots nicht zu veräußern und nicht seinerseits ein Übernahmeangebot abzugeben[1012].

bb) Befreiung von der Angebotspflicht wegen besonderer Zielsetzung des *White Squire*?

Teilweise wird vertreten, in diesem Fall sei dem *white squire* eine Befreiung jedenfalls dann zu erteilen, wenn der Kontrollerwerber die Kontrollschwelle alsbald wieder unterschreitet[1013]. Andere betonen wiederum, dass das „Parken" von Anteilen bei einem zum Stillhalten verpflichteten Dritten in aller Regel nur temporärer Natur ist und eine unternehmerische Einflussnahme des Dritten nicht zu erwarten ist[1014]. Auch könne das Ziel der Verteidigungstaktik dadurch erreicht werden, dass mehrere kleine Pakete bei verschiedenen Dritten geparkt werden[1015]. Durch Nebenbestimmungen sei sicherzustellen, dass der *white squire*

1010 *Weimar/Breuer*, BB 1991, 2309, 2318: In einer späteren Phase einer Unternehmensübernahme ist hingegen damit zu rechnen, dass aufgrund des Übernahmeangebots der Börsenkurs der Zielgesellschaft gestiegen ist. Erwirbt der *white squire* nun Aktien über die Börse in der Hoffnung, das Übernahmeverfahren abzubrechen, ist davon auszugehen, dass er einen finanziellen Verlust dadurch erleidet, dass nach dem abgebrochenen Übernahmeverfahren der Börsenkurs wieder sinkt.

1011 Zu den Verwässerungsgefahren für die Minderheitsaktionäre, die mit einer Veräußerung eigener Aktien einhergehen, vgl. *Ekkenga* in Ehricke/Ekkenga/Oechsler, WpÜG, § 33, Rn. 104.

1012 *Schlitt/Ries* in Münchener Kommentar, AktG, § 33 WpÜG, Rn. 275.

1013 *Meyer* in Geibel/Süßmann, WpÜG, § 37, Rn. 48, der aber bei diesem Gesichtspunkt auf § 9 Satz 1 Nr. 6 WpÜG-AngebotsVO zurückgreift.

1014 *Bernau*, WM 2004, 809, 815 mit dem Hinweis darauf, dass eine „stand still-Vereinbarung" auch im Rahmen von § 30 Abs. 2 WpÜG nicht zu einer Zurechnung führt; *Braun*, Befreiung vom Pflichtangebot, S. 199.

1015 Dies würde jedoch eine Umgehung der Pflichtangebotsregeln darstellen und zu einer wechselseitigen Zurechnung der Stimmrechte nach § 30 Abs. 2 WpÜG führen.

die geparkten Aktien nicht seinerseits als „Starthilfe“ für einen Übernahmeversuch nutzt[1016].

Richtigerweise scheidet eine Befreiung von der Angebotspflicht in diesem Fall jedoch aus[1017]. Allein der Umstand, dass es sich bei dem Kontrollerwerber um einen befreundeten Dritten, d.h. um einen dem Vorstand der Zielgesellschaft genehmen neuen Hauptaktionär handelt, führt noch nicht zu einer signifikanten Verschiebung der Interessen zu Gunsten des Bieters. Insbesondere ist zum Schutz der Minderheitsaktionäre in diesem Fall nicht gewährleistet[1018], dass der befreundete Dritte tatsächlich keinen Einfluss nimmt. Der Kontrollerwerb unterscheidet sich in diesem Fall nicht signifikant von dem Normalfall eines Kontrollerwerbs. Hinzu kommt ein grundsätzlicher Einwand gegen eine Per-se-Befreiung des White Squire: Das WpÜG verhält sich in Bezug auf Unternehmensübernahmen neutral, diese sollen weder gefördert noch verhindert werden. Schon aus diesem Grund ist kein Grund ersichtlich, den Paketerwerb zur Verhinderung einer feindlichen Übernahme derart zu privilegieren, dass bei Überschreiten der Kontrollschwelle eine Befreiung von den Pflichten des § 35 WpÜG zu erfolgen hat.

Aus diesem Grund ist eine Befreiung eines freundlichen Dritten von den Pflichten des § 35 Abs. 1 und 2 WpÜG nicht geboten[1019].

1016 *Bernau*, WM 2004, 809, 815.

1017 Ebenso *Versteegen* in Kölner Kommentar, WpÜG, § 37, Rn. 56, der in einer per-se-Privilegierung eines *white squire* einen Widerspruch zu den Wertungen der §§ 33 ff. WpÜG sieht.

1018 *Bernau*, WM 2004, 809, 811, der für eine Befreiung des *white squire* plädiert, räumt ein, dass das Parken eines Aktienpaketes bei einem white squire zur Abwehr eines Übernahmeversuches den wirtschaftlichen Interessen der Minderheitsaktionäre widersprechen kann.

1019 A.A. *Bernau*, WM 2004, 809, 811f., der zwar einräumt, dass das „Parken“ eines Aktienpakets bei einem white squire zur Abwehr eines Übernahmeversuchs zwar den wirtschaftlichen Interessen der Minderheitsaktionäre widersprechen kann, dass aber die Abgabe eines Pflichtangebots solange nicht erforderlich ist, wie die Gefahr einer negativen Kursbeeinflussung nicht besteht. Diese Prämisse kann jedoch nur gelten, wenn man die Befreiung als Regelfall auffasst, d.h. die Schutzbedürftigkeit der Minderheitsaktionäre positiv dartun müsste, um ein Pflichtangebot anzuordnen. Dies ist jedoch de lege lata nicht der Fall, die Schutzbedürftigkeit der Minderheitsaktionäre wird vermutet. Umgekehrt muss der Bieter eine Interessenverschiebung zu seinen Gunsten dartun, um in den Genuss einer Befreiung von den Pflichten des § 35 Abs. 1 und 2 WpÜG zu kommen.

d) § 9 S. 1 Nr. 3 WpÜG-AngebotsVO: Kontrollerwerb im Zusammenhang mit der Sanierung der Zielgesellschaft

Die praktische Bedeutung der Befreiungsmöglichkeit im Zusammenhang mit der Sanierung der Gesellschaft ist groß, die überwiegende Anzahl aller bei der BaFin eingereichten Befreiungsanträge nach § 37 WpÜG betreffen Sanierungssachverhalte[1020]. § 9 S. 1 Nr. 3 WpÜG-AngebotsVO konkretisiert ebenfalls § 37 Abs. 1 Var.2 WpÜG.

aa) Normzweck

Ausweislich der Entwurfsbegründung soll die Befreiungsmöglichkeit die Bereitschaft Dritter fördern, sich durch Bereitstellung neuen Kapitals an der Sanierung von Aktiengesellschaften in der Krise zu beteiligen[1021]. Die Regierungsbegründung weist auch darauf hin, dass der Erwerb einer Beteiligung zu Sanierungszwecken auch im Interesse der Arbeitnehmer der Zielgesellschaft liegen wird, was – da die Interessen der Arbeitnehmer der Zielgesellschaft übernahmerechtlich keine Rolle spielen[1022] – die wirtschaftspolitische Dimension der Befreiungsmöglichkeit unterstreicht. Der Verordnungsgeber wollte ganz offenbar die Bereitschaft eines Bieters, sich an einer Zielgesellschaft in der Krise zu beteiligen, an sich honorieren. Diese Wertung ist hinzunehmen, wenngleich die Vorstellung, dass ein Beteiligungserwerb zu Sanierungszwecken altruistisch motiviert ist, fernliegend ist[1023]. Ein Investor wird sich nur dann an der Zielgesellschaft beteiligen und entsprechende Sanierungsbeiträge leisten, wenn er sich durch die beabsichtigte Sanierung selbst handfeste Vorteile verspricht. Insoweit unterscheidet sich seine Motivation kaum von derjenigen einer Beteiligung an einer

1020 Vgl. Jahresberichte der BaFin 2009, S. 205; 2008, S. 183f.; 2007, S. 195f.; 2006, S. 176 sowie *Schlitt/Ries* in Münchener Kommentar, AktG, Anh. zu § 37 WpÜG, Rn. 16, die auch auf die Bedeutung der Befreiungsmöglichkeit im Hinblick auf die Finanz- und Wirtschaftskrise hinweisen.

1021 Begr. RegE, BT-Drucks. 14/7034, S. 81.

1022 *Heuber*, Befreiung vom Pflichtangebot, S. 188; auch im Rahmen der Interessenabwägung gemäß § 37 Abs. 1 WpÜG bleiben die Interessen der Arbeitnehmer auf Tatbestandsebene unberücksichtigt und können allenfalls im Rahmen der Ermessensentscheidung Berücksichtigung finden, vgl. dazu: *Versteegen* in Kölner Kommentar, WpÜG, § 37, Rn. 28; *Hecker* in Baums/Thoma, WpÜG, § 37, Rn. 15; *Holzborn/Friedhoff*, BKR 2001, 114, 116 zählen im Rahmen der Ermessensentscheidung über die Sanierungsbefreiung gemäß § 9 S. 1 Nr. 3 WpÜG-AngebotsVO die Interessen der Arbeitnehmer der Zielgesellschaft zu den „Schutzinteressen des WpÜG".

1023 *Hecker* in Baums/Thoma, WpÜG, § 37, Rn. 80.

gesunden Gesellschaft[1024]. Offenbar ging der Verordnungsgeber davon aus, dass die Aktionäre der Zielgesellschaft jedenfalls ein Interesse daran haben, dass ein neuer Mehrheitsaktionär einsteigt, weil dies die einzige Alternative zum Verlust ihres eingesetzten Kapitals darstellt[1025]. Diese Überlegung greift freilich nur dann, wenn die Zielgesellschaft vor Einstieg des neuen Mehrheitsaktionärs tatsächlich insolvent ist[1026].

Der in der Befreiungsmöglichkeit zum Ausdruck kommende Wille des Gesetzgebers ist allerdings auch in einem wirtschaftspolitischen Zusammenhang zu sehen. Der Verordnungsgeber sieht es als grundsätzlich wünschenswert an, Unternehmen vor dem Zusammenbruch zu schützen[1027]. Hinzu tritt offenbar der Gedanke, dass die Risikobereitschaft des Erwerbers einer Kontrollbeteiligung an einer in der Krise befindlichen Gesellschaft – der Sanierungserfolg bleibt schließlich ungewiss – honoriert werden soll. Das Pflichtangebot soll Investoren, die grundsätzlich bereit sind, sich an der Zielgesellschaft zu beteiligen, nicht abschrecken[1028]. In dieser Situation soll, da der Erhalt der Gesellschaft grundsätzlich wünschenswert ist, ein Kontrollerwerber nicht noch mit den finanziellen Folgen der Angebotspflicht belastet werden.

bb) Zusammenhang zwischen Kontrollerlangung und Sanierung

§ 9 Satz 1 Nr. 3 WpÜG-AngebotsVO konkretisiert § 37 Abs. 1 Alt. 2 WpÜG[1029]: Bei der Sanierung der Zielgesellschaft muss es sich um eine Zielsetzung des Kontrollerwerbers handeln. Obwohl der Wortlaut der Norm scheinbar bereits einen irgendwie gearteten „Zusammenhang" zwischen Kontrollerlangung und beabsichtigter Sanierung genügen lässt, wird man zwischen Kontrollerlangung und Sanierung

---

1024 *Hecker* in Baums/Thoma, WpÜG, § 37, Rn. 80.

1025 *Hecker* in Baums/Thoma, WpÜG, § 37, Rn. 81.

1026 *Hecker* in Baums/Thomas, WpÜG, § 37, Rn. 81 mit dem Hinweis, dass bei einer Gesellschaft die sich „nur" in der Krise befindet, die Auflösung und Abwicklung durchaus eine Alternative zur Sanierung sein kann.

1027 Der Gesetzgeber geht auch in anderen Rechtsbereichen davon aus, dass die Erhaltung und Fortführung von Unternehmen im Hinblick auf die Interessen von Gläubigern und Arbeitnehmern wünschenswert ist. *Holzborn/Israel*, WM 2004, 309, 313, 315 weisen zu Recht darauf hin, dass neben sozialen auch fiskalische Interessen eine Rolle spielen.

1028 *Ekkenga* in Ehricke/Ekkenga/Oechsler, WpÜG, § 37, Rn. 24.

1029 *Hecker* in Baums/Thoma, WpÜG, § 37, Rn. 80; *Versteegen* in Kölner Kommentar, WpÜG, § 37 Anh. § 9 AngbVO, Rn. 16; vgl. auch Begr. RegE BT-Drucks. 14/7034, S. 61.

einen spezifischen Zusammenhang[1030] fordern müssen. Mit der Kontrollerlangung muss der Bieter gerade die Sanierung der Gesellschaft bezwecken[1031], da sich nur in diesem Fall die vom Bieter verfolgte Zielsetzung vom Normalfall des Erwerbs einer Kontrollbeteiligung unterscheidet. Dass sich die Ziele des Bieters in Bezug auf die Zielgesellschaft in deren Sanierung erschöpfen, ist hingegen nicht zu fordern und wird auch kaum einmal der Fall sein[1032]. Die BaFin stellt darauf ab, dass zum Zeitpunkt des dinglichen Vollzugs des die Kontrolle vermittelnden Geschäfts die Sanierung der Zielgesellschaft beabsichtigt ist, Befreiung nach § 9 Satz 1 Nr. WpÜG – AngebotsVO kann daher auch noch erteilt werden, wenn der Kontrollerwerber zwar bei Abschluss eines Vertrages noch keine Sanierungsabsicht hatte, aber vor dinglichem Vollzug des Vertrages zu einer Sanierung bereit ist[1033].

cc) Befreiungsvoraussetzungen

Nach allgemeiner Auffassung und der Verwaltungspraxis der BaFin setzt eine Befreiung gemäß § 9 Satz 1 Nr. 3 WpÜG-AngebotsVO voraus, dass die Zielgesellschaft sanierungsbedürftig ist, der Bieter über ein taugliches Sanierungskonzept verfügt und er darüber hinaus im Zuge der Sanierung der Gesellschaft einen eigenen Sanierungsbeitrag leistet.

i) Sanierungsbedürftigkeit

Bei der Sanierungsbedürftigkeit einer Zielgesellschaft zeigt sich die bisherige Verwaltungspraxis der BaFin restriktiv. Verlangt wird, dass bei der Zielgesellschaft bestandsgefährdende Risiken i.S.v. § 322 Abs. 2 HGB vorliegen, die befürchten lassen, dass das Unternehmen nicht fortgeführt werden kann[1034]. Diese Auslegung des Merkmals der Sanierungsbedürftigkeit wird bisweilen als zu eng kritisiert[1035].

1030 *Versteegen* in Kölner Kommentar, WpÜG, § 37 Anh. § 9 AngebotsVO, Rn. 16.

1031 *Versteegen* in Kölner Kommentar, WpÜG, § 37 Anh. § 9 AngebotsVO, Rn. 16; anderer Ansicht: *Heuber*, Befreiung vom Pflichtangebot, S. 188, der keinen Grund sieht, von der eindeutigen Sprachfassung des Verordnungsgebers abzuweichen, wonach ein Zusammenhang „mit der Sanierung genüge".

1032 *Versteegen* in Kölner Kommentar, WpÜG, § 37 Anh. § 9 AngebVO, Rn. 18.

1033 BaFin Jahresbericht 2009, S. 205 ff.: Befreiungsentscheidung im Bezug auf die IC Green Energy Ltd, Tel Aviv.

1034 Die Fortführung des Unternehmens ist dann in Frage gestellt, wenn die Tatsachen im Lagebericht zur Insolvenz oder zur Liquidation führen können; berührt sein wird die Vermögenslage, die Finanzlage und die Ertragslage, siehe hierzu *Winkeljohann/Poullie* in Beck'scher Bilanzkommentar, § 321, Rn. 34.

1035 *Schlitt/Ries* in Münchener Kommentar, AktG, Anh. zu § 37 WpÜG, Rn. 18 verlangen lediglich, dass sich die wirtschaftliche Lage nachhaltig verschlechtert hat und die

Ausgehend von der Überlegung, dass der Bieter die Beteiligung an einer Krisengesellschaft in der Regel nicht aus rein altruistischen Motiven erwirbt, sondern sich gleichwohl wirtschaftlich positive Effekte hiervon verspricht, erscheint es sachgerecht, den Bieter nur dann von der Angebotspflicht zu befreien, wenn es darum geht, bestandsgefährdende Risiken der Gesellschaft abzuwenden. Für die Angebotspflicht entfällt in diesem Fall die innere Rechtfertigung. Bestandsgefährdend sind Risiken, die im einjährigen Prognosezeitraum der Annahme der Unternehmensfortführung entgegenstehen oder diese zumindest gefährdet erscheinen lassen[1036].

Dass Insolvenzgründe vorliegen, wird man jedoch nicht verlangen können[1037], da dieser Zeitpunkt für eine Sanierung der Zielgesellschaft zu spät wäre[1038]. Andererseits wird es auch nicht genügen können, dass sich die wirtschaftliche Lage der Zielgesellschaft erheblich verschlechtert hat, ohne dass hieraus bestandsgefährdende Risiken erwachsen[1039]. Solange die Krise keine bestandsgefährdenden Risiken aufweist, ist es zudem Aufgabe der Geschäftsleitung der Zielgesellschaft, die geschäftliche Lage zu verbessern[1040]. Die Sanierungsbedürftigkeit hat der

---

Zielgesellschaft nicht über die für die Herstellung der Rentabilität erforderlichen Mittel verfügt; *Hecker* in Baums/Thoma, WpÜG, § 37, Rn. 86 schlägt einen Rückgriff auf die Auslegung in § 3 Nr. 66 EStG a.F. vor; *Versteegen* in Kölner Kommentar, WpÜG, § 37 Anh. § 9 AngebotsVO, Rn. 20 betrachtet es als ausreichend, dass die Vermögens-, Finanz- oder Ertragslage der Zielgesellschaft nachhaltig unbefriedigend ist und die Gesellschaft aus eigener Kraft nicht in der Lage ist, die zu einer Verbesserung erforderlichen Maßnahmen zu ergreifen; ähnlich: *Ekkenga* in Ehricke/ Ekkenga/ Oechsler,WpÜG § 37, Rn. 24; andere Kriterien, die erwogen werden sind der Rückgriff auf § 92 Abs. 1 AktG (Unterbilanz im Sinne eines Verlusts in Höhe des hälftigen Grundkapitals) vgl. etwa *Wiesbrock* in NZG 2005, 294, 298; *Krause* in NJW 2004, 3681, 3686 will hingegen auf den Begriff der Krise i.S.v. § 32 a GmbHG a.F. zurückgreifen, kritisch zu diesem Vorschlag: *Krause/Pötzsch/Seiler* in Assmann/ Pötzsch/Schneider, WpÜG, § 9 WpÜG AngebotsVO, Rn. 28 sowie *Strunk/Salomon/ Holst* in Veil (Hrsg.), Übernahmerecht in Praxis und Wissenschaft, S. 1, 36.

1036 *Krause/Pötzsch/Seiler* in Assmann/Pötzsch/Schneider, WpÜG, § 9 WpÜG AngebotsVO, Rn. 24.

1037 *Von Sydow/Beyer*, AG 2005, 635, 643; *Heuber*, Befreiung vom Pflichtangebot, S. 189.

1038 *Strunk/Salomon/Holst* in Veil (Hrsg.), Übernahmerecht in Praxis und Wissenschaft, S. 1, 35.

1039 *Strunk/Salomon/Holst* in Veil (Hrsg.), Übernahmerecht in Praxis und Wissenschaft, S. 1, 35; *Hecker* in Baums/Thoma, WpÜG, § 37, Rn. 85; *Strunk/Linke* in Veil/Drinkuth (Hrsg.), Reformbedarf im Übernahmerecht, S. 38.

1040 *Strunk/Salomon/Holst* in Veil (Hrsg.), Übernahmerecht in Praxis und Wissenschaft, S. 1, 36.

Bieter der BaFin durch Vorlage des testierten Lageberichts der Zielgesellschaft nachzuweisen[1041]. Ist der Bestätigungsvermerk mit dem Hinweis auf die bestandsgefährdenden Risiken i.S.v. § 322 HGB nicht mehr hinreichend aktuell[1042], wird die unterjährige Beauftragung eines Wirtschaftsprüfers zwecks Testaterstellung notwendig sein. Dies wird jedenfalls dann erforderlich sein, wenn zwischen dem Stichtag des Lageberichts und dem Zeitpunkt der Antragstellung mehrere Monate liegen[1043], da in diesem Fall nicht mehr davon ausgegangen werden kann, dass sich die Situation der Gesellschaft nicht geändert hat und die Voraussetzungen der Befreiung und somit auch die Sanierungsbedürftigkeit im Zeitpunkt der Entscheidung der BaFin vorliegen müssen.

ii) Sanierungskonzept

Der Bieter muss im Befreiungsverfahren ein Sanierungskonzept vorlegen, aus dem sich ergibt, welche Ursachen die Krise der Gesellschaft hat, welche Maßnahmen er ergreifen wird, um diese Ursachen und damit die bestandsgefährdenden Risiken zu beseitigen[1044] und dass durch die beabsichtigten Maßnahmen der Fortbestand der Gesellschaft nachhaltig – das heißt nicht nur kurzfristig – gesichert werden kann. Die BaFin beschränkt die Prüfung der Geeignetheit der Sanierungsmaßnahmen auf eine Plausibilitätsprüfung[1045] und prüft insbesondere nicht, ob es alternative Sanierungskonzepte gibt. Um die Realisierbarkeit des Sanierungskonzepts zu belegen, muss den Antragsunterlagen ein von fachkundiger Stelle – in Betracht kommen etwa Wirtschaftsprüfer oder auf Unternehmenssanierung spezialisierte Beratungsunternehmen[1046] – aus-

---

1041 BaFin Jahresbericht 2004, S. 209.

1042 Dies wird erst ab dem Zeitpunkt der Fall sein, ab dem der Lagebericht für das letzte Geschäftsjahr vorliegen müsste, vgl. *Versteegen* in Kölner Kommentar, WpÜG, § 37 Anh. § 9 AngebotsVO, Rn. 19.

1043 *Strunk/Salomon/Holst* in Veil (Hrsg.), Übernahmerecht in Praxis und Wissenschaft, S. 1, 37; A.A. *Versteegen* in Kölner Kommentar, WpÜG, § 37 Anh. § 9 AngebVO, Rn. 18 sowie *Klepsch/Kiesewetter*, BB 2007, 1403, 1404: der letzte vorliegende Lagebericht ist erst dann nicht mehr aktuell, wenn der Lagebericht für das letzte abgelaufene Geschäftsjahr vorliegen müsste.

1044 *Versteegen* in Kölner Kommentar, WpÜG, § 37 Anh. § 9, Rn. 21, *Klepsch/Kiesewetter*, BB 2007, 1403, 1406. Ein solches Konzept wird nur vorzulegen sein, wenn die Gesellschaft auch tatsächlich sanierungsfähig ist, weshalb die Sanierungsfähigkeit als eigenes Kriterium der Prüfung keine Rolle spielt.

1045 BaFin Jahresbericht 2005, S. 209.

1046 *Krause*, NJW 2004, 3681, 3686.

gearbeitetes Sanierungsgutachten beigelegt werden[1047]. In komplexen Fällen wird verlangt, dass ein Wirtschaftsprüfer bestätigt, dass die Umsetzung des Sanierungskonzepts den Fortbestand der Gesellschaft ermöglicht[1048]. Das Sanierungsgutachten muss die Krisenursachen, die beabsichtigten Maßnahmen zu ihrer Bewältigung und dabei insbesondere auf die vom Bieter zu leistenden Sanierungsbeiträge analysieren und plausibel belegen, dass der Fortbestand der Gesellschaft auf der Grundlage des Sanierungskonzepts zumindest möglich erscheint[1049]. Art und Umfang der Darstellung hängen auch von den Krisenursachen ab, etwa davon, ob die Krise der Gesellschaft allein finanzielle Ursachen hat oder daneben auch Schwierigkeiten im operativen Geschäft bestehen[1050].

iii) Sanierungsbeitrag

Aus dem Wortlaut der Vorschrift ergibt sich zwar nicht, dass der Bieter einen eigenen finanziellen Beitrag leisten muss[1051]. Dieses Erfordernis ergibt sich auch nicht zwingend aus der ratio des Befreiungstatbestand, die auch darin zu sehen ist, dass der Gesetzgeber die Unternehmensfortführung an sich für privilegierungswürdig hielt und deshalb Sanierungen nicht durch das Erfordernis der Durchführung eines Pflichtangebotsverfahrens verhindert oder auch nur erschwert werden sollte. Etwas anderes kann nur gelten, wenn man der Auffassung ist, der Bieter müsse sich die Befreiung dadurch verdienen, dass er im Übrigen eigenen finanziellen Aufwand zur Sanierung der Zielgesellschaft betreibt. Die BaFin setzt jedenfalls voraus, dass der Antragsteller zur Sanierung der Zielgesellschaft einen Sanierungsbeitrag leistet, der zum Fortbestand der Gesellschaft beiträgt, wirtschaftlich messbar und für die Beseitigung der Krisensituation von Bedeutung ist[1052], und zwar finanzieller, bzw. geldwerter Art in einem

---

1047 *Strunk/Salomon/Holst* in Veil (Hrsg.), Übernahmerecht in Praxis und Wissenschaft, S. 37; *Lenz/Linke*, AG 2003, 361; *Klepsch/Kiesewetter*, BB 2007, 1403, 1407; *Hecker* in Baums/Thoma, WpÜG, § 37, Rn. 87; *Versteegen* Kölner Kommentar, WpÜG, § 37 Anh. § 9 AngebVO, Rn. 21.

1048 *Strunk/Salomon/Holst* in Veil (Hrsg.), Übernahmerecht in Praxis und Wissenschaft, S. 1, 38; Die Erfüllung des IDW ES 6-Standards muss nicht eingehalten werden, in jedem Fall jedoch ausreichen, vgl. hierzu *Stadler*, NZI 2010, 44, 45.

1049 *Strunk/Salomon/Holst* in Veil (Hrsg.), Übernahmerecht in Praxis und Wissenschaft, S. 1, 38.

1050 *Krause*, NJW 2004, 3681, 3686.

1051 *Krause*, NJW 2004, 3681, 3686; *Stadler*, NZI 2010, 44, 45.

1052 BaFin Jahresbericht 2005, S. 209.

hinreichend erheblichen Umfang[1053]. Als Sanierungsbeitrag denkbar ist zunächst jede Form der Eigenkapitalzuführung, etwa die Zeichnung neuer Aktien im Rahmen einer Kapitalerhöhung, aber auch die Zusage neuen Fremdkapitals oder der Verzicht auf Forderungen[1054]. Der Sanierungsbeitrag muss aber nicht zwangsläufig in der Bereitstellung von Finanzmitteln bestehen, auch Leistungen mit wirtschaftlichem Wert wie etwa der Transfer geschäftsspezifischen Know-How oder die Übertragung von Patenten oder Lizenzen sind als Sanierungsbeitrag denkbar. Ebenso kommt ein Erlass von Verbindlichkeiten gegenüber der Zielgesellschaft oder die Übernahme von Verbindlichkeiten in Betracht. Denkbar ist auch, dass neben dem Bieter selbst Dritte weitere Sanierungsbeiträge leisten. Sind die Sanierungsbeiträge Dritter für das Gelingen des Gesamtsanierungskonzepts erforderlich, wird Befreiung nur erteilt, wenn diese Hilfen auch tatsächlich erbracht werden. Das gilt auch dann, wenn mehrere Investoren zusammen die Kontrollschwelle überschreiten und nur die Summe ihrer Beiträge ein plausibles Gesamtsanierungskonzept ergibt[1055].

dd) Ermessensleitende Gesichtspunkte

Umstritten ist, welche Gesichtspunkte im Rahmen der Ermessensentscheidung der BaFin von Bedeutung sind.

Teilweise wird vertreten, im Rahmen der Ermessensausübung sei der im Rahmen der Sanierung zu leistende finanzielle Aufwand des Bieters ins Verhältnis zu setzen zu den hypothetischen Kosten eines Erwerbs durch Pflichtangebot[1056], und eine Befreiung sei nur dann zu gewähren, wenn der Sanierungsbeitrag des Bieters ebenso hoch ist wie die Kosten der Durchführung eines Pflichtangebotsverfahrens. Nur so ließe sich verhindern, dass der Bieter nicht kostengünstig unter Umgehung des Normzwecks die Kontrolle über die Zielgesellschaft erlangt[1057].

Zuzugeben ist den Vertretern dieser Ansicht, dass die Befreiung im Zusammenhang mit der Sanierung der Zielgesellschaft augenscheinlich vor allem das finanzielle Interesse des Bieters schützt, neben seinem Sanierungsbeitrag nicht noch

---

1053 *Versteegen* in Kölner Kommentar, WpÜG, § 37 Anh. § 9 AngebotsVO, Rn. 22; Entscheidung der BaFin vom 21.08.2009, veröffentlicht auf www. bafin.de unister (Bieter)/Travel24.com (Zielgesellschaft); *Klepsch* in Steinmeyer/Häger, WpÜG, § 37, Rn. 30: „wirtschaftlicher messbarer Vorteil"; BaFin Jahresbericht 2004, S. 209.

1054 *Heidel*, Aktienrecht und Kapitalmarktrecht, § 37 WpÜG, Rn. 8.

1055 BaFin Jahresbericht 2005, S. 210.

1056 *Holzborn/Friedhoff*, BKR 2001, 114, 116.

1057 *Lenz/Linke*, AG 2002, 361, 367.

zusätzlich mit der Angebotspflicht belastet zu werden[1058]. Insoweit unterscheidet sich dieser Befreiungsgrund sowohl von den abstrakten Befreiungsgründen in § 37 Abs. 1 WpÜG als auch von den in § 9 WpÜG-AngebotsVO konkretisierten Befreiungsgründen, denen entweder Konstellationen zugrunde liegen, in denen die Kontrollerlangung selbst zufällig oder zumindest nicht zielgerichtet erfolgte, oder der Bieter trotz Erreichens bzw. Überschreitens der formalen Kontrollschwelle die Kontrolle entweder nicht ausüben kann oder es ihm hierauf ersichtlich nicht ankommt. Bei der Sanierungsbefreiung liegt der Fall auf den ersten Blick anders. Wie bereits erwähnt, wird der Bieter nicht aus selbstlosen oder altruistischen Gründen Kapital zur Verfügung stellen und eine Kontrollbeteiligung an einer börsennotierten Gesellschaft erwerben, um dieser zur Hilfe zu kommen, sondern er wird handfeste eigene wirtschaftliche Ziele verfolgen. Isoliert von diesem Standpunkt aus betrachtet liegt es nahe, die Kosten der Sanierung mit den Kosten eines Angebotsverfahrens abzuwägen und als ermessensleitenden Gesichtspunkt in die Befreiungsentscheidung zumindest miteinfließen zu lassen[1059]. Gleichwohl sprechen die besseren Gründe dafür, eine derartige Abwägung nicht durchzuführen: Die maximalen Kosten eines Pflichtangebots hängen von der Beteiligungsquote des Bieters bzw. vom restlichen Freefloat der Zielgesellschaft ab, die Kosten der Sanierung bleiben hingegen stets gleich[1060]. Es fehlen insoweit taugliche Kriterien, die Relation zwischen Beteiligungshöhe, Sanierungskosten und den Kosten eines Pflichtangebotsverfahrens zu bestimmen. Hinzu kommt, dass in die Kostenabwägung auch eine Prognose einzustellen wäre, wie viele Aktionäre das Pflichtangebot annehmen würden. Zudem könnte die Angebotspflicht den Bieter auch dazu verleiten, mit Sanierungsbemühungen zuzuwarten, bis der Börsenkurs der Zielgesellschaft weiter sinkt, was den Sanierungserfolg gefährden könnte[1061].

Hinzu tritt die wirtschaftspolitische Dimension der Befreiungsvorschrift und die Überlegung, dass der Gesetz-/Verordnungsgeber offenbar davon ausgegangen ist, dass der Erhalt eines Unternehmens auch unter Berücksichtigung der Stakeholderinteressen wünschenswert und seiner drohenden Abwicklung vorzuziehen ist und daher schon die mit einem gewissen Risiko verbundene Bereitschaft des Bieters, die Zielgesellschaft zu sanieren, per se als privilegierungswürdig angesehen hat, was ebenfalls dagegen spricht, durch die Hintertür der Ermessensausübung den Befreiungsgrund durch im Verordnungstext nicht enthaltene Voraussetzungen einzuschränken. Umgehungsversuche werden

1058 *Hecker* in Baums/Thoma, WpüG, § 37 Rn. 90.

1059 *Holzborn/Friedhoff*, BKR, 114, 116; *Holzborn/Israel*, WM 2004, 309, 311.

1060 *Klepsch/Kiesewetter*, BB 2007, 1403, 1406.

1061 *Schlitt/Ries* in Münchener Kommentar, AktG, § 37 WpÜG Anh., Rn. 24.

schon dadurch erschwert, dass nach der – insoweit restriktiven – Befreiungspraxis der BaFin der Bieter einen eigenen geldwerten Sanierungsbeitrag erbringen muss, der finanziell so dimensioniert sein muss, dass er den Fortbestand der Gesellschaft nach einer Plausibilitätsprüfung wahrscheinlich erscheinen lässt und die Liquidität nachhaltig verbessert[1062].

Die Befreiung ist auch dann nicht zu versagen, wenn der Pflichtangebotspreis, von dem der Bieter verschont werden soll, finanziell im Vergleich zu den Sanierungsbemühungen nicht ins Gewicht fällt. Zwar stellt in diesem Fall die Abgabe eines Pflichtangebots keine Belastung für den Bieter dar[1063], die ihn von dem Ergreifen der Sanierungsbemühungen abgehalten hätte, gleichwohl ist zu respektieren, dass der Gesetzgeber die Bereitschaft, in Krisenunternehmen zu investieren, per se privilegieren wollte.

Aus diesem Grund sind im Rahmen der Ermessensentscheidung auch keine weiteren Überlegungen darüber anzustellen, ob den Aktionären der Zielgesellschaft eher mit einem Pflichtangebot oder eher mit der Sanierung der Zielgesellschaft gedient ist[1064]. Vielmehr ist bei Vorliegen der tatbestandlichen Voraussetzungen davon auszugehen, dass die Sanierungsmaßnahmen des Bieters dem Interesse der Aktionäre der Zielgesellschaft entsprechen[1065].

ee) Entscheidung der BaFin

Nach der Sanierung der Zielgesellschaft lebt die Angebotspflicht nicht wieder auf[1066], unabhängig davon, dass der Bieter eine dahingehende Bedingung oder einen entsprechenden Widerrufsvorbehalt nicht akzeptieren würde[1067], wäre dies auch als ermessensfehlerhaft einzustufen. Zulässig und sachgerecht ist es

---

1062 *Schlitt/Ries* in Münchener Kommentar, Anh. zu § 37 WpÜG., Rn. 24; *Versteegen* in Kölner Kommentar, WpÜG, § 37 Anh. § 9 AngebotsVO; *Krause/Pötzsch* in Assman/Pötzsch/Schneider, WpÜG, § 9 AngebotsVO, Rn. 31.

1063 *Versteegen* in Kölner Kommentar, WpÜG, § 37 Anh. § 9 AngebotsVO, Rn. 24.

1064 *Hecker* in Baums/Thoma, WpüG, § 37, Rn. 91.

1065 *Klepsch/Kiesewetter*, BB 2007, 1403, 1407; Ähnlich: *Holzborn/Israel*, WM 2004, 309, 311: Vorliegen der restriktiven Tatbestandvoraussetzungen ist Indiz für ein Überwiegen der Interessen an einer Befreiung.

1066 *Versteegen* in Kölner Kommentar, WpÜG, § 37 Anh. § 9, Rn. 15; *Krause/Pötzsch/Seiler* in Assmann/Pötzsch/Schneider, WpÜG, § 9 WpÜG-AngVO, Rn. 43; *Hecker* in Baums/Thoma, WpÜG, § 37, Rn. 92; *Schlitt/Ries* in Münchener Kommentar, AktG, Anh. zu § 37, Rn. 28; *Klepsch* in Steinmeyer/Häger, WpÜG, § 37, Rn. 30;. a.A. wohl *Holzborn/Friedhoff*, BKR 2001, 114, 116 (automatisches Entfallen der Befreiung mit Wegfall der Befreiungsgründe).

1067 *Versteegen* in Kölner Kommentar, WpÜG, § 37 Anh. § 9 AngebVO, Rn. 25.

hingegen, die Befreiung nur unter dem Vorbehalt des Widerrufs im Sinne des § 36 Abs. 2 Nr. 3 VwVfG für den Fall zu erteilen, dass das vorgelegte Sanierungskonzept nicht binnen bestimmter Frist umgesetzt wird[1068]. Flankiert wird dieser Widerrufsvorbehalt durch die Auflage (§ 36 Abs. 2 Nr. 4 VwVfG) die Umsetzung durch geeignete Unterlagen nachzuweisen[1069].

ff) Sonderfall: Sanierungstreuhand

i) Rechtliche Gestaltung

In der Restrukturierungspraxis gewinnen sogenannte Sanierungstreuhandschaften auch an börsennotierten Aktienpaketen zunehmend an Bedeutung[1070]. Im Rahmen der Sanierungstreuhand wird die Beteiligung an einem in die Krise geratenen Unternehmen eines Altaktionärs an einen Treuhänder dinglich übertragen, der Vollrechtsinhaber wird. Die Altaktionäre sind nämlich häufig nicht willens oder in der Lage, der Gesellschaft Eigenkapital zuzuführen und die finanzierenden Banken, die zwar durch ein Pfandrecht an den zur Treuhand übertragenen Aktien gesichert sein mögen, sind an einer Verwertung der Anteile durch öffentliche Auktion regelmäßig ebenfalls nicht interessiert[1071]. Im Unterschied zur bloßen Sicherungstreuhand erfolgt die Übertragung der Anteile nicht nur zu Sicherungszwecken, dem Sanierungstreuhänder wird vielmehr die Sanierung der Gesellschaft aufgegeben[1072]. Charakteristisch ist die bilaterale[1073], d.h. doppelnützige Ausgestaltung des Treuhandvertrages. Der (fremdnützige) Treuhänder hält die Gesellschaftsanteile sowohl für den Altaktionär und Schuldner, als auch für die Kreditgeber – in der Regel Banken bzw. Bankenkonsortien[1074], die zwar nicht Partei des Treuhandvertrages sind, aber zumindest aus diesem unmittelbar berechtigt werden[1075]. Der Sanierungstreuhänder ist berechtigt, eigene unternehmerische Initiative zu ergreifen, je nach Ausgestaltung des Treuhandvertrages ist es auch üblich, dass der Treuhänder die Stimmrechte nach eigener Verantwortung ausüben kann und insoweit keinen Weisungen der Kreditgeber oder

1068 *Klepsch/Kiesewetter*, BB 2007, 1403, 1407; ähnlich: *Stumpf/Schoppmann* in Forum Mergers & Acquisitions 2011, S. 61.

1069 *Klepsch/Kiesewetter*, BB 2007, 1403, 1407.

1070 *Stadler*, NZI 2009, S. 878.

1071 *Buth/Hermanns*, Restrukturierung, Sanierung, Insolvenz; § 4, Rn. 102a; zu den Nachteilen im Einzelnen Rn. 63; *Buth/Hermanns* stufen vor allem die Berichterstattung über eine Auktion der Anteile als kreditgefährdend ein.

1072 *Stadler*, NZI 2009, 878.

1073 *Buth/Hermanns*, Restrukturierung, Sanierung, Insolvenz, § 4, Rn. 102.

1074 Zur Zulässigkeit der doppelnützigen Treuhand vgl. BGH, Urt. v. 12.10.1989, Az. IX ZR 184/88 = BGHZ 109, 47 = NJW 1990, 45; *Bork*, NZI 1999, 337.

1075 *Stadler*, NZI 2009, 878, 879 (echter Vertrag zugunsten Dritter).

Altaktionäre unterliegt. In der Regel sieht der Treuhandvertrag auch vor, dass die Kreditgeber nur wirtschaftlich bzw. finanziell begünstigt werden und im Übrigen keinerlei unternehmerischen Einfluss auf die von der dem Treuhänder gehaltene Beteiligung ausüben. Möglich ist auch die Vereinbarung eines Zwei-Stufen-Konzepts, nach dem der Treuhänder die Stimmrechte zunächst nach Weisung ausübt und erst bei Eintritt gewisser Bedingungen eigenverantwortlich zur Ausübung der Stimmrechte berechtigt sein soll.

ii) Stimmrechtszurechnung

Die Vereinbarung einer Sanierungstreuhand kann dazu führen, dass der Treuhänder als Eigentümer der ihm übertragenen Beteiligung die Kontrollschwelle des § 29 Abs. 2 WpÜG überschreitet und damit die Pflichten des § 35 Abs. 1 und 2 WpÜG auslöst. Eine Zurechnung der vom Treuhänder gehaltenen Stimmrechte auf den Treugeber erfolgt aufgrund des Sicherungscharakters der Treuhand gemäß § 30 Abs. 1 Nr. 3 WpÜG, wenn und soweit der Treuhänder die Stimmrechte nur nach Weisung des Treugebers ausübt. Steht dem Treugeber jedoch kein Weisungsrecht in Bezug auf die Stimmrechtsausübung (mehr) zu, kommt nur noch eine Zurechnung der Stimmrechte gemäß § 30 Abs. 1 S. 1 Nr. 2 WpÜG in Betracht. Hierzu müsste der Treuhänder die Aktien „für Rechnung des Treugebers“ halten, was nach herrschender Meinung aber ebenfalls voraussetzt, dass der Bieter die Möglichkeit hat, auf die Stimmrechtsausübung Einfluss zu nehmen[1076], was nach dem üblichen Inhalt des Treuhandvertrages im Falle der doppelnützigen Sanierungstreuhand gerade nicht der Fall ist. Eine Stimmrechtszurechnung zum Treugeber erfolgt daher nicht[1077]. Im Einzelnen kann der Streit jedoch dahinstehen, da auch im Falle der Zurechnung an den Treugeber eine Absorption der Stimmrechte beim Treuhänder nicht erfolgt[1078], der daher in jedem Fall zum Pflichtangebot verpflichtet bleibt[1079].

1076 *Versteegen* in Kölner Kommentar, WpÜG, § 30, Rn. 98; *Diekmann* in Baums/Thoma, WpÜG, § 30, Rn. 32; *Steinmeyer* in Steinmeyer/Häger, WpÜG, § 30, Rn. 11; *Oechsler* in Ehricke/Ekkenga/Oechsler, WpÜG, § 30, Rn. 5; *Schneider* in Assmann/Pötzsch/Schneider, WpÜG, § 30, Rn. 55; *von Bülow/Petersen*, NZG 2009, 1373, 1374.

1077 *Versteegen* in Kölner Kommentar, WpÜG, § 30, Rn. 102; a.A. *Stadler*, NZI 2009, 878, 880.

1078 Unstr. vgl. nur *Versteegen* in Kölner Kommentar, WpÜG, § 30, Rn. 100; *Diekmann* in Baums/Thoma, WpÜG, § 30, Rn. 1; *Noack* in Schwark/Zimmer, Kapitalmarktrechtskommentar, § 30 WpÜG, Rn. 27.

1079 Relevant wird der Streit jedoch, wenn der Treuhänder die Beteiligung dem Treugeber zurückgewährt, etwa weil eine Verwertung der Beteiligung nicht erforderlich wurde oder eine Umfinanzierung gelang. Vgl. hierzu *Stadler*, NZI 2009, 878. In der

iii) Befreiung des Treuhänders gemäß § 9 S. 1 Nr. 3 WpÜG – AngebotsVO?
Eine Befreiung des Treuhänders unter Berufung auf § 9 Satz 1 Nr. 3 WpÜG – AngebotsVO erscheint jedenfalls dann zweifelhaft, wenn man mit der BaFin und der herrschenden Meinung für eine Befreiung im Zusammenhang mit der Sanierung der Zielgesellschaft fordert, dass der Bieter einen eigenen finanziellen Sanierungsbeitrag leisten muss[1080]. Der Sanierungsbeitrag des Treuhänders beschränkt sich vielmehr auf das Halten und Verwalten der Stimmrechte aus den Aktien, in der Überwachung der Sanierung und gegebenenfalls eine damit einhergehenden Verwertung[1081] bzw. Durchführung der Sanierung der Zielgesellschaft nach eigenem Ermessen. Der Sanierungstreuhänder wird zwar in der Regel die Expertise eines Restrukturierungsfachmanns mitbringen[1082] und auch gewisse haftungsrechtliche Risiken eingehen. Einen eigenen finanziellen Beitrag wird er jedoch in der Regel nicht leisten, weshalb eine Befreiung gemäß § 9 S. 1 Nr. 3 WpÜG – AngebotsVO auch dann nicht in Betracht kommt, wenn Dritte – etwa die finanzierenden Banken – die Bereitstellung weiteren Kapitals, etwa in Form von Sanierungsdarlehen, von der Etablierung einer Treuhand abhängig gemacht haben[1083].

iv) Befreiung des Treuhänders gemäß § 9 S. 1 Nr. 4 WpÜG- AngebotsVO?
Lehnt man eine Befreiung des Sanierungstreuhänders im Hinblick auf die Sanierung der Zielgesellschaft wegen Fehlens eines eigenen Sanierungsbeitrages ab, kommt noch die Befreiung gem. § 9 Satz 1 Nr. 4 WpÜG – AngebotsVO in Betracht. Dem Sanierungstreuhänder werden in der Regel die Anteile auch zur Sicherung zu Gunsten der Finanzierer/Kreditgeber übertragen, allerdings sind dem Sanierungstreuhänder über diese Sicherungsfunktion hinaus weitergehende Rechte eingeräumt. Hinzu kommt, dass in aller Regel der Erwerb der Anteile von den Altaktionären, nicht jedoch von der gesicherten Bank erfolgt. Diesen ist vielmehr in der Regel ein Pfandrecht an den Gesellschaftsanteilen eingeräumt. Gleichwohl bleibt der Treugeber auf jeden Fall an die Vereinbarung im

---

Praxis ist zudem tunlichst zu vermeiden, dass es zu einer Stimmrechtszurechnung an die finanzierenden Banken kommt.

1080 Finanzielle Sanierungsbeiträge werden allenfalls die finanzierenden Banken erbringen: Denkbar ist etwa die Gewährung von Sanierungsdarlehen, Teilverzichte oder Tilgungsstreckungen, Vgl. *Stadler*, NZI 2010, 44, 46.

1081 *Stadler*, NZI 2010, 44, 46.

1082 *Laier*, GWR 2010, 184.

1083 A.A. *Stadler*, NZI 2010, 44, 46, der es für ausreichend erachtet, dass überhaupt Sanierungsbeiträge – auch von dritter Seite – erbracht werden.

Treuhandvertrag gebunden und hat fremde Interessen zu verfolgen, nämlich die des Treugebers bzw. der finanzierenden Banken. Im Ergebnis wird die Befreiung nach § 9 Satz 1 Nr. 4 WpÜG WpÜG – AngebotsVO jedenfalls dann möglich sein, wenn die Treuhand auch Sicherungscharakter hat[1084].

v) Verwaltungspraxis der BaFin

Nach der Verwaltungspraxis der BaFin wird dem Treuhänder regelmäßig Befreiung von den Pflichten des § 35 Abs. 1 und 2 WpÜG aufgrund des mit der Kontrollerlangung verfolgten Zieles erteilt, wobei auch auf den Rechtsgedanken des § 9 S. 1 Nr. 4 WpÜG-AngebotsVO rekurriert wird. Ist der Treuhänder im Hinblick auf die Ausübung von Rechten aus den übertragenen Wertpapieren an Weisungen des Treugebers gebunden und zur Rückübertragung der Anteile an die Treugeber verpflichtet, verfolgt der Treuhänder keine eigenen geschäftspolitischen Ziele bei der Zielgesellschaft, sondern nur Sicherungsinteressen unter Berücksichtigung des Sicherungszweck und der Sicherungsabrede[1085]. Zur Sicherung des Befreiungszwecks wird die Befreiung unter dem Vorbehalt erteilt, dass Stimmrechte entgegen oder ohne Weisung der Treugeber ausgeübt werden[1086].

Eine Befreiung im Hinblick auf die mit der Kontrollerlangung verfolgte Zielsetzung kommt jedoch auch in Betracht, wenn der Treuhänder mit der Verwertung der Anteile der Zielgesellschaft zugunsten der Gläubiger des Treugebers beauftragt und im Treuhandvertrag geregelt ist, dass der Treuhänder die Stimmrechte aus den treuhänderisch gehaltenen Aktien frei ausüben darf, ohne an Weisungen gebunden zu sein[1087]. Auch in diesen Fällen will die BaFin dem Rechtsgedanken des § 9 S. 1 Nr. 4 WpÜG-AngebotsVO Rechnung tragen und erteilt die Befreiung – unter dem Vorbehalt des Widerrufs für den Fall, dass 30% oder mehr der Stimmrechte ausgeübt werden oder der Treuhänder die unternehmerische Ausrichtung der Zielgesellschaft dauernd und erheblich ändert[1088]

1084 *Stadler*, NZI 2010, 44, 46 sieht in diesem Fall die Treuhandschaft als Fortsetzung eines Pfandrechts an den Aktien zu Gunsten der Finanzierer, die lediglich „angereichert“ ist um die Sanierungsfunktion zur Steigerung der Werthaltigkeit des Treuguts.

1085 Vgl. die Befreiung der Phoenix Erste Treuhand GmbH von der Pflicht zur Unterbreitung eines Angebotes an die Aktionäre der F. Reichelt AG, BaFin-Jahresbericht 2009, S. 206.

1086 Vgl. BaFin-Jahresbericht 2009, S. 206. (Reichelt AG)

1087 Befreiung der BÖWE SYSTEC Treuhand GmbH & Co. KG von der Pflicht, den Aktionären der BÖWE SYSTEC AG ein Pflichtangebot zu unterbreiten; BaFin-Jahresbericht 2009, S. 207.

1088 BaFin-Jahresbericht 2009, S. 208.

– wegen der mit dem Kontrollerwerb verbundenen Zielsetzung des Bieters, nämlich der Absicht, die Anteile an der Zielgesellschaft zu verwerten[1089]. Zudem ist ein Widerruf möglich, wenn die Verwertung der Anteile nicht bis zu einem bestimmten Stichtag erfolgt[1090]. Diese Verwaltungspraxis ist ein weiteres Beispiel dafür, dass die BaFin die Befreiungstatbestände flexibel handhabt und durch geeignete Nebenbestimmungen sachgerechte Ergebnisse erzielt.

e) § 9 S. 1 Nr. 4 WpÜG – AngebotsVO: Forderungssicherung

Befreiung von der Angebotspflicht kann ferner erteilt werden bei Erlangung der Kontrolle über die Zielgesellschaft zum Zwecke der Forderungssicherung. Es handelt sich um eine Konkretisierung von § 37 Abs. 1 Alt. 2 WpÜG.

Möglich ist eine Kontrollerlangung des Sicherungsnehmers zum einen bei der Vollrechtsübertragung des Eigentums an Aktien[1091], die Stimmrechte an der Zielgesellschaft begründen, zum anderen durch die Abtretung von Rechten, die beim Sicherungsgeber zu einer Zurechnung von Stimmrechten führen[1092]. Anders als der Wortlaut des Befreiungstatbestands („Zum Zwecke der Forderungssicherung") suggeriert, ist es nicht erforderlich, dass es dem Kontrollerwerber gerade darauf ankam, die Kontrolle zu erwerben, um das weitere Ziel der Forderungssicherung zu erreichen[1093]. Nach den Vorstellungen des Gesetzgebers sollte die Finanzierung von Unternehmen erleichtert werden[1094]. In der Sache ist eine Befreiung von der Angebotspflicht jedoch bereits deshalb geboten, da jedenfalls bei typischer Gestaltung des Sicherungsvertrages der Einfluss aus den Stimmrechten der übereigneten Aktien beim Sicherungsgeber verbleibt[1095] und daher im wirtschaftlichen Sinne ein Kontrollwechsel nicht vorliegt[1096]. Zudem ist die Übertragung zu Sicherungszwecken in der Regel zeitlich begrenzt. Jedenfalls

---

1089 BaFin-Jahresbericht 2009, S. 208.

1090 BaFin-Jahresbericht 2009, S. 208. Denkbar ist zudem, dem Bieter im Wege der Auflage eine Mitteilungspflichten über die Verwertung oder Rückübertragung der Aktien gegenüber der BaFin aufzuerlegen.

1091 *Versteegen* in Kölner Kommentar, WpÜG, Anh. § 37, § 9 AngebVO, Rn. 26 (typischer Anwendungsfall: Sicherungsübereignung).

1092 *Hecker* in Baums/Thoma, WpÜG, § 37, Rn. 93.

1093 *Hecker* in Baums/Thoma, WpÜG, § 37, Rn. 37.

1094 Begr. RegE, BT-Drucks. 14/7034, S. 81.

1095 *Klepsch* in Steinmeyer/Häger, WpÜG, § 37, Rn. 31.

1096 *Versteegen* in Kölner Kommentar, WpÜG, Anh. § 37 § 9 AngebVO, Rn. 26; *Krause/Pötzsch* in Assmann/Pötzsch/Schneider, WpÜG, § 9 AngebVO, Rn. 39; *Bernau*, WM 2004, 809, 814.

solange der Sicherungsfall nicht eingetreten ist, wird der Sicherungsnehmer außerdem keinen unternehmerischen Einfluss auf die Zielgesellschaft nehmen.

aa) Verpfändung von Aktien kein Anwendungsfall des § 9 S. 1 Nr. 4 WpÜG – AngebotsVO

Die Materialien nennen als Anwendungsfall des § 9 Satz 1 Nr. 4 WpÜG – AngebotsVO ferner die Verpfändung von Wertpapieren der Zielgesellschaft[1097]. Da die Verpfändung von Aktien aber typischerweise dem Sicherungsnehmer gerade nicht das Recht einräumt, die Stimmrechte an den Aktien auszuüben oder dem Sicherungsnehmer entsprechende Weisungen zu erteilen, kommt es in diesem Fall überhaupt nicht zu einer Zurechnung der Stimmrechte an den Sicherungsnehmer – eine Vollrechtsübertragung findet ohnehin nicht statt –, weswegen der Sicherungsnehmer in diesem Fall schon keine Kontrolle erwirbt und es folglich auch keiner Befreiungsverfügung bedarf[1098]. Eine Stimmrechtszurechnung nach § 30 Abs. 1 Nr. Nr. 3 WpÜG kommt daher allenfalls in Betracht, wenn der Pfandgläubiger auch zur Stimmrechtsausübung bevollmächtigt wurde und die Absicht bekundet hat, das Stimmrecht aus den verpfändeten Aktien weisungsfrei auszuüben[1099].

bb) Entscheidung der BaFin

Auch nach Eintritt des Sicherungsfalls wird der Sicherungsnehmer allenfalls ein Interesse daran haben, die zur Sicherheit übereigneten Aktien oder Rechte, die Stimmrechte an Aktien vermitteln, schnellstmöglich zu verwerten. Aus diesem Grund erscheint es auch nicht sachgerecht, eine auf § 9 Satz 1 Nr. 4 WpÜG – AngebotsVO gestützte Befreiungsentscheidung stets mit der auflösenden Bedingung zu versehen, dass der Sicherungsfall nicht eintritt[1100].

Zweckmäßig ist es allerdings, dem Sicherungsnehmer zur Auflage zu machen, dass er bei Eintritt des Sicherungsfalls, den er mitzuteilen verpflichtet ist, die Aktien innerhalb einer bestimmten Frist durch Veräußerung verwertet oder zumindest seinen Stimmrechtsanteil auf 30 % minus einer Aktie absenkt[1101].

1097 Begr. RegE, BT-Drucks. 14/7034, S. 81.

1098 *Versteegen* in Kölner Kommentar, WpÜG, § 37 Anh. § 9 AngebotsVO, Rn. 28; *Heuber*, Befreiung vom Pflichtangebot, S. 186; *Klepsch* in Steinmeyer/Häger, WpÜG, § 37, Rn. 32; *Ekkenga* in Ehricke/Ekkenga/Oechsler, WpÜG, § 37, Rn. 25.

1099 *von Bülow* in Kölner Kommentar, WpÜG, § 30, Rn. 154.

1100 So aber *Heuber*, Befreiung vom Pflichtangebot, S. 185; wie hier: *Versteegen* in Kölner Kommentar, WpÜG, § 37 Anh. § 9 AngebotsVO, Rn. 28.

1101 *Hecker* in Baums/Thoma, WpÜG, § 37, Rn. 94.

f) Squeeze-out

Umstritten ist weiter, unter welchen Voraussetzungen ein Bieter, dem 95 % des Grundkapitals der Zielgesellschaft gehören und der beabsichtigt, einen aktienrechtlichen Squeeze-out gemäß §§ 327 a ff AktG durchzuführen, Befreiung von der Pflicht zur Abgabe eines Pflichtangebots erteilt werden kann. Unklar ist bereits, welche Variante des § 37 Abs. 1 WpÜG einschlägig sein soll. Teilweise wird auf die besondere Art der Kontrollerlangung abgestellt[1102], andere stellen auf die mit der Kontrollerlangung beabsichtigte Zielsetzung ab[1103]. Teilweise wird auch gar kein Tatbestand in § 37 für einschlägig gehalten[1104]. In der vom Bieter beabsichtigten Übernahme sämtlicher Aktien der Zielgesellschaft unterscheidet sich der Fall vom Regelfall des Kontrollerwerbs[1105], weshalb vieles dafür spricht, auf die mit der Kontrollerlangung verbundene Zielsetzung abzustellen. Das Anstreben einer besonders hohen Beteiligung allein würde den Kontrollerwerb hingegen noch nicht in ausreichendem Maße vom Normalfall des Kontrollerwerbs unterscheiden.

aa) Verhältnis des Aktienrechts zum Übernahmerecht, Unterschiede im Verfahren

Grundsätzlich gilt, dass das Aktienrecht und das Übernahmerecht als Teil des Kapitalmarktrechts unterschiedliche Regelungszwecke verfolgen[1106], weshalb es sich bei dem aktienrechtlichen Squeeze-out[1107] und dem Pflichtangebot um nebeneinander bestehende Rechtsinstitute handelt[1108]. Der Bieter ist daher gesetzlich auch dann zu einem Pflichtangebot verpflichtet, wenn die von ihm erworbene

1102 *Schlitt/Ries* in Münchener Kommentar, AktG, § 37 WpÜG, Rn. 24: fehlendes Schutzbedürfnis der Aktionäre begründet besondere Art der Kontrollerlangung.

1103 *Hecker* in Baums/Thoma, WpÜG, § 37, Rn. 41; *Bernau*, WM 2004, 809; *Kiesewetter*, ZIP 2003, 1638.

1104 *Versteegen* in Kölner Kommentar, WpÜG, § 37, Rn. 65, der gleichwohl für eine Befreiung des Bieters bei beabsichtigtem aktienrechtlichen Squeeze-out eintritt.

1105 *Hecker* in Baums/Thoma, WpÜG, § 37, Rn. 42.

1106 *Strunk/Salomon/Holst* in Veil (Hrsg.), Übernahmerecht in Praxis und Wissenschaft, S.1, 33.

1107 Der übernahmerechtliche Squeeze-out gemäß §§ 39a, 39b WpÜG regelt hingegen den Ausschluss von Minderheitsaktionären nach Durchführung eines Übernahme- oder Pflichtangebots. Vgl. zu den Implikationen der Schaffung eines übernahmerechtlichen Squeeze-out-Verfahrens auf das Nebeneinander von Aktien- und Pflichtangebotsrecht: *Heuber*, Befreiung vom Pflichtangebot, S. 206f.

1108 *Heuber*, Befreiung vom Pflichtangebot, S. 207.

Kontrollbeteiligung 95 % des Grundkapitals der Zielgesellschaft darstellt und die Durchführung eines Squeeze-out nach § 327a AktG beabsichtigt wird[1109].

bb) Rechtslage in Österreich

Der österreichische Gesetzgeber hat im Zuge der umfassenden Revision der Befreiungsmöglichkeiten im österreichischen Übernahmegesetz im Jahr 2006 in § 25 Abs. 1 Ziff. 6 ÜbG eine Bestimmung aufgenommen, wonach keine Angebotspflicht, sondern lediglich eine Anzeigepflicht besteht, wenn der Bieter innerhalb von fünf Monaten ab Erlangen der kontrollierenden Beteiligung die übrigen Aktionäre im Wege des Squeeze-Out[1110] aus der Gesellschaft ausschließt, wenn die Abfindung nicht niedriger ist als der nach § 26 ÜbG zu bietende Angebotspreis und dem höchsten Preis entspricht, der bis zur Eintragung dieses Beschlusses in das Firmenbuch vom Bieter für die entsprechenden Aktien bezahlt oder vereinbart wurde. Parallelerwerbe sind daher zulässig, aber preisrelevant[1111]. Der Gesetzgeber nahm mit dieser Ziffer eine bereits zuvor von der Übernahmekommission entwickelte Ausnahme von der Angebotspflicht[1112] in das ÜbG auf[1113] und wollte in den Fällen eines beabsichtigten Squeeze-out eine Verfahrensvereinfachung unter Beachtung der Gleichbehandlung der Aktionäre und der Mindestpreisregeln für das Pflichtangebot herbeiführen[1114].

cc) Vergleich des Minderheitenschutzes

Eine Befreiung aufgrund eines beabsichtigten aktienrechtlichen Squeeze-out liegt nahe, wenn die Minderheitsaktionäre hierdurch nicht schlechter gestellt werden als bei Durchführung eines Pflichtangebots. Zu Untersuchen ist daher zunächst, ob bei Durchführung eines aktienrechtlichen Squeeze-out für die Minderheitsaktionäre das gleiche Schutzniveau wie bei der Durchführung eines

---

1109 A.A: *Wiesbrock*, DB 2003, 2584, der die übernahmerechtliche Angebotspflicht sogar hinter die aktienrechtlichen Squeeze-out-Vorschriften zurücktreten lassen will.

1110 Erfasst ist sowohl der Squeeze-out nach dem Gesellschafter-Ausschluss-Gesetz (GesAusG) als auch nach dem Umwandlungsgesetz; vgl. zum Anwendungsbereich der Norm: *Diregger/Kalss/Winner* in Münchener Kommentar, AktG, Österreichisches Übernahmerecht, Rn. 274.

1111 *Huber*, ÜbG, § 25, Rn. 86.

1112 ÜbK vom 06.08.2002, GZ 2002/3/3-63; ÜbK vom 09.08.2005, GZ 2005/2/3-11 (zum Sonderfall der Spaltung).

1113 *Huber*, ÜbG, § 25, Rn. 79; *Diregger/Kalss/Winner* in Münchener Kommentar, AktG, Österreichisches Übernahmerecht, Rn. 273.

1114 *Diregger/Kalss/Winner* in Münchener Kommentar, AktG, Österreichisches Übernahmerecht, Rn. 273.

Pflichtangebots erreicht wird. Sollte das aktienrechtliche Squeeze-out-Verfahren insoweit einen gleichwertigen Ersatz für das Pflichtangebotsverfahren darstellen, wäre unter diesem Gesichtspunkt das Schutzbedürfnis der Minderheitsaktionäre herabgesetzt, ein Umstand, der in der Interessenabwägung zugunsten des Bieters zu berücksichtigen wäre.

Die Verfahren unterscheiden sich zunächst in der Methode der Preisfindung der den Aktionären zu bietenden angemessenen Gegenleistung, die im Falle des aktienrechtlichen Squeeze-out zwingend aufgrund einer Unternehmensbewertung zu erfolgen hat[1115], was im Pflichtangebotsrecht nur bei Illiquidität der Aktien der Zielgesellschaft der Fall ist, § 5 Abs. 4 WpÜG – AngebotsVO. Parallel- oder Nacherwerbe bleiben bei Ermittlung der angemessenen Barabfindung im Rahmen des aktienrechtlichen Squeeze-out unberücksichtigt. Eine Umgehung der Preisvorschriften des Pflichtangebotsverfahrens könnte allerdings verhindert werden, indem dem Bieter in der Befreiungsentscheidung zur Auflage gemacht wird, im Zuge des aktienrechtlichen Squeeze-out-Verfahrens mindestens die Gegenleistung anzubieten, die im Falle eines hypothetischen Pflichtangebotes zu zahlen wäre[1116].

Im aktienrechtlichen Squeeze-out-Verfahren ist gemäß § 327b Abs. 3 AktG eine Gewährleistung eines Kreditinstituts vorzulegen, die den Minderheitsaktionären einen eigenen unmittelbaren Anspruch gegen das Kreditinstitut einräumt[1117] und diese gegenüber der Finanzierungsbestätigung, die gemäß § 13 Abs. 1 S. 2 WpÜG bei Durchführung des Pflichtangebotverfahrens beizubringen ist, besser stellt[1118].

Zu berücksichtigen ist auch, dass die Aktionäre bei Durchführung eines Squeeze-out die Gegenleistung erst zu einem späteren Zeitpunkt erhalten[1119], da das Pflichtangebotsverfahren insgesamt zügiger durchgeführt wird. Zieht man eine Befreiung des Bieters in Betracht, müssten den Aktionären die hierdurch

---

1115 Die Angemessenheit der Barabfindung wird gemäß § 327 c Abs. 2 S. 2 AktG von sachverständigen Prüfern überprüft: Bei börsennotierten Gesellschaften wird der Börsenwert der Gesellschaft im Zeitpunkt der Beschlussfassung der Hauptversammlung die Untergrenze der anzubietenden Gegenleistung darstellen, vgl. dazu BVerfGE 100, 289, 309 f (DAT/Altana); zu den Bewertungsmethoden vgl. auch *Singhof* in Spindler/Stilz, AktG, § 327 b, Rn. 4f. m.w.N.

1116 *Kiesewetter*, ZIP 2003, 1638, 1640; *Versteegen* in Kölner Kommentar, WpÜG, § 37 Rn. 66.

1117 *Singhof* in Spindler/Stilz, AktG, § 327b, Rn. 10.

1118 *Kiesewetter*, ZIP 2003, 1638, 1640.

1119 *Hecker* in Baums/Thoma, WpÜG, § 37 Rn. 43.

entstehenden Zinsnachteile ausgeglichen werden[1120]. Eine finanzielle Benachteiligung der Minderheitsaktionäre bei Durchführung des Squeeze-out könnte daher durch geeignete Nebenbestimmungen vermieden werden.

Unterschiede bestehen auch im Verfahren und in Bezug auf die Rechtsschutzmöglichkeiten. Das Pflichtangebotsverfahren zeichnet sich durch die Amtsverfahrensführung durch die BaFin aus[1121], die die Einhaltung der Verfahrensvorschriften ebenso überwacht wie sie die Angebotsunterlage und die Angemessenheit der Gegenleistung überprüft. Hingegen kann der im Wege des aktienrechtlichen Squeeze-out ausgeschlossene Aktionär die Angemessenheit der Barabfindung im Nachhinein durch die Einleitung eines aktienrechtlichen Spruchverfahrens überprüfen lassen, § 327f AktG, im Pflichtangebotsverfahren kann der Aktionär nach geltendem Recht hingegen keinen gerichtlichen Rechtsschutz erlangen. Ob die Möglichkeit, ein aktienrechtliches Spruchverfahren einzuleiten, der Verfahrensführung und Überprüfung der Gegenleistung durch eine unabhängige Behörde tatsächlich überlegen ist, darf jedoch bezweifelt werden[1122].

Die Gegenüberstellung der Verfahren zeigt, dass aus Aktionärssicht beide Verfahren Vor- und Nachteile haben. Dass das Pflichtangebotsverfahren dem Squeeze-out-Verfahren in jeder Hinsicht überlegen ist, lässt sich jedenfalls nicht sagen. Im Ergebnis lässt sich das Schutzniveau beider Verfahren jedenfalls durch geeignete Nebenbestimmungen in der Befreiungsverfügung angleichen. Zum Schutze der Minderheitsaktionäre ist daher sicher zu stellen, dass der Bieter ein Squeeze-out-Verfahren auch tatsächlich durchführt, was durch eine Verbindung der Befreiungsentscheidung mit einer auflösenden Bedingung geschehen kann, ebenso ist dem Bieter eine Frist zur Durchführung des Squeeze-out-Verfahrens zu setzen[1123]. Schließlich ist dem Bieter aufzugeben, den Minderheitsaktionären den Zinsnachteil zu erstatten, der dadurch eintritt, dass das

---

1120 *Hecker* in Baums/Thoma, WpÜG, § 37 Rn, 43 (auflösende Bedingung); *Bredow/Liebscher*, DB 2003, 1368, 1370 (Auflagen).

1121 *Heuber*, Befreiung vom Pflichtangebot, S. 205.

1122 *Heuber*, Befreiung vom Pflichtangebot, S. 204; a.A.: *Kiesewetter*, ZIP 2003, 1638, 1641, der es gerade als Vorteil des Aktionärs ansieht, im Falle eines aktienrechtlichen Squeeze-out die Angemessenheit der Barabfindung in einem Spruchverfahren überprüfen zu können. Ähnlich: *Hasselbach* in Kölner Kommentar, WpÜG, § 327a AktG, Rn. 95.

1123 Das österreichische Recht sieht in § 25 Abs. 6 ÜbG eine Frist von 5 Monaten ab Kontrollerlangung vor, in der der Squeeze-out einschließlich der Zahlung der Barabfindung an die Ausgeschlossenen vollständig abgewickelt werden muss.

Squeeze-Out-Verfahren zu einem späteren Zeitpunkt durchgeführt wird[1124]. Schließlich ist sicher zu stellen, dass den Aktionären bei Durchführung des aktienrechtlichen Squeeze-out-Verfahrens eine angemessene Barabfindung, zumindest aber der Preis gezahlt wird, der im Falle eines Pflichtangebots die hypothetische Gegenleistung dargestellt hätte[1125]. Hierin liegt auch kein Eingriff der BaFin in das aktienrechtliche Squeeze-out-Verfahren, denn es bleibt dem Bieter unbenommen, eine andere Barabfindung anzubieten oder auf die Durchführung des Squeeze-out-Verfahrens zu verzichten. In diesem Fall ist der Bieter doch zur Abgabe eines Pflichtangebots verpflichtet[1126].

dd) Interessenlage der Beteiligten

Da sich die Schutzstandards beider Verfahren durch Nebenbestimmungen angleichen lassen, erscheint eine Befreiung geboten, wenn nicht die Interessen der an der Übernahme Beteiligten einer Befreiung entgegenstehen.

i) Bieterinteressen

Das Interesse des Bieters, im Falle der beabsichtigten Durchführung eines aktienrechtlichen Squeeze-Out von der Angebotspflicht befreit zu werden, liegt auf der Hand: Da sein Ziel, sämtliche Aktien einer Zielgesellschaft zu erwerben, sicher nur durch einen Squeeze-out erreicht werden kann, liegt in der vorherigen Durchführung eines Pflichtangebotverfahrens eine zeitaufwendige Verdoppelung der Verfahren, die den Bieter mit erneuten Kosten belastet.

ii) Aktionärsinteressen

Führt der Bieter zum Kontrollerwerb einen aktienrechtlichen Squeeze-out durch, erhält der Aktionär eine angemessene Barabfindung für sein Ausscheiden aus der Gesellschaft, der Zweck des Pflichtangebots, den Minderheitsaktionären im Falle des Kontrollwechsels den Ausstieg aus der Gesellschaft zu ermöglichen, hat sich daher spätestens zu diesem Zeitpunkt erledigt[1127]. Die Unterschiede im Verfahren sind für die Minderheitsaktionäre auch nicht mit wesentlichen Nachteilen verbunden. Gemäß § 3 Abs. 2 WpÜG soll den Inhabern von Wertpapieren genügend Zeit und ausreichende Informationen zur Verfügung stehen, um in Kenntnis der Sachlage über das Angebot entscheiden zu können. Dieser Zweck ist bei Durchführung eines aktienrechtlichen Squeeze-Out nicht relevant, da in

---

1124 *Hecker* in Baums/Thoma, WpÜG, § 37, Rn. 43.

1125 *Bredow/Liebscher*, DB 2003, 1368; *Kiesewetter*, ZIP 2003, 1638.

1126 *Hecker* in Baums/Thoma, WpÜG, § 37, Rn. 44.

1127 *Hecker* in Baums/Thoma, WpÜG, § 37, Rn. 42.

diesem Fall die Aktionäre nicht die Wahl haben, aus der Gesellschaft auszuscheiden oder nicht. Auch aus diesem Grund ist eine Verdoppelung der Verfahren ebenfalls nicht geboten[1128]. Aus diesem Grund erscheint auch die Veröffentlichung einer Angebotsunterlage mit den nach WpÜG vorgeschriebenen Mindestinhalten nicht erforderlich.

iii) Ergebnis

Wenn durch geeignete Nebenbestimmungen oder auflösende Bedingungen sichergestellt wird, dass ein Squeeze-out tatsächlich zeitnah durchgeführt und der durch das Pflichtangebot gewährleistete Schutzstandard nicht unterschritten wird, liegt eine Interessenverschiebung zugunsten des Bieters vor, die eine Befreiung von der Angebotspflicht gerechtfertigt erscheinen lässt.

ee) Verwaltungspraxis der BaFin

Die BaFin erteilt unter bestimmten Voraussetzungen Befreiung von den Pflichten des § 35 Abs. 1 und 2 WpÜG im Hinblick auf die Besonderheit der Beteiligungsverhältnisse der Zielgesellschaft. Die BaFin geht in der immer noch restriktiven Befreiungspraxis[1129] davon aus, dass das Leitbild des WpÜG von einem an eine Vielzahl von Aktionären gerichteten Pflichtangebot ausgeht. Kann wegen der Beteiligungsverhältnisse der Zielgesellschaft von einem an eine Vielzahl von Aktionären gerichteten Pflichtangebot nicht mehr die Rede sein, und liegt insoweit eine Abweichung vom gesetzlichen Leitbild vor, soll eine Befreiung gerechtfertigt sein. Ob ein Abweichen vom gesetzlichen Leitbild vorliegt, entschied sich nach der Verwaltungspraxis zunächst relativ starr anhand der Beteiligungsverhältnisse der Zielgesellschaft: Ein Abweichen vom gesetzlichen Leitbild lag vor, wenn der *free float* insgesamt weniger als 1 % betrug[1130]. Zwischenzeitlich hat die BaFin ihre Befreiungspraxis aber dahingehend erweitert, dass nicht mehr starr auf die 1%-Grenze abgestellt wird, sondern eine Einzelfallbetrachtung anhand der konkreten Zahlen der Aktien und Aktionäre im *free float* vorgenommen wird[1131]. Im Übrigen stellt die BaFin sicher, dass ein Squeeze-out Verfahren tatsächlich zeitnah durchgeführt wird, wobei angesichts der bestehenden Anfechtungsrisiken auch

---

1128 *Krause/Pötzsch/Seiler* in Assmann/Pötzsch/Schneider, WpÜG, § 37, Rn. 66.

1129 *Hasselbach* in Kölner Kommentar, WpÜG, § 327a AktG, Rn. 96.

1130 *Heuber*, Befreiung vom Pflichtangebot, S. 205; *Versteegen* in Kölner Kommentar, WpÜG, § 37, Rn. 65; *Krause/Pötzsch/Seiler* in Assmann/Pötzsch/Schneider, WpÜG, § 37, Rn. 62.

1131 *Strunk/Salomon/Holst* in Veil (Hrsg.), Übernahmerecht in Praxis und Wissenschaft, S. 1, 34.

ein Zeitraum von über 6 Monaten noch ausreichen kann[1132] und dass den Minderheitsaktionären keine wirtschaftlichen Nachteile durch die Befreiung von der Angebotspflicht entstehen, insbesondere ist diesen eine Abfindung zu bieten, die in einem hypothetischen Pflichtangebotsverfahren als Mindestleistung zu zahlen wäre. Zur Ermittlung des hypothetischen Pflichtangebotpreises wird hierbei auf den Zeitpunkt einer hypothetischen Veröffentlichung gemäß § 35 Abs. 1 WpÜG – sieben Kalendertage nach dem Zeitpunkt der Kontrollerlangung – und nicht etwa auf den Zeitpunkt der Veröffentlichung der Absicht, einen Squeeze-out durchzuführen, abgestellt[1133]. Dem Bieter kann ferner aufgegeben werden, die Abfindung innerhalb eines bestimmten Zeitraums nach der Kontrollerlangung zu zahlen, um Unterschiede in der Durchführung der Verfahren zu minimieren.

In einigen Entscheidungen stellte die BaFin im Rahmen ihres Ermessens außerdem darauf ab, dass bei der Zielgesellschaft kein liquider Handel mehr besteht, weshalb nach § 5 Abs. 4 WpÜG – AngebotsVO ohnehin eine Unternehmensbewertung durchzuführen ist, wie sie auch im Falle eines aktienrechtlichen Squeeze-Out stattzufinden hat.

ff) Stellungnahme zur Verwaltungspraxis der BaFin

Es spricht vieles dafür, den Bieter auch dann von der Angebotspflicht zu befreien, wenn der *free float* mehr als 1% beträgt. Auf die Liquidität oder Illiquidität der Aktien der Zielgesellschaft kann es nicht entscheidend ankommen. Auch die Frage, ob bei der Ermittlung der angemessenen Gegenleistung im Rahmen eines Pflichtangebotsverfahrens eine Unternehmensbewertung durchzuführen wäre, ändert nichts an der oben skizzierten Interessenlage der Beteiligten. Es dürfte mithin zu restriktiv sein, die Befreiung davon abhängig zu machen, ob auch im Rahmen der Gegenleistung im Pflichtangebotsverfahren eine Unternehmensbewertung durchzuführen ist.

5. Unverzügliches Unterschreiten der Kontrollschwelle

§ 37 Abs. 1 Alt. 3 WpÜG eröffnet schließlich eine Befreiungsmöglichkeit für den Fall, dass der Bieter die Kontrollschwelle unverzüglich wieder unterschreitet.

1132 *Strunk/Salomon/Holst* in Veil (Hrsg.), Übernahmerecht in Praxis und Wissenschaft, S. 1, 34.

1133 *Strunk/Salomon/Holst* in Veil (Hrsg.), Übernahmerecht in Praxis und Wissenschaft, S.1, 34. Kritisch zu dieser Verwaltungspraxis *Hasselbach* in Kölner Kommentar, WpÜG, § 327a AktG, der meint, zum – späteren – Zeitpunkt der Veröffentlichung gemäß § 35 Abs. 1 WpÜG könne der Börsenkurs der Zielgesellschaft schon durch Spekulationen über die Durchführung des Ausschlussverfahrens beeinflusst sein.

Der Gesetzgeber nennt in der Gesetzesbegründung das unbeabsichtigte Erreichen der Kontrollschwelle mit nachfolgendem unverzüglichem Unterschreiten der Kontrollschwelle als Beispielsfall der 3. Variante[1134].

a) Konkretisierung in § 9 S. 1 Nr. 6 WpÜG-AngebotsVO

§ 9 S. 1 Nr. 6 WpÜG-AngebotsVO konkretisiert die Tatbestandsalternative des § 37 Abs. 1 Alt. 3 WpÜG[1135], ist aber gleichwohl enger: Erfasst wird nur das unbeabsichtigte Überschreiten der Kontrollschwelle, der Bieter ist zudem gehalten, diese unverzüglich wieder zu unterschreiten. Der Verordnungsgeber hatte Fälle eines Kontrollerwerbs als Folge unbeabsichtigter Eingaben in elektronische Handelssysteme, Fehlbuchungen des Handelsbestandes und Kompetenzüberschreitungen durch Mitarbeiter vor Augen[1136].

aa) Unbeabsichtigter Erwerb

Überwiegend wird die Kontrollerlangung dann als unbeabsichtigt an, wenn sie ohne Wissen des Bieters erfolgte und auch keine Personen Kenntnis von der Kontrollerlangung hatten, deren Wissen dem Bieter nach allgemeinen Grundsätzen der Wissenszurechnung (166 Abs. 1 BGB) zugerechnet wird[1137]. Sachgerechter erscheint es jedoch, allein darauf abzustellen, ob der Kontrollerwerb von dem Bieter bzw. der Geschäftsleitung beabsichtigt wurde oder nicht[1138]. Andernfalls wäre die in der Gesetzesbegründung genannte Konstellation der Kompetenzüberschreitung eines Mitarbeiters nicht erfasst. Denn in aller Regel werden, wenn ein durch Kompetenzüberschreitung einzelner Mitarbeiter ausgelöster Kontrollerwerb vertretungsrechtlich für und gegen den Bieter wirkt, auch die Voraussetzungen einer Wissenszurechnung nach §166 BGB vorliegen[1139].

bb) Unverzügliches Unterschreiten

Weitere Voraussetzung einer Befreiung ist, dass der Bieter die Kontrollschwelle unverzüglich, d. h. nach der Legaldefinition in § 121 Abs. 1 BGB ohne

---

1134 Begr. RegE, BT-Drucks. 14/7034, S. 61.

1135 Zugleich unterscheidet sich der Kontrollerwerb auch hinsichtlich der Art der Kontrollerlangung vom Normalfall des Kontrollerwerbs.

1136 RegE, BT-Drucks. 14/7034, S. 81.

1137 *Versteegen* in Kölner Kommentar, WpÜG, § 37 Anh. § 9 AngebVO; *Krause/Pötzsch/Seiler* in Assmann/Pötzsch/Schneider, WpÜG, § 9 AngebVO, Rn. 57.

1138 *Heuber*, Befreiung vom Pflichtangebot, S. 197.

1139 *Ekkenga* in Ehricke/Ekkenga/Oechsler, WpÜG, § 37, Rn. 28, Fn. 45; *Heuber*, Befreiung vom Pflichtangebot, S. 197.

schuldhaftes Zögern, wieder unterschreitet. Erforderlich aber auch ausreichend ist, dass der Bieter so viele Aktien veräußert, dass die Kontrollschwelle unterschritten wird, eine Veräußerung sämtlicher Aktien ist nicht erforderlich[1140]. Der Bieter ist daher gehalten, unmittelbar nach Antragstellung[1141] alle Anstrengungen zu unternehmen, die Aktien zu veräußern bzw. den kontrollauslösenden Zurechnungstatbestand zu beenden oder umzugestalten. Man wird dem Bieter jedoch die Möglichkeit einräumen müssen, das Unterschreiten der Kontrollschwelle kursschonend zu gestalten[1142]. Ein vereinzelt genannter Zeitraum von sieben Tagen seit Antragstellung[1143] kann daher im Falle besonderer Marktverhältnisse zu kurz bemessen sein[1144]. Ergibt die Prüfung im Einzelfall, dass zur Veräußerung ein längerer Zeitraum vonnöten ist, kann dem Bieter die Auflage erteilt werden, die mit der Kontrolle verbundene Stimmrechtsmacht nicht auszuüben[1145]. Sachgerechter erscheint es, dem Bieter durch geeignete Nebenbestimmungen in der Befreiungsentscheidung das kursschonende Absenken der Beteiligung zu ermöglichen, flankiert mit einem Widerrufsvorbehalt für den Fall, dass der Bieter diesen nicht nachkommt[1146].

cc) Ungeschriebene Befreiungsvoraussetzung: Unterbliebene Einflussnahme auf die Zielgesellschaft

Ungeschriebene Voraussetzung einer Befreiung auf Grundlage von § 9 S. 1 Nr. 6 WpÜG-AngebotsVO ist ferner, dass der Bieter von der von ihm nicht beabsichtigten Kontrollmöglichkeit noch keinen Gebrauch gemacht hat, er darf nach Überschreiten und vor Unterschreiten der Kontrollschwelle keinen Einfluss auf die Zielgesellschaft genommen haben[1147]. Übt der Bieter Einfluss auf

---

1140 *Versteegen* in Kölner Kommentar, WpÜG, § 9 AngebotsVO, Rn. 33.

1141 Strittig, wie hier: *Versteegen* in Kölner Kommentar, WpÜG, § 37 Anh. § 9 AngebotsVO, Rn. 34; a.A. *Hecker* in Baums/Thoma, § 37, Rn. 98.

1142 *Meyer* in Geibel/Süßmann, WpÜG, § 37, Rn. 49.

1143 *Bernau*, WM 2004, 809, 815; *Ekkenga* in Ehricke/Ekkenga/Oechsler, WpÜG, § 37, Rn. 27; *Holzborn/Blank*, NZG 2002, 948, 952.

1144 *Versteegen* in Kölner Kommentar, WpÜG, § 37 Anh. § 9 AngebVO, Rn. 34.

1145 *Schlitt/Ries* in Münchener Kommentar, AktG, Anh. zu § 37 WpÜG, Rn. 40; *Versteegen* in Kölner Kommentar, WpÜG, § 37 Anh. § 9 AngebotsVO, Rn. 34.

1146 *Versteegen* in Kölner Kommentar, WpÜG, § 37 Anh. § 9, Rn. 34 schlägt etwa die börsentägliche Erteilung von Verkaufsorders vor.

1147 *Krause/Pötzsch/Seiler* in Assmann/Pötzsch/Schneider, WpÜG, § 9 WpÜG AngebotsVO, Rn. 59; *Hecker* in Baums/Thoma, WpÜG, § 37, Rn. 101; *Heuber*, Befreiung vom Pflichtangebot, S. 199; a.A.: *Versteegen* in Kölner Kommentar, WpÜG, § 37 Anh. § 9 AngebotsVO, Rn. 35, der eine Einflussnahme auf die Zielgesellschaft zulässt und

die Zielgesellschaft aus, ist die dem Befreiungstatbestand zugrundeliegende Vermutung, dass ein unbeabsichtigter Kontrollerwerb auf fehlenden Kontrollwillen schließen lässt, widerlegt[1148].

b) Befreiung gemäß § 37 Abs. 1 Alt. 3 außerhalb des Anwendungsbereich des § 9 S. 1 Nr. 6 WpÜG-AngebotsVO

Umstritten ist, ob auch in dem Fall, in dem die Voraussetzungen des § 9 Nr. 6 WpÜG-AngebotsVO nicht erfüllt sind, eine Befreiung nach § 37 Abs. 1 Alt. 3 WpÜG im Hinblick auf ein Unterschreiten der Kontrollschwelle möglich bleibt oder ob § 9 S. 1 Nr. 6 WpÜG-AngebotsVO insoweit Sperrwirkung entfaltet.

Die überwiegende Meinung betrachtet § 9 S. 1 Nr. 6 WpÜG-AngebotsVO zu Recht nicht als abschließende Ausgestaltung des abstrakten Befreiungsgrundes in § 37 Abs. 1 Alt. 3 WpÜG[1149]. Zum einen ist § 9 S. 1 Nr. 6 WpÜG-AngebotsVO in zweierlei Hinsicht enger gefasst als § 37 Abs. 1 Alt. 3 WpÜG: Die Kontrollschwelle muss unbeabsichtigt überschritten worden sein, und der Bieter ist verpflichtet, die Kontrollschwelle unverzüglich zu unterschreiten. Beide Voraussetzungen nennt § 37 Abs. 1 Alt. 3 WpÜG nicht, weshalb es schon aufgrund des Vorbehaltes des Gesetzes ausgeschlossen ist, dass eine Rechtsverordnung die Voraussetzungen einer Befreiung unter Berufung auf den Grundtatbestand des § 37 WpÜG derart einengen kann[1150]. Zum gleichen Ergebnis gelangt auch eine am Zweck orientierte Analyse der Vorschrift des § 37 Abs. 1 WpÜG. Die Vorschrift nennt gewisse Sachverhalte, die nach der Auffassung des Gesetzgebers zu einer Interessenverschiebung zu Gunsten des Bieters führen können. Die Tatbestände in § 9 WpÜG-AngebotsVO zählen lediglich beispielhaft Fallgestaltungen auf, bei deren Vorliegen eine von § 37 Abs. 1 WpÜG geforderte Interessenverschiebung

---

darauf abstellt, dass sich lediglich die Verpflichtung zum Angebot rechtfertigenden Gefahren für die Minderheitsaktionäre noch nicht realisiert haben dürfen; *Meyer* in Geibel/Süßmann, WpÜG, § 37, Rn. 50, Fn. 55 weist zu Recht darauf hin, dass die BaFin keine Bewertung der Auswirkungen einer erfolgten Einflussnahme auf den Aktienkurs vornehmen kann.

1148 *Heuber*, Befreiung vom Pflichtangebot, S. 200.

1149 *Hecker* in Baums/Thoma, WpÜG, § 37, Rn. 32; *Versteegen* in Kölner Kommentar, WpÜG, § 37, Rn. 58; *Krause/Pötzsch/Seiler* in Assmann/Pötzsch/Schneider, WpÜG, § 37, Rn. 56; *Harbarth*, ZIP 2002, 321, 331.

1150 A.A. *Heuber*, Befreiung vom Pflichtangebot, S. 200: Verordnungsgeber ist ohne weiteres berechtigt, den Fall des § 9 S. 1 Nr. 6 WpÜG-AngebotsVO als einzigen Anwendungsfall des § 37 Abs. 1 Alt. 3 WpÜG festzulegen.

zugunsten des Bieters – vorbehaltlich der im Rahmen der Ermessensausübung zu berücksichtigenden Besonderheiten des Einzelfalles – anzunehmen ist. Zu einer solchen Interessenverschiebung, die eine Befreiung des Bieters rechtfertigt, kann es im Falle des der Kontrollerlangung nachfolgenden Unterschreitens der Kontrollschwelle aber auch kommen, wenn die Kontrollerlangung beabsichtigt erfolgte. Richtigerweise muss daher in allen Fällen, in denen der Bieter die Kontrollschwelle nachträglich wieder unterschreitet, geprüft werden, ob sich durch das Absenken der Beteiligung die Interessen der Beteiligten unter Berücksichtigung des Minderheitenschutzes zugunsten des Bieters verschoben haben oder nicht[1151]. Ausgangspunkt der Überlegung ist hierbei, dass sich durch das nachträgliche Absenken der Beteiligung unter die Kontrollschwelle insoweit wieder der Lebenssachverhalt eingestellt wie er vor Überschreiten der Kontrollschwelle gegeben war[1152], die Gefahren, die der Gesetzgeber für die Minderheitsaktionäre im Fall eines Kontrollerwerbs vor Augen hatte, sind jedenfalls dann wieder entfallen, wenn sich der Kontrollerwerb weder auf die Bewertung der Aktien ausgewirkt[1153] noch der Bieter das ihm eingeräumte Einflusspotenzial genutzt hat[1154]. Um Auswirkungen auf den Kursverlauf der Aktien der Zielgesellschaft auszuschließen, wird man fordern müssen, dass der Erwerb der Kontrolle dem Markt nicht bekannt wurde[1155].

Sollte dies jedoch der Fall gewesen sein, sollte der Bieter also Einfluss auf die Zielgesellschaft ausgeübt haben oder sollte der Kontrollerwerb an die Öffentlichkeit gedrungen sein und Auswirkungen auf die Kursentwicklung der Zielgesellschaft gehabt haben, kann dieser Umstand im Rahmen der Ermessensausübung der BaFin berücksichtigt werden[1156]. Eine Befreiung wird daher vor allem in Fällen in Betracht kommen, in denen der Bieter die Kontrollschwelle zwar bewusst, aber nur kurzzeitig überschreitet und keinerlei Interesse daran hat, sein Einflusspotenzial auf die Gesellschaft auszuüben, etwa in Fällen des Durchhandelns. Weiter ist denkbar, dass der Bieter die Kontrolle zwar bewusst, aber rechtsgrundlos erworben hat und nunmehr den Kontrollerwerb rückabwickelt, bevor die Pflichten aus § 35 WpÜG erfüllt sind[1157].

1151 *Hecker* in Baums/Thoma, WpÜG, § 37, Rn. 47.

1152 *Versteegen* in Kölner Kommentar, WpÜG, § 37, Rn. 57.

1153 *Versteegen* in Kölner Kommentar, WpÜG, § 37, Rn. 58.

1154 *Schlitt/Ries* in Münchener Kommentar, AktG, § 37 WpÜG, Rn. 44; ähnlich *Krause/Pötzsch/Seiler* in Assmann/Pötzsch/Schneider, WpÜG, § 37, Rn. 56.

1155 *Versteegen* in Kölner Kommentar, WpÜG, § 37, Rn. 58 (zum „Durchhandeln“).

1156 *Versteegen* in Kölner Kommentar, WpÜG, § 37, Rn. 57.

1157 *Schlitt/Ries* in Münchner Kommentar, AktG, § 35 WpÜG, Rn. 72.

6. Beteiligungsverhältnisse an der Zielgesellschaft

Eine Befreiung vom Pflichtangebot kommt ferner in Betracht, wenn dies im Hinblick auf die Beteiligungsverhältnisse der Zielgesellschaft gerechtfertigt erscheint, § 37 Abs. 1 Alt. 4 WpÜG.

a) Normzweck und Abgrenzung zu § 37 Abs. 1 Alt. 5 WpÜG

Der Gesetzgeber wollte vor allem Fälle erfassen, in denen der Kontrollerwerber seine Kontrollposition nicht ausüben kann, weil an der Zielgesellschaft mehrere Aktionäre mit einer höheren Beteiligung beteiligt sind[1158]. Erfasst werden sollten Fälle, in denen das Kontrollpotenzial nicht genutzt werden konnte, da die Hauptversammlungspräsenzen außergewöhnlich hoch sind und der Kontrollerwerber daher trotz der 30 %-Beteiligung die Hauptversammlung nicht majorisieren kann[1159]. Kann die Kontrolle tatsächlich nicht ausgeübt werden, ist die Vermutung des § 29 Abs. 2 WpÜG widerlegt ist und das Pflichtangebot auch zum Schutz der Minderheitsaktionäre nicht erforderlich[1160]. Die Befreiungsalternative der besonderen Beteiligungsverhältnisse wird von § 9 S. 2 Nr. 1 WpÜG-AngebotsVO konkretisiert, wonach Befreiung erteilt werden kann, wenn ein Dritter über einen höheren Anteil an Stimmrechten verfügt, die weder dem Bieter noch mit diesem gemeinsam handelnden Personen gemäß § 30 WpÜG gleichstehen oder zuzurechnen sind.

b) § 9 S. 2 Nr. 1 WpÜG – AngebotsVO: Höherer Stimmrechtsanteil eines Dritten

aa) Befreiungsvoraussetzungen

Voraussetzung einer auf § 9 Satz 2 Nr. 1 WpÜG-AngebotsVO gestützten Befreiung ist zunächst, dass ein dritter Aktionär über einen höheren Stimmrechtsanteil

---

1158 Vgl. Begr. RegE, BT-Drucks. 14/7034, S. 61.

1159 Diese Beispiele nennt die Begr. RegE, BT-Drucks., 14/7034, S. 61, linke Spalte; *Versteegen* in Kölner Kommentar, WpÜG, § 37, Rn. 60, zieht hieraus den zutreffenden Schluss, dass es sich bei diesem Befreiungsgrund um einen Sonderfall des Tatbestands der fehlenden tatsächlichen Möglichkeit zur Ausübung der Kontrolle handelt. Aufgrund der Doppelerfassung gewisser Sachverhalte in § 37 Abs. 1 Alt. 4 und Alt. 5 WpÜG sieht *Ekkenga* in Ehricke/Ekkenga/Oechsler, WpÜG, § 37, Rn. 29 das Entlastungsinteresse des Bieters im Vordergrund, der vor einer finanziellen Überforderung geschützt werden soll. *Ekkenga* räumt allerdings ein, dass sich dieser Gedanke in der Gesetzesbegründung nicht wiederfindet.

1160 *Heuber*, Befreiung vom Pflichtangebot, S. 202.

verfügt als der Antragsteller und außerdem die Stimmrechte des dritten Aktionärs dem Antragsteller nicht nach § 30 Abs. 1 oder 2 WpÜG zugerechnet werden. Zur Ermittlung der Beteiligungsverhältnisse des Antragstellers wie des außenstehenden Dritten findet § 30 WpÜG zumindest sinngemäß[1161] Anwendung[1162]. Weitere Befreiungsvoraussetzung ist, dass die Stimmrechte des Dritten denen des Kontrollerwerbers nicht gleichstehen, ihm also nicht nach § 30 Abs. 1 oder Abs. 2 WpÜG zuzurechnen sind und die Stimmrechte des Dritten auch den Stimmrechten der mit dem Antragsteller gemeinsam handelnden Personen nicht gleich stehen, also auch diesen nicht nach § 30 Abs. 1 oder 2 WpÜG zugerechnet werden[1163].

bb) Nebenbestimmungen

Durch geeignete Nebenbestimmungen muss sichergestellt werden, dass die Befreiungswirkung endet, sobald sich die Beteiligungsverhältnisse der anderen Rechtssubjekte ohne Zutun des Bieters dergestalt ändern, dass er nunmehr doch aufgrund seiner formalen Kontrollstellung auch materiell Kontrolle ausüben kann[1164]. Häufig wird daher vorgeschlagen, die Befreiungsverfügung unter die auflösende Bedingung zu stellen, dass sich die Beteiligungsverhältnisse der Zielgesellschaft nicht ändern[1165]. Um zu verhindern, dass die Dritten die auflösende Bedingung dadurch auslösen, dass sie Beteiligung nur geringfügig verändern und somit eine Angebotspflicht auch in Bezug auf ihre eigenen Anteile auslösen, wird vorgeschlagen, die Bedingung an grundlegende Veränderungen der Beteiligungsverhältnisse zu knüpfen[1166]. Für den Antragsteller hat eine auflösende Bedingung dennoch den Nachteil, dass die Befreiungswirkung der Verfügung endet und die Angebotspflicht entsteht, ohne dass der Bieter die Auslösung dieser

---

1161 *Versteegen* in Kölner Kommentar, WpÜG, § 37 Anh. § 9 AngebVO, Rn. 39.

1162 *Versteegen*, Kölner Kommentar, WpÜG, § 37 Anh. § 9 AngebVO, Rn. 39, *Heuber*, Befreiung vom Pflichtangebot, S. 209; *Krause/Pötzsch/Seiler* in Assmann/Pötzsch/Schneider, WpÜG, § 9 AngebVO, Rn. 62; *Hecker* in Baums/Thoma, WpÜG, § 37, Rn. 102.

1163 *Hecker* in Baums/Thoma, WpÜG, § 37, Rn. 102; *Wernicke*, NZG 2011, 1404.

1164 Ausführlich zu den denkbaren Nebenbestimmungen: *Wernicke*, NZG 2011, 1404, 1405.

1165 *Hecker* in Baums/Thoma, WpÜG, § 37, Rn. 56, schlägt weiter vor, die Bedingung zusätzlich zu befristen. Technisch erfolgt dies durch eine Frist in der Befreiungsverfügung nach deren fruchtlosem Ablauf die Bedingung, nämlich dass sich die Beteiligungsverhältnisse der anderen Rechtssubjekte gravierend ändern, als ausgefallen gilt.

1166 *Hecker* in Baums/Thoma, WpÜG, § 37, Rn. 56.

Rechtsfolge beherrschen könnte[1167], weshalb dem Bieter durch Nebenbestimmungen die Möglichkeit eingeräumt werden muss, die Angebotspflicht durch ein Absenken seiner Beteiligung unter die Kontrollschwelle abzuwenden[1168]. Diese Gestaltung ist auch dem Vorschlag vorzuziehen, die Befreiungsentscheidung statt unter einer auflösenden Bedingung unter einer auflösende Befristung zu erteilen, um der BaFin zu ermöglichen, nach Ablauf einer bestimmten Frist erneut über das Vorliegen der Befreiungsvoraussetzungen zu entscheiden[1169].

cc) Dritter mit gleich hohem Stimmrechtsanteil

Im immerhin theoretisch denkbaren Fall einer Pattsituation, in der der Dritte über einen gleich hohen Stimmrechtsanteil verfügt wie der Antragsteller, ist § 9 S. 2 Nr. 1 WpÜG-AngebotsVO nicht anwendbar[1170] und eine Befreiung kann allenfalls im Hinblick auf § 37 Abs. 1 Alt. 5 WpÜG erteilt werden[1171]. Für eine Befreiung in diesem Fall spricht, dass der Bieter auch in dieser Konstellation die Gesellschaft nicht alleine kontrollieren kann, weshalb die Vermutung des § 29 Abs. 2 WpÜG auch insoweit widerlegt ist. Der Regelung in § 9 S. 2 Nr. 1 WpÜG-AngebotsVO ist nicht die Wertung zu entnehmen, dass eine Befreiung aufgrund der besonderen Beteiligungsverhältnisse der Zielgesellschaft gemäß § 37 Abs. 1 WpÜG nur in Betracht kommt, wenn der Antragsteller in der Minderheit ist, entscheidend ist vielmehr, ob er in der Lage ist, die Gesellschaft zu kontrollieren, indem er deren Hauptversammlung majorisiert[1172]. Auch in diesem Fall hat die BaFin durch Nebenbestimmungen sicher zu stellen, dass die Angebotspflicht wieder auflebt, wenn der Dritte seinen Stimmrechtsanteil absenkt oder der Bieter mit dem Dritten die Ausübung seines Stimmrechts abstimmt und der Bieter seine Beteiligung nicht selbst unter die Kontrollschwelle absenkt[1173].

1167 *Versteegen* in Kölner Kommentar, WpÜG, § 37, Rn. 91.

1168 *Schlitt/Ries* in Münchener Kommentar, AktG, Anh. zu § 37 WpÜG, Rn. 42; *Versteegen* in Kölner Kommentar, WpÜG, § 37, Rn. 91; *Krause/Pötzsch/Seiler* in Assmann/Pötzsch/Schneider, WpÜG, § 9 AngebotsVO, Rn. 64.

1169 Nach allgemeinen verwaltungsrechtlichen Grundsätzen ist es zulässig, bei Fristablauf eines auflösend befristeten Verwaltungsakts einen neuen, erneut befristeten Verwaltungsakten in Kraft zu setzen; vgl. hierzu und zur Dogmatik des Verlängerungsverwaltungsakts und Kettenverwaltungsakts *Schröder*, NVWZ 2007, 532.

1170 *Versteegen* in Kölner Kommentar, WpÜG, § 37 Anh. § 9 AngebotsVO, Rn. 40; *Heuber*, Befreiung vom Pflichtangebot, S. 210.

1171 *Versteegen* in Kölner Kommentar, WpÜG, § 37 Anh. § 9 AngebotsVO, Rn. 40.

1172 *Versteegen* in Kölner Kommentar, WpÜG, § 37 Anh. § 9 AngebotsVO, Rn. 40; a.A. *Heuber*, Befreiung vom Pflichtangebot, S. 210.

1173 *Meyer* in Geibel/Süßmann, WpÜG, § 37, Rn. 51.

c) Befreiung gemäß § 37 Abs. 1 Alt. 4 WpÜG außerhalb des Anwendungsbereichs des § 9 S. 2 Nr. 1 WpÜG-AngebotsVO

aa) Aktionäre mit bedeutenden Anteilen

Daneben hat § 37 Abs. 1 Alt. 4 WpÜG einen eigenen Anwendungsbereich insbesondere dann, wenn die Voraussetzungen des § 9 Satz 2 Nr. 1 WpÜG-AngebotsVO nicht erfüllt sind, die Interessenlage jedoch vergleichbar ist, was namentlich der Fall sein kann, wenn nicht ein weiteres Rechtssubjekt einen höheren Stimmrechtsanteil hält als der Bieter, sondern wenn mehrere Rechtssubjekte Anteile halten, die zusammen insgesamt über einen höheren Stimmrechtsanteil als der Bieter verfügen. In diesem Fall kann der Bieter jedenfalls alleine keinen Einfluss auf die Geschäftspolitik der Zielgesellschaft nehmen, weshalb die Vermutung des § 29 Abs. 2 WpÜG auch insoweit widerlegt ist.

bb) Sonderfall: Kommanditgesellschaft auf Aktien

Eine Befreiung im Hinblick auf die Beteiligungsverhältnisse der Zielgesellschaft wird ferner regelmäßig in Betracht kommen, wenn es sich bei der Zielgesellschaft um eine Kommanditgesellschaft auf Aktien handelt[1174]. Dies gilt jedenfalls, wenn der Bieter nur Kommanditaktionär ist und mit dem persönlich haftenden Gesellschafter weder identisch ist, noch auf diesen einwirken kann[1175]. In diesem Fall ist der Einfluss der Kommanditaktionäre auf die Geschäftsleitung der Gesellschaft beschränkt, insbesondere kann auch über die Besetzung des Aufsichtsrats die Geschäftsleitung nicht mittelbar beeinflusst werden, da geschäftsführungs- und vertretungsbefugt allein die persönlich haftenden Gesellschafter sind (§ 278 Abs. 2 AktG; § 161 Abs. 2 HGB, §§ 114–118, 125–127 HGB).

Auch ist für Grundlagenbeschlüsse ebenso wie für Satzungsänderungen die Zustimmung der persönlich haftenden Gesellschafter erforderlich, § 285 Abs. 2 AktG. Weicht die Satzung der Kommanditgesellschaft auf Aktien nicht von diesem Leitbild ab und weist der Hauptversammlung eine dominierendere Rolle zu, ist die Situation des Kommanditaktionärs daher vergleichbar mit der Situation eines Aktionärs, der – sei es auf Grund eines höheren Stimmrechtsanteils eines

---

1174 *Krause/Pötzsch/Seiler* in Assmann/Pötzsch/Schneider, WpÜG, § 37, Rn. 67; *Klepsch* in Steinmeyer/Häger, WpÜG, § 37 WpÜG, Rn. 55; *Hommelhoff/Witt* in Frankfurter Kommentar, WpÜG, § 37 WpÜG, Rn. 45; *Schlitt/Ries* in Münchener Kommentar, AktG, § 37 WpÜG, Rn. 47; *Versteegen* in Kölner Kommentar, WpÜG, § 37, Rn. 63; *Wieneke/Fett* in Schütz/Bürgers/Riotte, Handbuch der KGaA, § 10 Rn. 151; a.A. Hecker in Baums/Thoma, WpÜG, § 37, RN. 68.

1175 *Versteegen* in Kölner Kommentar, WpÜG, § 37, Rn. 63; *Braun*, Befreiung vom Pflichtangebot, S. 229.

Dritten oder auf Grund einer ungewöhnlich hohen Hauptversammlungspräsenz – zwar formal die Kontrollschwelle des § 29 Abs. 2 WpÜG überschritten hat, gleichwohl die Kontrolle nicht durch Einflussnahme auf die Geschäftspolitik der Gesellschaft ausüben kann, weshalb regelmäßig Befreiung von der Angebotspflicht zu erteilen sein wird[1176].

7. Fehlende Möglichkeit der Kontrollausübung

Ebenfalls als Gegenpol zur formalen Kontrollschwelle des § 29 Abs. 2 WpÜG wirkt § 37 Abs. 1 Alt. 5 WpÜG, wonach Befreiung von der Angebotspflicht erteilt werden kann, wenn dies im Hinblick auf die tatsächliche Möglichkeit zur Ausübung der Kontrolle gerechtfertigt erscheint. Die Vermutung des § 29 Abs. 2 WpÜG ist widerlegt, wenn eine formale Kontrollbeteiligung faktisch keinen kontrollierenden Einfluss vermittelt. Eine Konkretisierung erfährt diese Befreiungsalternative in § 9 Satz 2 Nr. 2 WpÜG-AngebotsVO, wonach Befreiung erteilt werden kann, wenn aufgrund des in den zurückliegenden drei ordentlichen Hauptversammlungen vertretenen stimmberechtigten Kapitals nicht zu erwarten ist, dass der Bieter in der Hauptversammlung der Zielgesellschaft über mehr als 50 % der vertretenen Stimmrechte verfügen wird.

Außerhalb des Anwendungsbereichs des § 9 Satz 2 Nr. 2 WpÜG-AngebotsVO haben sich verschiedene Fallgruppen herauskristallisiert, in denen über eine Befreiung des Bieters wegen tatsächlich fehlender Möglichkeit der Ausübung der Kontrolle eine Befreiung von den Pflichten des § 35 WpÜG diskutiert wird:

a) Schuldrechtliche Stimmrechtsbeschränkungen

Umstritten ist, ob der Bieter Befreiung im Hinblick auf die fehlende Möglichkeit zur Kontrollausübung erlangen kann, wenn seine Stimmrechtsausübung durch schuldrechtliche Verträge eingeschränkt wird.

aa) Entherrschungsverträge

Denkbar ist etwa, dass sich der Bieter durch den Abschluss eines Entherrschungsvertrages – Vertragspartner können Dritte, etwa außenstehende Aktionäre aber auch die Zielgesellschaft selbst sein – verpflichtet, auf die Ausübung seiner Stimmrechte oder eines Teils seiner Stimmrechte bei der Zielgesellschaft

1176 *Heuber*, Befreiung vom Pflichtangebot, S. 212; *Krause/Pötzsch/Seiler* in Assmann/Pötzsch/Schneider, WpÜG, § 37, Rn. 67, *Schlitt/Ries* in Münchener Kommentar, AktG, § 37 WpÜG, Rn. 47; *Versteegen* in Kölner Kommentar, WpÜG, § 37, Rn. 63.

zu verzichten[1177]. Entherrschungsverträge werden in der Regel abgeschlossen, um die Abhängigkeitsvermutung des § 17 Abs. 2 AktG zu widerlegen[1178], weshalb sie eine Laufzeit von mindestens fünf Jahren vorsehen müssen, damit die nächste Wahl des Aufsichtsrats nicht dominiert werden kann[1179]. Ihre Kündigung ist regelmäßig nur aus wichtigem Grund möglich, und das Stimmrecht muss aus mindestens so vielen Aktien ausgeschlossen sein, dass der Aktionär unter Berücksichtigung der durchschnittlichen Hauptversammlungspräsenz nicht mehr über die Hälfte der Stimmrechte verfügen kann[1180]. Um die Einhaltung der Verpflichtung sicherzustellen, enthalten die Entherrschungsverträge häufig Regelungen einer Vertragsstrafe. Der Vertragspartner ist jedoch lediglich schuldrechtlich gebunden und daher jederzeit in der Lage, sein Stimmrecht vertragswidrig auszuüben.

Aus diesem Grund lehnt die herrschende Meinung eine Befreiung des Bieters von der Angebotspflicht allein wegen des Bestehens eines Entherrschungsvertrages ab[1181].

In der Tat hindert eine rein schuldrechtliche Verpflichtung den Bieter nicht daran, seine Stimmrechte vertragswidrig doch auszuüben und somit das durch die Kontrollbeteiligung vermittelte Einflusspotenzial auszunutzen. Diese Unsicherheit kann auch nicht dadurch beseitigt werden, dass die Befreiungsentscheidung nur auflösend bedingt ergeht, wobei Bedingung die vertragswidrige Stimmrechtsausübung ist. In diesem Fall würde die Angebotspflicht bei Bedingungseintritt zwar wieder aufleben und der Bieter wäre zur Veröffentlichung des Kontrollerwerbs verpflichtet. ´Der Referenzzeitraum zur Bestimmung der angemessenen Gegenleistung gemäß §§ 4, 5 WpÜG-AngebotsVO würde aber an die Veröffentlichung der Kontrolle – also den Zeitpunkt des durch vertragswidrige Stimmrechtsausübung bewirkten Bedingungseintritts – anknüpfen, was den

1177 Vgl. hierzu *Emmerich*, Konzernrecht, S. 52.

1178 *Hüffer*, AktG, § 17, Rn. 22.

1179 *Hüffer*, AktG, § 17, Rn. 22.

1180 *Emmerich*, Konzernrecht, S. 52.

1181 *Hecker* in Baums/Thoma, WpÜG, § 37, Rn. 69; *Braun*, Befreiung vom Pflichtangebot, S. 221; *Versteegen* in Kölner Kommentar, WpÜG, § 37, Rn. 72; *Heuber*, Befreiung vom Pflichtangebot, S. 217. A.A. *Schlitt/Ries* in Münchener Kommentar, AktG, § 37 WpÜG, Rn. 53; *Ekkenga/Schulz* in Ehricke/Ekkenga/Oechsler, WpÜG, § 35, Rn. 40 und *Ekkenga* in Ehricke/Ekkenga/Schulz, WpÜG, § 37, Rn. 34, die bei Entherrschungsvereinbarungen sogar eine per se- Befreiung von der Angebotspflicht im Sinne eines rechtsgeschäftlichen Ausschlusses der Kontrollerlangung erwägen; Brellochs in NZG 2012, 1010, 1016.

Bieter in die Lage versetzen würde, einen für ihn günstigen Zeitpunkt, zu dem der Börsenkurs der Gesellschaft niedrig ist, abzuwarten, um seine Verpflichtungen zu erfüllen[1182].

Gegen dieses Argument wird zwar teilweise eingewandt, die BaFin könne dieser Gestaltung durch eine rückwirkende Bedingung begegnen[1183]. Auf Grund des eindeutigen Wortlauts der §§ 4 und 5 WpÜG-AngebotsVO knüpft der Referenzzeitraum für die Berücksichtigung von Vorerwerben an die Veröffentlichung der Angebotsunterlage gemäß § 35 Abs. 2 WpÜG und für die Berücksichtigung des Börsenkurses an die Veröffentlichung des Kontrollerwerbs an. Selbst wenn daher nach allgemeinen verwaltungsrechtlichen Grundsätzen eine Bedingung zulässig ist, die die Wirkungen eines Verwaltungsakts rückwirkend entfallen lässt[1184], fehlt es weiterhin an einem Anknüpfungspunkt für die Ermittlung des Referenzzeitraumes, wenn weder die Kontrollerlangung noch eine Angebotsunterlage veröffentlicht wurden. Etwas Anderes würde nur dann gelten, wenn man entgegen dem insoweit eindeutigen Wortlaut der §§ 4, 5 WpÜG-AngebotsVO davon ausginge, dass im Falle eines „nachgeholten" Pflichtangebots auf den hypothetischen Zeitpunkt der Kontrollerlangung abzustellen sei[1185]. Insgesamt sprechen jedoch die besseren Argumente dafür, eine Befreiung des Bieters von den Pflichten des § 35 WpÜG allein auf Grund des Bestehens eines Entherrschungsvertrages abzulehnen, da allein schuldrechtlich wirkende Vereinbarungen keine hinreichend sichere Gewähr dafür bieten, dass der Bieter tatsächlich keine Kontrollausübungsmöglichkeit hat und die schuldrechtliche Verpflichtung des Bieters die Vermutung des § 29 Abs. 2 WpÜG allein nicht zu widerlegen vermag. Dass andererseits schuldrechtliche Vereinbarungen genügen, um eine Zurechnung von Stimmrechten nach § 30 Abs. 2 WpÜG zu begründen, zwingt zu keinem anderen Ergebnis[1186].

1182 *Hecker* in Baums/Thoma, WpÜG, § 37, Rn. 69.

1183 *Bernau*, WM 2004, 809, 817.

1184 Vgl. dazu *Kopp/Ramsauer*, VwVfG, § 36, Rn. 19.

1185 Ausführlich zur Berechnung der angemessenen Gegenleistung im Falle nachgeholter Pflichtangebote: *von Falkenhausen*, NZG 2010, 1213 m.w.N. sowie *Baums/Hecker* in Baums/Thoma, WpÜG, § 39, Rn. 34f. die bei einem Verstoß gegen die Angebotspflicht nach dem Prinzip der Meistbegünstigung davon ausgehen, dass das Datum der Veröffentlichung relevant sein soll, wenn dies zu einem höheren Pflichtangebotspreis führt, andernfalls soll auf den Zeitpunkt abgestellt werden, zu dem die Kontrollerlangung hätte veröffentlicht werden müssen.

1186 *Heuber*, Befreiung vom Pflichtangebot, S. 216; a.A. *Bernau*, WM 2004, 809, 817.

bb) Stimmbindungsvertrag

Gleiches gilt, wenn der Bieter mit der Zielgesellschaft oder einzelnen Aktionären der Zielgesellschaft eine vertragliche Vereinbarung zu Gunsten aller Aktionäre abschließt, in denen er seine Stimmrechtsmacht begrenzt. Denn auch Stimmbindungsverträge haben allein schuldrechtlichen Charakter[1187] und entfalten keine Außenwirkung[1188]. Dem Bieter ist es daher jederzeit möglich, vertragswidrig seine Stimmrechte auszuüben. Auf Grund der oben genannten Gründe kann dieser Gefahr durch Nebenbestimmungen nicht wirksam begegnet werden, ohne den Schutz der Minderheitsaktionäre erheblich einzuschränken.

b) Stimmrechtsausübungshindernisse

Auch in dem Fall, in dem der Bieter aufgrund gesetzlicher oder behördlicher Stimmrechtsausübungshindernisse oder gesetzlicher Rechtsausübungssperren[1189] an einer tatsächlichen Einflussnahme auf die Zielgesellschaft gehindert ist, wird man eine Befreiung nur in Erwägung ziehen können, wenn die Stimmrechte dauerhaft nicht ausgeübt werden können. Einschränkend wird man außerdem verlangen müssen, dass das Stimmrechtsausübungshindernis keinen Sanktionscharakter hat. Eine Befreiung unter Berufung auf die Stimmrechtsverbote des § 28 WpHG bzw. § 59 WpÜG kommt daher nicht in Betracht. Der Bieter darf nicht in die Lage versetzt werden, durch bewusst pflichtwidriges Verhalten die Pflichten aus § 35 Abs. 1 und Abs. 2 WpÜG zu umgehen[1190]. Auch die Rechtsbeschränkung in § 328 AktG bei wechselseitig beteiligten Unternehmen im Sinne von § 19 AktG begründet kein automatisches Interesse des Bieters an einer Befreiung von der Angebotspflicht[1191].

1187 *Hüffer*, AktG, § 133, Rn. 26.

1188 *Hüffer*, AktG, § 133, Rn. 26.

1189 Als Beispiele seien §§ 2c Abs. 2 KWG, § 328 Abs. 1 S. 1 AktG sowie die Stimmverbote in § 28 S. 1 WpHG und § 59 WpÜG genannt.

1190 *Hecker* in Baums/Thoma, WpÜG, § 37, Rn. 70.

1191 *Hecker* in Baums/Thoma, WpÜG, § 37, Rn. 70 sowie *Meyer* in Geibel/Süßmann, WpÜG, § 37, Rn. 55, die eine Befreiung bei Vorliegen der Voraussetzungen des § 328 AktG allerdings annehmen, wenn zur Verteidigung gegen eine feindliche Übernahme zur so genannten *Pacman-Defense* gegriffen wird, wenn also ein Gegenangebot der Zielgesellschaft auf Aktien des Bieters erfolgt und es zu einem Wettlauf mit dem Bieter um die erste Mitteilung der Beteiligungsverhältnisse kommt, da in dieser Konstellation kaum zu beeinflussen sei, welche Gesellschaft als erste die 25%-Schwelle unterschreitet. Vgl. hierzu auch die abweichende Auffassung von *Ekkenga/Hofschroer*, DStR 2002, 768, 773, die schon den Kontrollerwerb über die Zielgesellschaft in Frage stellen.

c) *§ 9 S. 2 Nr. 2 WpÜG-AngebotsVO: Keine Hauptversammlungsmehrheit*

aa) Voraussetzungen

Eine Befreiung von der Angebotspflicht kann außerdem erteilt werden, wenn auf Grund des in den zurückliegenden drei ordentlichen Hauptversammlungen vertretenen stimmberechtigten Kapitals nicht zu erwarten ist, dass der Bieter in der Hauptversammlung der Zielgesellschaft über mehr als 50 % der vertretenen Stimmrechte verfügen wird. Eine Befreiung kommt dann in Betracht, wenn auf der Grundlage der jeweiligen Teilnehmerverzeichnisse in den drei ordentlichen Hauptversammlungen, die dem Kontrollerwerb unmittelbar vorangehen[1192], die Präsenz doppelt so hoch war, wie es die Anteile des Antragstellers sind[1193]. Ergibt sich aus dem Teilnehmerverzeichnis, dass bei verschiedenen Abstimmungsgängen unterschiedliche Präsenzen herrschten, ist zum Schutze der Minderheitsaktionäre der Zielgesellschaft die niedrigste festgestellte Präsenz maßgeblich[1194]. Voraussetzung ist, dass seit dem Börsengang der Gesellschaft schon drei ordentliche Hauptversammlungen stattgefunden haben, da vor dem Börsengang der Gesellschaft die Präsenz in den Hauptversammlungen erfahrungsgemäß weitaus höher sein wird[1195]. Ausweislich der Materialien[1196] wird in § 9 Satz 2 Nr. 2 WpÜG-AngebotsVO auf die Präsenzen der ordentlichen Hauptversammlungen abgestellt, um einen mehrjährigen Beurteilungsmaßstab zu Grunde legen zu können. Fanden daher bisher seit dem Börsengang der Gesellschaft noch keine drei Hauptversammlungen statt und existiert somit kein geeigneter Beurteilungsmaßstab, kommt eine Befreiung allenfalls auf Grundlage des abstrakten Befreiungsgrundes gemäß § 37 Abs. 1 Alt. 5 WpÜG in Betracht, wenn davon auszugehen ist, dass der Antragsteller in einer zukünftigen Hauptversammlung nicht über die faktische Stimmenmehrheit verfügen wird.

Weitere Voraussetzung einer Befreiung ist, dass eine in die Zukunft gerichtete Prognose ergibt, dass aller Voraussicht nach auch in einer zukünftigen Hauptversammlung der Antragsteller nicht über die Stimmenmehrheit verfügen wird,

---

1192 *Versteegen* in Kölner Kommentar, WpÜG, § 37 Anh. § 9 AngebotsVO, Rn. 45.

1193 *Heuber*, Befreiung vom Pflichtangebot, S. 213.

1194 Ebenso *Versteegen* in Kölner Kommentar, WpÜG, § 37 Anh. § 9 AngebotsVO, Rn. 45; a.A.: *Hecker* in Baums/Thoma, WpÜG, § 37, Rn. 109, der dafür plädiert, eine durchschnittliche Präsenz zu bilden.

1195 *Schlitt/Ries* in Münchener Kommentar, AktG, Anh. zu § 37, Rn. 46; *Heuber*, Befreiung vom Pflichtangebot, S. 213.

1196 Vgl. Begr. RegE, BT-Drucks. 14/7034, S. 82.

da weiter mit einer atypisch hohen Hauptversammlungspräsenz zu rechnen ist. Eine Befreiung ist daher dann ausgeschlossen, wenn ein weiterer Aktionär mit einer maßgeblichen Beteiligung diese unter Vergrößerung des Streubesitzes aufgegeben hat[1197].

Der Gesetz-/Verordnungsgeber ging davon aus, dass eine auf § 9 Satz 2 Nr. 2 WpÜG-AngebotsVO gestützte Befreiungsverfügung zu befristen sein wird[1198]. Eine Befreiung in Verbindung mit einer Befristung soll es der BaFin ermöglichen, nach Ablauf der Befristung die Voraussetzungen erneut daraufhin zu überprüfen, ob sich die tatsächlichen Verhältnisse in der Hauptversammlung geändert haben oder ob mit einer solchen Veränderung zu rechnen ist. Diese Nebenbestimmung ist einer Befreiung unter der auflösenden Bedingung, dass sich die Beteiligungsverhältnisse an der Zielgesellschaft nicht dergestalt ändern, dass mit einer Änderung der faktischen Verhältnisse auf der Hauptversammlung zu rechnen ist[1199], vorzuziehen, um auszuschließen, dass der Bieter ohne sein Zutun und ohne die Möglichkeit, seine Beteiligung ggf. abzusenken, der Angebotspflicht ausgesetzt wird.

bb) Fälle fehlender Hauptversammlungsmehrheit außerhalb von § 9 S. 2 Nr. 2 WpÜG-AngebotsVO

Denkbar sind Fälle, in denen der Bieter zwar faktisch über die Stimmenmehrheit in der Hauptversammlung verfügt, das damit verbundene Einflusspotential auf die Geschäftspolitik der Gesellschaft aber gleichwohl nicht nutzen kann. Unter diesem Gesichtspunkt kommt eine Befreiung unter Berufung auf § 37 Abs. 1 Alt. 5 WpÜG etwa dann in Betracht, wenn die Satzung der Zielgesellschaft von § 133 AktG abweichende Mehrheitserfordernisse aufstellt, namentlich in Bezug auf die Besetzung des Aufsichtsrats. Da der Aktionär, sofern er nicht über eine ¾-Mehrheit der Stimmrechte verfügt, in diesem Fall nicht oder jedenfalls nicht allein in der Lage sein wird, den Aufsichtsrat zu bestimmen, ist auch seine mittelbare Einflussmöglichkeit auf die Geschäftsführung der Gesellschaft erheblich eingeschränkt, weswegen eine Befreiung unter diesem Gesichtspunkt geboten erscheint. Es ist zwar anzunehmen, dass außer der Besetzung des Aufsichtsrats weitere Einflussmöglichkeiten des kontrollierenden Aktionärs bestehen[1200],

---

1197 *Braun*, Befreiung vom Pflichtangebot, S. 217.

1198 Vgl. Begr. RegE, BT-Drucks. 14/7034.

1199 *Hecker* in Baums/Thoma, WpÜG, § 37, Rn. 112 regt an, präzise zu beschreiben, wann eine Veränderung der Verhältnisse der Hauptversammlung in diesem Sinne vorliegt.

1200 *Braun*, Befreiung vom Pflichtangebot, S. 225, der aus diesem Grund eine Befreiung in dieser Konstellation ablehnt.

gleichwohl ist die Besetzung des Aufsichtsrats aber das wirkungsvollste Instrument für den kontrollierenden Aktionär, um die Geschäfts- und Unternehmenspolitik der Zielgesellschaft zu beeinflussen[1201].

Eine Befreiung wegen der fehlenden Möglichkeit zur Ausübung der Kontrolle wird ferner dann in Betracht kommen, wenn der Vorstand der Zielgesellschaft Weisungen eines Dritten, etwa durch Abschluss eines Beherrschungsvertrages unterliegt. Auch in diesem Fall ist der kontrollierende Aktionär tatsächlich gehindert, die Kontrolle über die Zielgesellschaft auszuüben[1202].

d) Sonderfall: Stimmrechtspool

Keine tatsächliche Möglichkeit, die Kontrolle über die Zielgesellschaft auszuüben, hat auch der Aktionär, der einem Stimmrechtspool beitritt, in dem er sich nicht durchsetzen kann, dem aber gleichwohl die Stimmrechte der anderen Mitglieder des Pools zugerechnet werden[1203].

Bilden mehrere Aktionäre einen Stimmrechtspool[1204], indem sie vereinbaren, die Stimmrechte aus den gepoolten Aktien nach einem festgelegten Abstimmungsprozess einheitlich auszuüben, erfolgt gemäß § 30 Abs. 2 S. 2 Alt. 1 WpÜG eine wechselseitige Zurechnung der Stimmrechte jedenfalls in dem Fall, in dem sich die Mehrheiten im Pool bei jeder poolinternen Abstimmung neu und frei bilden können[1205]. Nach ständiger, aber umstrittener[1206] Verwaltungspraxis der

---

1201 Ebenso *Versteegen* in Kölner Kommentar, WpÜG, § 37, Rn. 70; *Bernau*, WM 2004, 809, 817.

1202 *Schlitt/Ries* in Münchener Kommentar, AktG, § 37, Rn. 52; *Versteegen* in Kölner Kommentar, WpÜG, § 37, Rn. 72.

1203 *Versteegen* in Kölner Kommentar, WpÜG, § 37, Rn. 70; die BaFin hat diesen Sachverhalt teilweise nicht der 5. Alt. des § 37 Abs. 1 WpÜG zugeordnet, sondern hat auf die besondere Art der Kontrollerlangung abgestellt, ebenso *Krause/Pötzsch/Seiler* in Assmann/Pötzsch/Schneider, WpÜG, § 37, Rn. 34.

1204 Zum Stimmrechtspool allgemein: *Semler* in Hoffmann-Becking, Münchener Handbuch der Aktiengesellschaft, § 38, Rn. 41ff; *Wunsch*, BB 2011, 2315 ff.

1205 Unstr. vgl. nur *von Bülow* in Kölner Kommentar, WpÜG, § 30, Rn. 254; ders. In Veil (Hrsg.), Übernahmerecht in Praxis und Wissenschaft, S. 151; *Wackerbarth* in Münchener Kommentar, AktG, § 30, Rn. 59.

1206 Die wohl überwiegende Auffassung in der Literatur plädiert in dieser Konstellation abweichend von § 30 Abs. 2 WpÜG für einseitige Zurechnung zu demjenigen Aktionär, der den Pool beherrscht: Vgl. etwa *Diekmann* in Baums/Thoma, WpÜG, § 30, Rn. 87; *Casper*, ZIP 2003, 1469, 1474; *Veil* in Festschrift für Karsten Schmidt, S. 1645, 1653f.; *von Bülow* in Veil (Hrsg.), Übernahmerecht in Praxis und Wissenschaft, S. 152; *ders*. in Kölner Kommentar, WpÜG, § 30, Rn. 256; *Noack/Zetzsche* in

BaFin bleibt es auch dann bei einer wechselseitigen Zurechnung sämtlicher Stimmrechte an alle Poolmitglieder, wenn der Stimmrechtspool durch einzelne oder mehrere Poolmitglieder beherrscht wird. Dies führt dazu, dass ein Bieter, der einem Stimmrechtspool beitritt, dessen Aktien eine Beteiligung von mehr als 30 % an der Zielgesellschaft vermitteln, die Kontrolle über die Zielgesellschaft erlangt und die Pflichten des § 35 Abs. 1 und 2 WpÜG auslöst. Ist das Stimmrechtspoolmitglied innerhalb des Pools aber einflusslos, weil es sich auf gesicherter Grundlage einem Poolführer unterworfen[1207] hat, fehlt es an der tatsächlichen Möglichkeit des Poolmitglieds, die Kontrolle über die Zielgesellschaft auszuüben und es wird regelmäßig eine Befreiung gemäß § 9 S. 2 Nr. 2 WpÜG – Angebots-VO zu erteilen sein[1208]. Durch Nebenbestimmung wird die BaFin dafür Sorge tragen, dass die Angebotspflicht wieder auflebt, wenn sich die Einflussmöglichkeiten des Bieters dergestalt ändern, dass er nun auch materiell die Kontrolle ausüben kann[1209].

8. Fehlendes Schutzbedürfnis der Minderheitsaktionäre

Seit Inkrafttreten des WpÜG wird kontrovers diskutiert, ob eine Befreiung von der Angebotspflicht allein aus dem Grund möglich ist, dass die Minderheitsaktionäre weniger schutzbedürftig erscheinen.

a) Beschluss der Hauptversammlung der Zielgesellschaft über das Entfallen der Angebotspflicht?

Unter dem Aspekt einer vom Normalfall abweichenden Interessenverschiebung zugunsten des Bieters im Hinblick auf die Art der Kontrollerlangung werden Fälle diskutiert, in denen die Aktionäre der Zielgesellschaft entweder per se weniger schutzbedürftig erscheinen oder möglicherweise bereits auf den durch § 35 Abs. 2 und 1 WpÜG vermittelten Schutz direkt oder indirekt verzichtet haben.

Schwark/Zimmer, Kapitalmarktrechtskommentar, § 35 WpÜG, Rn. 19. A.A. *Merkner/Sustmann*, NZG 2009, 813, 818; *Braun*, NZG 2008, 928; *Strunk/Salomon/Holst* in Veil (Hrsg.), Übernahmerecht in Praxis und Wissenschaft, S. 1, 32; *Wunsch*, BB 2011, 2315, 2317.

1207 *Braun*, NZG 2008, 928, 932 (Stimmführerschaft eines Poolführers, Mehrfachstimmrechte).

1208 *Strunk/Salomon/Holst* in Veil (Hrsg.), Übernahmerecht in Praxis und Wissenschaft, S. 1, 32.

1209 *Strunk/Salomon/Holst* in Veil (Hrsg.), Übernahmerecht in Praxis und Wissenschaft, S. 1, 32.

Insbesondere in den Fällen der Kontrollerlangung infolge einer von der Hauptversammlung mit – gegebenenfalls qualifizierter – Mehrheit beschlossenen Kapitalmaßnahme wird diskutiert, ob der Bieter unter dem Gesichtspunkt einer erheblich verminderten Schutzbedürftigkeit der Aktionäre der Zielgesellschaft, die dem Kontrollerwerb mit ihrer Zustimmung zu der den Kontrollerwerb auslösenden Kapitalmaßnahme zumindest konkludent zugestimmt haben, von der Angebotspflicht befreit werden sollte.

aa) Individueller Verzicht der Aktionäre auf die Annahme des Angebots zulässig

Anerkannt ist, dass die Aktionäre der Zielgesellschaft durch individuelle schuldrechtliche Vereinbarung mit dem Kontrollerwerber darauf verzichten können, das Pflichtangebot anzunehmen[1210]. Diese Vereinbarung erzeugt aber lediglich Wirkung im privatrechtlichen Verhältnis zwischen verzichtendem Aktionär und Bieter und hat grundsätzlich keine Auswirkungen auf die Pflicht des Bieters, im Falle des Kontrollerwerbs ein Pflichtangebot abzugeben.

bb) Schutzverzicht der Aktionäre durch Zustimmung der Hauptversammlung zur Kapitalmaßnahme?

i) Kein konkludenter Verzicht auf Pflichtangebot durch Zustimmung der Aktionäre zur Kapitalmaßnahme

Beschließt eine qualifizierte Mehrheit in der Hauptversammlung eine den Kontrollerwerb des Bieters auslösende Kapitalmaßnahme – etwa eine Kapitalerhöhung unter Bezugsrechtsausschluss – führt dieser Beschluss noch nicht zu einer

---

1210 *Baums/Hecker* in Baums/Thoma, WpÜG, § 35, Rn. 205; ausführlich: *Schwarte*, Pflichtangebot im Anschluss an Verschmelzung und Spaltung, S. 157; der Bieter muss in der Angebotsunterlage detaillierte Angaben zur Finanzierung des Angebots machen. Nach der Verwaltungspraxis der BaFin sind Aktien derjenigen Aktionäre, die sich verpflichtet haben, das Angebot nicht anzunehmen, hierbei nur dann nicht zu berücksichtigen, wenn gewährleistet ist, dass das Angebot von diesen auch tatsächlich nicht angenommen werden kann; vgl. hierzu und zu der Kritik *Seydel* in Kölner Kommentar, WpÜG, § 11, Rn. 60. Vgl. auch die Angebotsunterlage des Pflichtangebots der Carl-Zeiss-Jena GmbH an die Aktionäre der Carl-Zeiss Meditec AG, in der auf S. 7 veröffentlich wurde, dass die Deutsche Effekten und Wechselbeteiligungsgesellschaft AG sich verpflichtet habe, auf die Annahme des Kaufangebots zu verzichten, die Angebotsunterlage ist abrufbar unter www.bafin.de. Zum umgekehrten Fall der sog. irrevocable undertakings, mit denen sich ein Aktionär im Vorfeld einer Übernahme unwiderruflich verpflichtet, ein Übernahmeangebot des Bieters anzunehmen, vgl. etwa *Meyer/Kiesewetter*, WM 2009, 340.

Interessenverschiebung zugunsten des Bieters, die eine Befreiung unter dem Gesichtspunkt der Art der Kontrollerlangung geboten erscheinen lässt. Hierfür könnte zwar sprechen, dass durch die Zustimmung zur Kapitalmaßnahme die Aktionäre mehrheitlich den Kontrollerwerb gebilligt haben. Allerdings dokumentiert ein Verschmelzungs- oder Kapitalbeschluss nicht zwingend, dass die Aktionäre davon ausgehen, dass die Nachteile des Kontrollerwerbs durch die aus der Transaktion resultierenden Vorteile aufgewogen werden[1211], der durch das Pflichtangebot vermittelte Schutz also verzichtbar wäre. Denkbar ist sogar, dass ein Aktionär einer Kapitalmaßnahme gerade wegen der Aussicht auf die Abgabe eines Pflichtangebots zustimmt[1212] oder dass ein Aktionär zwar der konkreten Umwandlung oder Kapitalerhöhung zustimmt, gleichwohl nicht auf sein Austrittsrecht aufgrund des Kontrollerwerbs eines Dritten verzichten will. Eine Auslegung als konkludenter Verzicht auf die Angebotspflicht wäre zudem nur dann gerechtfertigt, wenn der Kontrollerwerb des Bieters bei typisierter Betrachtung im Interesse der außenstehenden Aktionäre erfolgte. Ob dies im Falle einer Kapitalerhöhung schon deshalb der Fall ist, weil das vereinnahmte Kapital der gesamten Gesellschaft zugute kommen wird[1213], darf bezweifelt werden.

ii) Ausdrücklicher Verzicht de lege lata unbeachtlich

De lege lata führt aber auch ein ausdrücklicher und mit qualifizierter Mehrheit unter Ausschluss des Bieters gefasster Hauptversammlungsbeschluss der Zielgesellschaft, auf die Abgabe eines Pflichtangebots zu verzichten, nicht dazu, dass der Bieter von der Angebotspflicht befreit ist. Aus der Struktur der §§ 35 ff. WpÜG ergibt sich zunächst, dass nur die BaFin von einer entstandenen Angebotspflicht befreien kann[1214]; die Angebotspflicht selbst bleibt daher von einem entsprechenden Hauptversammlungsbeschluss unberührt. Eine Befreiung durch die BaFin kommt aber nur in Betracht, wenn einer der in § 37 Abs. 1 WpÜG aufgeführten Sachverhalte verwirklicht ist, in Betracht kommt insoweit allein die besondere Art der Kontrollerlangung.

1211 *Krause/Pötzsch/Seiler* in Assmann/Pötzsch/Schneider, WpÜG, § 37, Rn. 35; a.A. *Versteegen* in Kölner Kommentar, WpÜG, § 37, Rn. 44.

1212 *Heuber*, Befreiung vom Pflichtangebot, S. 173; *Ekkenga* in Ehricke/Ekkenga/Oechsler, WpÜG, § 37, Rn. 22; *Versteegen* in Kölner Kommentar, WpÜG, § 37, Rn. 44 sieht diese Prämisse dann als falsch an, wenn konkret offengelegt wird, dass die Befreiung erteilt wird.

1213 So etwa *Putnis* in Eaborn, Takeovers Law and Practice, Rn. 6.22 zur Ratio der *whitewash-procedure* des Takeover Code.

1214 *Schwarte*, Pflichtangebot im Anschluss an Verschmelzung und Spaltung, S. 144.

Zweifelhaft ist jedoch bereits, ob die Befreiung des Kontrollerwerbers von den Pflichten des § 35 Abs. 1 und 2 WpÜG überhaupt tauglicher Gegenstand eines aktienrechtlichen Hauptversammlungsbeschlusses sein kann[1215]. Da die Angebotspflicht in § 35 Abs. 2 WpÜG zumindest auch öffentlichen Interessen zu dienen bestimmt ist, wäre de lege lata ein entsprechender Hauptversammlungsbeschluss wohl gemäß § 241 Nr. 3 AktG nichtig[1216]. Erwägenswert ist daher allenfalls, ob ein derartiger Beschluss als „Empfehlung" im Rahmen der von der BaFin durchzuführenden Ermessensabwägung Berücksichtigung finden kann. Selbst wenn man dies annehmen wollte, würde eine Befreiung des Kontrollerwerbers aber weiterhin voraussetzen, dass ein Befreiungsgrund i.S.v. § 37 WpÜG vorliegt[1217]. Dass die die Kontrolle begründende Kapitalmaßnahme sich aber dadurch signifikant vom Normalfall der Art der Kontrollerlangung unterscheidet, dass die Aktionäre die Kontrollerlangung billigen und darüber hinaus mehrheitlich auf den Schutz eines Pflichtangebots verzichten, erscheint zweifelhaft. Hinzu kommt, dass jedenfalls für diejenigen Aktionäre, die dem Verzicht nicht zugestimmt haben, keine anderweitigen Schutzmechanismen greifen und keine Informationsrechte bestehen. Dass ein Mehrheitsbeschluss der Hauptversammlung de lege lata auch denjenigen Aktionären den durch das Pflichtangebot vermittelten Schutz entziehen könnte, die an der Beschlussfassung nicht beteiligt waren, erscheint zudem ohne ausdrückliche gesetzliche Regelung, die Voraussetzungen und Folgen einer Beschlussfassung genau definiert, das erforderliche (hohe) Quorum festlegt und ein Stimmverbot für den Bieter, seine Tochterunternehmen und mit ihm gemeinsam handelnde Personen anordnet[1218], mit dem Zweck des Minderheitenschutzes schwer zu vereinen. Nach geltendem Recht ist der durch die Angebotspflicht vermittelte Schutz der Aktionärsminderheit insoweit mehrheitsfest[1219].

1215 *Versteegen* in Kölner Kommentar, WpÜG, § 37, Rn. 45; vgl. zu den ungeschriebenen, d.h. über § 119 AktG hinausgehenden Beschlusskompetenzen der Hauptversammlung *Hoffmann* in Spindler/Stilz, AktG, § 119, Rn. 21ff.

1216 *Baums/Hecker* in Baums/Thoma, WpÜG, § 35, Rn. 205; *Merkt*, Festschrift für Schwark, S. 541.

1217 *Baums/Hecker* in Baums/Thoma, WpÜG, § 35, Rn. 206.

1218 *Versteegen* in Kölner Kommentar, WpÜG, § 37, Rn. 44.

1219 *Schwarte*, Pflichtangebot im Anschluss an Verschmelzung und Spaltung, S. 146; Zum österreichischen Recht: *Karollus/Geist*, NZG 2000, 1145 („mehrheitsfester Individualschutz durch Kontrahierungszwang gegenüber dem Kontrollerwerber").

cc) Gesetzgeberischer Reformbedarf?

Zu untersuchen ist, welche Gesichtspunkte für die Aufnahme einer Regelung sprechen, wonach die BaFin im Rahmen ihrer Befreiungsentscheidung an einen der Befreiung zustimmenden Beschluss der Hauptversammlung gebunden ist. Ein derartiger Beschluss müsste eine qualifizierte Mehrheit, ein hohes Quorum sowie ein Stimmverbot für den Kontrollerwerber, seine Tochterunternehmen und mit ihm gemeinsam handelnde Dritte vorsehen[1220]. Ferner müsste sichergestellt werden, dass die Aktionäre rechtzeitig vor der Hauptversammlung und detailliert über die Folgen einer Beschlussfassung informiert würden. Erforderlich wäre zumindest, dass den Aktionären die Informationen zur Verfügung stehen, die in einer Angebotsunterlage zu veröffentlichen wären. Der Übernahmekodex sah eine ähnliche Regelung vor[1221] und in Großbritannien existiert das detailliert geregelte Whitewash-Verfahren.

i) Minderheitsaktionärsschutz an sich nicht disponibel?

Teilweise wird ein Mehrheitsbeschluss über die Befreiung von der Angebotspflicht schon mit der Überlegung abgelehnt, der im WpÜG verankerte und durch das Pflichtangebot verwirklichte Schutz der Minderheitsaktionäre sei grundsätzlich mehrheitsfest und stehe auch nicht zur Disposition einer qualifizierten Mehrheit[1222]. Die Vorschriften der §§ 36 und 37 WpÜG zeigen aber gerade, dass der Schutz der Aktionärsminderheit durch andere Interessen begrenzt ist, § 9 Nr. 3 WpÜG-AngebotsVO belegt zudem, dass auch die Ziele des Kontrollerwerbers im Rahmen der Interessenabwägung berücksichtigungsfähig sind. § 33 Abs. 2

1220 *Versteegen* in Kölner Kommentar, WpÜG, § 37, Rn. 44.

1221 Vgl. dazu *Letzel*, NZG 2001, 260, 264. Nach dem Übernahmekodex der Börsensachverständigenkommission war gemäß Art. 16 Satz 3 Halbsatz 3 Variante 5 kein Pflichtangebot abzugeben, wenn innerhalb von 18 Monaten nach der Kontrollerlangung ein Hauptversammlungsbeschluss der Zielgesellschaft über die Befreiung von der Angebotspflicht herbeigeführt wurde. Der kontrollierende Aktionär war bei der Beschlussfassung nicht stimmberechtigt. Bis zum Zeitpunkt der Beschlussfassung war die Angebotspflicht suspendiert. Ein besonderer Befreiungstatbestand musste daneben nicht vorliegen. Dass der Gesetzgeber diese Regelung des Übernahmekodex nicht in das WpÜG übernommen hat, wird ebenfalls als Indiz dafür gesehen, dass ein Beschluss der Hauptversammlung der Zielgesellschaft für sich genommen keine Abweichung vom Normalfall des Kontrollerwerbs darstellt, der per se eine Befreiung nach § 37 Abs. 1 WpÜG rechtfertigen würde.

1222 *Heuber*, Befreiung vom Pflichtangebot, S. 171 meint, dass es in der Natur des Minderheitsaktionärsschutzes liegt, die Rechte einer Minderheit gerade nicht zur Disposition einer gleich wie großen Mehrheit zu stellen.

WpÜG erlaubt es der Hauptversammlung einer Zielgesellschaft außerdem, mit qualifizierter Mehrheit auf eine Verhinderung der Übernahme hinzuwirken, was zeigt, dass das Gesetz es doch erlaubt, durch Mehrheitsentscheidungen in Individualinteressen der Minderheitsaktionäre einzugreifen[1223].

ii) Missbrauch- und Umgehungsgefahr?

Vereinzelt wird die Einführung eines Whitewash-Verfahrens auch mit dem Hinweis auf angeblich bestehende Missbrauchs- und Umgehungsgefahren abgelehnt. Vereinzelt wird etwa auf die Möglichkeit hingewiesen, Verzichtsabsprachen durch Vereinbarung einer Abgeltungszahlung zu erreichen[1224], was wiederum der Zahlung von Paketzuschlägen ähnle, die nach der Wertung des WpÜG aber gerade allen Aktionären zugute kommen sollen[1225]. Dieses Argument vermag hingegen nicht zu überzeugen. Zum einen ist die preisliche Gleichbehandlung der Aktionäre nicht der alleinige Zweck der Angebotspflicht, zum anderen kann die BaFin bei der Befreiungsentscheidung eine eidesstattliche Versicherung des Bieters verlangen, dass Stimmenkäufe nicht stattgefunden haben[1226].

ii) Whitewash-Verfahren im Vereinigten Königreich

Nach Nummer 1 der *Notes on dispensations from rule 9* erteilt der Panel Befreiung von der Angebotspflicht, wenn die Überschreitung der Kontrollschwelle durch Ausgabe junger Aktien im Zuge einer Kapitalerhöhung geschieht und die außenstehenden Aktionäre der Zielgesellschaft der Befreiung von der Angebotspflicht durch eine Beschlussfassung der Hauptversammlung zugestimmt haben („*independent vote at a shareholder s meeting*"). Im britischen Takeover Code sind in dessen *appendix 1* detaillierte Verfahrensregelungen der Beschlussfassung und weitgehende Informationspflichten des Bieters enthalten, die sicherstellen, dass die Aktionäre der Zielgesellschaft detailliert und frühzeitig sowohl über den Kontrollerwerb als auch darüber informiert werden, dass eine Befreiung von der Angebotspflicht angestrebt wird und dass der Panel die Befreiung erteilen wird, wenn die Hauptversammlung dies beschließt[1227].

1223 *Ekkenga* in Ehricke/Ekkenga/Oechsler, WpüG, § 37, Rn. 22.
1224 *Heuber*, Befreiung vom Pflichtangebot, S. 171.
1225 *Heuber*, Befreiung vom Pflichtangebot, S. 171.
1226 *Versteegen* in Kölner Kommentar, WpÜG, § 37, Rn. 44.
1227 Vgl. Nr. 1 der Notes on dispensation und Appendix 1.

iii) Übertragbarkeit der britischen Erfahrungen?

Die Regelungen im Takeover Code sind trotz ihres unbestrittenen Modellcharakters im Zusammenhang mit den rechtstatsächlichen Rahmenbedingungen und der völlig anderen Beteiligungsstruktur englischer börsennotierter Unternehmen zu sehen und daher nicht ohne weiteres auf das deutsche Recht übertragbar. Der englische Kapitalmarkt zeichnet sich noch immer durch einen weit verbreiteten Streubesitz aus, viel häufiger als in Deutschland verfügen britische Gesellschaften noch immer nicht über einen Kontrollaktionär[1228]. Vor diesem Hintergrund ist die im angelsächsischen Rechtsraum verbreitete Annahme zu sehen, dass es die Aktionäre der Zielgesellschaft selbst sind, die am besten entscheiden können, ob der Kontrollerwerb ein Pflichtangebot nötig macht oder nicht[1229]. Dass hierbei möglicherweise die Interessen einzelner Minderheitsaktionäre unberücksichtigt bleiben, wird in Kauf genommen. In dem rechtstatsächlichen Umfeld Großbritanniens – hoch entwickelter Kapitalmarkt mit weit verbreitetem Streubesitz – kann auf die Richtigkeit von Mehrheitsentscheidungen jedoch viel eher vertraut werden als dies bei einer Aktionärsstruktur wie in Deutschland und Kontinentaleuropa der Fall ist[1230], was auch ein Grund dafür ist, dass sich der deutsche Gesetzgeber mit der Grundkonzeption des WpÜG insgesamt für ein vom angelsächsischen Vorbild abweichendes, eher dirigistisches System mit der BaFin als Aufsichtsbehörde und einem ausgeprägten Minderheitenschutz entschieden hat[1231].

Die britischen Erfahrungen sind daher nur eingeschränkt auf die in Deutschland andere Beteiligungsstruktur zu übertragen. So führt bei einer Aktionärsstruktur wie in Deutschland eine Übernahme in der Regel nicht zu einem erstmaligen Kontrollerwerb, sondern der Sache nach zu einem Kontrollwechsel, was dazu führt, dass die verbleibende Aktionärsminderheit relativ klein ist. Lässt man nun die Hauptversammlung unter Ausschluss des Kontrollerwerbers über die Befreiung von den Pflichten des § 35 WpÜG abstimmen, sind Zufallsmehrheiten möglich, was wiederum zu Lasten der Transaktionssicherheit geht[1232].

1228 *Hasselbach* in Kölner Kommentar, WpÜG, § 35, Rn. 124.

1229 *Hasselbach* in Kölner Kommentar, WpÜG, § 35, Rn. 13.

1230 *Kleindiek*, ZGR 2002, 546, 562 (zum Verhältnis Aktienkonzernrecht/Pflichtangebotsrecht).

1231 *Hasselbach* in Kölner Kommentar, WpÜG, § 35, Rn. 18.

1232 *Hasselbach* in Kölner Kommentar, WpÜG, § 35, Rn. 13; auf die unterschiedliche Aktionärsstruktur weist auch *Hasselbach* in Kölner Kommentar, § 35, Rn. 124 hin (anders noch die Vorauflage).

Allerdings ist zu überlegen, ob angesichts der skizzierten Veränderung der Aktionärsstruktur in Deutschland und der sich dem angelsächsischen Vorbild annähernden Kapitalmarktkultur eine Entscheidung der Hauptversammlung einer Behördenentscheidung nicht überlegen ist.

iv) Praktikabilitätserwägungen

Allerdings sprechen Praktikabilitätsgründe ebenso wie Zweifel an der Rechtssicherheit des Verfahrens gegen eine stärkere Beteiligung der Hauptversammlung. Die Durchführung eines am britischen *whitewash* orientierten Beschlussverfahrens wäre zum einen aufwendig und zum anderen würde ein einmal gefasster Hauptversammlungsbeschluss stets dem Risiko der Anfechtbarkeit unterliegen[1233]. Folge der Erhebung einer aktienrechtlichen Anfechtungsklage gegen den Whitewash-Beschluss wäre, dass für die Dauer des Anfechtungsverfahrens das Ergebnis der Abstimmung ungewiss wäre. Diese Ungewissheit über das Bestehen der Angebotspflicht ist schon mit dem Grundsatz der raschen Durchführung des Übernahmeverfahrens und dem Bestreben, die Geschäftstätigkeit der Zielgesellschaft nicht zu behindern (vgl. § 3 Abs. 4 WpÜG) nicht in Einklang zu bringen.

Diese Unsicherheit lässt sich auch nicht durch eine Einbindung der BaFin in das Whitewash-Verfahren beseitigen. Zwar ist grundsätzlich wünschenswert, dass ein Verfahren geschaffen wird, in dem die BaFin mit inter-omnes-Wirkung über das Bestehen oder Nichtbestehen der Angebotspflicht entscheiden kann. Denkbar wäre auch, dass die Informationen, die den Aktionären der Zielgesellschaft im Vorfeld der Hauptversammlung zu übermitteln sind, von der BaFin zu genehmigen sind. Dies beseitigt aber nicht die Gefahr der Erhebung einer aktienrechtlichen Anfechtungsklage durch einzelne Aktionäre. Dass die BaFin innerhalb eines Whitewash-Verfahrens über rein übernahmerechtliche Aspekte hinaus mit Bindungswirkung für die an der Übernahme Beteiligten auch über spezifisch aktienrechtliche Rechtsfragen wie Einberufungsmängel zur Hauptversammlung entscheiden soll, lässt sich nicht ohne systematischen Bruch in das bestehende Rechtschutzsystem einfügen.

Diese Bedenken gelten auch für einen anderen, an das Whitewashverfahren nur angelehnten Alternativvorschlag[1234]: So wird vorgeschlagen, die Hauptversammlung nur insoweit über die Billigung des Erwerbs der Beteiligung des Bieters beschließen zu lassen, als sie die Schwelle von 30 % übersteigt[1235].

1233 *Merkt*, Festschrift für Schwark, S. 541.

1234 *Baums/Hecker* in Baums/Thoma, WpÜG, § 35, Rn. 208.

1235 *Baums/Hecker* in Baums/Thoma, WpÜG, § 35, Rn. 208.

Werde der Erwerb gebilligt, sei das Angebotsverfahren zugunsten der Aktionäre fortzusetzen, die die Gesellschaft verlassen wollen. Finde der Erwerb des Bieters nicht die Zustimmung der Hauptversammlung, soll das Angebot per Gesetz unwirksam werden und der Bieter nur noch zur Ausübung von 30 % der Stimmrechte minus eine Aktie berechtigt sein[1236]. Gegen diesen Vorschlag sprechen jedoch Praktikabilitätserwägungen ebenso wie Gründe der Rechtssicherheit. Das vorgeschlagene Verfahren ist aufwendig und kompliziert[1237] und zudem besteht die Gefahr, dass Einberufungsmängel oder Fehler bei der Feststellung von Stimmverboten möglich erscheinen und der Hauptversammlungsbeschluss daher stets einem erheblichen Anfechtungsrisiko ausgesetzt wäre[1238].

dd) Ergebnis

Zwar spricht vieles dafür, dass eine Entscheidung der Hauptversammlung über die Notwendigkeit der Abgabe eines Pflichtangebots einer Behördenentscheidung überlegen sein kann. Sollte sich die in den letzten Jahren zu beobachtende Tendenz der stärkeren Verbreitung des Streubesitzes fortsetzen, und sollte es gelingen die durchschnittlichen Hauptversammlungspräsenzen weiter zu erhöhen, spricht materiell nichts dagegen, der Hauptversammlung die Entscheidung über die Abgabe eines Pflichtangebotes zu übertragen. Dies kann jedoch nur aufgrund einer gesetzlichen Grundlage erfolgen. De lege lata ist ein Verzicht der Hauptversammlung unbeachtlich. Gegen die Regelung eines Whitewash-Verfahrens und der Schaffung einer entsprechenden Hauptversammlungskompetenz in das WpÜG sprechen aber Gründe der Praktikabilität. Da Hauptversammlungsbeschlüsse stets einem erheblichen Anfechtungsrisiko unterliegen, bleibt es möglicherweise für die Dauer einer Anfechtungsklage ungewiss, ob ein Whitewash-Beschluss wirksam gefasst wurde oder nicht. Diese Ungewissheit lässt sich aber mit der gebotenen Beschleunigung des Übernahmeverfahrens sowie dem Bedürfnis nach Rechtssicherheit für Bieter und Zielgesellschaft jedoch nur schwer vereinbaren. Aus diesem Grund sollte von der Aufnahme eines Whitewash-Verfahrens in das WpÜG derzeit abgesehen werden.

1236 *Baums/Hecker* in Baums/Thoma, WpÜG, § 35, Rn. 208.

1237 Dies räumen *Baums/Hecker* in Baums/Thoma, WpÜG, § 35, Rn. 209 ein.

1238 *Baums/Hecker* in Baums/Thoma, WpÜG, § 35, Rn. 209.

b) Konkurrenzverhältnis zum Umwandlungsrecht

Ebenfalls unter dem Aspekt eines möglicherweise fehlenden Schutzbedürfnisses der Minderheitsaktionäre wird auch die Konkurrenz zwischen Übernahme- und Umwandlungsrecht diskutiert. Es geht hierbei um die Frage, ob die Pflichten des § 35 Abs. 1 und Abs. 2 WpÜG auch dann ausgelöst werden, wenn die Kontrolle durch Verschmelzungs- oder Spaltungsvorgänge nach dem Umwandlungsgesetz erlangt wird. Die Frage ist noch immer umstritten[1239].

Teilweise wird vertreten, das Umwandlungsgesetz sei im Verhältnis zu den übernahmerechtlichen Vorschriften lex specialis, und die umwandlungsrechtlichen Schutzmechanismen würden einen ausreichenden Schutz für die Aktionäre der Zielgesellschaft darstellen, so dass die Anwendung des § 35 WpÜG überflüssig wäre[1240].

Der Gesetzgeber hat das Konkurrenzverhältnis zwischen den umwandlungsrechtlichen und den übernahmerechtlichen Vorschriften nicht geregelt. Die Materialien enthalten aber Hinweise darauf, dass der Gesetzgeber offenbar von einer konkurrierenden Anwendbarkeit beider Regelungskomplexe ausgegangen ist. So heißt es in der Begründung des Regierungsentwurfs, dass die Zulässigkeit strukturändernder Maßnahmen, die sich nach aktien- oder umwandlungsrechtlichen Vorschriften richten, nach den jeweils einschlägigen Rechtsvorschriften zu beurteilen sei, nicht hingegen nach dem Regelungsregime des WpÜG[1241]. Schon dieser Hinweis lässt sich dahingehend deuten, dass der Gesetzgeber jedenfalls nicht dem Umwandlungsrecht einen Vorrang einräumen wollte, wofür auch die Begründung zu § 36 Nr. 2 WpÜG spricht, wonach § 36 Nr. 2 WpÜG nur Fälle außerhalb des Anwendungsbereichs des Fünften Buches des Umwandlungsgesetzes erfassen soll[1242]. Ein Hinweis darauf, dass in diesen Fällen das WpÜG ohnehin nicht anwendbar sei, fehlt.

Auch in der Sache sprechen die besseren Argumente für eine konkurrierende Anwendbarkeit der jeweiligen Regelungen: Umwandlungsrecht und

---

1239 Für die Anwendbarkeit des WpÜG im Falle der Kontrollerlangung durch Verschmelzung oder Spaltung: *Hasselbach* in Kölner Kommentar, WpÜG, § 35, Rn. 108; *Krause/Pötzsch* in Assmann/Pötzsch/Schneider, WpüG, § 35, Rn. 133 ff; *Meyer* in Geibel/Süßmann, WpÜG, § 35, Rn. 44; *Baums/Hecker* in Baums/Thoma, WpÜG, § 35, Rn. 110; *Fleischer*, NZG 2002, 545, 549; *Hopt* ZHR 166, 383, 397; *Lenz/Linke*, AG 2002, 361, 368; *Seibt/Heiser*, ZHR 165, 446 ff; *Schlitt/Ries* in Münchener Kommentar, AktG, § 35 WpÜG, Rn. 130 (im Einzelfall aber teleologische Reduktion möglich). Gegen die Anwendung des WpÜG in Verschmelzungs- oder Spaltungsfällen: *Grabbe/Fett*, NZG 2003, 755, 759; *Vetter*, WM 2002, 1999; *Weber-Rey/Schütz*, AG 2001, 325, 328 f.

1240 *Vetter*, WM 2002, 1999 ff; *Grabbe/Fett*, NZG 2003, 755, 759.

1241 Begr. RegE, BT-Drucks. 14/7034, S. 31.

1242 Begr. RegE, BT-Drucks. 14/7034, S. 31.

Übernahmerecht verfolgen unterschiedliche Regelungszwecke. Die Regelungen zum Pflichtangebot sollen es den Aktionären der Zielgesellschaft ermöglichen, im Falle des Kontrollerwerbs oder des Kontrollwechsels gegen eine angemessene Gegenleistung aus der Gesellschaft auszuscheiden. Der Gesetzgeber geht davon aus, dass ein Kontrollwechsel Rückwirkungen auf die Investitionsentscheidung des Aktionärs hat, dem daher der Ausstieg aus der Gesellschaft ermöglicht werden muss. Das Umwandlungsrecht sieht hingegen kein Austrittsrecht für die an einem Umwandlungssachverhalt beteiligten Aktionäre vor[1243], lediglich unter den Voraussetzungen des § 29 UmwG steht den Anteilsinhabern des übertragenden Rechtsträgers ein Austrittsrecht zu. Gemäß § 29 Abs. 1 UmwG steht das Austrittsrecht zudem nur denjenigen Anteilsinhabern zu, die gegen den Verschmelzungsbeschluss des übertragenden Rechtsträgers Widerspruch zur Niederschrift erklärt haben[1244].

Auch die im Falle eines Austrittsrechts geschuldete angemessene Barabfindung wird anders ermittelt als die Gegenleistung im Rahmen eines Pflichtangebots, insbesondere erfolgt nicht zwingend eine Orientierung am Börsenkurs[1245].

Im konzeptionell verbandsrechtlich[1246] ausgerichteten Übernahmerecht stehen Informations- und Entscheidungsteilhabe im Vordergrund[1247]. Zwar fällt die Beschlussfassung über umwandlungsrechtliche Vorgänge unter die Hauptversammlungskompetenz. Das bedeutet aber nicht, dass die Gleichbehandlung der Aktionäre durch die Festsetzung eines festen Umtauschverhältnisses gewährleistet wird, was ein Pflichtangebot entbehrlich mache[1248]. Die Schutzrichtung des Pflichtangebotsrechts zielt auf den Anlegeraktionär, dem eine Möglichkeit zum Exit aus der Gesellschaft gegeben werden soll, weil die Kontrollerlangung oder der Kontrollwechsel die Grundlage seiner Investitionsentscheidung

---

1243 Ob den Gesellschaftern eines nicht kontrollierten Rechtsträgers im Falle der Verschmelzung auf einen bereits kontrollierten Rechtsträger auch außerhalb des Anwendungsbereichs des § 29 UmwG ein Austrittsrecht aus der Gesellschaft nach allgemeinen Grundsätzen zusteht, ist umstritten. Vgl. *Simon* in Kölner Kommentar, UmwG, § 29, Rn. 59 m.w.N.

1244 Vgl. dazu *Stratz* in Schmitt/Hörtnagl/Stratz, UmwG, § 29, Rn. 15, zur Ausnahme gem. § 29 Abs. 3 ders. § 29 UmwG, Rn. 17; *Marsch-Barner* in Kallmeyer, UmwG, § 29, Rn. 11; *Kalss* in Semler/Stengel, UmwG, § 29, Rn. 21.

1245 *Hasselbach* in Kölner Kommentar, WpÜG, § 35.

1246 *Simon* in Kölner Kommentar, UmwG, § 29, Rn. 58.

1247 Vgl. *Kleindiek*, ZGR 2002, 546, 569: Das „Voting by Voice" des Umwandlungsrecht steht dem „Exit" als konzeptionelles aliud gegenüber.

1248 So aber *Weber-Rey/Schütz*, AG 2001, 325, 328.

verändert[1249]. Der durch das Pflichtangebot vermittelte Aktionärsschutz ist insoweit auch marktrechtlich konzipiert[1250].

Auch im Zusammenhang mit umwandlungsrechtlichen Sachverhalten wird teilweise argumentiert, mit der Zustimmung zum Umwandlungs- bzw. Spaltungsbeschluss dokumentiere der betroffene Aktionär sein Einverständnis mit der Kontrollerlangung, weshalb unter diesem Gesichtspunkt von einem erheblich herabgesetzten Schutzbedürfnis auszugehen sei, das entweder die Angebotspflicht automatisch entfallen lassen oder zumindest die Befreiung des Bieters von den Pflichten des § 35 Abs. 1 und 2 WpÜG ermöglichen soll. Diese Auffassung ist aus den oben genannten Gründen abzulehnen, die Zustimmung zu einem Umwandlungsbeschluss dokumentiert nicht zugleich einen Verzicht auf ein Pflichtangebot bzw. ein Austrittsrecht aus der Gesellschaft.

Dieses Ergebnis entspricht auch der Rechtslage in Österreich. Unter Geltung des österreichischen Übernahmegesetzes wurde das Verhältnis von Übernahme- und Umwandlungsrecht anlässlich der Übernahme der Bank Austria durch die Bayerische Hypo-Vereinsbank AG im Jahr 2000 intensiv diskutiert[1251]. Der österreichische Gesetzgeber hat nunmehr klargestellt, dass das Umwandlungsrecht neben dem Übernahmerecht parallele Anwendung findet[1252].

9. Rechtspolitische Kritik an Regelungsstruktur

a) Regelungstechnik

§ 37 Abs. 1 WpÜG benennt auf Tatbestandsseite fünf Gründe, die zu einer abweichenden Interessenbewertung führen und eine Befreiung von der Angebotspflicht rechtfertigen können. Hierbei wird lediglich in der Alternative des nachträglichen Unterschreitens der Kontrollschwelle ein konkreter Tatbestand

1249 *Kleindiek*, ZGR 2002, 546, 568.

1250 *Kleindiek*, ZGR 2002, 546, 568.

1251 Vgl. *Karollus/Galz*, NZG 2000, 1145; *Binder/Khol*, ecolex 2000, 875; aus dem deutschen Schrifttum: *Schwarte*, Das Pflichtangebot im Anschluss an Verschmelzung und Spaltung, S. 106 f; *Kleindiek*, ZGR 2002, 546, 565.

1252 Vgl. auch die Stellungnahme der Übernahmekommission in Sachen HVB/Bank Austria vom 12.09.2000, GZ 2000/1/4-171, abgedruckt in NZG 2001, 182 ff. Dem dort zu beurteilenden Sachverhalt lag jedoch eine besondere Konstellation, nämlich ein mehrstufiger Umgründungsvorgang zugrunde. Vgl. zum Verhältnis Umgründungsrecht-/Übernahmerecht ferner *Huber* in Huber, ÜbG, § 22, Rn. 51 ff.

benannt, an den die Angebotspflicht anknüpft, wohingegen die anderen Alternativen lediglich relevante Parameter benennen[1253]. Zwar sind die Befreiungsgründe in § 37 Abs. 1 WpÜG offen und weit formuliert[1254], gleichwohl regt sich sein Inkrafttreten des WpÜG Kritik an der Regelungstechnik des Gesetzgebers. So wird bezweifelt, ob eine Befreiung tatsächlich nur unter den Gesichtspunkten in Betracht kommt, die § 37 Abs. 1 WpÜG abschließend aufzählt. Der Gesetzgeber hätte besser eine Generalklausel vorsehen sollen, nach der eine Befreiung immer dann in Betracht kommt, wenn Besonderheiten des Einzelfalls ein besonderes Interesse des Bieters an einer Befreiung begründen, das das Interesse der Aktionäre der Zielgesellschaft an einem Pflichtangebot deutlich überwiegt[1255]. In diesem Zusammenhang wurde kritisiert, der Gesetzgeber habe nur willkürlich Fallgruppen benannt, die er bei Fassung der Norm im Auge hatte[1256] und es sei schlicht nicht möglich, alle Fälle, in denen eine Befreiung geboten ist, abschließend zu definieren[1257]. Auch da § 37 WpÜG die Funktion habe, einen Ausgleich zur rigiden Verpflichtung des § 35 WpÜG herzustellen, sei der Gesetzgeber dazu aufgerufen, eine Befreiungsmöglichkeit auch generell zu eröffnen[1258].

Diese Argumente erscheinen aus mehreren Gründen nicht überzeugend. Der Blick in das europäische Ausland zeigt, dass in vielen Mitgliedsstaaten der EU ähnliche oder identische Befreiungstatbestände bestehen.[1259] Es handelt sich hierbei ganz offensichtlich um besonders bedeutende Fallgruppen, weshalb die Aufzählung nicht willkürlich ist, sondern im Gegenteil das Ergebnis einer europäischen Konsensbildung aufgrund praktischer Erfahrungen.[1260] Die Regeln

---

1253 *Versteegen* in Kölner Kommentar, WpÜG, § 37, Rn. 20 hält dies für einen systematischen Bruch, der zeige, dass der Vorschrift insgesamt ein konzeptioneller Unterbau fehle. Ähnlich: *Hecker* in Baums/Thoma, WpÜG, § 37, Rn. 1ff.; *Wiesbrock*, NZG 2005, 294.

1254 *Merkt*, Festschrift Schwark, S. 528.

1255 *Versteegen* in Kölner Kommentar, WpÜG, § 37, Rn. 19; *Ekkenga/Hofschroer*, DStR 2002, 768, 772; *Hecker* in Baums/Thoma, WpÜG, § 37, Rn. 3; *Schlitt/Ries* in Münchener Kommentar, AktG, § 37 WpÜG, Rn. 16.

1256 *Versteegen* in Kölner Kommentar, WpÜG, § 37, Rn. 19 („erratisches Vorgehen").

1257 *Schlitt/Ries* in Münchener Kommentar, AktG, § 37 WpÜG, Rn. 16; ähnlich Begr. RegE, BT-Drucks. 14/7034, S. 81; *Bernau*, WM 2004, 809, 811, der aus verfassungsrechtlichen Gründen die Aufzählung der Befreiungsgründe schon de lege lata als nicht abschließend betrachtet.

1258 *Versteegen* in Kölner Kommentar, WpÜG, § 37, Rn. 19.

1259 *Merkt*, Festschrift für Schwark, S. 530.

1260 *Merkt*, Festschrift für Schwark S. 530.

stehen auf einer breiten rechtsvergleichenden Legitimationsgrundlage, von einer willkürlichen Aufzählung kann daher keine Rede sein.[1261]

Eine Änderung der Regelungstechnik durch die Einführung einer Generalklausel wäre daher nur dann erwägenswert, wenn die Praxis der Rechtsanwendung und die mit dem WpÜG bislang gesammelten Erfahrungen gezeigt hätten, dass Fallgruppen existierten, die eine Befreiung des Bieters geboten erscheinen lassen und die nicht unter die in § 37 WpÜG aufgeführten Befreiungsgründe zu subsumieren sind, oder wenn die Regelungstechnik durch Generalklausel einer kasuistischen Tatbestandstruktur per se überlegen wäre. Beides ist jedoch nicht der Fall.

b) Überblick über Regelungstechniken

Im internationalen Bilanzrecht, aber auch in der deutschen Diskussion um die Bewältigung der festgestellten Defizite in der kapitalmarktrechtlichen Beteiligungstransparenz wird eine intensive Debatte über die richtige Form der Rechtssetzung geführt[1262]. Zu unterscheiden ist zunächst die Regelung eines Rechtsstoffes durch Generalklausel oder kasuistische Regelungen.

aa) Generalklausel

Generalklauseln beschreiben mit großer Allgemeinheit einen Fallbereich und führen diesen der rechtlichen Behandlung zu. Dies ermöglicht eine größere Gruppe von Sachverhalten lückenlos einer bestimmten Rechtsfolge zu unterwerfen[1263]. Ist es nicht möglich, alle denkbaren Fälle, die geregelt werden sollen, im Vorhinein zu antizipieren, kann eine Regelung durch Generalklausel dazu beitragen, die gewünschte Flexibilität zu erreichen, um eine gleichmäßige Rechtsanwendung zu gewährleisten. Mit dieser Flexibilität geht allerdings auch die Rechtsunsicherheit einher, ob ein bestimmter Sachverhalt von der Generalklausel erfasst ist oder nicht.

bb) Kasuistische Tatbestandsstruktur

Eine kasuistische Tatbestandsstruktur umschreibt den Tatbestand hingegen in seiner ganz speziellen Eigenart und unterwirft diesen Tatbestand der gewünschten

---

1261 *Merkt*, Festschrift für Schwark, S. 530, begrüßt die zu beobachtende „Rechtsharmonisierung von unten".

1262 *Schneider/Anzinger*, ZIP 2009, 1, 9 sehen etwa in der kasuistisch angelegten Tatbestandsstruktur des § 22 WpHG eine „Einladung zur Vermeidung von Mitteilungspflichten und zu Umgehungen". Vgl. hierzu auch *Baums/Sauter*, ZHR 173, 454–504.

1263 *Wahl/Englisch*, Einführung in das juristische Denken, S. 122.

Rechtsfolge[1264]. Eine kasuistische Tatbestandsfassung ist aus diesem Grund immer der Gefahr ausgesetzt, den Rechtsstoff nur fragmentarisch und vorläufig zu bewältigen[1265]. Es besteht dann zum einen die Gefahr, dass die speziell beschriebenen Tatbestände umgangen werden[1266] oder dass Sachverhalte nicht erfasst werden, die nach Norm, Zweck und Willen des Gesetzgebers der Norm unterfallen sollten[1267]. Umgehungssachverhalte spielen in Bezug auf die Befreiungsgründe in der Rechtsanwendung jedoch keine Rolle und können gegebenenfalls durch die Ermessensausübung der BaFin bewältigt werden, die es ermöglicht, eine Befreiung auch zu versagen.

cc) Prinzipiengeleitete Regelungstechnik

Insbesondere in den USA wird eine intensive Diskussion über eine prinzipiengeleitete Regelungstechnik geführt[1268], die im Bilanzrecht ihren Anfang genommen hat[1269]. Im Unterschied zu einer Generalklausel formulieren Prinzipien keinen Tatbestand, an den eine Rechtsfolge anknüpft, sondern sie definieren ein Regelungsziel[1270], gegebenenfalls mit Tatbestandsmerkmalen kombiniert. Durch die gesetzliche Verankerung des Regelungsziels wird die teleologische Auslegung aufgewertet[1271].

1264 *WahlEnglisch*, Einführung in das juristische Denken, S. 119.

1265 *WahlEnglisch*, Einführung in das juristische Denken, S. 122.

1266 Ausführlich zu Umgehungsversuchen im Kapitalmarktrecht *Schneider/Anzinger*, ZIP 2009, 1.

1267 *Baums/Sauter*, ZHR 173, 454, sehen es nicht als erheblichen Nachteil einer kasuistischen Regelung an, dass diese der Gefahr ausgesetzt ist, den Marktentwicklungen hinterherzulaufen. Dass Umgehungskonstruktionen möglicherweise nicht erfasst werden, sei im Vergleich zu der Einführung einer Generalklausel das deutlich geringere Übel (jeweils zur kapitalmarktrechtlichen Beteiligungstransparenz).

1268 Vgl. etwa *Roel C. Campos*, Speech by SEC Commissioner: Principles v. Rules, vom 14.06.2007, abrufbar unter www.sec.gov. Eine ähnliche Diskussion findet auch im englischen Kapitalmarktrecht statt: Eine prinzipiengeleitete Regulierung ist übergeordnetes Leitprinzip der FSA, versucht wird, das FSA-Regelwerk auf Generalklauseln aufzubauen (*high level standards*), die die Regulierungsziele vorgeben (*outcome-based approach*), um schneller und flexibler auf neue Entwicklungen des Wirtschaftsrechts zu reagieren, s.a. *Veil/Wundenberg*, Englisches Kapitalmarktrecht, S. 9f m.w.N.

1269 *Schneider*, Festschrift für Michael Gruson, S. 100

1270 *Schneider*, Stellungnahme anlässlich der öffentlichen Anhörung zum Entwurf eines Gesetzes zur Stärkung des Anlegerschutzes und Verbesserung der Funktionsfähigkeit des Kapitalmarkts.

1271 *Schneider*, Stellungnahme anlässlich der öffentlichen Anhörung zum Entwurf eines Gesetzes zur Stärkung des Anlegerschutzes und Verbesserung der Funktionsfähigkeit des Kapitalmarkts.

In der Rechtsanwendung wird auch die Implementierung von Rechtsprinzipien dazu führen, dass wiederum schrittweise Fallgruppen gebildet werden, sei es durch konkretisierende Verordnungen, Richtlinien, durch Entscheidungen der Gerichte oder Erfahrungen in der Praxis[1272]. Auf diese Weise wird Rechtsunsicherheit, die zwangsläufig sowohl mit Rechtsprinzipien basierter Regelung als auch mit offen formulierten Tatbeständen verbunden ist, entgegengewirkt. Hier werden auch Parallelen zur kasuistischen Regelungstechnik deutlich, bei der es sich genau umgekehrt verhält: Die Einzelfallregelungen führen dazu, dass mit der Zeit hieraus Prinzipien abgeleitet werden[1273], die bei Bewältigung neuer Sachverhalte herangezogen werden können.

dd) Ergebnis

Jede Regelungstechnik hat Vor- und Nachteile, es hat daher eine Abwägung stattzufinden zwischen der Rechtssicherheit, die eine kasuistische Regelung bietet und der mit einer prinzipienbasierten Regelungstechnik oder mit einer Generalklausel erreichten Flexibilität der Rechtsanwendung. Festzuhalten ist, dass auch im Falle der Implementierung einer Generalklausel die Praxis eine bestimmte Kasuistik entwickeln wird, sei es in Form von Verwaltungsentscheidungen, Leitfäden oder Merkblättern der BaFin[1274]. Die streitigen Rechtsfragen werden zudem nur noch verkürzt als Rechtsanwendungsdebatte zwischen BaFin und den Betroffenen geführt[1275]. Gerade bei den seit Inkrafttreten des WpÜG kontrovers diskutierten, möglicherweise befreiungswürdigen Fallgruppen – etwa über eine stärkere Beteiligung der Hauptversammlung – ist aber eine rechtspolitische Diskussion wünschenswert, die äußerst komplexen Sachverhalte sollten nicht in wenig transparenter Weise durch administrative Einzelentscheidungen bewältigt werden. Die Praxis erwartet zudem auch in Bezug auf die Befreiungsmöglichkeiten zu Recht klare Antworten auf die Frage nach bestehenden Befreiungsmöglichkeiten und brauchbaren Abgrenzungskriterien, um Transaktionssicherheit zu erreichen und die Möglichkeit einer Befreiung zu antizipieren. Die Einführung einer Generalklausel – auf die auch im europäischen Ausland nicht ausschließlich vertraut wird[1276] – ist daher derzeit aus rechtssystematischen Gründen nicht geboten.

1272 *Schneider,* Festschrift für Gruson, S. 100.
1273 *Schneider,* Festschrift für Gruson, S. 101.
1274 *Schneider*, Festschrift für Gruson S. 100 (Emittentenleitfaden der BaFin als „amtlicher Kommentar zum WpHG“).
1275 *Baums/Sauter*, ZHR 173, 454 (zur kapitalmarktrechtlichen Beteiligungstransparenz).
1276 *Merkt*, Festschrift für Schwark, S. 539.

c) *Kaum relevante Fallgruppen, die nicht bewältigt werden können, Ergebnis*

Gesetzgeberischer Reformbedarf würde daher nur dann bestehen, wenn die Rechtspraxis gezeigt hätte, dass praktisch relevante Fallgruppen eine Befreiung auch im Hinblick auf die Funktion des Pflichtangebots geboten erscheinen lassen, sich de lege lata aber keinem der in § 37 Abs. 1 WpÜG aufgeführten Befreiungsgründen zuordnen lassen. Dies ist aber nicht der Fall[1277]. Die bisherige Erfahrung mit der Anwendung der Befreiungsmöglichkeiten zeigt zum einen, dass die Befreiungsanträge in der Praxis weit überwiegend erfolgreich sind, was belegt, dass keine Anträge zu Sachverhalten gestellt werden, die der Bieter für befreiungswürdig hält, die in der Folge dann aber negativ zu bescheiden sind. Hinzu kommt, dass von der Vielzahl der normierten Befreiungsgründe etliche überhaupt keine praktische Relevanz besitzen und sich die ganz überwiegende Anzahl der Befreiungsanträge auf wenige Befreiungstatbestände konzentriert.[1278] Die Praxis fordert zwar teilweise eine Erweiterung der Befreiungsmöglichkeiten, begründet wird diese Forderung aber fast ausschließlich mit der finanziellen Belastung des Bieters infolge der Angebotspflicht[1279] Die finanzielle Belastung des Bieters ist aber kein Umstand, der eine Befreiung von der Angebotspflicht rechtfertigen würde, sondern richtet sich gegen die Angebotspflicht an sich. Die Verwaltungspraxis der BaFin zeigt auch, dass diejenigen Fälle, in denen ein Bedürfnis für eine Befreiung von der Angebotspflicht besteht, auch bewältigt werden können. Dies betrifft insbesondere die Fallgruppen, die bei Inkrafttreten des WpÜG kontrovers diskutiert wurden. Für eine Beibehaltung der fallgruppenbezogenen Regelung spricht auch der bereits erwähnte rechtsvergleichende Befund, dass sich die Befreiungsmöglichkeiten stark ähneln: Denn so sind grenzüberschreitend agierende Marktteilnehmer mit den Regelungen zumindest im Ansatz vertraut[1280]. Aus diesem Grund ist es derzeit nicht angezeigt, § 37 Abs. 1 WpÜG durch eine Generalklausel zu ersetzen.

10. Ergebnis zu § 37 WpÜG

Die Untersuchung der Befreiungsmöglichkeiten gemäß § 37 WpÜG hat ergeben, dass die in der Praxis bedeutendsten Fallgruppen, die befreiungswürdig

---

1277 So schon *Klepsch* in Steinmeyer/Häger, WpÜG, § 37, Rn. 4; *Meyer* in Geibel/Süßmann, WpÜG, § 37, Rn. 4.

1278 *Merkt*, Festschrift für Schwark, S. 539 fordert aus diesem Grund gar die Streichung der nicht relevanten Befreiungsgründe.

1279 Aus dem jüngeren Schrifttum etwa: *von Falkenhausen*, ZHR 174, 293, 297.

1280 *Merkt*, Festschrift für Schwark, S. 539.

erscheinen, bewältigt werden können. Die rechtsvergleichende Umschau hat zudem gezeigt, dass es sich entgegen anderslautender Kritik aus der Literatur gerade nicht um willkürliche Fallgruppen handelt, die § 37 WpÜG benennt, sondern dass die Befreiungsmöglichkeiten in anderen Rechtsordnungen ähnlich sind. Erwägenswert ist allenfalls, eine Befreiungsmöglichkeit für den Fall des beabsichtigten Squeeze-Out aufzunehmen. Die BaFin erteilt in diesem Fall zwar unter engen Voraussetzungen Befreiung von der Angebotspflicht, und erzielt so auf flexible Weise sachgerechte Ergebnisse. Die Praxis hat weiter gezeigt, dass von der Vielzahl der Befreiungsgründe in § 37 Abs. 1 WpÜG sowie in § 9 WpÜG AngebotsVO etliche keine oder nur eine ganz untergeordnete Rolle spielen. Aus diesem Grund erscheint es erwähnenswert, einzelne Befreiungsgründe wegen Bedeutungslosigkeit zu streichen. Die bisherigen Erfahrungen haben auch gezeigt, dass ebenso wie im Falle des § 36 WpÜG die weit überwiegende Zahl der auf § 37 WpÜG gestützten Anträge auch positiv beschieden wird. Auf Grund des Umstands, dass in § 37 WpÜG keine echten Tatbestände formuliert werden, sondern lediglich die Aspekte benannt werden, unter denen sich der Kontrollerwerb vom Normalfall unterscheiden muss, um eine Privilegierung zu ermöglichen, liegt eine Änderung der Regelungstechnik dahingehend, die genannte Befreiungsgründe als gesetzliche Ausnahme von der Angebotspflicht zu regeln, jedoch weniger nahe als in den Fällen des § 36 WpÜG. Zudem belegt die Untersuchung der einzelnen Fallgruppen von § 37 WpÜG, dass häufiger als bei den Befreiungen nach § 36 WpÜG Nebenbestimmungen der BaFin erforderlich sein werden. Aus diesen Gründen bietet es sich an, bei § 37 WpÜG das bisherige Verfahren beizubehalten und eine konstitutive Behördenentscheidung über die Befreiung von der Angebotspflicht beizubehalten. Auf diese Weise kann die BaFin im Rahmen der Ermessensausübung diejenigen Nebenbestimmungen treffen, die erforderlich sind, um den Zweck der jeweiligen Befreiungsmöglichkeit wirksam zu verwirklichen.

Im Übrigen ist es zumindest derzeit nicht angebracht, von der Fallgruppenlösung in § 37 Abs. 1 WpÜG abzuweichen und die Fallgruppen durch eine Generalklausel zu ersetzen. Die Einführung einer Generalklausel hätte gegenüber der jetzigen Regelung keine wesentlichen Vorteile, würde jedoch zu erheblicher Rechtsunsicherheit führen.

E. Ansprüche der Aktionäre bei pflichtwidrig unterlassenem Pflichtangebot

Seit Inkrafttreten des WpÜG wird kontrovers diskutiert, ob die Angebotspflicht zwangsweise durchgesetzt werden kann und welche Rechtsschutzmöglichkeiten die an einer Übernahme Beteiligten haben[1281] und ob systematische, teleologische oder rechtspolitische Gründe für eine Reform des im WpÜG nur rudimentär geregelten Rechtsschutzsystems sprechen. Im Folgenden kann diesen Fragen nur insoweit nachgegangen werden, als ein Zusammenhang mit der Befreiung von der Angebotspflicht und dem Befreiungsverfahren vor der BaFin besteht. Zu untersuchen ist daher, ob die Aktionäre der Zielgesellschaft am Befreiungsverfahren vor der BaFin zu beteiligen sind und ob sie eine von der BaFin erlassene Befreiungsverfügung mit Rechtsmitteln angreifen können. Schließlich ist zu prüfen, ob die Aktionäre zivilrechtlich gegen einen Bieter vorgehen können, der trotz Erreichens oder Überschreitens der Kontrollschwelle - sei es aufgrund einer Befreiungsverfügung der BaFin oder aus sonstigen Gründen - kein Pflichtangebot abgibt.

I. Beteiligtenstellung der Aktionäre der Zielgesellschaft im Befreiungsverfahren vor der BaFin

Rechtsprechung, BaFin und die überwiegende Auffassung in der Literatur lehnen es ab, den Aktionären der Zielgesellschaft Beteiligtenstellung im Befreiungsverfahren einzuräumen. Da das WpÜG insoweit keine Sonderregelung enthält, richtet sich die Beteiligtenstellung nach § 13 VwVfG[1282]. Da die Aktionäre der Zielgesellschaft keine geborenen Beteiligten im Sinne des § 13 Abs. 1 Nr. 1–3 VwVfG sind, können sie Beteiligtenstellung nur durch eine Hinzuziehung zum Verfahren erlangen.

1. Notwendige Beiladung

Eine notwendige Hinzuziehung der Aktionäre der Zielgesellschaft zu dem Befreiungsverfahren durch die BaFin nach § 13 Abs. 2 Satz 2 VwVfG kommt

1281 Ausführlich: *Simon*, Rechtsschutz im Hinblick auf ein Pflichtangebot.

1282 *Von Bülow* in Kölner Kommentar, WpÜG, § 36, Rn. 85.

nur dann in Betracht, wenn der Ausgang des Befreiungsverfahrens für diese rechtsgestaltende Wirkung hätte, d.h. wenn durch den möglicherweise ergehenden Verwaltungsakt – d.h. die Befreiungsverfügung zugunsten des Bieters – zugleich und unmittelbar Rechte der Minderheitsaktionäre begründet, aufgehoben oder geändert würden[1283]. In diesem Sinne rechtsgestaltend wirkt die Befreiungsverfügung aber nicht, da eine Befreiung von der Angebotspflicht die Rechtspositionen der Aktionäre der Zielgesellschaft nicht verändert[1284] und daher die BaFin-Entscheidungen in Bezug auf die Befreiung von den Pflichten des § 35 WpÜG für die Aktionäre der Zielgesellschaft auch keine rechtsgestaltende Wirkung entfalten.

2. Einfache Beiladung

Eine einfache Hinzuziehung nach § 13 Abs. 2 Satz 1 VwVfG kommt nur dann in Betracht, wenn die Interessen des Hinzuzuziehenden durch den Ausgang des Verfahrens berührt werden können. Relevant sind nur Interessen, die durch Rechtsnormen geschützt werden[1285]. Ausgangspunkt der Überlegung ist daher die Frage, ob das WpÜG bzw. einzelne Normen – insbesondere die Angebotspflicht in § 35 WpÜG – den Aktionären ein subjektiv-öffentliches Recht vermitteln. BaFin, Rechtsprechung[1286] und die überwiegende Auffassung in der Literatur[1287] lehnen dies ab.

1283 Vgl. zur notwendigen Hinzuziehung *Kopp/Ramsauer*, VwVfG, § 13, Rn. 39.

1284 Str. wie hier: *Pohlmann*, ZGR 2007, 1, 27; OLG Frankfurt, Beschl. v. 27.05.2003, Az. WpÜG 1/03 = ZIP 2003, 1297; *von Bülow* in Kölner Kommentar, WpüG, § 36, Rn. 86; *Hecker* in Baums/Thoma, WpÜG, § 36, Rn. 91; dies gilt jedenfalls dann, wenn man zivilrechtliche Ansprüche aus §§ 35, 38 WpÜG de lege lata ablehnt; a.A. *Cahn*, ZHR 167, 301, 304; *Seibt*, ZIP 2003, 1865, 1875.

1285 *Pohlmann*, ZGR 2007, S. 1, S. 24; *Gerstner/Heck* in Beck'scher Onlinekommentar VwVfG, § 13, Rn. 19; *Kopp/Ramsauer*, VwVfG, § 13, Rn. 35.

1286 OLG Frankfurt/Main, Beschl. v. 09.10.2003, Az. WpÜG 03/03 (kein Akteneinsichtsrecht der Aktionäre); OLG Frankfurt/Main, Beschl. v. 27.05.2003, Az. WpÜG 1/03 = DB 2003, 1373, 1374 (keine Hinzuziehung der Aktionäre zum Befreiungsverfahren); OLG Frankfurt/Main, Beschl. v. 04.07.2003, Az. WpÜG 4/03 (kein Rechtsschutz gegen Genehmigung eines Übernahmeangebots); vgl. hierzu auch BVerfG, Beschl. v. 02.04.2004, Az. 1 BvR 1620/03: Die Verfassungsbeschwerde wurde nicht zur Entscheidung angenommen; OLG Frankfurt, Beschl. v. 05.12.2011, Az. WpÜG 1/11 (keine Erzwingung eins behördlichen Einschreitens gegen den Bieter.

1287 *Döhmel* in Assmann/Pötzsch/Schneider, WpÜG, § 4, Rn. 24; *Steinmeyer* in Steinmeyer/Häger, WpÜG, § 35, Rn. 108; *Ihrig*, ZHR 167, 315, 319; *Ehricke* in Ehricke/Ekkenga/Oechsler, WpÜG, § 48, Rn. 17; *Pohlmann*, ZGR 2007, 1, 19; *Möller*, ZHR

Gemäß § 4 Abs. 2 WpÜG nimmt die BaFin die ihr nach dem WpÜG zugewiesenen Aufgaben und Befugnisse im öffentlichen Interesse wahr. Umstritten ist, ob der Gesetzgeber durch diese Formulierung lediglich das Entstehen drittgerichteter Amtspflichten oder auch die Existenz subjektiver Rechte Dritter insgesamt ausschließen wollen.

Die Regelung in § 4 Abs. 2 WpÜG ähnelt vergleichbaren Vorschriften des Wirtschaftsaufsichtsrechts, die heute durch § 4 Abs. 4 FinDAG ersetzt worden sind[1288]. Durch den Vergleich mit diesen Vorschriften und durch eine Analyse ihrer Entstehungsgeschichte erschließt sich Zweck und Regelungsgehalt der sog. „Öffentlichkeitsklausel" in § 4 Abs. 2 WpÜG[1289]. Durch vergleichbare Vorschriften im Wirtschaftsaufsichtsrecht wollte der Gesetzgeber jeweils das Entstehen von Amtshaftungsansprüchen ausschließen, denn gemäß § 839 BGB, Art. 34 GG ist für die Geltendmachung von Amtshaftungsansprüchen erforderlich, dass eine Amtspflicht in sachlicher Hinsicht gerade das verletzte Rechtsgut und in persönlicher Hinsicht gerade dessen Inhaber schützen soll, was nur dann der Fall ist, wenn der Zweck der Vorschrift zumindest auch die Wahrnehmung der Interessen Einzelner ist[1290]. Diese Drittgerichtetheit der Amtspflichten wollte der Gesetzgeber der genannten Vorschriften des früheren Wirtschaftsaufsichtsrechts bzw. durch § 4 Abs. 4 FinDAG ausschließen[1291].

Trotz verfassungsrechtlicher Bedenken der Literatur gegen die genannten Regelungen hat die Rechtsprechung die Vorschriften als mit den Grundrechten und dem verfassungsrechtlichen Schutzauftrag des Gesetzgebers vereinbar angesehen[1292]. Die Materialien zu § 4 Abs. 2 WpÜG verweisen auf die Begründung von § 4 Abs. 2 WpHG a.F.

167, 301, 302; *Lenz*, NJW 2003, 2073, 2075; *Merkt*, Festschrift Schwark, S. 547; *Braun*, Befreiung vom Pflichtangebot, passim; *Noack* in Schwark/Zimmer, Kapitalmarktrechtskommentar, § 4 WpÜG, Rn. 13.

1288 Zu nennen sind etwa § 6 Abs. 4 KWG und § 4 Abs. 2 WpHG a.F.

1289 *Cahn*, ZHR 167, 262, 285.

1290 *Sprau* in: Palandt, § 839, Rn. 44.

1291 Anlass zur Einführung des § 6 Abs. 4 KWG a.F. waren BGH-Entscheidungen, in denen der BGH feststellte, dass Einlagegläubiger Amtshaftungsansprüche gegen das Bundesaufsichtsamt für Kreditwesen geltend machen können, da dieses Amtspflichten auch gegenüber den Einlagegläubigern wahrnehme, vgl. BGH, Urt. v. 15.02.1979 – „Wetterstein" und BGH Urt. v. 12.07.1979 – „Herstatt-Entscheidung".

1292 OLG Köln, Urt. v. 11.01.2001 = WM 2001, 1372, 1374; BGH, Urt. v. 20.01.2005 = WM 2005, 369 (zu § 4 Abs. 4 FinDAG bzw. § 6 Abs. 4 KWG); die verfassungsrechtlichen Bedenken in Bezug auf § 6 Abs. 4 KWG a.F. skizziert *Ritz* in Baums/Thoma, WpÜG, § 4, Rn. 26 m.w.N.

Selbst wenn man aus dem Ausschluss von Amtshaftungsansprüchen und dem beschriebenen Zweck der Aufsichtstätigkeit allein noch nicht den Schluss ziehen will, dass hierdurch nicht nur Ansprüche Dritter auf behördliches Einschreiten ausgeschlossen sind, sondern generell keine Befugnis Dritter anzuerkennen ist, Rechtsbehelfe zu ergreifen[1293], zeigt doch der Gang des Gesetzgebungsverfahrens, dass der Gesetzgeber den Vorschriften des WpÜG keinen individualschützenden Charakter beimessen wollte[1294] und dass subjektive öffentliche Rechte Einzelner insgesamt ausgeschlossen werden sollten.

Dieser Annahme steht auch nicht entgegen, dass der Gesetzgeber andererseits ausdrücklich den gesetzgeberischen Willen äußerte, durch das WpÜG „insbesondere die rechtliche Stellung von Minderheitsaktionären bei Unternehmensübernahmen" zu stärken und „die Information und Transparenz für die betroffenen Wertpapierinhaber und Arbeitnehmer zu verbessern"[1295].

Die beschriebenen Gesetzeszwecke sollen unter Geltung des WpÜG nicht durch die Gewährung subjektiver öffentlicher Rechte, sondern durch die Schaffung von Rahmenbedingungen für ein geordnetes Angebots- und Übernahmeverfahren[1296] erreicht werden. Der Schutz der Minderheitsaktionäre soll dadurch verwirklicht werden, dass zunächst auf Ebene der Gesetzgebung und – in einem zweiten Schritt – bei der konkreten Rechtsanwendung einzelner Normen die typisierten Gruppeninteressen der Minderheitsaktionäre berücksichtigt werden. Nach diesem Verständnis ist der Minderheitenschutz überindividuell ausgeprägt und findet nur als Teilaspekt des Funktionenschutzes des Kapitalmarktes an sich Ausdruck und Berücksichtigung[1297]. Der Anlegerschutz soll nach diesem Verständnis nicht durch eine Ausgestaltung subjektiven Individualschutzes verwirklicht werden, sondern dadurch, dass durch Schaffung eines entsprechenden öffentlich-rechtlichen

---

1293 Zu dem Zusammenhang zwischen dem Zweck der behördlichen Aufsichtstätigkeit und der Schutzrichtung des materiellen Rechts vgl. *Cahn*, ZHR 167, 262, 287f.

1294 So beruht die Streichung des im Regierungsentwurf noch vorgesehenen § 42 WpÜG auf einer Änderungsempfehlung des Finanzausschusses, die das Plenum übernommen hat, vgl. Finanzausschuss zum RegE WpÜG, BT-Drucks. 14/7477, S. 70; dieser Vorgang zeigt, dass der Gesetzgeber Drittschutz insgesamt ausschließen wollte; vgl. auch Finanzausschuss zum RegE 2. FMFG, BT-Drucks. 12/7918 S. 100 linke Spalte. Dort wird in der Begründung zu § 4 Abs. 2 WpHG a.F. ausdrücklich darauf hingewiesen, dass der Schutz einzelner Anleger „bloßer Rechtsreflex" sei.

1295 BT-Drucks. 10/7034, S. 28.

1296 *Giesberts* in Kölner Kommentar, WpüG, § 4, Rn. 60 sieht ein Spannungsverhältnis zwischen dem einerseits gewollten Ausschluss aller subjektiven Rechte und dem Ziel des Gesetzes, die rechtliche Stellung von Minderheitsaktionären zu stärken.

1297 *Caspari*, NZG 2005, 98.

Rahmens Bedingungen für ein insgesamt faires Übernahmeverfahren geschaffen werden, die von der BaFin als neutraler Instanz überwacht werden, was lediglich mittelbar – als Rechtsreflex[1298] – die Stellung der Minderheitsaktionäre schützt[1299]. Verfassungsrechtlich kann es zwar geboten sein, Dritten eine Schutzmöglichkeit gegenüber einer Entscheidung durch die BaFin einzuräumen. Dies wird man aber nur annehmen können, wenn für den Dritten eine Grundrechtsverletzung in Folge eines qualifizierten Eingriffs vorliegt und die Maßnahmen einen schweren, unerträglichen Eingriff darstellen[1300]. Eine schwere Betroffenheit in grundrechtlich geschützten Rechtsgütern der Minderheitsaktionäre ist im Zusammenhang mit der Pflichtangebotsregelung aber nur schwer denkbar[1301]: unterbleibt ein Pflichtangebot zu Unrecht oder wird ein Pflichtangebotsverfahren nicht ordnungsgemäß durchgeführt oder nicht erfolgreich abgeschlossen, mag dies eine Rechtsverletzung, möglicherweise auch eine Amtspflichtverletzung der BaFin darstellen, die sich möglicherweise wirtschaftlich negativ auf die Aktionäre auswirkt. Gleichwohl führt nicht jede Rechtsverletzung auch zu einer Grundrechtsverletzung[1302] schließlich sind die Aktionäre in Bezug auf Pflicht- und Übernahmeangebote allenfalls hinsichtlich einer Geschäftschance betroffen[1303], nicht jedoch in dem von Art. 14 GG geschützten Eigentum[1304].

Auch die EU-Übernahmerichtlinie verlangt nicht die Gewährung subjektiver Rechte zu Gunsten der Minderheitsaktionäre[1305]. Nach dem 8. Erwägungsgrund

1298 Vgl. etwa BT-Drucks. 12/7918 S. 100 linke Spalte. Dort wird in der Begründung zu § 4 Abs. 2 WpHG a.F. ausdrücklich darauf hingewiesen, dass der Schutz einzelner Anleger „bloßer Rechtsreflex“ sei. Ähnlich: *Caspari,* NZG 2005, S. 98.

1299 *Caspari*, NZG 2005, 100.

1300 *Giesberts* in Kölner Kommentar, WpüG, § 4, Rn. 80. Ein solcher Fall wird im Zusammenhang mit der Durchführung eines Angebotsverfahrens jedoch kaum denkbar sein.

1301 *Noack* in Schwark/Zimmer, Kapitalmarktrechtskommentar, § 4 WpÜG, Rn. 16.

1302 *Noack* in Schwark/Zimmer, Kapitalmarktrechtskommentar, § 4 WpÜG, Rn. 16: Anders nur in dem seltenen Fall, in dem durch eine rechtswidrige Befreiungsverfügung zugunsten eines Bieters ein Dritter, der zwar 30 % der Stimmrechte, aber weniger Stimmrechte als der zu Unrecht befreite Bieter hält, zum Pflichtangebot „genötigt“ werde.

1303 *Möller*, ZHR 167, 301, 305.

1304 A.A. *Ihrig*, ZHR 167, 315: Eine rechtswidrige Befreiungsverfügung der BaFin verletze die Aktionäre unmittelbar in ihrem Grundrecht aus Art. 14 GG. § 35 WpÜG stelle eine Inhaltsbestimmung des Mitgliedschaftrechts dar, dessen Schranke die Befreiungsmöglichkeit ist. Eine rechtswidrige Befreiungsverfügung sei von dieser Schranke nicht mehr gedeckt.

1305 *Merkt*, Festschrift Schwark, S. 545.

der EU-Übernahmerichtlinie soll die Entscheidung darüber „(...), ob Rechte vorzusehen sind, die in Verwaltungs- oder Gerichtsverfahren gegen eine Aufsichtsstelle oder zwischen Parteien des Angebots geltend gemacht werden können, (...)" den Mitgliedsstaaten überlassen werden. Die Mitgliedsstaaten haben hierdurch weites Ermessen[1306].

3. Ergebnis

Im Ergebnis führt der Ausschuss subjektiv-öffentlicher Rechte dazu, dass der Minderheitsaktionär keinen Anspruch gegen die BaFin geltend machen kann, die Angebotspflicht eines Bieters durchzusetzen[1307] oder sonstige Aufsichtsmaßnahmen zu erlassen.

Ferner sind die Aktionäre der Zielgesellschaft auch nicht widerspruchs- oder beschwerdebefugt. So verlangt die Verpflichtungsbeschwerde im Sinne von § 48 Abs. 3 WpÜG in Übereinstimmung mit der Parallelnorm in § 42 Abs. 2 VwGO ebenfalls ein subjektiv öffentliches Recht auf Einschreiten, das den Aktionären aber nicht zusteht, da die BaFin nur im öffentlichen Interesse tätig wird[1308]. Unabhängig davon, wie § 48 Abs. 2 WpÜG in Bezug auf Anfechtungsbeschwerden im Einzelnen auszulegen ist[1309], spricht vieles dafür, neben der formalen Beteiligtenstellung, die schon nicht gegeben ist, außerdem eine Rechtsbeeinträchtigung zu verlangen[1310], die aus den genannten Gründen nicht vorliegt.

Ferner kann der Minderheitsaktionär de lege lata auch nicht gegen Befreiungsentscheidungen der BaFin mit Rechtsmitteln oder gerichtlich vorgehen. Aus § 4 Abs. 2 WpÜG ergibt sich vielmehr, dass den Aktionären der Zielgesellschaft kein Verwaltungsrechtsschutz zukommen sollte[1311].

1306 Vgl. hierzu auch: *Mülbert*, NZG 2004, 633, 635.

1307 *Merkt*, Festschrift Schwark, S. 547; *Schnorbus*, WM 2003, 657, 660; *Ihrig*, ZHR 167, 315, 349.

1308 *Pohlmann*, ZGR 2007, S. 1, 30.

1309 Vgl. hierzu ausführlich *Simon*, Rechtsschutz im Hinblick auf ein Pflichtangebot nach § 35 WpÜG, S. 60 f.

1310 Welche Kriterien hier im Einzelnen aufzustellen sind, ist streitig, vgl. hierzu etwa *Simon*, Rechtsschutz im Hinblick auf ein Pflichtangebot, S. 60 f.; der Grad der erforderlichen materiellen Beschwer wird unterschiedlich eingestuft.

1311 *Simon*, NZG 2005, 541; OLG Frankfurt/Main, Beschl. v. 27.05.2003 = NZG 2003, 729f.

II. Ansprüche der Aktionäre der Zielgesellschaft bei Nichtabgabe eines Pflichtangebots

1. Zivilrechtliche Ansprüche gegen den Bieter

Zunächst unabhängig von dem festgestellten Ausschluss subjektiv-öffentlicher Rechte der Minderheitsaktionäre ist die ebenso lebhaft diskutierte Frage zu beurteilen, ob den Aktionären der Zielgesellschaft bei einem pflichtwidrig unterlassenen Pflichtangebot zivilrechtliche Ansprüche gegen den Bieter zustehen. Streitig ist schon der genaue Anspruchsinhalt, teilweise wird ein Anspruch der Aktionäre auf Abnahme ihrer Aktien zu einer angemessenen Gegenleistung angenommen[1312], wobei sich die angemessene Gegenleistung dann anhand der Vorschriften der §§ 31 WpÜG, 3–5 WpÜG AngebVO ermitteln soll. Andere formulieren einen Anspruch des Bieters auf angemessene Gegenleistung Zug um Zug gegen Andienung der Aktien[1313]. Als denkbare Anspruchsgrundlagen wird ebenfalls eine Vielzahl von Normen diskutiert, ein Schwerpunkt der Diskussion liegt auf der Frage, ob § 35 WpÜG selbst Anspruchsqualität zukommt[1314] oder ob die Norm zumindest Schutzgesetz iSd. § 823 Abs. 2 BGB ist[1315], vereinzelt wird ein besonderer Kontrahierungszwang angenommen- Wieder andere plädieren für einen speziellen außervertraglichen Abfindungsanspruch der außenstehenden Aktionäre. Kaum noch zu überblicken sind zudem die – schon auf den Anspruchsinhalt bezogen uneinheitliche – Versuche, aus § 38 WpÜG zivilrechtliche Direktansprüche der außenstehenden Aktionäre herzuleiten[1316]. Als Anspruchsgrundlagen werden auch § 826 BGB sowie eine allgemeine gesellschaftsrechtliche Treuepflicht vorgeschlagen.

1312 *Seibt*, ZIP 2004, 1829; *ders.* ZIP 2003, 1865, 1873; *Wagner*, NZG 2003, 718.

1313 *Ekkenga/Hofschroer*, DStR 2002, 768, 777; *Ihrig*, ZHR 167, 315, 349.

1314 *Ihrig*, ZHR 167, 315, 348f.; *Seibt*, ZIP 2003, 1865, 1876.

1315 *Hasselbach* in Kölner Kommentar, WpÜG, § 35, Rn. 278; *Ekkenga/Schulz* in Ehricke/Ekkenga/Oechsler, WpÜG, § 35, Rn. 75; *Baums/Hecker* in Baums/Thoma, WpÜG, § 35, Rn. 297.

1316 *Schnorbus*, WM 2003, 657, 663 (Schadensersatznorm); *Hecker* in Baums/Thoma, WpÜG, § 38, Rn. 10; *Ihrig*, ZHR 167, 315, 348; *Schlitt/Ries* in Münchener Kommentar, AktG, § 38 WpÜG, Rn. 2 (von Bestand einer Hauptforderung unabhängiger Anspruch); *Simon*, NZG 2005, 541, 543 (vertragsinhaltsgestaltende Bestimmung); *Steinmeyer* in Steinmeyer/Häger, WpÜG, § 38, Rn. 4 (kein selbständig durchsetzbarer isolierter Zinsanspruch).

Der BGH schließt zivilrechtliche Ansprüche von Aktionären bei unterlassenem Pflichtangebot aus[1317].

Im Ergebnis bestehen gegen alle Versuche, de lege lata einen zivilrechtlichen Anspruch der außen stehenden Aktionäre zu begründen, erhebliche Bedenken.

a) § 35 WpÜG als Anspruchsgrundlage?

Diejenigen Autoren, die § 35 WpÜG als zivilrechtliche Anspruchsgrundlage verstehen, gehen überwiegend davon aus, dass Ansprüche nur der einzelne Aktionär in Bezug auf die von ihm gehaltenen Aktien geltend machen kann. Selbstverständlich ist dies nicht, denkbar ist auch ein Verständnis, wonach § 35 WpÜG jedem Aktionär einen Anspruch gegen den Bieter gewährt, ein ordnungsgemäßes Pflichtangebot an alle Aktionäre abzugeben, was vereinzelt auch vertreten wurde[1318].

In der Tat sprechen die besseren Gründe dafür, de lege lata eine auf § 35 WpÜG gestützte Klagemöglichkeit der Aktionäre abzulehnen. Schon der Wortlaut von § 35 WpÜG enthält keinerlei Anhaltspunkte dafür, dass der Norm Anspruchsqualität zukommt[1319]. Dies gilt sowohl für eine Klage der Aktionäre auf Angebotsabgabe, als auch für Klagen des einzelnen Aktionärs auf Abnahme der eigenen Aktien[1320]. Neben dem ausdrücklichen Wortlaut von § 35 WpÜG, der ausschließlich Pflichten des Bieters formuliert und keinerlei Aussage zu Ansprüchen des einzelnen Aktionärs trifft, spricht auch eine Aussage des Gesetzgebers bei Schaffung des KapMuG[1321] gegen die Annahme einer Anspruchsqualität von § 35 WpÜG. Nach § 1 Abs. 1 Ziff. 3 KapMuG können Erfüllungsansprüche aus Verträgen, die auf einem Angebot nach dem WpÜG beruhen, Gegenstand eines Musterfeststellungsantrags sein. Der

---

1317 BGH, *Urt.* v. 11.06.2013 - II ZR 80/12; vgl. auch *Merkner/Sustmann*, NZG 2013, 1087 sowie *Witt*, LMK 2013, 351281.

1318 *Noack* in Schwark/Zimmer, Kapitalmarktrechtskommentar, 3. Aufl. Die Ansicht, dass die Aktionäre eine Klage auf Angebotsabgabe erheben können, wurde in der 4. Aufl. ausdrücklich aufgegeben; vgl. *Noack/Zetzsche* in: Schwark/Zimmer, Kapitalmarktsrechtskommentar, § 35 WpÜG, Rn. 53.

1319 *Merkt*, Festschrift für Schwark, S. 578.

1320 *Noack/Zetzsche* in Schwark/Zimmer, Kapitalmarktrechtskommentar, § 35 WpÜG, Rn. 53; *Steinmeyer* in Steinmeyer/Häger, WpÜG, § 35, Rn. 108 hat die in der Erstauflage vertretene Auffassung eines unmittelbar aus § 35 Abs. 2 Satz 1 folgenden Individualanspruch aufgegeben, vgl. § 35, Rn. 109.

1321 Gesetz über Musterverfahren in kapitalmarktrechtlichen Streitigkeiten (Kapitalanleger-Musterverfahrensgesetz) vom 01.11.2005, BGBl. I 2005, 2437.

Regierungsbegründung ist zu entnehmen, dass die Regelung in Nr. 3 begrenzt ist auf Erfüllungsansprüche bestehender Verträge, deren Grundlage Angebote nach dem WpÜG sind. Ausdrücklich nicht erfasst werden soll der Abschluss entsprechender Verträge, da das WpÜG entsprechende Individualansprüche von Anlegern auf den Abschluss solcher Verträge nicht vorsehe[1322].

Daneben sprechen auch systematische Gründe gegen eine Qualifizierung von § 35 WpÜG als Anspruchsgrundlage: § 35 Abs. 2 WpÜG legt dem Kontrollerwerber nur die aufsichtsrechtliche[1323] Pflicht auf, ein Verfahren nach § 14 WpÜG durchzuführen, auf die Aktionäre der Zielgesellschaft oder gar auf etwaige Geldleistungsansprüche der Aktionäre bezieht sich die Norm gerade nicht[1324].

Aus § 35 lassen sich daher zivilrechtliche Ansprüche der Minderheitsaktionäre gegen den Bieter nicht herleiten.

b) § 823 Abs. 2 BGB als Anspruchsgrundlage

Ein zivilrechtlicher Anspruch der Aktionäre der Zielgesellschaft ergibt sich de lege lata auch nicht aus § 823 Abs. 2 BGB i.V.m. § 35 Abs. 2 Satz 1 Hs.2 WpÜG. Voraussetzung hierfür wäre, dass § 35 WpÜG Schutzgesetz im Sinne des § 823 Abs. 2 BGB wäre. Eine Norm ist Schutzgesetz in diesem Sinne, wenn sie den Schutz eines anderen bezweckt, wenn sie also zumindest auch dazu dienen soll, den Einzelnen gegen die Verletzung eines bestimmten Rechtsguts zu schützen, wobei es auf den Zweck der jeweiligen Norm und darauf ankommt, ob der Gesetzgeber bei Erlass der Norm Rechtsschutz, wie er wegen der behaupteten Verletzungen beansprucht wird, zu Gunsten von Einzelpersonen intendiert hat[1325]. Dies ist aber bei § 35 Abs. 2 WpÜG nicht der Fall, die Interessen der Minderheitsaktionäre wurden vom Gesetzgeber nur in typisierter Betrachtung berücksichtigt. Vieles spricht dafür, dass der Schutz der Minderheitsaktionäre nur ein Rechtsreflex der als öffentlich-rechtlich zu qualifizierenden Angebotspflicht ist[1326]. Die Schutzgesetzqualität erscheint zum einen auf Grund der Äußerungen

---

1322 Begr. RegE, BT-Drucks. 15/5091, S. 20. Vgl. zu den in Frage kommenden Erfüllungsansprüchen nach WpÜG etwa *Kruis* in Kölner Kommentar, KapMuG, § 1, Rn. 102ff.

1323 *Steinmeyer* in Steinmeyer/Häger, WpÜG, § 35, Rn. 108; *Simon*, NZG 2005, 541; *Krause/Pötzsch* in Assmann/Pötzsch/Schneider, WpÜG, § 35, Rn. 252.

1324 *Simon*, NZG 2005, 541. Anders insoweit verschiedene Vorschriften, die auf die Aktionäre als Berechtigte eines Abfindungsanspruchs abstellen wie §§ 305, 327 b AktG.

1325 *Sprau* in: Palandt, § 823, Rn. 57.

1326 *Steinmeyer* in Steinmeyer/Häger, WpÜG, § 35, Rn. 112.

des Gesetzgebers zum KapMuG zweifelhaft[1327]. Zum anderen erscheint es auch nicht konsequent, dem Gesetzgeber zu unterstellen, § 35 WpÜG solle im öffentlich-rechtlichen Kontext nur öffentliche Interessen schützen, im zivilrechtlichen Kontext hingegen auch den Schutz von Individualinteressen vermitteln[1328]. Selbst wenn man davon ausgeht, dass aufgrund der unterschiedlichen Zielrichtung von Öffentlichem Recht und Privatrecht[1329] eine Norm auch dann Schutzgesetz im Sinne von § 823 Abs. 2 BGB sein kann, wenn ihr keine für einen verwaltungsrechtlichen Drittwiderspruch erforderliche drittschützende Wirkung zukommt[1330], wird man dies nur bei einem entsprechenden Willen des Gesetzgebers, einen individuellen Schadensersatzanspruch zu schaffen, annehmen können[1331]. § 35 WpÜG vermittelt also auch im Kontext des § 823 Abs. 2 BGB keinen Individualschutz und ist daher kein Schutzgesetz im Sinne dieser Norm[1332].

c) *Kein außervertraglicher Abfindungsanspruch; kein gesetzliches Schuldverhältnis zwischen Bieter und Minderheitsaktionär*

Es besteht auch keine dogmatisch überzeugende Möglichkeit, einen zivilrechtlichen Anspruch aus einem zwischen Bieter und Aktionären bestehenden gesetzlichen Schuldverhältnis[1333] zu konstruieren, das dem einzelnen Aktionär einen Anspruch auf Abfindung gegen Übertragung seiner Anteile gewährt. Das

---

1327 A.A. *Hasselbach* in Kölner Kommentar, WpÜG, § 35, Rn. 278 (sehr begrenzte Aussagekraft hinsichtlich der Auslegung des § 35 WpÜG); im Ergebnis auch *Veil* in Kölner Kommentar, KapMuG, 1. Aufl. 2008, § 31 WpÜG, Rn. 8.

1328 *Merkt*, Festschrift für Schwark, S. 549.

1329 *Simon*, NZG 2005, 541.

1330 So *Simon*, NZG 2005, 541, 542 sowie *Mülbert/Schneider*, WM 2003, 21, 2308 mit Fn. 48 und dem Hinweis auf die Vorschirft des § 15 Abs. 6 WpHG, wonach die Norm kein Schutzgesetz im Sinne des § 823 Abs. 2 darstellt. Diese Regelung wäre andernfalls überflüssig, da gemäß § 4 Abs. 4 FinDAG die Bundesanstalt ihre Aufgaben nur im öffentlichen Interesse wahrnimmt.

1331 BGH, Urt. vom 08.06.1976, Az. VI ZR 50/75.

1332 *Noack/Zetzsche* in Schwark/Zimmer, Kapitalmarktrechtskommentar, § 35 WpÜG, Rn. 54; *Simon*, Rechtsschutz im Hinblick auf ein Pflichtangebot, S. 252ff.; *Krause/Pötzsch* in Assman/Pötzsch/Schneider, WpÜG, § 35, Rn. 253; a.A. unter Hinweis auf den vom Gesetzgeber ausdrücklich gewollten Schutz der Minderheitsaktionäre: *Baums/Hecker* in Baums/Thoma, WpÜG, § 35, Rn. 297; *Hasselbach* in Kölner Kommentar, WpÜG, § 35, Rn. 278; *Ihrig*, ZHR 167, 315, 349; *Veil* in Kölner Kommentar, KapMuG, 1. Aufl. 2008, § 31 WpÜG, Rn. 8 (Schadensersatzanspruch der Aktionäre kann Gegenstand eines Kapitalanleger-Musterverfahrens sein).

1333 *Mülbert/Schneider*, WM 2003, 2301, 2308 ff.

Entstehen eines gesetzlichen Schuldverhältnisses im Falle des Kontrollerwerbs setzte ebenfalls voraus, dass Normen des WpÜG bzw. das Überschreiten der Kontrollschwelle eine Sonderbeziehung[1334] zwischen Bieter und Aktionär begründen, was wiederum nur dann der Fall ist, wenn man § 35 Abs. 2 WpÜG eine derartige Bedeutung beimessen will, was im Widerspruch zum oben gefundenen Ergebnis steht, dass § 35 WpÜG keinen individualschützenden Charakter hat, weder im öffentlich-rechtlichen noch im zivilrechtlichen Kontext[1335].

Auch aus § 826 BGB ergibt sich kein Anspruch des einzelnen Aktionärs auf Abnahme seiner Aktien gegen den Bieter, da ein solcher Anspruch ein sittenwidriges, nach der zum Kapitalmarktrecht bisher ergangenen BGH-Rechtsprechung[1336] also verwerfliches Handeln des Bieters voraussetzt. Die einfache Nichtabgabe eines Pflichtangebots dürfte die Schwelle zu diesem verwerflichen, die Schädigung der Kapitalanleger in Kauf nehmenden Handeln kaum einmal überschreiten[1337]. Auch die gesellschaftsrechtliche Treuepflicht kann nicht zur Begründung eines zivilrechtlichen Anspruchs des einzelnen Aktionärs herangezogen werden. Ein Anspruch des Aktionärs auf Abnahme der von ihm gehaltenen Aktien ergibt sich auch nicht § 38 WpÜG. Es ist nicht richtig, dass die Verzinsungspflicht gemäß § 38 WpÜG voraussetzt, dass ein Hauptanspruch zu Grunde liegt, der nur auf Abgabe eines Pflichtangebots gerichtet sein könnte. § 38 WpÜG knüpft nicht an einen bestehenden Anspruch auf die Gegenleistung[1338], sondern als Sanktion an einen Verstoß gegen die Pflichten des Bieters aus § 35 WpÜG an, die im öffentlichen Interesse bestehen. Jedoch hat der BGH[1339] zumindest Zweifel daran

---

1334 Nach traditionellem Begriffsverständnis ist ein Schuldverhältnis, das auch gesetzlich entstehen kann, eine Sonderverbindung zwischen zwei Personen, kraft derer die eine von der anderen eine Leistung zu fordern berechtigt ist. Schuldverhältnisse ohne primäre Leistungspflicht sind bei entsprechender Sonderverbindung ebenfalls denkbar, in diesem Fall sind die Regeln des Schuldrechts in Bezug auf Verhaltens- oder Schutzpflichten anwendbar. Vgl. *Grüneberg* in Palandt, BGB, vor § 145, Rn. 3ff.

1335 A.A. *Zschocke/Berresheim*, BKR 2004, 301, 307: Kontrollerwerb führt zu schuldrechtlicher Sonderbeziehung iSe. c.i.c. zwischen Kontrollerwerber und Zielgesellschaftsaktionär, der nach Kontrollerlangung auf die Angabe eines Pflichtangebots vertraut.

1336 S. etwa zur Haftung der Unternehmensleitung im Falle falscher Ad-hoc-Mitteilungen: BGH, Urt. vom 19.7.2004 – II ZR 402/02 = DStR 2004, 1490; BGH, Urt. vom 19.7.2004 – II ZR 218/03 NJW 2004, 2664 = NZG 2004, S. 816 (Infomatec).

1337 *Merkt*, Festschrift für Schwark, S. 549.

1338 *Merkt*, Festschrift für Schwark, S. 548.

1339 BGH, Urt. v. 18.09.2006, Az. II ZR 137/05, vgl. hierzu Besprechung von *Uhlendorf*, DB 2006, 2452.

geäußert, dass es sich bei dem Zinsanspruch aus § 38 WpÜG um einen selbständig durchsetzbaren Anspruch handelt[1340].

2. Ergebnis

Aktionäre der Zielgesellschaft können daher die Abgabe eines Pflichtangebots ebenso wenig erzwingen wie die Abnahme ihrer Aktien. Dies gilt sowohl für einen Anspruch gegen die BaFin auf Anordnung eines Pflichtangebots als auch für dahingehende zivilrechtliche Ansprüche gegen den Bieter. Das WpÜG sieht de lege lata eine Klagemöglichkeit der außenstehenden Aktionäre schlicht nicht vor[1341].

III. Gesetzgeberischer Reformbedarf?

Umstritten ist, ob der Gesetzgeber dazu aufgerufen ist, eine Klagemöglichkeit der außenstehenden Aktionäre zu schaffen. Für die Einführung einer Klagemöglichkeit spricht schon die Lebhaftigkeit der Diskussion, die ebenso wie die Vielzahl der genannten Begründungsversuche belegen, dass Individualrechtsschutz benötigt wird[1342]. Hinzu kommt die grundsätzliche Überlegung, dass der Minderheitenschutz zwar auch allein dadurch verwirklicht werden kann, dass Rahmenbedingungen geschaffen werden, die ein faires Übernahmeverfahren gewährleisten, diese aber nicht gegen die Gewährung zivilrechtlicher Ansprüche des Minderheitsaktionärs sprechen. Es ist kein Grund ersichtlich, warum das eine das andere ausschließen sollte, insbesondere spricht nichts dagegen, die öffentlich-rechtliche Aufsichtstätigkeit der BaFin als die private Rechtsverwirklichung des Aktionärs flankierend zu verstehen.

Dass die BaFin bislang nicht von Defiziten in der Überwachung der Angebotspflicht berichtet, spricht ebenfalls nicht gegen die Einführung einer zivilrechtlichen Klagemöglichkeit des einzelnen Minderheitsaktionärs[1343]. Dieser muss im

---

1340 *Hecker* in Baums/Thoma, WpÜG, § 38, Rn. 10; *Meyer* in Geibel/Süßmann, WpÜG, § 38, Rn. 2; *Ihrig*, ZHR 167, 315, 357; a.A.: *Assmann* in Assmann/Pötzsch/Schneider, WpÜG, § 38, Rn. 7 (selbständige Nebenforderung); wieder anders *Simon*, NZG 2005, 541, 544 (vertragsinhaltsgestaltende Wirkung mit der Konsequenz, dass Ansprüche nur denjenigen Aktionären zustehen, die das Angebot angenommen haben).

1341 *Baums/Hecker* in Baums/Thoma, WpÜG, § 35, Rn. 296.

1342 *Merkt*, Festschrift für Schwark, S. 548; a.A. *von Falkenhausen*, ZHR 174, 293, 316.

1343 A.A. *von Falkenhausen*, ZHR 174, 293, 316: Der empirische Befund deckt sich nicht mit der Feststellung der Literatur, dass ein Individualrechtsschutz benötigt werde.

Einzelfall entscheiden, ob er das Kostenrisiko einer zivilrechtlichen Klage eingehen will. Auch der Gedanke eines effektiven Minderheitenschutzes, dem sich das WpÜG verschrieben hat, spricht für die Einführung eines Klagerechts des Aktionärs, um die Angebotspflicht zivilrechtlich gegen den Bieter durchzusetzen.

1. Anforderungen an ein Klagerecht der Aktionäre der Zielgesellschaft, konzeptionelle Schwierigkeiten

Bei Schaffung einer zivilrechtlichen Klagemöglichkeit der Aktionäre gilt es, verschiedene konzeptionelle Schwierigkeiten zu bewältigen: Gerade in Bezug auf die Befreiungsmöglichkeiten ist das Verhältnis zwischen bestandskräftigen Befreiungsentscheidungen der BaFin und einem möglichen zivilrechtlichen Verfahren unklar. Ob insoweit eine Tatbestandswirkung besteht, ob also die Zivilgerichte an eine Befreiungsverfügung der BaFin gebunden sind oder ob diesen ein eigener Überprüfungsspielraum zukommt, ist umstritten[1344]. Teilweise wird vertreten, die Befreiungsentscheidung betreffe nur die aufsichtsrechtlichen Pflichten und wirke sich nicht auf einen – wie auch immer zu begründenden – zivilrechtlichen Anspruch der Minderheitsaktionäre aus[1345]. Überwiegend wird jedoch – obwohl die Aktionäre der Zielgesellschaft de lege lata an dem Verwaltungsverfahren vor der BaFin nicht beteiligt sind – eine Tatbestandswirkung in dem Sinne angenommen, dass ein Zivilgericht an die bestandskräftige Befreiungsentscheidung gebunden ist[1346]. In der Tat spricht vieles dafür, der Befreiungsentscheidung bindende Wirkung in einem zivilrechtlichen Verfahren beizumessen. Nach allgemeinen Regeln sind die ordentlichen Gerichte verpflichtet, einen Verwaltungsakt, der nicht nichtig ist, als gültig anzuerkennen und auch den Inhalt der getroffenen Regelung anzuerkennen[1347]. Einen Ausweg könnte hier die Beteiligung der Aktionäre am

---

1344 Vgl. zur Tatbestandswirkung von Verwaltungsakten insgesamt etwa *Kopp/Ramsauer*, VwVfG, § 43, Rn. 16ff. sowie *Stelkens/Bonk/Sachs*, VwVfG, § 43, Rn. 123.

1345 *Mülbert/Schneider*, WM 2003, 2301, 2309.

1346 Eine ähnliche Problematik stellt sich in Bezug auf die Rechtfertigungswirkung öffentlich-rechtlicher Genehmigungen und die Auswirkungen auf mögliche Abwehr- und Ersatzansprüche.

1347 BVerwG, Urt. v. 26.03.1976, Az. IV C 7.74 = NJW 1976, 1987, 1989; BVerwG, Urt. v. 11.07.1985, Az. 7 C 44/85 = DÖV 1985, 1013, 1014; BGH, Urt. v. 25.10.1990, Az. IX ZR 13/90. Zu Ausnahmen in Amtshaftungs- oder Entschädigungsprozessen (Zivilgerichte haben Rechtmäßigkeit eines Verwaltungsaktes jedenfalls dann zu prüfen, wenn dieser nicht Gegenstand eines verwaltungsrechtlichen Verfahrens war) vgl. BGH, Urt. v. 07.02.1992, Az. V ZR 246/90; BGH, Urt. v. 27.01.1983, Az. III ZR 131/81 = BGHZ 86, 356; 90.

Verwaltungsverfahren bieten. Außerdem muss überlegt werden, wie die Einräumung einer Klagemöglichkeit mit dem Grundsatz der raschen Durchführung eines Übernahmeverfahrens zu verbinden ist. Grundsätzlich muss entschieden werden, ob ein einzelner Aktionär Klage auf Unterbreitung eines Pflichtangebots an alle Aktionäre erheben kann – dies liefe im Ergebnis auf eine *class action* hinaus – oder ob er darauf beschränkt sein soll, seine eigenen Aktien Zug um Zug anzudienen gegen die in einem hypothetischen Pflichtangebot zu offerierende Gegenleistung. Auch bei diesem Anspruchsinhalt stellt sich jedoch das Problem, wie dem Wahlrecht des Bieters in § 31 WpÜG zu begegnen ist. Schließlich ist zu überlegen, wie verhindert werden kann, dass unterschiedliche Gerichte widersprüchliche Entscheidungen treffen.

2. Alternative Regelungsvorschläge, Rechtsvergleich

Ein Blick über die Grenze kann Impulse für die Diskussion liefern. Sowohl in der Schweiz als auch in Österreich ist ein Individualklagerecht der Aktionäre im Grundsatz anerkannt. Im österreichischen Rechtsraum wird ein Individualklagerecht der Minderheitsaktionäre vor den Zivilgerichten überwiegend anerkannt[1348]. Der Anspruch soll auf Angebotslegung bzw. auf Abnahme der Beteiligungspapiere zu einem dem § 26 ÜbG entsprechenden Preis gerichtet sein[1349]. Gemäß § 29 Abs. 2 ÜbG entscheidet allerdings die Übernahmekommission über übernahmerechtliche Vorfragen eines zivilgerichtlichen Verfahrens[1350]. Das Zivilgericht hat das Verfahren zu unterbrechen und die Vorfrage der Übernahmekommission vorzulegen, die nach Durchführung eines Feststellungsverfahren, an dem die Parteien des Zivilverfahrens sowie der Bieter und die Zielgesellschaft beteiligt sind, mit bindender Wirkung für das zivilrechtliche Verfahren entscheidet[1351]. Außerdem hält das ÜbG ein weiteres Feststellungsverfahren zur Überprüfung des Bestehens einer Angebotspflicht bereit, an dem die außenstehenden Aktionäre beteiligt werden können. Um die Streubesitzaktionäre

---

1348 *Diregger/Kalss/Winner* in Münchener Kommentar, AktG, Österreichisches Übernahmerecht, Rn. 337; *Kalss/Oppitz/Zollner*, Kapitalmarktrecht, § 23, Rn. 201; *Gall* in Huber, ÜbG, § 33, Rn. 16.

1349 *Diregger/Kalss/Winner* in Münchener Kommentar, AktG, Österreichisches Übernahmerecht, Rn. 337; *Gall* in Huber, ÜbG, § 33, Rn. 16.

1350 Die Materialien nennen ausdrücklich die Entscheidung über die Verpflichtung zur Stellung eines Angebots oder die Feststellung über das Vorliegen von gesetzlichen Ausnahmen von der Angebotspflicht als Angelegenheit, über die die Übernahmekommission zu entscheiden hat. Vgl. Erl. RV 1276 BlgNr, XX GP, 48.

1351 *Gall* in Huber, ÜbG, § 29, Rn. 7.

von der Einleitung eines Verfahrens zu informieren, ordnet § 33 Abs. 2 ÜbG an, dass die Einleitung des Verfahrens von der Übernahmekommission zu veröffentlichen ist. Gemäß § 33 Abs. 2 ÜbG haben qualifizierte Beteiligungsinhaber, die alleine oder gemeinsam mit anderen Beteiligungsinhabern über mindestens 1 % des Grundkapitals der Zielgesellschaft oder über Beteiligungspapiere im Nennwert von mindestens 70.000 € verfügen, in dem Feststellungsverfahren Parteistellung. Diese sog. Ernstlichkeitsschwelle soll einen Missbrauch des Antragsrechts verhindern[1352] Kleinaktionäre haben lediglich die mit einem erheblichen Kostenrisiko verbundene[1353] Möglichkeit, ein zivilrechtliches Verfahren einzuleiten, in dem als Vorfrage über den übernahmerechtlichen Sachverhalt zu entscheiden ist. Das Gericht wird diese Vorfrage dann gemäß § 29 Abs. 2 ÜbG der Übernahmekommission vorlegen, in diesem Verfahren haben dann auch die Kleinaktionäre Parteistellung[1354]. Zur Wahrung der Rechte der Inhaber von Beteiligungspapieren der Zielgesellschaft hat die Übernahmekommission die beantragte Entscheidung auch dann zu treffen, wenn alle Parteien ihre Anträge zurückziehen[1355], was dem Grundsatz der Amtswegigkeit dient und ein „Abkaufen“ von Anträgen verhindern soll[1356]. Die Entscheidung in einem Verfahren nach § 33 ÜbG ist wegen der erweiterten Rechtskraft ebenfalls als bindende Vorfragenentscheidung in einem Zivilverfahren anzuerkennen[1357]. Daneben dient das Verfahren aber nicht nur der Überprüfung der Rechtmäßigkeit eines durchgeführten Verfahrens, sondern auch der Feststellung möglicher Verstöße gegen die Angebots- oder Anzeigepflicht[1358]. Der Entscheidung nach § 33 ÜbG kommt Erga-Omnes-Wirkung zu.

Sollte der Gesetzgeber eine zivilrechtliche Klagemöglichkeit für die Aktionäre der Zielgesellschaft in das WpÜG aufnehmen, kann die skizzierte Regelungstechnik in Österreich durchaus als Vorbild dienen, indem die Entscheidung über übernahmerechtliche Vorfragen der BaFin überlassen bleibt. Der Entscheidung der BaFin könnte insoweit Inter-Omnes-Wirkung zukommen, was auch die

---

1352 *Gall* in Huber, ÜbG, § 33, Rn. 14; EBRV 1276, BlgNr. 20. GP, 50.

1353 *Gall* in Huber, ÜbG, § 33, Rn. 14; *Diregger/Kalss/Winner* in Münchener Kommentar, AktG, Österreichisches Übernahmerecht, Rn. 337.

1354 *Gall* in Huber, ÜbG, § 33, Rn. 15: Aus Kostengründen sei es jedoch sinnvoller, die Anteile mehrerer Kleinaktionäre zu bündeln, um ein Feststellungsverfahren gemäß § 33 ÜbG einzuleiten.

1355 Vgl. § 33 Abs. 4 ÜbG.

1356 Vgl. Erl. RV 1276 BlgNr. XX GP, zu Abs. 4.

1357 Vgl. Erl. RV 1276 BlgNr. XX GP, zu § 33 Abs. 1.

1358 *Huber*, ÜbG, § 33, Rn. 1.

Gefahr widersprüchlicher Entscheidungen unterschiedlicher Gerichte erledigen würde. Da in diesem Fall die Entscheidung der BaFin jedoch unmittelbare Auswirkungen auf die Rechtsstellung der Aktionäre hätte, müssten jedenfalls qualifizierte Aktionäre der Zielgesellschaft wohl am Feststellungsverfahren beteiligt werden. Denkbar wäre etwa, die Einleitung eines Feststellungsverfahrens – sei es als Vorfrage eines zivilrechtlichen Verfahrens oder als auf Antrag eines Beteiligten eingeleitetes Feststellungsverfahren – öffentlich bekannt zu machen und den qualifizierten Aktionäre die Möglichkeit zu bieten, dem Verfahren binnen kurzer Frist beizutreten.

Als Folge der Beteiligung der Aktionäre könnten diese Rechtsmittel gegen die Entscheidung der BaFin einlegen. Dies ist jedenfalls dann als folgerichtig hinzunehmen, wenn der Entscheidung der BaFin Inter-Omnes-Wirkung zukommt und somit auch die Zivilgerichte an die Entscheidung der BaFin gebunden sind. Weitere Konsequenz dieses Regelungsansatzes wäre jedoch auch, dass die Minderheitsaktionäre auch in dem Verwaltungsverfahren über die Befreiung von der Angebotspflicht zu beteiligen wären. Wie gezeigt wurde, hat sich der Gesetzgeber bei Schaffung des WpÜG jedoch ausdrücklich gegen eine Beteiligung der Aktionäre am Verwaltungsverfahren vor der BaFin entschieden.

F. Schluss

Die Analyse der bisherigen Erfahrungen mit dem WpÜG hat gezeigt, dass sich das junge Gesetz in der Praxis grundsätzlich bewährt hat. Dieser Befund gilt auch für das in Deutschland lange Zeit umstrittene Pflichtangebot. Die praktischen Erfahrungen belegen zudem auch die überragende Bedeutung der einzelnen Befreiungsmöglichkeiten. Das Recht des Pflichtangebots ist in Deutschland und in vielen europäischen Staaten zu großen Teilen das Recht seiner Ausnahmen. Die wesentlichen Fallgruppen, die unter Berücksichtigung von Funktion und Zweck der Angebotspflicht befreiungswürdig erscheinen, können durch das zur Verfügung stehende Instrumentarium zufriedenstellend bewältigt werden. Hierbei ist auch zu betonen, dass es der BaFin überwiegend gelingt, durch eine flexible Anwendung der Befreiungsvorschriften die befreiungswürdigen Sachverhalte einer sachgerechten Lösung zuzuführen.

Die praktischen Erfahrungen mit Unternehmensübernahmen seit Inkrafttreten des WpÜG gaben aber auch Anlass für rechtspolitische Diskussionen und offenbarten Reformbedarf. So sollte der Praxis des *low balling* dadurch begegnet werden, dass eine echte Creeping-in-Regelung in § 35 WpÜG aufgenommen wird. Die Praxis des *low balling* und des lustlosen Angebots stellt eine Umgehung des mit dem Pflichtangebot bezweckten Aktionärsschutzes dar. Hintergrund der Privilegierungswirkung des § 35 Abs. 3 WpÜG ist die Überlegung, dass es eines Pflichtangebots dann nicht mehr bedarf, wenn der Kontrollerwerb Folge eines freiwilligen Übernahmeangebotes an alle Aktionäre ist. Diese Überlegung greift aber nur dann, wenn das Ziel des Übernahmeangebotes auch der Erwerb der Zielgesellschaft zum Zeitpunkt des Übernahmeangebots ist und nicht – wie im Falle des lustlosen Angebots – lediglich bezweckt wird, unter Ausnutzung eines günstigen Börsenkurses knapp die formale Kontrollschwelle des § 29 WpÜG zu überschreiten.

Außerdem sollte der Gesetzgeber einem ständig geäußerten Verlangen der Praxis folgen und ein Verfahren in das WpÜG aufnehmen, das es der BaFin ermöglicht, rechtsverbindlich für alle Beteiligten über das Bestehen oder Nichtbestehen der Angebotspflicht zu entscheiden. Die Praxis hat gezeigt, dass in einer Vielzahl von Konstellationen entweder schon der Kontrollerwerb an sich rechtlich zweifelhaft ist oder Unklarheit über das Vorliegen der Voraussetzungen eines Befreiungsgrundes besteht. Die Analyse der einschlägigen Fallgruppen hat gezeigt, dass die rechtliche und tatsächliche Unsicherheit über das Bestehen der Angebotspflicht – auch angesichts der drohenden drastischen Rechtsfolgen bei Missachtung der Angebotspflicht – mit den zur Verfügung stehenden Instrumentarien nicht beseitigt werden kann. Der Blick nach Österreich und in die Schweiz hat zudem gezeigt, dass entsprechende Feststellungsverfahren einen wirkungsvollen Beitrag zu einem effektiven Minderheitenschutz im Übernahmeverfahren leisten können, ohne dass es zu einer unnützen Inanspruchnahme der Aufsichtsbehörden kommt. Ob die Aktionäre der Zielgesellschaft an diesem Verfahren zu beteiligen sind, hängt auch von der Entscheidung des Gesetzgebers darüber ab, ob eine zivilrechtliche Klagemöglichkeit der Minderheitsaktionäre zur Erzwingung eines Pflichtangebots eingeführt wird oder nicht.

Erwägenswert ist schließlich, das Verfahren der Gestattung der Nichtberücksichtigung von Stimmrechten gemäß § 36 WpÜG an die Rechtsfolgen des § 35 Abs. 3 WpÜG anzupassen und die Angebotspflicht in den einschlägigen Fällen ex lege entfallen zu lassen. Auch hier kann auf die Erfahrungen im europäischen Ausland verwiesen werden, die zeigen, dass ein kombiniertes Anzeige- bzw. Mitteilungsverfahren Rechtsunsicherheit beheben kann. Durch die vorgeschlagene Einführung einer Anzeigepflicht bliebe die Entscheidung über die Nichtberücksichtigung letztlich dennoch in den Händen der BaFin. Diese Regelungstechnik würde auch dem empirischen Befund gerecht werden, dass rechtspraktisch die Befreiung vom Pflichtangebot die Regel und die Durchführung des Angebots die selten gewordene Ausnahme ist. Dieser Befund sollte in der Regelungskonzeption Niederschlag finden. Die Befreiungsgründe in § 37 WpÜG sind hingegen weniger konkret gefasst. Obwohl sich auch im Anwendungsbereich des § 37 WpÜG längst Fallgruppen gebildet haben und die BaFin hierzu eine eigene Verwaltungspraxis entwickelt hat, liegt eine Änderung der Regelungstechnik im Anwendungsbereich des § 37 WpÜG daher weniger nahe.

Die Analyse der Befreiungsgründe gemäß § 37 WpÜG hat gezeigt, dass sich die meisten Befreiungsanträge auf wenige Fallgruppen beziehen und eine Vielzahl der in § 37 WpÜG bzw. in der WpÜG-AngebotsVO vorgesehenen Befreiungsmöglichkeiten in der Praxis ohne Relevanz ist. Die Existenz dieser Vielzahl von Befreiungsmöglichkeiten schadet zwar nicht, widerlegt jedoch auch einen wiederholt vorgetragenen Wunsch der Praxis, die Befreiungsmöglichkeiten in § 37 WpÜG zu ergänzen. Es hat sich gezeigt, dass die befreiungswürdigen Tatbestände durch die weit gefassten Befreiungsgründe in § 37 Abs. 1 WpÜG bewältigt werden können. Aus diesem Grund ist es auch nicht angezeigt, § 37 Abs. 1 WpÜG durch eine Generalklausel zu ersetzen.

Seit Inkrafttreten des WpÜG wird diskutiert, ob eine zivilrechtliche Klagemöglichkeit der außenstehenden Aktionäre in das WpÜG aufzunehmen ist. Obwohl die BaFin bislang nicht von Schwierigkeiten in der Überwachung der Angebotsverfahren berichtet, besteht ein Bedürfnis nach Individualrechtsschutz der außenstehenden Aktionäre. Die Erfahrungen der Schweiz und Österreichs zeigen, dass die zweifellos vorhandenen konzeptionellen Schwierigkeiten, die mit der Einführung eines Individualklagerechts verbunden sind, bewältigt werden können. Erwägenswert ist insbesondere, dem Beispiel Österreichs folgend, die übernahmerechtliche Bewertung des Sachverhalts auch bei Einführung einer zivilrechtlichen Klagemöglichkeit der Aktionäre bei der BaFin zu belassen.

G. Thesenartige Zusammenfassung

1. Ziel jeder Übernahmeregulierung muss es sein, rechtliche Rahmenbedingungen zu schaffen, die ein faires Übernahmeverfahren gewähren, ohne Übernahmen unnötig zu erschweren.
2. Die Regulierung der Unternehmensübernahmen im Nicht-EU-Land Schweiz belegt, dass sich die Regelungssysteme der EU-Mitgliedsstaaten, die sich sehr stark ähneln, als Marktstandard etabliert haben.
3. Der empirische Befund zeigt, dass das Pflichtangebotsrecht unter Geltung des WpÜG vor allem das Recht seiner Ausnahmen ist und dass die weit überwiegende Anzahl aller Anträge auf Pflichtangebotsbefreiung von der BaFin positiv beschieden wird.
4. Auch in der Schweiz, in Österreich und in Großbritannien sind Befreiungen und Ausnahmen von der Angebotspflicht von herausragender praktischer Relevanz.
5. Das US-amerikanische Regelungsmodell dient aufgrund des unterschiedlichen rechtstatsächlichen Umfelds nicht als Vorbild einer Übernahmeregulierung in den (kontinental-) europäischen Staaten.
6. Die Übernahmeregulierung in den USA zeigt, dass allein der Verzicht auf ein bundesstaatliches Pflichtangebot nicht bedeutet, dass Unternehmensübernahmen schneller oder für den Bieter kostengünstiger durchzuführen sind.
7. Die Abgabe eines „lustlosen Angebots" unter Anwendung der Praxis des *low balling* stellt eine Umgehung der Angebotspflicht dar, weshalb die Regelung in § 35 Abs. 3 WpÜG dahingehend ergänzt werden sollte, dass für den Fall des signifikanten Ausbaus einer Kontrollbeteiligung eine erneute Angebotspflicht entsteht.
8. Die in § 36 WpÜG enthaltenen Fallgruppen sollten gesetzliche Ausnahmetatbestände zu § 35 Abs. 1 und 2 WpÜG bilden, die die Angebotspflicht ex lege entfallen lassen.
9. Sollte die Regelungstechnik in § 36 WpÜG beibehalten werden, muss ein an die BaFin gerichteter Antrag auf Nichtberücksichtigung von Stimmrechten gemäß § 36 WpÜG schon vor Verwirklichung des Kontrolltatbestandes gestellt werden können.

10. In das WpÜG sollte ein selbständiges Feststellungsverfahren aufgenommen werden, in dem die BaFin mit Wirkung für und gegen alle Beteiligten über das Bestehen bzw. Nichtbestehen einer Angebotspflicht zu entscheiden hat.
11. Die Angebotspflicht entfällt nicht dadurch, dass die Hauptversammlung der Zielgesellschaft auf die Abgabe eines Pflichtangebotes verzichtet. Für die Einführung einer an das „Whitewash-Verfahren" im Vereinigten Königreich angelehnten Befreiungsmöglichkeit besteht kein Bedürfnis.
12. Die bisherigen praktischen Erfahrungen zeigen, dass die relevanten befreiungswürdigen Sachverhalte von § 37 WpÜG erfasst werden und die Regelungstechnik daher nicht durch Einführung einer Generalklausel geändert werden muss.
13. Außenstehende Aktionäre der Zielgesellschaft haben gegen einen Kontrollerwerber, der die Abgabe eines Pflichtangebots pflichtwidrig unterlässt, keine zivilrechtlichen Ansprüche.
14. Es besteht ein Bedürfnis für die Einführung eines Individualklagerechts außenstehender Aktionäre. Eine Regelung könnte sich am Beispiel Österreichs orientieren und die Zuständigkeit für die übernahmerechtliche Bewertung des Sachverhalts bei der BaFin belassen.

Literaturverzeichnis

ALBRECHT, Christiane: Das Übernahmerecht des US-amerikanischen Williams Act, 2008.

ALTMEPPEN, Holger: Neutralitätspflicht und Pflichtangebot nach dem neuen Übernahmerecht, in ZIP 2001, 1073–1084.

ASSMANN, Heinz-Dieter / PÖTZSCH, Horst / SCHNEIDER, Uwe-H. (Hrsg.): Wertpapiererwerbs- und Übernahmegesetz, Kommentar, Köln 2005.

ASSMANN, Heinz-Dieter / SCHNEIDER, Uwe-H.: (Hrsg.): Wertpapierhandelsgesetz, Kommentar, 6. Auflage, Köln 2012.

BACHMANN, Gregor: Der Grundsatz der Gleichbehandlung im Kapitalmarktrecht in ZHR 170, 144–177.

BADER, Johann / RONELLENFITSCH, Michael (Hrsg.): VwVfG Beck'scher Online-Kommentar, Edition 18, München 2013.

BANDICK, Roger / GÖRG, Holger: Foreign Acquisition, plant Survival and employment growth, in: 43, Can. J. Econ. 547–573.

BARCA, Fabrizio / BECHT, Marco: The Control of corporate Europe, Oxford, 2001.

BAUM, Harald: Funktionale Elemente und Komplementaritäten des britischen Übernahmerechts, in: RIW 2003, 421–433.

BAUMBACH, Adolf / HOPT, Klaus J. (Hrsg.): Handelsgesetzbuch mit GmbH & Co., Handelsklauseln, Bank- und Börsenrecht, Transportrecht, 36. Auflage, München 2014.

BAUMS, Theodor / SAUTER, Maike: Anschleichen an Übernahmeziele mit Hilfe von Aktienderivaten, in: ZHR 173, 454–503.

BAUMS, Theodor / THOMA, Georg F. (Hrsg.): WpÜG – Kommentar zum Wertpapiererwerbs- und Übernahmegesetz, Frankfurt u. a., 2012.

BAUMS, Theodor: Der Aufsichtsrat – Aufgaben und Reformfragen in: ZIP 1995, 11–18.

BAUMS, Theodor: Low Balling, Creeping-in und deutsches Übernahmerecht, in: ZIP 2010, 2374–2390.

BEBCHUK, Lucian A. : The Case for Facilitating Competing Tender Offers, in: 95 Harv. L. Rev., 1028.

BECHTHOLD, Rainer (Hrsg.): Kartellgesetz: Gesetz gegen Wettbewerbsbeschränkungen, Kommentar, 6. Auflage, München, 2010.

BEISEL, Wilhelm / KLUMPP, Hans-Hermann (Hrsg.): Der Unternehmenskauf: Gesamtdarstellung der zivil- und steuerrechtlichen Vorgänge einschließlich gesellschafts-, arbeits- und kartellrechtlicher Fragen bei der Übertragung eines Unternehmens, 6. Auflage, München 2009.

BERDING, Benjamin: Gesellschafts- und kapitalmarktrechtliche Grundsätze im Übernahmerecht, in: WM 2002, 1149–1158.

BERLE, Adolf Augustus / MEANS, Gardiner Coit: The Modern Corporation & Private Property, 1968.

BERNAU, Timo: Die Befreiung von Pflichtangeboten nach § 37 WpÜG, in: WM 2004, 809–818.

BINDER, Andreas: M&A Rechtsentwicklungen – Blicke zurück und nach vorne, in: GESKR, online-Beitrag 3–2010, abrufbar unter http://www.dike.ch/image/data/zeitschriften/GesKR/online-beitraege/Binder_Onlinebeitrag.pdf (31.12.2013).

BÖCKENHOFF, Johannes / ROSS, Malcom: ADR-Strukturen und rechtliche Aspekte, in: WM 1993, 1781–1787.

BÖCKLI, Peter: Schweizer Aktienrecht, 4. Auflage, Zürich, 2009.

BORK, Reinhard: Die Doppeltreuhand in der Insolvenz, in: NZI 1999, 337–344.

BRADLEY, Caroline: Corporate Control: Markets and Rules, in: 53 MLR, 170–186.

BRAMBRING, Günter / JERSCHKE, Hans-Ulrich (Hrsg.): Beck'sches Notar-Handbuch, 5. Auflage, München 2009.

BRAUN, Hendrik: Das einflusslose Mitglied im Stimmrechtspool – Bieter im Sinne des § 35 Abs. 2 WpÜG?, in: NZG 2008, 928–933.

———: Die Befreiung vom Pflichtangebot vom WpÜG: Zugleich eine vergleichende Untersuchung zum Recht des Vereinigten Königreichs, Österreichs und der Schweiz, Baden-Baden 2008.

BREDOW, Günter M. / LIEBSCHER, Finn-Michael: Befreiung vom Pflichtangebot nach WpÜG bei Selbstverpflichtung zur Durchführung eines Squeeze out, in: DB 2003, 1368 bis 1371.

BRELLOCHS, Michael: Konzernrechtliche Beherrschung und übernahmerechtliche Kontrolle, in: NZG 2012, 1010–1018.

BUTH, Andreas / HERMANNS, Michael (Hrsg.): Restrukturierung, Sanierung, Insolvenz, 3. Auflage, München 2009.

CAHN, Andreas: Verwaltungsbefugnisse der Bundesanstalt für Finanzdienstleistungsaufsicht im Übernahmerecht und Rechtsschutz Betroffener, in: ZHR 174, 262–300.

CASCANTE, Christian / TYROLT, Jochen: 10 Jahre WpÜG – Reformbedarf im Übernahmerecht?, in: AG 2012, 97–114.

CASPER, Matthias: Acting in Concert – Grundlagen eines neuen kapitalmarktrechtlichen Zurechnungstatbestands, in: ZIP 2003, 1469–1477.

CASPARI, Karl-Burkhard: Anlegerschutz in Deutschland im Lichte der Brüsseler Richtlinien, in: NZG 2005, 98–103.

CHOPER, Jesse H. / COFFEE, John C. / GILSON, Ronald J.: Cases and Materials on Corporations, 7. Aufl. 2008.

COFFEE, John C.: Regulating the Market for Corporate Control: A Critical Assessment of the Tender Offer's Role in Corporate Governance, in: 84 Colum. L. Rev., 1145.

DAUNER-LIEB, Barbara (Hrsg.): Kölner Kommentar zum Umwandlungsgesetz, Köln, 2009.

———. / LAMANDINI, Marco: Der neue Kommissionsvorschlag einer EU-Übernahmerichtlinie – Stellungnahme der Gutachter des EU-Parlaments, in: BB 2003, 265–267.

DAUTEL, Ralph: Der Greenshoe – wirtschaftliche Funktionsweise, zivilrechtliche Ausgestaltung und Besteuerung, in: DStR 2000, 891–894.

DAVIES, Paul Lyndon / GOWER, Laurence Cecil Bartlett: Gower and Davies' principles of modern company law, 2003.

DAVIES, Paul / RICKFORTH, Jonathan: An Introduction to the new UK Companies Act, in: ECFR 2008, 239–279.

DIEKMANN, Hans: Änderungen im Wertpapiererwerbs- und Übernahmegesetz anlässlich der Umsetzung der EU-Übernahmerichtlinie in das deutsche Recht in: NJW 2007, 17–21.

DIREGGER, Christoph / WiNNER, Martin: Deutsches und österreichisches Übernahmerecht aus Anlegersicht, in: WM 2002, 1583–1592.

DÖGE, Melanie / JOBST, Stefan: Aktienrecht zwischen börsen- und kapitalmarktorientiertem Ansatz, in: BKR 2010, 136–144.

DONALD, David C.: Die Entwicklung der US-amerikanischen Corporate Governance nach Enron, in: WM 2003, 705–714.

EASTERBROOK, Frank H. / FISCHEL, Daniel R.: Corporate Control Transactions, in: 91 Yale L. J. 698.

EHRICKE, Ulrich / EKKENGA, Jens / OECHSLER, Jürgen: WpÜG. Wertpapiererwerbs- und Übernahmegesetz. Kommentar, München, 2003.

EICHNER, Peter: Anschleichen bei Unternehmensübernahmen – perfides taktisches Manöver oder achtbare strategische Entscheidung?, in: ZRP 2010, 5–8.

EIDENMÜLLER, Horst: Regulierung von Finanzinvestoren, in: DStR 2007, 2116–2121.

———: Effizienz als Rechtsbegriff, 2005.

EKKENGA, Jens / HOFSCHROER, Josef: Das Wertpapiererwerbs- und Übernahmegesetz, in: DStR 2002, 768–777.

EMMENEGGER: Creeping Takeovers in Deutschland und in der Schweiz, in: Festschrift für Klaus J. Hopt, 2010.

EMMERICH, Volker / HABERSACK, Matthias: Aktien- und GmbH-Konzernrecht, 5. Auflage, München, 2008.

ENGISCH, Karl (Hrsg.): Einführung in das juristische Denken, Stuttgart, 2005.

EVENS, Michael: Leitlinien zur Unternehmensnachfolge: Die Vererbung von Kapitalgesellschaftsbeteiligungen, in: ZEV 2011, 177–182.

FAMA, Eugene F.: Agency Problems and the Theory of the Firm, in: 88 J. Pol. Econ., 288–307.

FLEISCHER, Holger (Hrsg.): Handbuch des Vorstandsrechts, München 2006.

FLEISCHER, Holger / KÖRBER, Thorsten: Der Rückerwerb eigener Aktien und das Wertpapiererwerbs- und Übernahmegesetz in: BB 2001, 2589–2594.

FLEISCHER, Holger / SCHMOLKE Klaus-Ulrich: Das Anschleichen an eine börsennotierte Aktiengesellschaft – Überlegungen zur Beteiligungstransparenz de legal ata und de lege ferenda, in: NZG 2009, 401–409.

FLEISCHER, Holger: Finanzinvestoren im ordnungspolitischen Gesamtgefüge von Aktien-, Bankaufsicht- und Kapitalmarktrecht, in: ZGR 2008, 185–224.

FRITZ, Ken Oliver: Bewertung der Gestaltungsmöglichkeiten aus der Sicht der Praxis, in: VEIL/DRINKHUTH (Hrsg.), Reformbedarf im Übernahmerecht.

FUHRMANN, Lambertus / OLTMANNS, Martin: Pflichtangebot bei konzerninternen Umstrukturierungen? Praktische Erfahrungen mit § 36 Nr. 3 und § 37 WpÜG, in: NZG 2003, 17–19.

GEIBEL, Stephan / SÜSSMANN, Rainer: Wertpapiererwerbs- und Übernahmegesetz (WpÜG), Kommentar, 2. Auflage, München 2008.

GERSCHPACHER, Michaela: Das Pflichtangebot im Übernahmegesetz, Wien, 2011.

GOETTE, Wulf / HABERSACK, Matthias / KALLS, Susanne (Hrsg.): Münchener Kommentar zum Aktiengesetz, Band 6, §§ 329–410 WpÜG, österreichisches Übernahmegesetz, 3. Auflage, München u. a., 2011.

GÖTHEL, Stephan: Entwicklung des US-amerikanischen Kapitalgesellschaftsrechts in den Jahren 2006/2007, in: RIW 2007, 570–580.

GRABBE, Hartwig / FETT, Thorsten: Pflichtangebot im Zuge von Verschmelzungen? Zugleich ein Beitrag zur Schnittstelle von Kapitalmarkt- und Gesellschaftsrecht in: NZG 2003, 755–763.

GROH, Manfred: Schenkung durch disquotale Einlagen?, in: DStR 1999, 1050 bis 1053.

GRUNDMANN, Stefan: Die rechtliche Verfassung des Marktes für Unternehmenskontrolle nach Verabschiedung der Übernahmerichtlinie, in: NZG 2005, 122–128.

HAARMANN, Wilhelm / SCHÜPPEN, Matthias (Hrsg.): Frankfurter Kommentar zum Wertpapiererwerbs- und Übernahmegesetz: Öffentliche Übernahmeangebote (WpÜG) und Ausschluss von Minderheitsaktionären (§§ 327a–f AktG), 3. Auflage, Frankfurt 2008.

HABERSACK, Matthias / MAYER, Christian: Der neue Vorschlag 1997 einer Takeover-Richtlinie–Überlegungen zur Umsetzung in das nationale Recht, in: ZIP 1997, 2141–2146.

HABERSACK, Matthias / TRÖGER, Tobias: „Ihr naht euch wieder, schwankende Gestalten …“–zur Frage eines europarechtlichen Gleichbehandlungsgebots beim Anteilshandel, in: NZG 2010, 1–7.

HANDELSRECHTSAUSSCHUSS DES DEUTSCHEN ANWALTVEREIN e.V.: Stellungnahme des Handelsrechtsausschusses des DAV e.V. vom April 2001. Zum RefE. des BMF für ein Gesetz zur Regelung von öffentlichen Angeboten zum Erwerb von Wertpapieren und von Unternehmensübernahmen (WpÜG), in: NZG 2001, 420–430.

HARBARTH, Stephan: Kontrollerlangung und Pflichtangebot, in: ZIP 2002, 321–332.

HASSELBACH, Kai: Das Andienungsrecht von Minderheitsaktionären nach der EU-Übernahmerichtlinie in: ZGR 2005, 387–416.

HAZEN, Thomas Lee: Principles of Securities Regulation, 2009.

HEIDEL, Thomas (Hrsg.): Aktienrecht und Kapitalmarktrecht, 3. Auflage, Hamburg, 2011.

HELLGARDT, Alexander / HOGER, Andreas: Transatlantische Konvergenz der Aktionärsrechte in: ZGR 2011, 38–82.

HELLWIG, Martin: Gutachten E zum 68. Deutschen Juristentag, in: Finanzmarktregulierung – welche Regelungen empfehlen sich für den deutschen und europäischen Finanzsektor?, München, 2010.

HERKENROTH, Klaus E.: Konzernierungsprozesse im Schnittfeld von Konzernrecht und Übernahmerecht: Rechtsvergleichende Untersuchungen der Allokationseffizienz unterschiedlicher Spielregeln von Unternehmensübernahmen, Berlin 1994.

HESS, Burkhard / REUSCHLE, Fabian / RIMMELSPACHER, Bruno: Kölner Kommentar zum KapMuG, 2. Auflage, Köln u.a. 2014.

HEUBER, Martin Philipp: Die Befreiung vom Pflichtangebot nach dem Wertpapiererwerbs- und Übernahmegesetz (WpÜG), Göttingen 2006.

HIRTE, Heribert / VON BÜLOW, Christoph (Hrsg.): Kölner Kommentar zum WpÜG mit AngebVO und §§ 327a–327 f. AktG, 2. Auflage, Köln, 2010.

HIRTE, Heribert: Der Kampf um Belgien – zur Abwehr feindlicher Übernahmen in ZIP 1989, 1233–1246.

HITZER, Martin / DÜCHTING, Holger: Flankierung des Übernahmerechts durch weitere Reformen der Beteiligungstransparenz im WpHG, in: ZIP 2011, 1084–1091.

HOFFMANN-BECKING, Michael (Hrsg.): Münchener Handbuch des Gesellschaftsrechts, Band 4: Aktiengesellschaft, 3. Auflage, München 2007.

HOLZBORN, Timo / BLANK, Joachim: Die Nichtzurechnung nach §§ 20, 36 WpÜG und die Befreiung vom Pflichtangebot nach § 37 WpÜG, §§ 8 ff. WpÜG AngebotsVO in: NZG 2002, 948–954.

HOLZBORN, Timo / FRIEDHOFF, Martin: Die Befreiung vom Pflichtangebot bei Sanierung der Zielgesellschaft nach § 37 WpÜG; § 9 Satz 1 Nr. 3 RVWpÜG, in : BKR 2001, 114–116.

HOLZBORN, Timo / ISRAEL, Alexander: Die Befreiung von Pflichtangebot aufgrund eines Sanierungsfalles, in: WM 2004, 309–317.

HÖPNER, Martin / KREMPE, Lothar: Ein Netzwerk in Auflösung: wie die Deutschland AG zerfällt, abrufbar unter http://www.mpifg.de/aktuelles/themen/doks/Netzwerk_in_Aufloesung-w.pdf (31.12.2013).

HOPT, Klaus J. / WYMEERSCH, Eddy: European Take overs – Law and Practice, London, 1992.

HOPT, Klaus J: Europäisches und deutsches Übernahmerecht, in: ZHR 161, 368–420.

———: Gemeinsame Grundsätze der Corporate Gorvernance in Europa?, in: ZGR 2000, 779–818.

HOUBEN, Eike: Die Gestaltung des Pflichtangebots unter dem Aspekt des Minderheitenschutzes und der effizienten Allokation der Unternehmenskontrolle, in: WM 2000, 1873–1883.

HUBER, Peter (Hrsg.): Übernahmegesetz Kommentar, Wien 2007.

HÜFFER, Uwe: Aktiengesetz, 10. Auflage, München, 2012.

HÜTTEN, Christoph / STROMANN, Hilke: Umsetzung des Sarbanes-Oxley Act in der Unternehmenspraxis, in: BB 2003, 2223–2226.

HUTTER, Stephan / BAUMS, Theodor (Hrsg.): Gedächtnisschrift für Michael Gruson, Berlin 2009.

IHRIG, Hans-Christoph: Markt für öffentliche Übernahmen belebt sich - auch feindliche Übernahmen sind möglich, in: AG 2011, R139 - R149.

———: Rechtsschutz Drittbetroffener im Übernahmerecht, in: ZHR 167, 315–350.

JANSEN, Stephan: Mergers and Acquisitions, Unternehmensakquisitionen und -Kooperationen. Eine strategische, organisatorische und kapitalmarkttheoretische Einführung, 5. Auflage, 2008.

JENSEN, Michael C., The Free Cash Flow Theory of Takeovers: A Financial Perspective on Mergers and Acquisitions and the Economy. "The Merger Boom", Proceedings of a Conference sponsored by Federal Reserve Bank of Boston, S. 102–143, 1987, abrufbar unter: http://ssrn.com/abstract=350422 or doi:10.2139/ssrn.350422

KALLMEYER, Harald (Hrsg.): Umwandlungsgesetz, Kommentar, Verschmelzung, Spaltung und Formwechsel bei Handelsgesellschaften, 5. Auflage Köln, 2013.

———: Die Mängel des Übernahmekodex der Börsensachverständigenkommission, in: ZHR 161, 435- 454.

KALSS, Susanne: Das neue Übernahmegesetz als Teil des Kapitalmarktrechts in Österreich, in: NZG 1999, 421–430.

KAROLLUS, Martin/GEIST, Reinhard: Das österreichische Übernahmegesetz – (k)ein Papiertiger?! – eine Fallstudie, in: NZG 2000, 1145–1150.

KIESEWETTER, Matthias: Befreiung vom Pflichtangebotsverfahren bei anschließendem Squeeze out?, in: ZIP 2003, 1638–1641.

KINDLER, Peter / HORSTMANN, Hendrik: Die EU-Übernahmerichtlinie – ein europäischer Kompromiss, in: DStR 2004, 866–837.

KLEINDIEK, Detlef: Funktion und Geltungsanspruch des Pflichtangebots nach dem WpÜG. Kapitalmarktrecht-Konzernrecht-Umwandlungsrecht, in: ZGR 2002, 546–578.

KLEMM, David / REINHARDT, Wilhelm: Verbesserungspotentiale im deutschen Übernahmerecht, in: NZG 2007, 281–185.

KLEPSCH, Oliver / KIESEWETTER, Matthias: Befreiung vom Pflichtangebot beim Erwerb zur Sanierung, in: BB 2007, 1403–1407.

KLÖHN, Lars, Kapitalmarkt, Spekulation und Finance: eine interdisziplinäre und vergleichende Analyse zum Fluch und Segen der Spekulation und ihrer Regulierung durch Recht und Markt, Berlin, 2005.

KNOTT, Hermann J.: Freiheit, die ich meine: Abwehr von Übernahmeangeboten nach Umsetzung der EU-Richtlinie in: NZG 2006, 849–853.

KOCH, Raphael: Unzulänglichkeiten im Übernahmerecht? Das Verhinderungsverbot aus Institutionen ökonomischer Perspektive, in: WM 2010, 1155–1160.

KOCHER, Dirk: Kapitalmarkt-Compliance bei der börsennotierten Familiengesellschaft, in: BB 2012, 721–723.

KÖPFLI, Christian: Die Angebotspflicht im Schweizerischen Kapitalmarktrecht, Zürich, 2000.

KOPP, Ferdinand / RAMSAUER, Ulrich (Hrsg.): Verwaltungsverfahrensgesetz, Kommentar, 14. Auflage, München 2013.

KOSSMANN, Alfred / HORZ, Sebastian: Außerbörslicher Paketerwerb und befreiendes Übernahmeangebot nach § 35 Abs. 3 WpÜG, in: NZG 2006, 481–486.

KRAUSE, Hartmut: Das deutsche Übernahmerecht vor dem Hintergrund der EU-Richtlinie, in: ZGR 2002, 500–519.

———: Zwei Jahre Praxis mit dem Wertpapiererwerbs- und Übernahmegesetz, in: NJW 2004, 3681–3688.

———: Der revidierte Vorschlag einer Takeover-Richtlinie, in: AG 1996, 209–217.

———: Die Abwehr feindlicher Übernahmeangebote auf der Grundlage von Ermächtigungsbeschlüssen in: BB 2002, 1053–1060.

KREMPEL, Lothar: Die Deutschland AG 1996 bis 2006 und die Entflechtung der Kapitalbeziehung der hundert größten deutschen Unternehmen, Max-Planck-Institut für Gesellschaftsforschung vom 18.11.2008, abrufbar unter http://www.mpifg.de/~lk/netvis/onlinepdf/D_AG_Trier2008.pdf (31.12.2013).

LAIER, Matthias: Die doppelnützige Treuhand als Sanierungsinstrument, in: GWR 2010, 184–188.

LENZ, Jürgen / BEHNKE, Thorsten: Das WpÜG im Praxistest, in: BKR 2003, 43–51.

LENZ, Jürgen / LINKE, Ulf: Die Handhabung des WpÜG in der aufsichtsrechtlichen Praxis, in: AG 2003, 361–369.

LENZ, Jürgen: Das Wertpapiererwerbs- und Übernahmegesetz in der Praxis der Bundesanstalt für Finanzdienstleistungsaufsicht, in: NJW 2003, 2073–2075.

LETZEL, Hans-Joachim: Das Pflichtangebot nach dem Übernahmekodex – mit Vorausschau auf das Pflichtangebot nach dem ÜBG, in: NZG 2001, 260–268.

———: Das Pflichtangebot nach dem WpÜG, in: BKR 2002, 293–304.

LORITZ, Karl / WAGNER, Klaus-R.: Das „Zwangsübernahmeangebot" der EG-Takeover Richtlinie aus verfassungsrechtlicher Sicht, in: WM 1991, 709–722.

LOSS, Luis / SELIGMAN, Joel: Fundamentals of Securities Regulation, 2004.

MANNE, Henry G.: Mergers and the Market for Corporate Control, in: 73 J.Pol. Econ, S. 110–120.

MARSCH-BARNER, Reinhard (Hrsg.): Handbuch börsennotierte AG, Aktien- und Kapitalmarktrecht, 3. Auflage, Köln 2014.

MARTYNOVA, Marina/RENNEBOOG, Luc: A Century of Corporate Takeovers: What Have We Learned and Where Do We Stand?, in: Journal of Banking and Finance, 2008, S. 2148–2177, abrufbar unter: http://ssrn.com/abstract=820984. (31.12.2013).

MATTES, Anselm: Ausländische Unternehmensübernahmen: Keine negativen Folgen für Beschäftigung und Produktivität, in: Wochenbericht des DIW Nr. 42/2011 S. 8.

MAUL, Silja: (Hrsg.): Takeover Bids in Europe: The Takeover Directive and its Implementation in the Member States, Freiburg, 2008.

MERKNER, Andreas / SUSTMANN, Marco: Vorbei mit dem unbemerkten Anschleichen an börsennotierte Unternehmen?, in: NZG 2010, 681–688.

———: BGH schließt zivilrechtliche Ansprüche von Aktionären bei unterlassenem Pflichtangebot aus, in: NZG 2013, 1087.

MERKT, Hanno / BINDER, Jens-Hinrich: Änderungen im Übernahmerecht nach Umsetzung der EG-Übernahmerichtlinie: Das deutsche Umsetzungsgesetz und verbleibende Problemfelder, in: BB 2006, 1285–1292.

MERKT, Hanno: US-amerikanisches Gesellschaftsrecht, 3. Auflage, Frankfurt am Main, 2013.

———: „Creeping-in" aus internationaler Sicht, in: NZG 2011, 561–568.

———: Das übernahmerechtliche Pflichtangebot im Spiegel der Reformdiskussion, in: GRUNDMANN, Stefan / KIRCHNER, Christian / REISER, Thomas / SCHWINTOWSKI, Hans-Peter / WEBER, Martin / WINDBICHLER, Christine: Festschrift für Eberhard Schwark zum 70. Geburtstag, München 2009.

———: Zum Verhältnis von Kapitalmarktrecht und Gesellschaftsrecht in der Diskussion um die Corporate Governance, in: AG 2003, 126–136.

MERTENS, Hans-Joachim: Förderung, Schutz vor, Zwang zu Übernahmeangeboten?, in: AG 1990, 252–259.

MEYER, Andreas / KIESEWETTER, Matthias: Rechtliche Rahmenbedingungen des Beteiligungsaufbaus im Vorfeld von Unternehmensübernahmen, in: WM 2009, 340–349.

MEYER, Andreas H. / LIPSKY, Max: Suspensiveffekt des Antrags gemäß §§ 36, 37 WpÜG, in: NZG 2009, 1092–1096.

MÖLLER, Andreas: Das Verwaltungs- und Beschwerdeverfahren nach dem Wertpapiererwerbs- und Übernahmegesetz unter besonderer Berücksichtigung der Rechtsstellung Dritter, in: ZHR 167, 301–314.

MÖLLERS, Thomas / HOLZNER, Florian: Die Offenlegungspflichten des Risikobegrenzungsgesetzes (§ 27 Abs. 2 WpHG-E) – defizitäre Rechtsvergleichung und mangelnde Allokationseffizienz, in: NZG 2008, 166–172.

MORSE, Geoffrey (Hrsg.): Palmer's Company Law: Annotated guide to the Companies Act 2006, London 2007.

MÜHL, Thomas / WAGENSEIL, Andreas: Der Gewinnabführungsvertrag – gesellschafts- und steuerrechtliche Aspekte, in: NZG 2009, 1253–1259.

MÜLBERT, Peter / BIRKE, Max: Das übernahmerechtliche Behinderungsverbot in: WM 2001, 705–718.

MÜLBERT, Peter O. / SCHNEIDER, Uwe H.: Der außervertragliche Abfindungsanspruch im Recht der Pflichtangebote, in: WM 2003, 2301–2317.

MÜLBERT, Peter O.: Übernahmerecht zwischen Kapitalmarktrecht und Aktien-(Konzern-)recht – die konzeptionelle Schwachstelle des Regierungsentwurfs WpÜG, in: ZIP 2001, 1221–1229.

———: Umsetzungsfragen der Übernahmerichtlinie – erheblicher Änderungsbedarf bei den heutigen Vorschriften des WpÜG in: NZG 2004, 633–642.

———. / KIEM, Roger / WITTIG, Arne: 10 Jahre Wertpapiererwerbs- und Übernahmegesetz (WpÜG) Entwicklungsstand – Praktische Erfahrungen – Reformbedarf – Perspektiven, Frankfurt am Main 2011.

———/ LEUSCHNER, Lars: Die verfassungsrechtlichen Vorgaben der Art. 14 GG und Art. 2 Abs. 1 GG für die Gesellschafterstellung – wo bleibt die Privatautonomie?, in ZHR 170, 615–672.

MUTTER, Christoph: Die Holding-Gesellschaft als reziproker Familienpool – Pflichten nach WpHG und WpÜG, in: DStR 2007, 2013–2018.

NEYE, Hans-Werner: Der gemeinsame Standpunkt des Rates zur 13. Richtlinie – ein entscheidender Schritt auf dem Weg zu einem europäischen Übernahmerecht, in: AG 2000, 289–301.

———: Der neue Vorschlag der Kommission für eine 13. Richtlinie über Übernahmeangebote, in: DB 1996, 1121–1125.

———: Die Übernahmerichtlinie auf der Zielgeraden, in: ZIP 2001, 1120–1128.

NOBEL, Peter / DRENCKHAN, Helke: Ein deutscher und europäischer Blick auf Unternehmensübernahmen in der Schweiz, in: WM 2006, 1129–1134.

NYENHUIS, Jens: Bedingte Übernahmeangebote im Vereinigten Königreich und Deutschland, Frankfurt am Main u. a., 2005.

OEHLRICH, Markus: Die Rolle der betriebswirtschaftlichen Unternehmensbewertung im Rahmen der Beratung bei Mergers & Acquisitions, in: NJOZ 2009, 4346–4354.

PARK, Tido (Hrsg.): Kapitalmarktstrafrecht, Handkommentar, 2. Auflage 2008.

POHLMANN, Petra: Rechtsschutz der Aktionäre der Zielgesellschaft im Wertpapiererwerbs- und Übernahmeverfahren, in: ZGR 2007, 1–36.

PONATH, Gerrit / RADDATZ, Stefan: Gefahrenquellen für Nachlassbeteiligte in WpHG und WpÜG, in: ZEV 2013, 361–368.

PSAROUDAKIS, Georgios: Company Law in Europe, in: ECFR 2010, 550–584.

REUL, Jürgen: Die Pflicht zur Gleichbehandlung der Aktionäre bei privaten Kontrolltransaktionen. Eine juristische und ökonomische Analyse, Tübingen 1991.

RIEHMER, Klaus / SCHRÖDER, Oliver: Der Entwurf des Übernahmegesetzes im Lichte von vodafone/Mannesmann, in: NZG 2000, 820–824.

RÖHRICH, Martina: Gleichbehandlungspflicht bei Kontrollakquisitionen: Eine Analyse der dreizehnten EG-Richtlinie aus ökonomischer Sicht, in: RIW 1993, 93–98.

ROSSKOPF, Gabriele: Selbstregulierung von Übernahmeangeboten in Großbritannien: Der City Code on Takeover and Mergers und die 13. gesellschaftsrechtliche EG-Richtlinie, Berlin, 2000.

RUBACK, Richard S. / JENSEN, Michael C: The Market for Corporate Control: The Scientific Evidence, in: 11 J. Fin. Econ., 5–50.

SCHAEFER, Franz W. / EICHNER, Christian: Abwehrmöglichkeiten des Vorstands von börsennotierten Aktiengesellschafen bei feindlichen Übernahmeversuchen - ein Rechtsvergleich zwischen Deutschland und den USA, in: NZG 2003, 150–155.

SCHANDER, Albert A.: Selbstregulierung versus Kodifizierung – Versuch einer Standortbestimmung des deutschen Übernahmerechts in: NZG 1998, 799–807.

SCHENKER, Urs: Schweizerisches Übernahmerecht, Bern, 2009.

SCHMITT, Joachim / HÖRTNAGL, Robert / STRATZ, Rolf-Christian: Umwandlungsgesetz, Umwandlungssteuergesetz, Kommentar, 5. Auflage, München 2009.

SCHNEIDER, Uwe H. / ANZINGER, Heribert M.: Umgehung und missbräuchliche Gestaltung im Kapitalmarktrecht oder - brauchen wir eine § 42 AO entsprechende Vorschrift im Kapitalmarktrecht?, in: ZIP 2009, 1–10.

SCHNORBUS, York: Rechtsschutz im Übernahmeverfahren, in: WM 2003, 616–625.

SCHRÖDER, Meinhard: Verlängerungsverwaltungsakt und Änderungsverwaltungsakt, in: NVWZ 2007, 532–537.

SCHÜPPEN, Matthias: WpÜG-Reform: Alles Europa oder was? In: BB 2006, 165–171.

SCHÜTZ, Carsten / BÜRGER, Tobias / RIOTTE, Michael (Hrsg.): Die Kommanditgesellschaft auf Aktien, Handbuch, München 2004.

SCHWARK, Eberhard / ZIMMER, Daniel (Hrsg.): Kapitalmarktrechtskommentar: Börsengesetz mit Börsenzulassungsverordnung, Wertpapierprospektgesetz, Verkaufsprospektgesetz mit Vermögensanlagen- Verkaufsprospektverordnung, Wertpapierhandelsgesetz, Wertpapiererwerbs- und Übernahmegesetz, 4. Auflage, München 2010.

SCHWARTE, Philipp: Das Pflichtangebot im Anschluss an Verschmelzung und Spaltung, Hamburg, 2006.

SEIBT, Christoph / HEISER, Kristian: Regelungskonkurrenz zwischen neuem Übernahmerecht und Umwandlungsrecht, in: ZHR 165, 466–494.

SEIBT, Christoph: Grenzen des übernahmerechtlichen Zurechnungstatbestandes in § 30 Abs. 2 WpÜG (Acting in concert), in: ZIP 2004, 1829–1837.

———: Rechtsschutz im Übernahmerecht, in: ZIP 2003, 1865–1866.

SEMLER, Johannes / STENGEL, Arndt (Hrsg.): Umwandlungsgesetz: Mit Spruchverfahrensgesetz, 3. Auflage, München 2012.

SEPE, Simone M.: Private Sale of Corporate Control: Why the European Mandatory Bid Rule is Inefficient (August 13, 2010). Arizona Legal Studies Discussion Paper No. 10–29. Abrufbar unter http://ssrn.com/abstract=1086321. (31.12.2013)

SESTER, Peter: Zur Interpretation der Kapitalmarkteffizienz in Kapitalmarktgesetzen, Finanzmarktrichtlinien und –Standards, in: ZGR 2009, 310–345.

SIMON, Björn: Rechtsschutz im Hinblick auf ein Pflichtangebot nach § 35 WpÜG, Baden-Baden, 2005.

———: Zur Herleitung zivilrechtlicher Ansprüche aus §§ 35 und 38 WpÜG, in: NZG 2005, 541–544.

SPINDLER, Gerald, Finanzmarktkrise und Wirtschaftsrecht in: AG 2010, 601–617.

———./ STILZ, Eberhard: Kommentar zum Aktiengesetz, 2. Auflage, München, 2010.

STADLER, Markus: Befreiung des Treuhänders gemäß § 37 WpÜG von der Abgabe eines Pflichtangebots bei der Übernahme börsennotierter Aktien, insbesondere im Falle doppelnütziger Sanierungstreuhandschaften, in: NZI 2010, 44–49.

———: Zurechnung von Stimmrechten und Pflichtangebote von Treuhandschaften an börsennotierten Aktien, insbesondere im Falle doppelnütziger Sanierungstreuhandschaften, in: NZI 2009, 878–881.

STEINMEYER, Roland / HÄGER, Michael: WpÜG: Kommentar zum Wertpapier- und Übernahmegesetz, 3. Auflage, Berlin 2013.

STELKENS, Paul / BONK, Heinz-Joachim / SACHS, Michael (Hrsg.): Verwaltungsverfahrensgesetz, Kommentar, 7. Auflage, München 2008.

STOCKHUBER, Peter: Takeovers nach österreichischem Übernahmerecht, in: RIW 1999, 752–760.

STUMPF, Gerrit / SCHOPPMANN, Sebastian: Die sanierungsbedingte Befreiung eines Bieters vom Pflichtangebot nach § 35 WpÜG im Rahmen einer Unternehmensübernahme, in: WOLLERSHEIM, Jutta / BARTHEL, Erich (Hrsg.) Forum Mergers & Acquisitions 2011 – Beiträge aus rechts- und wirtschaftswissenschaftlicher Sicht, Wiesbaden 2011.

SUDHOFF, Heinrich (Hrsg.): Unternehmensnachfolge, 5. Auflage, München 2005.

SÜSSMANN, Rainer: Unerwünschte Übernahmen, in: NZG 2011, 1281–1290.

TEICHMANN, Christoph: ECLR Corporate Governance in Europa, in: ZGR 2001, 645–679.

THOMA, Georg F.: Das Wertpapiererwerbs- und Übernahmegesetz im Überblick, in: NZG 2002, 105–112.

———: Der neue Übernahmekodex der Börsensachverständigenkommission in: ZIP 1996, 1725–1734.

TRAUGOTT, Rainer / SCHAEFER, Franz: Zulässigkeit von Paketzuschlägen – Rechtsvergleichende Untersuchung und praktische Konsequenzen für die Auslegung des deutschen WpÜG, in: NZG 2004, 158–163.

VAN DER ELST, Christoph / VAN DEN STEEN, Lientje: Balancing the Interests of Minority and Majority Shareholders: A Comparative Analysis of Squeeze-out and Sell-out Rights, in: ECFR 2009, 391–439.

VEIL, Rüdiger (Hrsg.): Übernahmerecht in Praxis und Wissenschaft, Köln 2010.

VEIL, Rüdiger / DRINKHUTH, Henrik (Hrsg.): Reformbedarf im Übernahmerecht. Tagungsband zum Symposium in den Räumen der Bucerius Law School am 04. Juni 2004, Köln 2005.

VEIL, Rüdiger / WUNDENBERG, Malte: Englisches Kapitalmarktrecht: Eine rechtsvergleichende Studie aus der Perspektive des europäischen Kapitalmarktrechts Köln, 2010.

VETTER, Jochen: Pflichtangebot nach Kontrollerwerb im Wege der Verschmelzung oder Spaltung, in: WM 2002, 1999–2010.

VOGEL, Hans-Gert: Der Handelsbestand im Übernahmerecht – offene Fragen des § 20 WpÜG, in: NZG 2005, 537–540.

VON BÜLOW, Christoph / BÜCKER, Thomas: Das Konzernprivileg des § 36 Nr. 3 WpÜG, Tatbestand, Rechtsfolgen, Verfahren, in: Der Konzern 2003, 185–202.

VON BÜLOW, Christoph / PETERSEN, Sven: Stimmrechtszurechnung zum Treuhänder?, in: NZG 2009, 1373–1378.

VON FALKENHAUSEN, Joachim: Das nachgeholte Pflichtangebot, in: NZG 2010, 1213–1217.

———: Reformbedarf beim Pflichtangebot gemäß § 35 WpÜG, in: ZHR 174, 293–318.

———: Flexibilität beim Preis des Pflichtangebots, in: NZG 2013, 409–411.

VON SYDOW, Christian / BEYER, Oliver: Erwerb von notleidenden Krediten und anschließende Kapitalerhöhung mit Sacheinlage, in: AG 2005, 635–644.

VORPEIL, Klaus: Nähere Entwicklungen im englischen Handels- und Wirtschaftsrecht in: RIW 1993, 944–949.

WACKERBARTH, Ulrich / KRESSE, Bernhard: Suspensiveffekt des Antrags nach §§ 36 f. WpÜG? – Erwiderung auf den Beitrag von MEYER / LIPSKY, NZG 2009, 1092, in: NZG 2010, 418 -419.

WAGNER, Jens: Zur Rechtsstellung Dritter nach dem WpÜG, in: NZG 2003, 718–719.

WEBER, Christoph / MECKBACH, Anne: Finanzielle Differenzgeschäfte – ein legaler Weg zum Anschleichen an die Zielgesellschaft?, in: BB 2008, 2022–2030.

WEBER-REY, Daniela: Zum Verhältnis von Übernahmerecht und Umwandlungsrecht, in: AG 2001, 325–330.

WEIMAR, Robert / BREUER, Jürgen: International verwendete Strategien der Abwehr feindlicher Übernahmeversuche im Spiegel des deutschen Aktienrechts, in: BB 1991, 2309–2321.

WEIMAR, Robert: International verwendete Strategien der Abwehr feindlicher Übernahmeversuche im Spiegel des deutschen Aktienrechts, in: BB 1991, 2309–2321.

WEISGERBER, Thomas: Der Übernahmekodex in der Praxis, in: ZHR 161, 421–434.

WERNICKE, Thomas: Die Befreiung vom Pflichtangebot auf Grund höheren Stimmrechtsanteils Dritter, in: NZG 2011, 1404.

WIESBROCK, Michael / ZENS, Michael: Die WpÜG-Pflichten bei der Nachfolge in börsennotierten Aktiengesellschaften, in: ZEV 2006, 137–143.

———: Erfordernis eines Pflichtangebots nach dem Wertpapiererwerbs- und Übernahmegesetz bei gleichzeitigem Vorliegen der Voraussetzungen eines Squeeze out?, in: DB 2003, 2584–2586.

WIESBROCK, Michael: Rechtsfragen der Befreiung vom Pflichtangebot nach WpÜG in Sanierungsquellen, in: NZG 2005, 294.

WIESNER, Peter M.: Protektionismus oder Marktöffnung? – Zur Übernahmerichtlinie zeichnet sich ein Paradigmenwechsel ab, in: ZIP 2002, 208–210.

WINNER, Martin: Das Pflichtangebot nach neuem Übernahmerecht, in: ÖJZ 2006, 659–668.

WITT, Carl-Heinz: Anmerkung zu BGH, Urteil vom 11.06.2013 - II ZR 80/12, in LMK 2013, 351281.

WUNSCH, Oliver: Börsennotierte Aktien als Gegenstand erbschaftsteuerrechtlich veranlasster Poolvereinbarungen, in: BB 2011, 2315–2320.

WYMEERSCH, Eddy: Unternehmensführung in Westeuropa in AG 1995, 299–316.

ZIMMER, Daniel: Gutachten G zum 68. Deutschen Juristentag, in: Finanzmarktregulierung – welche Regelungen empfehlen sich für den deutschen und europäischen Finanzsektor?, München, 2010.

ZINSER, Alexander: Der britische City Code on Takeovers and Mergers in der Fassung vom 09.03.2011, in: RIW 2001, 481–488.

———: Pflichtangebotsregelung in europäischen Staaten, in: NZG 2000, 573–578.

ZÖLLNER, Wolfgang / NOACK, Ulrich (Hrsg.): Kölner Kommentar zum Aktiengesetz, Band 1/2: §§ 1–53 AktG, 3. Auflage, Köln 2009.

ZSCHOCKE, Christian / BERRESHEIM, Daniel: Schadensersatzhaftung des Bieters wegen unterlassener Angebotsunterbreitung im Übernahmerecht, in: BKR 2004, 301–308.